大学通识课程"十二五"系列教材

创业学教程：理论与实务

左仁淑　主编
杨泽明　黄春艾　副主编

電子工業出版社
Publishing House of Electronics Industry
北京 · BEIJING

内容简介

本书共分为11章，主要涉及创业概论、创业机会分析、战略规划、商业模式设计、营销计划、运营计划、组织与人力资源、财务计划、企业的创立和管理、创业计划书编制、高校创业教育实践等内容。本书主要有以下特色：一是围绕创业过程将全书内容体系化；二是注重理论和实践的结合；三是突出训练创业计划的能力。

本书可以作为高等院校本科和专科学生的教材使用。由于实践性强，也可以作为各类创业管理和企业管理的培训教材和参考书。

图书在版编目(CIP)数据

创业学教程：理论与实务/左仁淑主编. —北京：电子工业出版社，2014.8
大学通识课程"十二五"系列教材
ISBN 978-7-121-23505-4

I. ①创… II. ①左… III. ①企业管理-高等学校-教材 IV. ①F270

中国版本图书馆CIP数据核字(2014)第127713号

策划编辑：王赫男
责任编辑：王赫男　　特约编辑：赵翠芝
印　　刷：北京京师印务有限公司
装　　订：北京京师印务有限公司
出版发行：电子工业出版社
　　　　　北京市海淀区万寿路173信箱　邮编100036
开　　本：787×1092　1/16　印张：20.75　字数：470千字
版　　次：2014年8月第1版
印　　次：2017年7月第9次印刷
定　　价：39.80元

凡所购买电子工业出版社图书有缺损问题，请向购买书店调换。若书店售缺，请与本社发行部联系，联系及邮购电话：(010)88254888。

质量投诉请发邮件至zlts@phei.com.cn，盗版侵权举报请发邮件至dbqq@phei.com.cn。

服务热线：(010)88258888。

前　言

创业是一个发现和把握商业机会，通过创建企业或组织创新，筹集和配置资源，创造出新颖的产品或服务，最终创造价值并承担风险的活动过程，创业既包括创建新的企业，也包括创新产品和服务，还包括市场、顾客、渠道、组织、资源或者商业模式的创新，是创业精神和创新能力的集中体现。

随着全球创业的兴起，创业对于国家、社会、企业和个人的重要作用越来越明显。创业活动和经济增长存在必然的联系，创业活动有效推进经济增长、增加社会投入、开发市场需求、完善产业结构，也是国家和地区竞争力的重要体现，这已经在全球范围内得到认同。同时创业也是一种深刻影响社会发展的过程，创业活动伴随着技术、产品、市场、组织创新，提供就业岗位，提升全社会的市场意识，塑造社会文化，培养创业能力和创新精神。对个人而言，创业活动能有效提升个人素质，创造新的事业，获取丰厚的回报，实现自我价值。总之，创业活动已经成为当前中国改革开放和社会前进的重要推动力。

大学生是未来经济社会建设的骨干力量，大学生的创业精神和创新能力对整个国家的发展有着深远的影响，高校是创业教育的主要平台之一，发达国家都非常重视大学生创业教育，在我国各级政府也为大学生创业提供了创业政策和条件支持。在创业教育方面，1997 年清华大学举办“创业计划大赛”开始，1998 年清华大学经济管理学院率先开设了创新与创业管理方向的课程，2002 年，教育部确定了清华大学、中国人民大学、上海交通大学、北京航空航天大学等 9 所高校为创业教育试点单位，高校创业教育开始全面铺开，各高校进行了大量的探索和实践取得了很多宝贵的经验：第一，开设创业教育课程，将创业教育课堂化、长期化，部分高校面向全校学生开设，一些高校还设置了创业管理专业方向，并且形成体系化的创业课程；第二，举办大学生创业设计比赛，成立创业团队设计创业方案，或者让学生创办模拟公司对学生进行创业能力培养；第三，加强大学生创业教育的有效推进，包括创业师资队伍的培养，设立创业教育中心、孵化器等机构，出台相关政策对大学生的创业活动进行支持和扶植。通过创业教育让学生养培养创业精神、获取创业知识、训练创业技能。

为了有效推进高校的创业教育，探索大学生创新创业能力培养的新模式，一批长期从事一线创业教育的教师组成编写团队，总结在创业教学、研究与创业辅导的实践经验，结合管理学、创业学的基本理论，力求创新与实用，编写了《创业学教程：理论与实务》。本书可以作为大中专院校的创业管理教材和工商管理类学生的自学参考书，也可以作为社会各个层次创业管理培训的培训教材。

本书的创新之处和特色有三个方面：

第一是体系化。以创业机会为导向、以创业过程为主线模块化地组织全书内容，包括创业机会分析、创业战略规划、营销计划、运营计划、组织与人力资源计划、财务计划、企业创立和管理等创业过程中需要的核心知识和能力，形成相互呼应的内容体系，为了有效指导创业，本书还专门组织编写了“商业模式设计”的内容。

第二是实用性。注重知识的实用性与操作性，强调实践能力的培养，力求将教材变成创业实践操作指南，因此特别对创业过程中的公司法律形式选择、企业登记注册、企业选址、人员招聘与管理、创业政策等涉及企业创办的具体环节都进行了比较详细的介绍。并且各章均有学习目标、解决的问题、知识和案例、应用与训练、拓展阅读等结构化的内容，理论和实际相结合。

第三是针对性。本书结合大学生的学习特点和创业的需要有针对性地组织内容，力争做到与专业学习有机结合并拓展学生的知识面。本书的一个重要特色是对学生创业计划能力的培养，以便学生通过创业设计大赛编制创业计划书，参加创业计划答辩，进行综合能力的训练，为今后的创业积累经验、奠定基础。

左仁淑教授担任本书的主编，确定本书编写的指导思想和特色定位，负责设计全书的框架体系、内容模块和编写体例，并审定各章的核心观点，杨泽明、黄春艾担任副主编，执行全书编写的组织和协调，进行书稿的汇总和修改。本书由从事创业教育一线的教师团队编写，章节编写的分工（按照章节的先后为序）为：杨泽明编写第 1 章、第 11 章，马继征编写第 2 章，黄颖编写第 3 章，黄春艾编写第 4、9 章，姚勇编写第 5 章，黄毅编写第 6 章和第 10 章，罗堰编写第 7 章，池兆念编写第 8 章。

本书在编写过程中引用和借鉴了大量国内外参考文献和资料，除注明出处的部分以外，限于篇幅未能一一说明，在此谨向有关作者表示衷心的感谢！特别感谢四川大学锦城学院院长邹广严教授对本书编写工作的关怀和指导，感谢四川大学锦城学院所有从事创业教育教学的教师、学生工作部三练三创办公室、学院团委、各系部学生科提供的大力支持！唐果先生为本书提供了大量的资料文献，电子工业出版社的编辑提供了指导和帮助，在此一并感谢！

由于编者水平有限，加之时间紧迫，书中错误和遗漏之处在所难免，敬请广大读者和专家学者批评指正。

编　者

2014 年 6 月

目　录

第1章
创业概论

案例导入

从 L 的创业实践看创业精神

L 大学毕业后，进入一家机械公司工作，从一名最普通的业务员做起，努力开发市场，实现销售额过百万的业绩，开拓石化、钢铁、冶金、船舶等行业客户，成长为公司最年轻的销售副总经理，他的创新开拓、勇于挑战的品质，也为他日后成功创业奠定了良好的基础。

创新开拓是创业精神的出发点。在业务中，L 了解到关键设备的国内外技术差距给客户带来沉重的购买和维护成本负担，在技术创新没有得到支持的情况下，放弃了高薪的待遇选择了创业。他把握住国家号召工业企业节能减排降耗的发展契机，创办科技公司。L 积极组织科研团队，研发出竞争力强价格低的产品，并申报多项专利。

永不放弃是创业精神的品质。在经营过程中公司遭遇了 2008 年的经济危机，大型工业项目停滞，公司运营极端困难，L 的团队起步维艰，艰难寻找客户，他无数次地拜访，无数次被拒绝，好不容易才接到第一笔小的业务。为了节约成本，他组织员工用最短的时间加工完客户所需的部件，坐几个小时公交车往返于客户和工厂之间，还要肩负沉重的零部件顶着刺骨的寒风步行几千米。这是一条充满艰辛而且前途未卜的创业之路，但是即使在这样的条件下，L 也没有后悔。L 在创业之初就把爱心、责任作为创业者的核心品格。

L 在艰辛的创业过程中培养了创业素质，掌握了创业技能，通过努力终于打开了市场，L 的公司成为众多大型项目的供应商，在大型的国内支柱性工业产业中占有一席之地，走上了以自主研发技术为核心的工业科技产品的制造之路。

案例思考

1. 什么是创业精神？
2. 创业者需要具备哪些技能？
3. 创业者需要具备哪些品质？

学习目标

1. 掌握创业的定义，了解创业的特征和意义；
2. 了解创业的类型、掌握创业过程、创业管理的内容；
3. 学习和训练创业者必备的创业素质；
4. 了解国内外创业发展的现状。

解决问题

1. 学习创业基础概念；
2. 认识创业及其过程；
3. 熟悉创业管理的内容；
4. 学习和培养创业素质。

1.1 创业的含义

1.1.1 创业的定义

“创业”从字面上看由“创”和“业”组成，所谓“创”有创办、创建、创立和创造的意思，《辞海》的解释是：创立基业。《孟子·梁惠王下》有：“君子创业垂统，为可继也。”基业是指事业的基础，是根基，强调开端和起步。《现代汉语词典》对创业的解释是：创办事业，其核心词“事业”是一个内容丰富的概念，是指人们所从事的，具有一定目标、规模和系统而对社会发展有影响的经常活动。既包括个人的学业、业务、工作、专业、就业、事业，也可以指家业、财产，企业、产业，甚至涵盖政治、经济、军事、文化、科学、教育等各个领域，范围更广、过程更长、要求更高。对大学生而言，“创立基业”似乎更合适一些，创业的精神首先是否能勇敢跨出第一步，奠定人生和事业基础，否则何谈创业。

一些学者将创业分为广义创业和狭义创业，广义创业是指人类所有的创举活动，或者带有开拓、创新并有积极意义的社会活动，包括国家、组织、家庭和个人的事业创造；狭义的创业是指个人或组织所从事的具有创新或创造性地增加财富为目的的活动过程。狭义创业又有以下三个层次：第一是“新企业”，指创业者(个人或团队)依托一项或多项业务创办一个新企业的活动过程，对于创业者而言，从事的业务不一定是新的，但企业是全新的，这是创业的核心；第二是“新业务”，可以是科技成果的转化和利用，也可以是产品、服务的创新，也包括市场、顾客、渠道、组织、资源或者商业模式的创新；第三是“新产业”，即开创以前没有或者未开发的产业或行业，开发新的机会或经济增长点，带动新企业和更多的就业。一些创业活动可以同时实施以上三个层次的创业。

随着全球创业的兴起，创业对于国家和经济社会的重要作用越来越明显，学术界越来越关注对于创业的研究并取得了众多的研究成果。尽管如此，由于创业是一个跨学科、多层面的复杂现象，创业还没有形成一个独立的、系统的理论和学科体系，同时，由于研究者来自于各个领域，基于各自的视野进行研究，创业被不断赋予和融入新的内容，甚至形成各种学派，因此对于创业还没有一致的定义，也没有统一的规范。

国外学者的研究中，Knight(1921)认为创业是一种成功预测未来的能力；Joseph Schumpeter (1934)创业是新的生产要素组合；Cole(1968)提出创业是发起、维持和开展以利润为导向的有目的的业务活动；Vesper(1983)，Gartner(1985)和Low and MacMillan(1988)强调的则是创建新组织与开展新业务的活动；Drucker(1985)提出管理手段和管理能力是创业成功的关键；Bygrave(1989)提出创业是首创精神、想象力、灵活性、创造性、乐于理性思考并在变化中发现机会的能力；Conner(1991)从识别机会的能力和创业家个性和心理特质定义创业；百森商学院和伦敦商学院把创业定义为依靠个人、团队或一个现有企业来建立一个新企业的过程，如自我创业、一个新业务组织的成立或一个现有企业的扩张；Timmons(蒂蒙斯)教授认为创业是一种思考、推理和行为方式，这种行为方式是机会驱动、注重方法和与领导平衡，创业导致价值的产生、增加、实现和更新，不只是为所有者，也是为所有的参与者和利益相关者。

国内学者也对创业进行了深入的研究。张健提出，创业包括了开创新业务、创建新组织、组合新资源、发掘和创造新价值等一系列活动；张玉利认为“创业是具有企业家精神的个体与有价值的商业机会的结合”；李志能等认为“创业是一个发现和捕捉机会并由此创造出新颖的产品或服务和实现其潜在价值的过程。”；刘常勇认为“创业是一种无中生有的历程，是创业者依自己的想法及努力工作来开创一个新企业，包括新公司的创立、组织中新单位的成立，以及提供新产品或者新服务，以实现创业者的理想”；雷家辅等认为“创业的目的就是为了实现商业利润，创业是‘发现、创造和利用商业机会，组合生产要素，创立自己的事业，以获得商业成功的过程或活动’”；宋克勤认为“创业是创业者通过发现和识别商业机会，组织各种资源提供产品和服务，以创造价值的过程”。创业包括创业者、商业机会和资源等要素；张秀娥提出“创业是企业管理的一种手段和指导思想，创业在本质上是一种创新活动、创业是一种高风险活动、创业活动是在企业管理过程中实现的、创业利润有创新回报、风险补偿和企业高效管理和运作三种回报”①。

从上述研究可以看出，不同的研究者从不同的角度对创业进行了定义，阐述各有侧重。结合国内外研究成果和我国的具体情况，本书将创业定义为：**创业是一个发现和把握商业机会，通过创建企业或组织创新，筹集和配置资源，创造出新颖的产品或服务，最终创造价值并承担风险的活动过程。**我们可以从以下角度理解创业的定义：首先创业是创新，是发现新的机会，创建新的企业、新的产品或服务；第二，创业必须整合和配置资源，包括技术、人才、资本、生产、供应、顾客资源；第三，创业是一个创造价值的过程，这些价值包括个人价值、企业价值、顾客价值和社会价值，也包括物质和精神的价值；第四，创业是有风险的行为，创业往往是他人或自己从未经历过的，必然存在很多风险。

1.1.2 创业的特征

创业活动不同于其他社会活动，也有别于常规的企业经营管理活动和职场的职务活动，有其较为典型的特征，这些特征可以概括为创新性、风险性、机会性、价值性和回报性。

1. 创新性

创新性也是创造性，是创业的典型和本质的特征，创业过程就是实现创新的过程，创业活动中很多事务都是第一次碰到，有可能创造出新的产品、新的业务、新的企业、新的组织、新的流程、新的工艺、新的市场、新的顾客、新的渠道，多数时候都是一个从无到有的过程，没有规范，也没有流程，没有制度，甚至也没有值得借鉴和参考的对象，在摸索中前进，其技术、设计、生产、组织管理、营销活动都面临规划或者全新的设计。另一方面，正是因为创业活动的创新性，能带来全新的价值，能为顾客带来全新的利益和体验，为市场带来新的产品和服务，为创业企业带来新的竞争优势，为市场带来新的机会，甚至创造新的产业，因此创业活动又是充满活力和创造性的。

2. 风险性

创业必须承担必然存在的风险，创业活动比常规的经营管理面临更大的风险，创业的

① 张秀娥，创业管理. 厦门：厦门大学出版社，2012.7

风险以各种不同的形式，伴随着创业过程的始终，当然也伴随着各种收益。既然是新事物，通常是他人或自己从未经历过的，创业需要一个过程，在技术实现、产品制造、市场开发、市场竞争、经营管理、资金筹措、财务管理、政策和法律、社会变革等方面都有诸多的不确定、不可预测、不可掌控的因素，必然存在很多风险，无论在哪个环节出现失误或者不良影响均有可能导致创业的失败。创业失败带来的不仅仅是资金的损失，还有机会损失、个人的时间和精力损失等。

3. 机会性

商业机会是没有被满足的市场需求或市场空缺，与常规的企业活动相比较，机会性也是创业活动的一个典型特征，商业机会就是创业机会，是创业活动的起点和依据，创业活动往往会通过环境分析与调研活动，了解市场，发现、分析、识别和挖掘商机，在具备商业机会的基础上，整合和配置资源，生产产品或服务、开发新的业务和市场，最终转化为价值，这对创业是否成功起着重要的作用。所以，在对创业者素质的要求中，敏锐的市场意识、机会意识、发现和识别商业机会的能力成为重要的素质，而常规企业活动对于这方面的要求要低得多。

4. 价值性

价值性也是创业活动的根本属性，价值创造也是创业活动的目的。有学者认为，创业过程就是价值创造过程，就是发现价值、设计价值、生产价值、推广价值、实现价值的过程。正是因为其价值性，其产品和服务才能被市场认可，创业才能成功。创业过程创造多元价值，对创业者而言，带来丰厚的物质和精神回报，实现自我价值；对顾客而言，新的产品和服务带来新的利益，满足新的需求，带来顾客价值；对创业企业而言，获得新的市场、获得新的发展机会获得销售收入和利润，创造企业价值；对于股东和投资者而言，获得投资机会，通过创业企业的经营创造投资价值；对于社会而言，政府获得税收、社区获得就业机会、行业获得合作机会，这些都是在创造价值。

5. 回报性

创业成功能获得丰厚的回报，回报是创业活动的根本动机，创业活动投入了巨大的资源，支付了相应的成本，创造了新的价值，承担了不确定性的风险，依据风险收益平衡规律，创业活动会产生效用和收益，这些都是创业回报，这些回报，可以是物质回报，也可以是精神回报，可以是经济回报，也可以是政治收益，可以是近期回报，也可以是远期收益。

1.1.3 创业的价值

1. 创业与经济发展

创业活动的活跃程度也成为经济发展的晴雨表，很多国家用新创企业的数量衡量经济发展的周期。美国经济持续保持增长和技术领先的根本原因在于过去30年间，他们进行了一场“创业革命”，美国国民创业的热情，创业者的数量，创业企业的质量都居于全球领先的水平。在我国，创业活跃的地区也是经济快速增长的地区，例如长三角地区和珠三角地区，创业不活跃的地区往往也是经济欠发达地区。国与国之间、地区与地区之间的综合力量的竞争越来越激烈，而综合力量的强弱，很大程度上取决于国民创业水平的高低，哪个国家、地区重视创业经济的发展，哪个国家、地区的经济发展就比较快。

创业对于一个国家或者地区的经济发展有着十分重要的作用，创业活动和经济增长存在必然的联系，这已经在全球范围内得到认同。更有学者认为，创业是内生式增长的永恒动力和经济长期增长的源泉，同时也是国家和地区竞争力的重要体现。创业对于经济发展的贡献体现在以下几个方面：

(1)从经济总量方面：创业增加社会财富，新创办的企业不断创造价值，通过生产经营增加社会经济总量，新创企业绝大多数为中小企业，据统计，我国中小企业占全部企业的数量超过98%以上，其生产总值占全国总量的60%。

(2)从投入方面：创业活动伴随活跃的投资行为，以投资活动带动经济增长；同时还向国家贡献税收，增加国家的财力，又能促进国家对民生改善和经济发展的投入，在更大的范围和更长的周期促进经济繁荣。

(3)从消费方面：创业活动创造了新产品和服务，开发了新的市场，激发新的需求，推动社会经济发展，同时创业增加了个人财富并促进就业，刺激消费带动市场繁荣。

(4)从产业方面：每一个创业企业的出现和发展，都会为其上游和下游的相关企业提供增加生产和服务的机会，带动上下游企业发展；同时，创业过程往往带来新技术、新产品、新能源、新材料和新的商业模式，甚至创造新的产业，对于产业结构的优化调整也发挥着重要的作用。

2. 创业与社会进步

创业也是一种深刻影响社会发展的过程，特别是在一个创业活跃的地区，对于社会进步的促进作用更加明显。创业对社会的促进作用体现在以下几个方面。

(1)推进社会创新。创业活动本质是创新活动，创业活动的兴起可以全面促进社会创新活动。在技术创新方面，创业往往伴随着技术转化、技术应用、技术开发、新技术、新工具、新材料、新工艺的使用和推广；在产品创新方面，体现在产品开发、服务创新、商业模式创新；在市场创新方面，则体现为顾客创新、渠道创新、促销创新；在管理和组织创新方面，创业往往会推进经营理念、组织机构、企业流程、制度创新、管理方法和工具创新。一些重大的创业项目还会带来人们的生活习惯、消费行为、社会活动、价值观念的变革，例如互联网创业。同时，创业还会带来社会变革，例如政府管理思维和行为的转变、体制改革、企业内部创业的兴起。

(2)提供就业岗位。不是每个人都可以创业，但每个人都需要就业，就业是当前任何国家的必须重视和解决的首要问题之一。传统观念中，大企业是解决就业问题的主力，但现有的研究表明，1980年以来，在美国和世界的其他地区，小企业和创业者提供了70%以上新的就业机会，从1970年到1980年，新企业在美国提供了大约2000万个新的就业岗位，1980年至1999年，创业形成的中小企业为美国提供了3400万个新就业机会，美国有1/3以上的家庭在新企业或者正在创立的企业就职。据测算，一个创业者在创业当年带动就业的平均人数约3人，未来5年带动约6人。我国的就业问题更为严峻，我国就业人口总数约8.80亿人，其中城镇2.39亿，占33%。从业人员产业分布：第一产业3.65亿人占50%，第二产业1.63亿人占22.3%，第三产业2.02亿人占27.7%。每年需要安排2200万人就业，但每年平均新增就业岗位仅为950万人，年度供大于求，岗位缺口1250万人。而且还面临农业人口转化就业的问题，大学生就业形势更为严峻，2013年开始，每年毕业大学生在700万人左右。因此，解决就业问题是我国的长期任务。原有的企业解决就业人口的能力是有限的，我国中小企业新增就业岗位贡献率为85%，新的企业能产生更多的就业岗位。

(3)塑造社会文化。创业人口的增加，新创企业的蓬勃发展，大大促进了社会文化的进步。首先，市场经济规则深入人心，市场观念、竞争意识、商业意识、服务意识、信息观念、创业精神大大增强，企业和经济领域充满活力；第二，在创业过程中，商业道德、勇于开拓、务实肯干、诚实信用、社会责任、规则意识、法制意识越来越成为更多中国人的共识；第三，通过成功创业活动的示范，创业精神、创新精神不仅在创业企业、传统企业、政府部门乃至其他社会主体都得到认可和实践，创新是一个民族的灵魂，创业精神和创新精神正在成为全新的社会文化潮流和新型社会价值观，成为社会前进的推动力，也为中国的商业文明注入了全新的活力。

3. 创业与个人发展

创业对于创业者的综合素质要求非常高，对于创业者而言，创业对个人的促进也是全方位的，体现在以下几个方面：

(1)自身的发展。创业是一个复杂的过程，创业是对创业者综合素养的一个极其严格的考验，同时也是在个性心理、身体素质、认知水平、人文意识、科学素养、知识结构、智力结构、能力体系、创新精神、抵抗挫折的能力等方面的学习和锻炼，为将来的事业奠定基础。

(2)物质的报酬。创业能带来丰厚的物质回报，其中非常重要的就是物质财富，通过合法劳动发财致富的人越来越得到社会的认可和尊重，财富也成为个人成功的标准之一。拥有更多的财富的确可以提高自己和家人的生活质量，增强掌控生活的能力，具备更多的服务社会资源，拥有令人羡慕的社会地位。据统计，通过继承等方式列入榜单的人越来越少，白手起家、通过创业获得财富的占大多数，这些新时代的创业英雄们给人们树立了很好的实现“财富梦”的榜样。

(3)精神的回报。根据马斯洛需要层次理论，人的最高需求是自我实现。创业为追求更好的生存状态和更加具体的自我规划与发展提供了重要的途径，本身就是一种很好的成长规划、成才规划和事业规划，给自己充分的发展机会和职业自由，控制自己的时间和命运，带来丰富的职业生涯。同时，创业过程虽然充满艰辛，但也拥有巨大的热情和激情，凭借自己的能力在社会上发掘并实现自我价值的机会，本身就是一种满足和充满成就感的过程。因此，创业不仅创造了物质形式的成果，事业的成功更是人的内在需要和自身全面发展的需要。

(4)有效的就业。就业和创业实际是同一事物的两个不同层面，都是为了解决生存所需要的职业问题。就业是靠他人解决，创业则是自己来解决。依靠他人难免被动，依靠自己才掌握主动。对大学生而言，面对竞争激烈、就业压力巨大的形势，如果有好的创业机会并积极实践，创业就是一种有效的就业方式，同时还能带动他人就业。

1.2 创业过程和创业管理

1.2.1 创业类型

创业可以按照创业主体、创业动机、创业资源、创业周期等分成不同的类型，了解创业类型的划分有助于启发创业思路，确定创业定位，帮助进行创业项目选择，进行有针对性的创业管理。

1. 按创业动机分类

按照创业动机可将创业分为生存型创业（Necessity-push Entrepreneurship）和机会型创业（Opportunity-push Entrepreneurship），这一概念于 2001 年由《全球创业观察》（GEM，Global EntrepreneurshipMonitor）报告的撰写者保罗·雷诺兹（Paul D. Reynolds）等最先提出。这两类创业取决于多种因素，不一定由创业者的主观愿望决定，在我国，由于经济发展水平和社会环境的原因，生存型创业的比重较大，而发达国家则以机会型创业为主。根据 GEM 统计，我国生存型创业产值排世界第五名，机会型创业产值排在世界第十名，因此改善政策环境，加强创业教育培训，提供更多的机会，提高创业者的能力和素质可以促进生存型创业向机会型创业转变。

（1）生存型创业。一般是指创业者没有更多更好的条件，迫于生存或者生活的压力，为了谋生而进行的创业活动，没有其他选择而无奈进行的创业，显示出创业者的被动性。从创业的对象来看，此类创业者大多为下岗工人、失去土地或因为种种原因不愿困守乡村的农民，以及刚刚毕业找不到工作的大学生。

生存型创业一般有以下特点：被动创业，创业只为谋生，求得生存；创业起点低，低成本、低门槛、低风险、低利润，发展空间不大，由于受到条件和能力的限制，战略眼光也很有限，很难做大做强；生存型创业是面对现有的市场，最常见的是在现有市场中捕捉机会，一般集中在低端消费型服务业；生存型创业以个人和家庭为主，规模较小，对就业和经济发展的贡献较小。

（2）机会型创业。机会型创业是指主动抓住和利用市场机会创造价值，追求更多的利润、更大的规模、更广泛的发展空间和经济社会价值。

机会型创业是通过发现或创造新的市场机会，为追求更大发展空间通过新产业的开拓实现对新市场的开拓的创业形态，呈现出创业起点高、创业者素质要求高、技术含量高、资金投入较大、对经济社会的贡献和推动力大、市场空间大、造就的就业岗位多、利润高，风险大等特征。机会型创业一般集中在高端的商业、生产性服务业和制造业。

2. 按创业主体分类

按照创业的主体，可以分为个人创业和公司创业。

（1）个人创业。个人创业是一种很普遍的现象，一般是指创业者为了生存或者实现自我价值，以个人或者团队为主体进行创业，个人创业决策迅速、运作灵活，但受到外部环境的影响较大，一般实力也较为薄弱。根据我国的具体情况，个人创业又可以分为以下几种类型。

① 大学生创业。即在校或者毕业的大学生不选择固定的职业，为了实现自我价值，依托技术、专业知识或商业机会进行创业，大学生创业一般会选择投资少、回报快、风险低的项目，创业模式则有创业大赛、模拟孵化、加盟代理等形式，很多学校或者地方政府对大学生创业进行支持和扶持。

② 失业者创业。失业者创业是因为各种主观和客观的原因没有就业或失业的人员进行的创业，包括下岗工人创业、失地农民创业等，这类创业一般以生存型创业为主，政府为了有效解决失业人员的生存问题，一般会在创业政策、资金、项目、税收等方面予以支持。

③ 兼职创业。随着社会生活的多元化以及互联网和通信技术的发展以及商业模式的创新，带来了更多的创业机会，出现了大量的兼职创业人群，这些创业者有自己的事业或者职业，通过业余时间，利用自己的专长或者资源进行创业，例如大专院校的教师、科研院所的研究人员，在读的学生等。

(2) 公司创业。公司创业是以已有的公司为主体进行的创业，通常被称为“二次创业”或者“公司内部创业”。主要形式有三种：一是持续优化和创新，包括产品、市场、流程、机制创新；二是根据市场的需要创办新产业和企业，增加事业领域或者下属企业；三是基于激励机制，与员工共担风险、共享创业成果的内部创业。

3. 按照创业周期分类

按照创业的周期可将创业分为初始创业和二次创业。

(1) 初始创业。初始创业是一个从无到有的过程，创业者通过发现和评估商业机会，筹集和调度资源，筹集资金、招聘员工、购买设备、注册企业、形成产品和服务、开展营销和服务活动、逐步走向经营正轨，这是一个创办企业的过程，因此初始创业又叫创建新企业，初始创业的创新性大、面临的不确定因素多，风险也很大。

(2) 二次创业。二次创业是在既有企业的基础上进行创业，由于当今世界环境变化迅速、技术进步快、市场竞争激烈、市场机会与威胁并存，企业墨守成规不仅不能发展，而且生存都会受到威胁，因此越来越多的企业更加重视二次创业甚至三次创业、连续创业，创业甚至成为企业运营的常规工作和动态过程，二次创业的内容也十分丰富，研发新技术、开发新产品、开拓新市场、创新商业模式、创新企业组织和机制、进行流程重组和公司再造，使企业的规模、实力不断扩大，竞争力不断增强，抗风险能力进一步提升，通过二次创业，源源不断地为公司注入新的发展动力。

4. 按照创业资源分类

按照创业所依据的资源或者优势可以将创业分为基于技术成果的创业、基于资金的创业、基于市场的创业等。

(1) 基于技术成果的创业。即创业者拥有创新的技术或者产品，将技术与产品与商业机会进行结合，通过技术转化和应用、产品的开发和创新形成新的事业，很多高科技企业的创业正是基于技术成果。

(2) 基于资金的创业。这类创业又称投资性创业，即创业者拥有资金，通过发现和挖掘商业机会，寻找具有良好前景的创业项目进行投资，创造新的产品，创办新的企业。

(3) 基于市场资源的创业。创业者能获得较好的市场资源，例如客户资源、渠道资源、品牌资源、供应商或者产业链合作资源，在此基础上采用产品或订单的生产、销售代理、加盟连锁、依附核心企业、中介服务、产业配套等形式进行创业。这类创业一般风险较小。

1.2.2 创业过程

创业活动作为一种复杂的社会现象，涉及一系列复杂的商业和技术活动。作为一个创业者，要创建一个新的企业或者发展一个新的经营方向，在创业过程中通常将经历四个阶段：发现和评估市场机会、制定和撰写创业计划、新创企业的建立以及新创企业的成长管理。这四个阶段有一定的逻辑顺序，但各个阶段之间并不是完全隔绝的，也不是一定要在前一阶段全部完成之后才进入下一个阶段。

1. 发现和评估市场机会

这个过程有两个重要环节，即发现市场机会、评估市场机会。创业者初创企业的动力往往是发现了一个新的市场需求或者发现市场需求大于市场的供给能力，或者认为新产品能够开启新的市场需求，发现市场机会要通过充分的环境分析和市场调查。但是，并不是所有的市场机会都是创业机会，也不是每个市场机会都需要付出行动去满足它，而是需要根据环境、市场、自身的条件和目标去评估这个机会所能带来的回报和风险，评估这个市场机会所创造的产品–服务生命周期，它能否支持企业长期的获利，或者能够在适当的时候及时退出。

2. 制定和撰写创业计划

创业计划是说服自己，也是对未来的创业进行方案、计划和策略设计，同时是说服投资者的重要文件。创业计划必须清楚地表明创业的策略和方案，并客观论证其可行性。创业计划书应深入地分析目标市场的各种影响因素，认真分析创业过程必须获得的创业资源，了解自己已经获取的资源，需要获取的资源，以及获取这些资源的途径和方法。使创业者在创业之前，能够对整个创业过程进行有效的把握，对市场机会的变化有所预警，对创业和未来的经营计划作出科学合理的安排，制定相应的策略，从而降低进入新领域所面临的各种风险，提高创业成功的可能性。一般创业计划包括市场分析、产品计划、运营计划、营销计划、组织与人力资源计划、融资计划、财务计划以及风险分析等内容。

3. 新创企业的建立

具体工作有创建新企业的资源计划、资源筹措和资源配置。创业者确定和获得已有的及需要的资源、资源的来源和组织渠道，包括原材料、设备、人员、资金、场地、市场、顾客、渠道、技术资料、经营资格和资质的审批和申请等，确保按计划到位，并充分配置利用各种资源和条件，完成各项筹备工作，履行法定手续，建立合法企业，并开始各种建设项目的管理和实施。创业者应进行有效的计划和组织，以最低的成本来获取所需的资源。

4. 新创企业的成长管理

新创企业一旦组建，企业正式营运，创业者首要的任务是确保企业管理各项职能有效地发挥作用，尊重创业企业的实际，采用合理的方式进行管理。从企业发展的生命周期来说，新创企业需要经过初创期、早期成长期、快速成长期和成熟期四个阶段。在不同的阶段，企业的工作重心有所不同。因此创业者需要根据企业成长时期的不同来采取不同的管理方式和方法，以有效地调控企业成长，保持企业健康发展。

此外，对于大学生这个特定的创业群体，其创业过程有一定的特殊性，可以分为学习创业、体验创业和实践创业三个阶段。其中学习创业阶段主要完成增加商业知识、方法和技能和必要的技术；在体验创业阶段，则主要通过模拟、体验、比赛、参与等积累创业经验，了解行业和市场规则，积累创业资源和项目，训练自己在决策计划、组织协调、执行力方面的能力；实践创业阶段则实施实战创业，进行机会分析、创业计划、创业实施。

随着对创业研究的深入，对于创业过程而言不同的学者持不同的观点。其中比较典型的观点有：张秀娥将创业的过程分为孕育期、种子期、播种期、成长期、扩张期和成熟期六个阶段。一些学者也提出了创业过程的基本模型，较有代表性的是蒂蒙斯(Timmons)创业模型、威克姆(Wickham)创业模型、盖特纳(Gartner)创业模型和萨尔曼(Sahlman)创业模型。SYB(Start Your Business)的观点则将创业过程分为四个阶段，即准备阶段GYB(产生创业想法)，创办阶段SYB(创办你的企业)，巩固阶段IYB(改善你的企业)和扩大阶段EYB(扩大你的企业)，其培训课程内容主要包括创业素质自我评估、建立一个好的构思、评估你的市场、企业的人员和组织、选择一种企业的法律形态、当老板的法律环境和你的责任、预测启动资金需求、制定价格、制定销售和成本计划、做创业计划书，判断你的企业能否生存、开办企业的管理工作等十个方面的内容。

1.2.3 创业管理

1. 创业管理的提出

随着创业管理(Entrepreneurial Management)研究的深入，相关学者形成了对创业管理非常有价值的研究。Cartner(1985)提出了基于个人、组织、创立过程和环境的创业管理模式；William(1997)提出了由人、机会、环境、风险和报酬等要素构成的创业管理框架；Timmons(1999)提出了机会、创业团队和资源的创业管理理论模型；Christian(2000)提出了创业家与新事业之间的互动模型，强调创立新事业随时间而变化的创业流程管理和影响创业活动的外部环境网络是创业管理的核心。

根据创业管理专家的研究成果，创业管理范式可以概括为以环境的动态性与不确定性以及环境要素的复杂性与异质性为假设，以发现和识别机会为起点，以创新、超前行动、勇于承担风险和团队合作等为主要特征，以创造新事业的活动为研究对象，以研究不同层次事业的成功为主要内容，以心理学、经济学、管理学和社会学方法为工具研究创业活动内在规律的学说体系①。

① MBA智库百科. http://wiki.mbalib.com/wiki/创业管理

创业管理的过程大致涉及四个方面，第一是创业计划，涉及对商业机会的分析、商业计划的编制、创业决策形成的过程管理；第二是企业创建，涉及对组织与人力资源、资金与财务、土地、场地、设备等资源的准备、企业注册登记等过程的管理；第三是企业成长管理，企业创建以后，如何稳定发展，并做大做强，此时的管理涉及资源保障、市场开发、规模拓展；第四是规范管理，涉及有效地行使管理职能，使企业基础工作和市场、组织、财务、人力等方面的规范化、标准化、高效化。

2. 创业管理的特点

创业管理属于企业管理活动的范围，但与传统或者常规的企业管理又有很大的不同，其管理对象是创业的过程或创业中的企业，具有复杂性、综合性和不确定性的特点。

(1)生存性管理。生存是创业成功的前提，与企业常规管理不同，创业管理更加注重企业的生存目标，注重市场的机会分析、注重企业的产品和技术可行性、注重业务的开展、注重顾客和销售的实现、注重现金流量，一切都以生存为中心。

(2)阶段性管理。创业管理有明确的阶段性，在不同的创业阶段管理的内容和重点、管理的方法都不一样，在机会研究阶段注重市场分析和评估，在创业计划阶段注重资源计划和策略，在企业创业阶段注重必须资源的配置，在发展阶段注重企业的成长，在企业创业成功之后又要重视管理的规范和标准化。

(3)任务性管理。在企业创业阶段，管理更多倾向于策略性和战术性，企业管理的基础工作可能不健全、组织机构也不完善、制度流程也未形成，人力的组织和资源的配置多以实现任务为目的，强调执行和实现，甚至在关键的环节会出现横向组织、任务驱动或项目驱动的模式。

(4)团队性管理。创业阶段由于组织结构不健全，企业的职能不完善，事业的推进主要依靠组织成员，一般会存在典型的“人治”现象，创业管理者和团队的素质非常重要，在很多具体事务上，创业者必须亲力亲为，甚至从事销售、技术研发、客户服务、财务会计等具体的业务工作，而工作的推进也更多地依靠团队，优秀的创业团队在企业创办成功之后成长为企业的管理团队。

(5)风险性管理。传统管理基于现有企业和业务，未来可以预期，业务熟练，计划性强，依靠计划、组织、协调和控制实现管理目标；创业企业面对大量不可预期因素，更强调机会的寻找和分析、依靠创新和冒险来达成新的事业。

3. 创业管理与传统管理

对于创业管理与传统管理的关系，有学者认为，创业管理与传统管理是两个不同的领域，传统管理重视规范和协调，创业管理注重把握机会和价值创造；有的则认为创业管理和传统管理是企业管理的两个不同阶段，是一个前后连续的逻辑过程，创业管理基于企业创办，传统管理则用于企业创业成功之后的常规运营；还有学者认为创业管理与传统管理是相互融合的，创业管理仍然在运用传统管理的基本理论和原理，只是管理的对象和内容有所不同。

链接 1

Timmons 创业模型

Timmons(1999)提出一个创业模型，他认为创业过程是一个高度的动态过程，机会、资源和创业团队是最重要的驱动因素，成功的创业活动，必须要将机会、创业团队和创业资源三个要素进行最适当的匹配，并且随着事业的发展进行动态平衡，创业才能顺利开展，如图 1-1 所示。

（资料来源：姜彦福，张帏. 创业管理学. 北京：清华大学出版社，2005）

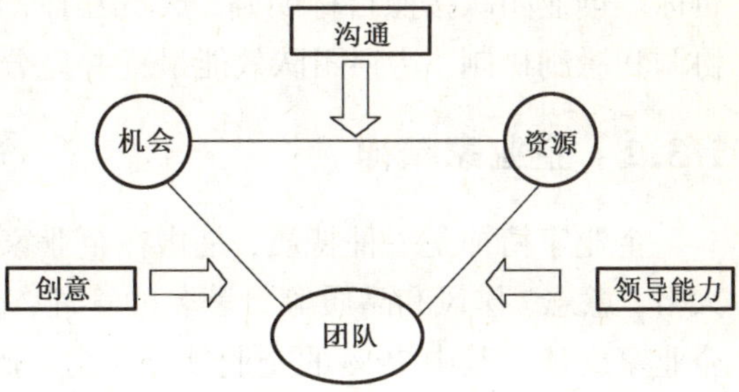

图 1-1　Timmons 创业模型核心要素

1.3　创业者

1.3.1　创业者与创业团队

1. 创业者

萨伊(Say)认为创业者是将经济资源从生产率较低的区域转移到生产率较高区域的人，并认为创业者是经济活动过程中的代理人；熊彼得(Schumpeter)则认为创业者应为创新者，欧美学术界和企业界则将创业者定义为组织、管理一个生意或企业并承担其风险的人；彼得·德鲁克(Peter Drucker)称创业者是主动寻求变化、对变化作出反应并将变化视为机会的人。

创业者和企业家的英文单词都是“Entrepreneur”，我们认为创业者与企业家还是有区别的，创业者并不等于企业家，因为多数创业者并不完全具备企业家必备的品格和素养以及相应的能力，创业者只有不断完善个人素质，带领企业获得商业上的成功，才可能逐步转变为真正的企业家。此外，创业者也不同于职业经理人，职业经理人是拥有职业能力，履行岗位职责并对岗位或者所承担的事务负责的人。

简单地说，从事创业活动，或者活跃在企业创立阶段以及新创企业成长阶段的经营者(个人、团队或组织)均可被称为创业者。

2. 创业团队

创业团队是创业者的主要表现形式之一。虽然很多企业是由个人创建的，但是人们普遍认为，团队创业要比个人创业无论在智力结构、能力结构、资源结构和专业结构上都更加具备优势，创业成功的可能性更大。因此越来越多的创业以团队的形式进行。

团队是指一种为了实现某一目标而由相互协作的个体所组成的群体，从创业的角度看，狭义的创业团队是指有着共同目的、共享创业收益、共担创业风险的一群进行创业或经营新创企业的人；广义的创业团队不仅包括狭义创业团队，还包括与创业过程有关的各种利益相关者，如风险投资商、供应商、专家咨询群体等。

创业团队一般由创业目标、创业人员、角色和分工、职责与权限、创业计划等五个要素构成，团队成员分工协作，共同完成市场分析、商业机会评估、商业计划的制定和执行、资源的筹集和配置、企业的创立、新创企业的经营等创业过程中的重大事务，努力实现创业目标。创业团队按照目标明确、成员互补、精干高效和开放的原则组建，建立良好的运行、协调和激励机制，达到团队效能最优并充分发挥每个成员的优势。

1.3.2 企业家精神

企业家精神是一种特质，是指在企业家的精神世界中具有开创性的思想、观念、个性、人格、意志、作风和品质等。著名的管理咨询公司埃森哲曾在26个国家和地区与几十万名企业家交谈。其中79%的企业领导认为，企业家精神对于企业的成功非常重要。全球最大科技顾问公司Accenture的研究报告也指出，在全球高级主管心目中，企业家精神是组织健康长寿的基因和要穴①。虽然创业者与企业家概念上不完全重合，但创业者可以成为未来的企业家，在精神层面具有共同的特质，用企业家精神来阐述创业精神，不仅更容易理解，更容易找到生活原型，也更容易表达创业的本质。

在人们对于企业家精神的通俗描述中，经常用到自强自立、创新开拓、勇于冒险、艰苦奋斗、百折不挠、讲究诚信、敬业精神、开放包容、社会责任、无私奉献等词语加以描述，说明企业家精神的内涵是非常广泛的。总结归纳出来，企业家精神包含强烈欲望、敏锐视野、创新精神、冒险精神、执着精神、诚信精神和共赢精神。此外，还有学者认为学习精神、进取精神、宽容精神、实干精神、奉献精神、责任意识、法制精神也是企业家精神。

1. 强烈欲望

创业的动力来自创业者本身，只有强烈的欲望才能引发创业的动机，这是创业和企业运营的最原始动力。欲望实际上就是生活目标和人生理想，这些欲望包括成功的欲望、金钱的欲望、事业的欲望、社会地位的欲望、被尊重的欲望、成长的欲望等，创业者有强烈的欲望，就会不甘现状、采取行动、追求成就，心理学家麦克莱兰通过对创业者调研之后得出结论：如果一个社会普遍拥有高水平的成就需求，就会涌现更多具有活力的创业者。中国的传统文化是“存天理、灭人欲”的，追求欲望特别是物欲的满足被视为低级甚至不道德，由此形成了保守的民族性格。改革开放的30年是整个国家重新创业的30年，取得了举世瞩目的成就，且不论其它深层的原因，最直接的原因就是“允许一部分人先富起来”唤醒了人们最原始的欲望，使整个民族可以理直气壮地追求财富和优质生活。创业者的特别之处在于他的欲望更不安分，是超出现实的，是轻易得不到的，对常人而言是不切实际的。因为具有强烈的欲望，所以创业。有很多人拥有足够的学识、能力甚至资源，不能成为创业者，是因为他们安于现状，不愿改变四平八稳的生活节奏。

2. 敏锐视野

当今市场瞬息万变，充满机遇和威胁，企业的生存环境更加复杂，创业失败的主要原因之一就是因为对环境分析不当，机会分析和项目选择不当，包括很多行业巨头在内的经

---

① MBA 智库百科，http://wiki.mbalib.com/

营失败的企业也是因为没有适应环境的变化。创业者敏锐的视野主要表现在三个方面：首先是战略眼光，创业者要有战略视野，要有一定的高度和深度，也要有一定的系统性，能在复杂多变的市场环境中对创业机会进行正确的分析，不仅要了解现在的环境状况，也要分析未来的变化情况；其次是要有敏锐的市场意识，对于市场上的变化，包括需求、顾客、竞争等因素敏锐察觉，及时发现机会和威胁；最后要善于把握机遇，关注市场的变化，及时从变化中抓住机遇。

3. 创新精神

创新是民族的灵魂，也是企业家的典型特征。创业最核心最本质的属性就是创新，创办新企业、新产品，开拓新的事业。缺乏创新精神创业一定不会成功，很难想象一个墨守成规的人会去进行创业，缺乏创新精神的企业也会被无情地淘汰，即便是实力雄厚的知名企业也是如此。企业家精神中的创新精神，就是否定思想保守、因循守旧，企业家总是以新的方式、新的想法、新的工作思路去对待旧事物和新事物，总是不停地寻求更好，寻求更新的价值。创业和经营中的创新精神具体体现在观念创新、战略创新、产品创新、服务创新、渠道创新、管理创新、组织创新等各个领域，正是创新精神为企业注入源源不断的活力和竞争力。

4. 冒险精神

坎蒂隆(Cantillon)和奈特(Rnight)将企业家精神与风险或不确定性联系在一起，没有甘冒风险和承担风险的魄力，就不可能成为创业者，更不可能成为企业家。创业本身是一项冒险的活动，它的成功与否具有很大的不确定性。没有冒险精神就不敢跨出创业的第一步，没有勇气面对未来，没有自信解决问题，冒险精神是创业者和企业家区别于其他人的独特心理特质。很多创业者的成功过程就是一次又一次的冒险过程、修正过程甚至是重新开始的过程。创业者往往充满自信，敢于面对风险。面对各种潜在的不确定性，他们相信自己能够有办法、有能力面对未来的各种情况。创业过程本就是一个学习和创造的过程，几乎没有一个创业者是完全按照最初的预想按部就班地实现创业的。在解决不可预料的问题的过程中，不断激发出自己的创造力和潜力，创业者因此变得越来越成熟，经验越来越丰富，能力越来越强，资源越积累越多，管理越来越完善，实力不断增强，抵抗风险的能力不断提升。

5. 执着精神

执着是企业家的优秀品质，也是创业成功的保障，是对目标的追求，也是执行力的源泉。创业是一项艰苦的过程，不可能一帆风顺，从创业机会识别策划到创业计划的实施，到企业的持续经营管理期间，会遇到各种物质与精神的磨难，包括不理解甚至讥讽嘲笑、社会和家庭的阻力、成千上万的困难，创业经营的巨大压力，巨大的工作量和繁杂的事务处理，未来的不确定性带来的风险，这些压力是常人无法想象的，让人身心疲惫，没有坚强的忍耐力和意志力只能被压垮。创业者的过人之处就在于超强的忍耐力和意志力，拒绝接受失败，锲而不舍，坚韧不拔，永不放弃，向着目标前进。敬业精神也是执着精神的体现，对自己的事业充满期待，充满激情，敬业敬事，脚踏实地做好每一件事情，全身心地付出，是取得创业成功的关键。

6. 诚信精神

诚信是立人之本，也是创业之本，是企业家精神的基石。市场经济是法制经济、规则经济、诚信经济，缺乏诚信，不仅交易成本高，而且创业风险巨大。诺贝尔经济学奖得主弗利曼更是明确指出："企业家只有一个责任，就是在符合游戏规则下，运用生产资源从事利润的活动。亦即须从事公开和自由的竞争，不能有欺瞒和诈欺。"创业者的诚信精神能有效获得团队成员的支持，获得投资方的信赖，获得顾客、供应商和合作伙伴的信任，获得社会的认可。同时，诚信本身也是创业者的品牌、创业企业的品牌，诚信精神是创业成功和企业持续经营的基础。诚信精神也是法制精神。

7. 共赢精神

一个企业家虽然是为自己的目标而创业，但从企业创建那一天起，它就不仅仅是纯粹的个人行为，已经成为社会的一部分。创业者如果只考虑自己的利益，没有共赢精神，是不可能获得成功的。共赢精神首先是团队共赢，参与创业的团队成员相互帮助，共担风险，共享创业成果，共享成功；第二是顾客共赢，企业必须靠向社会提供产品和服务，满足消费者需求来获得自己的价值，产品为顾客带来价值，企业通过经营获取利润；第三是社会共赢，企业为社会创造就业、税收，社会为企业提供经营资源；第四是合作共赢，合作是共赢的主要方式，企业与供应商、与合作者在项目、业务、市场、渠道、技术、生产等方面展开合作，形成多赢的局面。

在对创业素质的研究方面，一些学者结合中国国情将创业者素质总结为心理素质、身体素质、知识素质和能力素质，企业家精神是创业者素质的实质、核心体现和综合反映，既体现了心理素质，也体现了创业意识，还有对创业成功的品格和执行力要求，创业成功对于创业者的素质要求很高，很多学者都在对创业素质进行研究和总结，从不同的层面对创业素质进行了诠释。比较有代表性的有蒂蒙斯（Timmons）教授归纳的成功创业者"六大特质"和"五种天赋"，管理学专家威廉·拜格雷夫总结的"十大创业禀赋"。

蒂蒙斯（Timmons）教授提出的"六大特质"：（1）责任感与决策力；（2）领导力；（3）执着于商机；（4）对风险、模糊性和不确定性的容忍度；（5）创造性、自立和适应能力；（6）胜出的动机；"五种天赋"是指：（1）精力充沛、健康和情绪稳定；（2）创造力和革新精神；（3）才智、智慧和概念化；（4）激励的能力；（5）价值观①。威廉. 拜格雷夫归纳的"10大创业禀赋"即"十个D"包括：理想（Dream）、果断（Decisiveness）、实干（Doers）、决心（Determination）、奉献（Dedication）、热爱（Devotion）、周详（Details）、命运（Destiny）、金钱（Dollar）和分享（Distribute）②。

1.3.3 创业者的知识素质

知识就是力量，知识和能力有很强的相关性。与30年前相比，我国的创业环境已经发

① 张秀娥. 创业管理. 厦门：厦门大学出版社，2012.7
② 李时椿. 创业管理. 北京：清华大学出版社，2010.12

生了巨大的变化，当今的创业对知识和能力的要求更高，单凭勇气、热情和经验创业是很困难的，创业者具备一定的知识基础更加容易取得成功。创业知识的来源包括学校专业学习、自学、培训和在实践中“干中学”积累，创业者的知识素质并不是指参与创业的每个个体必须成为全才全能，更多的是指一个创业的团队或组织成员要有合理的、互补的、不断更新的知识结构，从某种程度上讲，学习是一个人根本的竞争力。按照普遍的认识，创业者的知识结构包括以下几个方面。

1. 专业领域知识

专业领域相关知识是指与创业项目相关的理论基础、技术原理、专业知识、行业与产业知识、工程知识、产品和设备知识，创业团队中必须有成员具备这样的知识素质，甚至成为专家。这些知识是必要的基础，不仅要掌握基础知识，甚至还要了解发展和应用的前沿，缺乏这些知识就很难研发和形成产品服务，对市场和客户也不能进行必要的分析，更不能进行技术创新，大学的专业教育对系统的专业领域知识的形成是非常有帮助的，因此在这个方面大学生创业有一定的优势。每个不同的行业、不同领域的项目的专业领域知识是不一样的，例如软件企业的创业者就必须掌握必要的硬件和软件知识，医药行业创业必须了解医学、药学和保健等方面的专业知识。

2. 经营管理知识

不管是哪个行业的创业，创业过程都是一个经营管理过程，创业管理本身就是一个复杂的、跨领域的学科，因此团队中必须有成员懂得经营管理的知识，仅从创业计划编制的角度，就涉及市场营销、运营管理、组织管理、人力资源管理、财务会计、金融管理、法律法规等方方面面的知识，此外，很多创业项目还涉及国际金融、国际贸易、物流管理、电子商务、投资融资、媒体运营等方面的知识。这些知识的获取，一方面依靠专业的学习，另一方面则通过自学或者培训完成，当前经营管理知识的培训非常火爆，大多数参与的学员就是创业者和企业的管理人员。

3. 科学和人文知识

科学和人文知识对于提升创业者的素质非常有帮助，不断提升这方面的修养有助于提升个人的科学素养、人文精神和经营管理的水平。例如自然知识、科技知识、社会学、政治学、哲学、心理学、历史、地理、文学、艺术等方面的知识，科学和人文知识不一定专门学习，可以依靠平时的积累甚至终身学习。

1.3.4 创业者的能力素质

企业家精神是创业者需要的精神素质，具备企业家精神，表明创业者具有成为创业者的潜质。知识素质为创业奠定了基础，但知识也不完全等于能力，有潜质、有知识并不意味着有能力创业，要成功创业，还要求创业者具备一些基本的能力素质。同样，创业者的能力素质也不是要求创业的个体具备全方位的能力，每个人可能擅长一个或几个方面，更多的是指创业团队或组织的综合能力。

1. 决策能力

决策能力是指创业者对环境的分析能力、目标的把握能力和方案的决断能力的综合体现。创业者对所处环境处境能够做出快速而细致的权衡，明确目标，制定和选择方案，把握风险，敢于做出决定并坚持到底，优柔寡断可能会错失良机。决策能力至少包含以下三个方面：

(1)分析预测能力。要有充分的市场意识，保持对环境的敏锐性，熟悉环境分析的内容，掌握信息处理的工具和方法，收集和处理相关的数据作出分析和预测，这是正确决策的基础。分析预测能力与信息处理能力密切相关，也与决策者的管理意识和战略眼光相关，考验决策者把握环境、把握全局的能力。

(2)方案制定能力。创业者能以开放的态度，准确和迅速地提炼出解决问题的各种方案的能力。包括两个基本要素：第一，要以开放和包容的思想及态度获取尽可能广泛的决策方案，特别是不要局限于传统的解决办法之中。必要时“借外脑”来帮助判定决策方案。第二，对各种决策方案要进行提炼，以把握各种方案的本质和核心，正确地评估每个方案的条件及效果，分析各个方案实施的可能性。

(3)准确的决断能力。即创业者要能从众多的决策方案中选取满意方案的能力，以及危机时刻或紧要关头当机立断的决断能力。这种能力是创业者进行科学决策的关键能力，不仅与决策者掌握信息的能力有关，而且与决策者的个性、胆识、眼光、视野和冒险精神相关。

2. 计划能力

计划能力是将创意和决策信息化、条理化，变成一个可执行的方案或实施细节，并且有效组织人力、物力、资金等资源按计划推动方案落实的能力。该能力是创业者必备的基本能力素质之一。面对错综复杂的内外部环境，必须目标明确、统筹兼顾、协调各方，合理安排各种资源才能把企业做好。

计划是指为实现一定的目标对未来一定时期内的发展和工作做出安排的活动，是一种关于未来的蓝图和一定行动的建议、说明和框架。切实可行的计划应当满足以下几个方面的基本要求：清晰的目标、明确的方法与步骤、必要的资源、可能出现的问题与成功的关键。同时，计划也是为完成一定的任务而对人、财、物及各种资源进行安排、调配、整合的过程，是资源配置能力的体现。在计划的执行过程中，要分清轻重缓急，有条不紊地实施，充分筹集和利用各种资源，进行合理的安排和调度，计划才会得以顺利进行。创业计划就是一个非常典型的执行计划。

3. 执行能力

决策和计划要得以有效执行，必须要具有良好的执行力。执行力是指有效利用资源达成目标和完成计划和任务的能力，把计划变成结果，是获得创业成功的关键环节，对于创业团队而言，执行力就是战斗力，对于创业个体而言，执行力就是解决问题的能力。提升执行力主要措施：首先，有完善的组织文化、制度流程、考核激励，从组织的层面进行保障；第二，提升创业者的个体素质，包括责任心、工具和技能的掌握以及协调控制能力的培养；最后加强协调，任务执行中建立沟通机制、检查机制、反馈机制、处理机制，保证执行有力。

4. 协作能力

在复杂的创业环境中，没有人能够只靠个人的能力和努力取得成功，协作能力首先表现为开放意识，愿意与他人配合、资源与利益协调与共享，协作能力也是团队合作的基础，协作是双方的，一方面是指自己能够充分发挥个人的经验和特长帮助和协作对方完成事务达成目标，另一方面也指充分获取他人支持、调动他人资源和能力、协调配合实现目标的能力。协作能力同时是一种能设身处地为他人着想，善于理解对方、体谅对方，善于合作共事的心理品质，团队需要协作、部门需要合作、客户需要协作、供应商、合作伙伴也需要协作，创业者通过协作完成业务、整合资源、达到目标。

5. 专业能力

专业能力也称业务能力，是某一个领域的专长能力或与部门职能、岗位职责相关的能力，专业能力一般建立在专业知识、经验和实践之上。在创业阶段各项核心能力中，除了专业技术能力之外，营销能力、理财能力、人力资源管理能力相对更加重要。

(1) 营销能力。营销能力表现在三个方面，首先是在机会分析和创业计划阶段的环境分析能力、调查研究能力、营销战略战术和计划的制定能力；第二是销售能力，在产品和服务形成之后，快速打开市场、形成有效的销售是创业初期的重要工作，销售能力是指根据市场的需求发现销售机会，发现和开发顾客，把握顾客需求，进行产品和服务的推广，最终达成交易的能力，销售的过程包括顾客寻找、顾客接触、产品推广、异议处理、达成交易，售后服务和顾客保持等一系列过程；第三是销售管理能力，在销售形成以后，市场管理能力、渠道管理能力、销售组织能力、顾客管理能力就非常重要了。

(2) 人力资源管理能力。人是创业活动中期决定性作用的因素，创业活动最终是由人来完成的，创业管理首先是对人的管理，因此创业者的人力资源管理能力十分重要。创业过程中的创业团队的组建、完善、管理和激励，对创业计划执行的安排、调度和协调控制，组织机构的设置和部门职能的完善、岗位职责的落实，包括对团队和企业的领导、对项目和任务的指挥，以及人力资源的计划、招聘、培训、选拔任用、考核、薪酬、激励等方面的具体工作，这些工作都要求有较强的人力资源管理能力。

(3) 理财能力。创业中的理财能力首先表现为理财意识，主要是指筹措和使用资金，并进行合理安排和有效管理达成创业目标的能力。从专业的角度，理财能力主要由财务管理能力、财务活动能力、财务关系能力和财务表现能力所构成。需要注意的是，一些创业者并不懂财务会计，更不会是财务专家，通常会聘请财务专业人士来进行财务管理，但财务管理对于创业十分重要，创业者必须具备基本的理财能力，必须随时清楚自己的财务状况，清楚资金的流入和流出现状。一般说来，需要具备以下基本能力：充分认识到理财的重要性，正确获取财税政策、相关银行、金融业务的相关财务信息、能够正确阅读财务报表并从中看清资产状况、资金状况、成本、风险并预算出收益率、能够将以上各种能力加以综合利用，并作好企业的资产配置。

6. 综合能力

综合能力是有助于创业管理的通用能力和基础能力，创业者和职业经理人都具备这些能力。其中比较重要的能力有：学习能力、分析能力、沟通能力。

(1)学习能力。通过学习，获得创业所需要的知识、学习和训练各方面的技能、学习和掌握相关的工具和方法、学习和借鉴别人的经验，一个人的学习能力越强，知识就越丰富，技能和经验也更强，同时他的适应能力和应变能力就越强。

(2)分析能力。分析能力的实质是信息处理能力，信息的获取、分析、加工、处理、传递是决策能力和计划的基础，分析能力也是调查研究能力、数据处理能力、预测能力、判断能力的综合体现。在当今环境变化迅速、信息爆炸的今天，分析能力尤为重要。

(3)沟通能力。沟通能力也是信息处理能力和表达能力的综合体现，整个创业过程都贯穿沟通过程，与团队成员、与员工、与客户、与供应商、与合作者、与投资方、与公众都存在沟通行为，良好的沟通不仅可以使执行更加顺畅，获得理解和支持，还会为创业活动营造良好的外部环境。

1.4 创业活动的发展

1.4.1 国外创业活动现状

创业对于发达国家的经济和社会推动作用非常明显，各国创业活动都非常活跃，对创业活动都进行积极的支持，制定和实施了一系列的创业支持政策和措施，其中很多创业经验和支持措施都值得中国借鉴。

1. 美国

过去的三十年间，美国进行了一场“创业革命”，美国国民创业的热情、创业者的数量、创业企业的质量都居于全球领先的水平，美国经济发展迅速，就业机会增多，创业成为美国经济发展的动力，持续繁荣的基础和技术创新的核心，创业和创新双轮驱动为美国创造了巨大的商业价值和世界经济的地位。有资料认为，美国财富中超过95%是在1980年后创造出来的，1990年以后，几乎每年都有100万个以上的新公司成立，据统计美国有中小企业2500万家，中小企业占企业总数的99%，吸收了53%的就业人口，美国96%的出口商都是中小企业。通过对美国创业活动的分析，美国的创业活动体现出三个明显的特征：一是大量踊跃的社会创业带来持续的经济增长；二是以硅谷创业为代表的高科技创业浪潮引领了创新和科技的发展；三是大学生创业(商业计划竞赛)推动了美国创业教育的开展和知识经济时代美国经济的进步，诞生了像Yahoo、Excite这样的著名公司。

在对创业的扶持和支持政策措施方面，美国的主要经验体现在：第一，完善的创业教育体系，美国的创业教育经历了从课程教学、专业教育到学位教育阶段，创业教育具有多样化的教育组织机构、完备的课程体系、丰富多样的培训、多渠道的资金支持，其中，创业计划大赛取得了显著的成果；第二，有力的创业支持体系，通过立法保障中小企业的利益、设立中小企业管理局(SBA)、实施小企业创新研究计划(SBIR)和小企业技术转移计划(STTR)、实施新兴市场创业投资项目(NMVC)、制定创业投资的税收激励政策等；第三，完善的融资体系支持，美国构建了以发达的资本市场为基础，以民间资金为主力，以私人或独立的创业投资公司为主要中介的创业投资机制，美国的创业投资机制在全世界都是成功的典范。2008 年经济危机以后，美国总统奥巴马签署“美国经济复苏和再投资法案”进一步加强了对中小企业的支持。

2. 德国、法国和英国

(1)德国。德国拥有中小企业将近 350 万家，每年的新创企业达 40 多万家，提供了 70% 以上的就业机会。德国对于创业的支持措施主要有：加强中小企业立法；支持创业培训(学生创业培养、就业人员培训援助、大学创业的“EXIST”计划)；加强创业服务(建立覆盖各地的创业中心)；为失业人员提供创业补贴；建立以银行为中心的创业投资模式，通过贷款、投资补贴、贴息和担保支持创业，发展创业风险投资；提供经营支持(税收优惠、社会化服务体系、技术创新、出口支持)等。

(2)法国。根据法国经济研究与统计院发布的数据，法国共有近 300 万家企业，其中中小企业数量高达 290 万家。中小企业提供了 1000 万个就业机会，解决了法国 2/3 的就业问题。法国对创业活动的支持主要体现在：创业培训(成立培训机构、“青年挑战”计划)；多渠道资金支持政策，发展创业风险投资；立法保障中小企业发展；激励的财税政策；建立创业孵化器；完善技术创新体系等。

(3)英国。根据相关资料，截至 2011 年 11 月，英国有 450 万家中小企业，占企业总数的 99%，雇员总数约 138 万人、占私营部门的 58.8%，年营业额 1.5 万亿英镑、占私营部门年度总收入的 48.8%。在支持创业方面的措施主要有：促进大学创业教育(创业计划项目、创业资金支持、提供创业商业网络援助)；发展多种模式的创业园孵化器；扶持和优惠政策(如创业投资信托计划)；多种手段扶持中小企业发展(设置专门机构、立法支持、鼓励资金等资源流向中小企业)；通过政策鼓励破产者再创业等。

2008 年经济危机以来，欧盟的中小企业发展受到了一定程度的影响，根据欧盟《2013 年中小企业年度报告》，欧盟和成员国自 2008 年以来推出的一系列政策措施，为中小企业营业情况的改善提供了支撑，在 2010 年到 2012 年间，欧盟成员国已实施了共计 2400 项支持中小企业的政策措施，即平均每年实施 800 项，几乎每个国家实施了 90 项。

3. 日本和韩国

(1)日本。中小企业是日本经济的重要组成部分，占日本企业总数的 99.7%，据统计，日本有 984 万家中小企业。日本在对创业方面的支持和扶持措施主要体现在：通过产学联合、技术创新与转移强化大学创业活动；通过完善立法、拓宽资金渠道促进创业投资产业的发展；完善中小企业创业金融支援体系；通过融资、担保支援政策，各类基金补助和税收优惠，信息、咨询援助，研讨、讲座和培训以及法律支援等措施来完善对创业经营的支持。

(2)韩国。韩国有超过 300 万以上的中小企业，占企业总数的 99.9%，创造的价值占 GDP 的 50%，韩国通过不断的努力为中小企业提供良好的生存空间，在创业支持方面主要的措施包括：支持大学生创业(创业教育培训、创业扶持资金、建立创业支援中心)；立法保障；解决创业融资(建立创投基金、进行金融扶持)；进行政策优惠(税收优惠、场地支持)；完善创业板市场等。

1.4.2 中国创业活动发展

1. 创业发展阶段

中国创业发展的阶段分为原始积累阶段、正式起步阶段、曲折前进阶段、迅猛发展阶段、纵深发展阶段等五个阶段①，主要历程见表 1-1。

表 1-1 中国创业活动发展阶段

发展阶段	时 间	主要表现
原始积累	1979~1984	个体户创业；农民和城镇无业人员，素质不高；主要领域为劳动密集型产业（如餐饮业、商业、加工业、运输业）。
正式起步	1984~1988	第一次创业热潮。知识分子加入；主要从事第三产业、科技产业、制造业。
曲折前进	1988~1992	第二次创业热潮。全民经商现象；大批有学历和稳定工作的人、政府官员和大学生开始创业。由于国际经济环境使部分新创企业受到影响。
迅猛发展	1992~1999	第三次创业热潮。更多人"下海"创业，下岗人员创业，主要集中在金融、房地产、第三产业、教育产业等，创办企业的规模较大。
纵深发展	1999~	第四次创业热潮。《个人独资企业法》通过，创业支持和扶持体系健全，创业环境得到改善，创业多元化、纵深化，涵盖各个行业各个领域，高科技创业、大学生创业、归国留学人员创业、互联网创业、二次创业迅猛发展。

2. 创业活动现状

根据全球创业观察（GEM，The Global Entrepreneurship Monitor，全球创业观察组织）中国报告，我国创业活动在全球处于活跃状态，历年 TEA（全员早期创业活动指数）如表 1-2 所示。2010 年，中国在全部 60 个参与创业观察的成员国中排名第 15 位，高于美国、英国、德国和法国，2011 年则排名第 1 位，高于所有发达国家和发展中国家。

表 1-2 中国历年 TEA 指数

年 份	TEA 指数
2002	12.3
2003	11.6
2005	13.7
2006	16.2
2007	16.4
2009	18.8

（资料来源：GEM 全球创业观察报告）

GEM2011 全球报告（2011 Global Report）得出六个结论：中国早期创业活动保持非常高的活跃度，排名第一；中国创业企业的质量和存活率还需要提高，既成企业比率偏低；中国初创企业创新度不足，处于生存型创业向机会型创业过渡的阶段；中国初创企业的国际化程度较低；企业的国际客户比例不低于 25%，排名第 51 位；中国创业型员工活跃度（EEA）偏低，不到 2%，在所有 GEM 成员国中排名偏低②。

有学者将我国创业活动的特点总结为：创业地域发展不均衡、创业人员素质偏低、创业领域多集中在第三产业、以家族为主进行创业、创业过程带有投机性。

3. 影响创业成功的因素

据有关资料统计，我国的创业失败率高达 70%，大学生创业成功的概率只有 2%~3%

① 李时椿. 创业管理. 北京：清华大学出版社，2010. 12

② GEM 全球创业观察 2011 报告. http://user.yeeyan.org/u/261882

（有资料分析认为欧洲和美国大学生创业成功率能达到20%）。根据创业邦杂志发布的2013年度创业报告，影响我国创业成功的因素如表1-3所示。

表1-3　创业成功的影响因素表

序　号	因　素	比重(%)	序　号	因　素	比重(%)
1	政策环境	38.62	6	成本与价格	34.44
2	资金	71.61	7	市场占有率	29.85
3	税收优惠	10.86	8	创新性项目	61.89
4	技术	55.32	9	相关工作经历	27.97
5	人才	73.28	10	人情关系	25.26

（资料来源：根据创业邦杂志2013年度创业报告整理，http://www.cyzone.cn/）

从表中可以看出，影响创业成功的前三个因素分别是人才、资金和创新性项目，说明创业团队和创业管理、创业资金的保障和优秀的创业项目在创业中十分重要，此外，技术也非常关键，这四个要素起着决定性的作用。也可以看出，影响创业成功的因素中，内因起到决定性作用，由于创业成功必然有较好的收入和税收，因此，税收优惠对创业成功的影响较小。另外，创业邦杂志对创业面临的困难的调研结果来看，24%的人认为最大的困难是市场竞争，22.76%的人选择人才缺乏，选择资金困难、市场开拓困难、成本上涨、税负过重的调查者分别占19.10%、18.20%、14.00%和1.90%①。

1.4.3　中国创业活动支持体系

创业对于经济发展和社会进步有着十分重要的作用，创业支持体系是创业环境的重要组成部分，创业支持体系建设是一个系统工程，我国的创业支持体系在实践中不断发展和完善，对创业起着重要的作用。

1. 创业支持政策

随着我国创业活动的兴起，出台了很多创业支持和扶持的政策措施。从全国的层次看，主要有《中华人民共和国中小企业促进法》、《国务院关于鼓励支持个体私营等非公有制经济发展的若干意见》、《中华人民共和国个人独资企业法》、以及《关于促进创业带动就业的若干意见》等，各省市也根据各自的具体情况出台了相应的创业扶持政策，部分地区还专门针对高科技创业、留学归国人员、专业人员（软件、动漫、创意等）、大学生创业、农业创业、失地农民创业制定了专项扶持措施。总体上，创业支持的政策主要体现在以下几个方面。

（1）企业注册方面。各地的具体做法包括：优化注册登记程序、加快审批流程，减少审批项目，放宽准入条件，扩大注册资金范围、放宽注册资金条件，减免注册登记、变更登记、工商管理等费用。

（2）金融支持方面。主要体现在：加强投资融资服务，大学生科技创业基金，科技型中小企业创业基金、高新技术成果转化相关政策，提供创业贷款担保政策，小企业担保基金专项贷款，小额信用贷款，简化贷款手续，减免利息，风险投资服务，投资融资市场的建设等，还有一些地方围绕创业进行了金融创新，此外中国民生银行、光大银行等金融机构还专门针对小微企业、个体工商户进行金融服务。

---

① 创业邦．2013年度创业者报告．http://www.cyzone.cn/

(3)经营扶持方面。各城市根据自身的条件，进行多方面的经营扶持，推进创业园区、工业园区建设，提供园区政策，提供经营场地和房租补贴政策，一些园区还提供代理记账、创业指导、项目支持、创业融资、项目孵化、市场开发、物流管理、采购供应、技术支持、设备租用、人力资源、社会保障、后勤外包等“一站式”和“一条龙”的政务和商务服务，大大减轻了创业者的经营管理负担，为创业成功提供了进一步的保障，是创业支持体系的重要创新。

(4)税收政策方面。各地的创业支持中基本上都涉及税收优惠，主要包括科技创业税收优惠政策，留学归国人员的创业优惠政策，商贸型、服务型创业税收优惠政策，高校毕业生创业方面的税收优惠政策，失业、农村农民、残疾人从事个体经营的优惠政策，创业园区税收优惠政策，创业服务企业的税收优惠政策等。

(5)创业培训方面。加强创业培训也是创业支持体系的重要内容。包括成立培训项目，其中 SYB 就是非常典型的培训支持，培训内容包括创业综合培训，专业知识和技能培训，创业政策培训、管理技能、市场营销、财务税收、人力资源等专题培训。通过培训提高创业者的创业意识和创业能力，并对创业活动进行指导。

2. 创业环境的改善

根据清华大学中国创业研究中心《全球创业观察中国报告：创业环境与政策》(2014)，衡量创业环境的主要条件有 9 个方面，分别是金融支持、政府政策、政府项目、教育和培训、研究开发转移、商业环境、市场开放程度、有形基础设施、文化和社会规范，中国的创业环境在参加全球创业观察的 69 个国家和地区中排在第 36 位，居于中游水平。2002 ~ 2012 年间，中国创业环境条件总体上在逐步改进，创业环境综合指数从 2002 年的 2.69 提高到 2012 年的 2.8(满分是 5 分)①。

具体的改善措施主要包括三个方面，第一是改善创业环境，重点是金融支持、政府项目、商务环境，包括股权与债权融资，孵化器和科技园功能的发挥，创业技术、市场、人才、融资服务的水平；第二是改善创业能力，通过创业教育与创业培训提升创业者的创业技能，高等教育、职业教育和创业培训要发挥应有的作用；第三是增强创业动机，需要进一步制定和完善鼓励创业动机的政策，鼓励更多有创业意愿的人投入创业。在实施过程中，还必须要优化政府职能，切实落实和贯彻现有的创业支持政策措施，创业服务和管理。

此外，创业环境的改善是一个系统工程，创业环境与全民的市场经济意识，创新环境和创业文化建设，政府职能转变，经济和行政体制改革，高校的教育制度和教育方法的改革，创业培训体系的建立，资金、技术、人力资源、生产资料、产权、中介服务等要素市场和服务体系的建设，基础设施的完善、产业结构的优化调整、区域经济的规划与产业特色等都有密切的关系。

1.4.4 中国大学生创业

1. 优势与劣势

(1)大学生创业优势。大学生创业优势主要体现在：首先是素质优势，大学生素质较

---

① 中国政府网. 全球创业观察中国报告：创业环境与政策. http://www.gov.cn/jrzg/2014-01/18/content_2570090.htm

高，拥有较为系统的专业知识和技术，相对于其他同龄人，创业的起点较高；专业学习，大学生基本理解和掌握了专业领域的主要知识体系，大学良好的学习条件和多专业交叉熏陶使大学生的综合能力素质也得到提升，因此大学生的理解能力、学习能力都应达到较高的水平，在创业过程中更容易上手。特别是我国高等教育越来越来重视创业教育，部分高校陆续开设了创业教育课程，在大学阶段就开始培养大学生的创业理念、思维方式和创业技能，提前唤醒创业意识，引导大学生自觉提高自身素质和技能，准备创业条件，很多高校还在校内成立了企业“孵化器”或者“大学生创业中心”，配置创业指导教师，从技术上、业务上、管理上指导帮助大学生进行创业实践，进一步增强了大学生创业的能力。第二是思维优势。大学生拥有创新精神和冒险意识，思想新颖，思维敏捷，不容易受传统观念的束缚，易于接受新鲜事物，有利于大学生创业。第三是身体优势，大学生年轻精力旺盛、身体强壮，能承受创业过程中的辛劳和高强度的工作，因为年轻，不断学习，发展的机会更多，也能够经历失败。第四是政策优势。国家对大学生自主创业也给予极大的支持，不但在创业精神的推广、创业支持法律法规的建设、创业教育和实践的实施、组织机构和人员的配置等方面，将青年创业特别是大学生创业作为重点关注点，而且各级政府推出了很多实实在在的优惠政策，涉及融资、开业、税收、创业培训、创业指导等诸多方面①。

(2)大学生创业的劣势。首先是大学生自身知识结构的限制，当前大学基于专业进行教育，学生的知识结构相对单一，学生除了对本专业比较熟悉以外的知识往往缺乏系统的学习和了解。第二是社会经验的缺乏，虽然现在的大学越来越社会化，但大学生长期身处校园，对社会的了解还十分有限，缺乏必要的社会经验和技巧。第三是社会大环境为创业提供的支持和服务还需进一步完善，尽管国家相关部门出台了一些优惠政策，但还需要进一步落实。

此外，从客观上讲，缺乏启动资金，缺乏前景良好的创业项目，缺乏现实的运营经验，缺乏人才也是大学生创业面临的难题，如何加大创业教育和培养，如何针对大学生的具体实际制定和落实支持措施，如何对大学生创业进行现实的扶持和指导，是一个值得学生、学校、政府、社会深入思考、关注和落实的问题。作为高校，将创业技能和创业精神的教育纳入日常教学规划，是一个及时有效的举措。

2. 大学生创业的现状

根据全国高校学生信息咨询与就业指导中心针对全国近万名大学生的调查数据显示，大学生中有强烈的创业意愿的占到25.93%，有过创业意愿的占到53.02%。在什么时间创业的问题上，被调查者选择工作一段时间创业的占到52.8%，选择只要有创业意愿随时可以进行创业的占到23.8%，选择毕业时创业的占到13%，选择在校期间创业的占10%。这反映出大学生普遍有创业的意愿，而且有不少人考虑在毕业前自主创业。从实际情况和效果看，大学生自主创业工作还缺少有效机制与措施，有创业意愿的多，实施创业的少。2005年，中央电视台对大学生的创业状况进行调查，想创业的大学生占到80%左右，真正实践的只有4.2%，最后成功的只有1%。创业企业的成活率非常低，在进一步的调查中59%的人认为缺乏启动资金，26%的人认为缺乏专业指导，11%的人认为缺乏人脉关系。

---

① 唐果. 大学生创业基础教程. 北京：电子工业出版社，2011.5

为了促进大学生创业，全国及很多省市专门针对大学生创业制定了支持政策和措施，部分城市还设立青年学生创业园区，对大学生创业进行资金和项目扶持，很多高校专门针对大学生创业设置课程进行创业教育。从全国范围看，国家2003年出台了《关于切实落实2003年普通高校毕业生从事个体经营有关收费优惠政策的通知》；2006年财政部和国家发改委下发了《关于对从事个体经营的下岗失业人员和高校毕业生实行收费优惠政策的通知》；2008年，国务院办公厅转发人力资源社会保障部、教育部等11个部委《关于促进以创业带动就业工作指导意见》；2010年，《教育部关于推进高等学校创新创业教育和大学生自主创业的意见》，人力资源社会保障部、教育部、财政部等六部委联合开展"高校毕业生就业推进行动"，实施"创业引领计划"；2011年和2012年，针对大学毕业生自主创业出台了具体的优惠政策。在支持大学生创业方面，相关省市或者高校也出台了相应的政策和支持措施。

链接2

大学生创业政策支持

1.《中华人民共和国中小企业促进法》

第二十二条　政府有关部门应当积极创造条件，提供必要的、相应的信息和咨询服务，在城乡建设规划中根据中小企业发展的需要，合理安排必要的场地和设施，支持创办中小企业。

失业人员、残疾人员创办中小企业的，所在地政府应当积极扶持，提供便利，加强指导。

政府有关部门应当采取措施，拓宽渠道，引导中小企业吸纳大中专学校毕业生就业。

第二十三条　国家在有关税收政策上支持和鼓励中小企业的创立和发展。

第二十四条　国家对失业人员创立的中小企业和当年吸纳失业人员达到国家规定比例的中小企业，符合国家支持和鼓励发展政策的高新技术中小企业，在少数民族地区、贫困地区创办的中小企业，安置残疾人员达到国家规定比例的中小企业，在一定期限内减征、免征所得税，实行税收优惠。

第二十五条　地方人民政府应当根据实际情况，为创业人员提供工商、财税、融资、劳动用工、社会保障等方面的政策咨询和信息服务。

第二十六条　企业登记机关应当依法定条件和法定程序办理中小企业设立登记手续，提高工作效率，方便登记者。不得在法律、行政法规规定之外设置企业登记的前置条件；不得在法律、行政法规规定的收费项目和收费标准之外，收取其他费用。

第二十七条　国家鼓励中小企业根据国家利用外资政策，引进国外资金、先进技术和管理经验，创办中外合资经营、中外合作经营企业。

第二十八条　国家鼓励个人或者法人依法以工业产权或者非专利技术等投资参与创办中小企业。

2.《国务院关于鼓励支持和引导个体私营等非公有制经济发展的若干意见》

十五、积极开展创业服务。进一步落实国家就业和再就业政策，加大对自主创业的政策扶持，鼓励下岗失业人员、退役士兵、大学毕业生和归国留学生等各类人员创办小企业，开发新岗位，以创业促就业。各级政府要支持建立创业服务机构，鼓励为初创小企业提供各类创业服务和政策支持。对初创小企业，可按照行业特点降低公司注册资本限额，允许注册资金分期到位，减免登记注册费用。

3.《关于促进以创业带动就业工作的指导意见》主要内容

(1)统一思想认识，明确目标任务：统一思想认识、明确指导思想、突出工作重点；

(2)完善扶持政策，改善创业环境：放宽

市场准入、改善行政管理、强化政策扶持、拓宽融资渠道；

(3)强化创业培训，提高创业能力：加大培训力度、提高培训质量、建立孵化基地；

(4)健全服务体系，提供优质服务：健全服务组织、完善服务内容、提供用工服务；

(5)加强组织领导，推动工作开展：强化政府责任、完善工作机制、营造良好氛围。

4.《教育部关于大力推进高等学校创新创业教育和大学生自主创业工作的意见》主要措施

(1)加强创业基地建设，打造全方位创业支撑平台：全面建设创业基地、明确创业基地功能定位、规范创业基地管理、提供多种形式的创业扶持。

(2)进一步落实和完善大学生自主创业扶持政策，加强创业指导和服务工作：切实落实创业扶持政策、积极争取资金投入、积极开展创业培训、全面加强创业信息服务、高等学校要出台促进在校学生自主创业的政策和措施。

应用与训练

1. 创业素质评估

本测试由一系列陈述句组成，请根据实际情况，选择最符合自己特征的答案。在选择时，一定要根据第一印象回答，请不要做过多的思考。

(1)你是否曾经为了某个理想而设下两年以上的长期计划，并且按计划进行直到完成？

□是　　□否

(2)在学校和家庭生活中，你是否能在没有父母及师长的督促下，就可以自动地完成分派的工作？

□是　　□否

(3)你是否喜欢独自完成自己的工作，并且做得很好？

□是　　□否

(4)当你与朋友在一起时，你的朋友是否能常寻求你的指导和建议？你是否曾被推举为领导者？

□是　　□否

(5)求学时期，你有没有赚钱的经验？你喜欢储蓄吗？

□是　　□否

(6)你是否能够专注地投入个人兴趣连续10个小时以上？

□是　　□否

(7)你是否有习惯保存重要资料，并且井井有条地整理，以备需要时可以随时提取查阅？

□是　　□否

(8)在平时生活中，你是否热衷于社会服务工作？你关心别人的需要吗？

□是　　□否

(9)你是否喜欢音乐、艺术、体育以及各种活动课程？

□是　　□否

(10)在求学期间，你是否曾经带动同学，完成一项由你领导的大型活动比如运动会，歌唱比赛等等？

□是　　□否

(11)你喜欢在竞争中生存吗？

□是　　□否

(12)当你为别人工作时，发现其管理方式不当，你是否会想出适当的管理方式并建议改进？

□是　　　　□否

(13)当你需要别人帮助时，是否能充满自信地要求，并且能说服别人来帮助你？

□是　　　　□否

(14)你在募捐或义卖时，是不是充满自信而不害羞？

□是　　　　□否

(15)当你要完成一项重要工作时，总是给自己足够的时间仔细完成，而绝不会让时间虚度，在匆忙中草率完成？

□是　　　　□否

(16)你参加这重要聚会时，你是否准时赴约？

□是　　　　□否

(17)你是否有能力安排一个恰当的环境，使你在工作时能不受干扰，有效地专心工作？

□是　　　　□否

(18)你交往的朋友中，是否有许多有成就，有智慧，有眼光，有远见，老成稳重型的人物？

□是　　　　□否

(19)你在工作或学习团体中，被认为是受欢迎的人物吗？

□是　　　　□否

(20)你自认是一个理财高手吗？

□是　　　　□否

(21)你是否可以为了赚钱而牺牲个人娱乐？

□是　　　　□否

(22)你是否总是独自挑起责任的担子，彻底了解工作目标并认真完成工作？

□是　　　　□否

(23)你在工作时，是否有足够耐心与耐力？

□是　　　　□否

(24)你是否能在很短时间内，结交许多朋友？

□是　　　　□否

测评标准：是—1 分，否—不记分。

统计分数及参照答案。

(1)0 ~ 5 分：你目前不适合自己创业，应当训练自己为别人工作，并学习技术和专业。

(2)6 ~ 10 分：你需要在旁人指导下创业，才有创业成功的机会。

(3)11 ~ 15 分：你非常适合自己创业，但是在否的答案中，必须分析出自己的问题并加以纠正。

(4)16 ~ 20 分：你个性中的特质，足以使你从小事业慢慢开始，并从妥善处理中获得经验，成为成功的创业者。

(5)21 ~ 24 分：你有无限的潜能，只要懂得掌握时机和运气，将是未来商业巨子。

(资料来源：中国大学生创业网. http://www.chinaxscy.com)

2. 思考与练习

(1)什么是创业？

(2)创业有什么价值？

(3)创业活动有哪些特征？

(4)创业者有哪些类型?

(5)创业的一般过程是什么?

(6)怎样理解企业家精神?

(7)创业者应具备哪些知识素质?

(8)创业者应该具备哪些能力素质?

(9)我国创业活动的发展历程分为几个阶段?

(10)大学生创业的优势和劣势有哪些?

拓展阅读

[1] 创业网, http://www.cyechina.com

[2] 青年创业网, http://www.qncye.com

[3] 中国大学生创业网, http://www.chinaxscy.com

[4] 创业家,http://www.chuangyejia.com

[5] 中国创业社区, http://www.chuangye.com

[6] 赢在中国, http://www.cctv.com/financial/special/yzzg/index.html

[7] 创业邦, http://www.cyzone.cn/

[8] 中国创业网, http://www.cg01.cn/

[9] 优米网, http://www.umiwi.com/

[10] 生意宝, http://china.toocle.com/

[11] 中国创业培训网, http://www.siyb.com.cn/

[12] 创业政策法规, http://www.cye.com.cn/falv/

参考文献

[1] 唐果. 大学生创业基础教程. 北京: 电子工业出版社, 2011.5

[2] 张秀娥. 创业管理. 厦门: 厦门大学出版社, 2012.7

[3] 李时椿. 创业管理. 北京: 清华大学出版社, 2010, 12

[4] 张玉利, 陈寒松. 创业管理. 北京: 机械工业出版社, 2011

[5] 彼得·德鲁克. 创新和企业家精神. 北京: 企业管理出版社, 1989

[6] MBA 智库百科. http://wiki.mbalib.com/

第2章
创业机会分析

案例导入

搜索商机

2005年，上市当日，BD股票飙涨到150多美元，创下了200多年历史上美国股市外国企业上市首日涨幅纪录。BD上市创造了纳斯达克十年一现的辉煌，也把BD的霸主及其灵魂人物——李彦宏推到了风口浪尖。

1999年，李彦宏携风险投资回国创建BD。在回国创业时机的把握上，李彦宏显示出其商人的眼光。1998年是中国互联网投资的高潮，在.com概念的空前炒作中，稍微有一点新奇的想法就可以融到资金，无疑是融资的最好时机，但李彦宏却选择继续埋头打工。“当时感到中国还不需要搜索这个技术，大家都在做概念。”

1999年下半年，李彦宏断定，中国互联网产业和应用水平全面提升的时机已到来，他决心用自己拥有的技术、知识、经验和智慧回国创业。中国搜索技术的水平和应用的广泛程度亟待提高，而由于语言和文化背景的差异，大陆以外的公司无法真正解决这些问题。尽快回国创业，并制定明确的商业目标，即回国创建自己的公司，研制出最先进、最优秀的中文网络搜索引擎，向著名的中文网络门户提供最强大、最到位的信息搜索服务，力争成为中国互联网第一技术品牌和最好的应用服务商。

案例思考

1. 李彦宏决定回国创业的1999年外部环境与1998年的有何差异？

2. 李彦宏为什么选择“中国互联网第一技术品牌和最好应用服务商”作为他创业的目标？

学习目标

通过本章的学习，学生应掌握和了解以下知识点：

1. 创业机会的基本含义；
2. 创业宏观环境的分析；
3. 创业微观环境的分析；
4. 识别创业机会的基本思路与方法；
5. 评估创业机会的基本方法。

解决问题

1. 学会分析创业环境；
2. 运用科学方法识别和评估创业机会。

2.1 创业机会概述

当百货商场是家用电器的主要经销渠道时，是否可以开连锁店，像超市一样卖电器——国美抓住了这个机会。

当普通中国人还在买毛线织毛衣的时候，羊毛、羊绒成为织物原料的新宠——鄂尔多斯抓住了这个机会。

当人们开始在网络上浏览信息的时候，是否可以利用网络赚钱——腾讯、淘宝抓住了这个机会。

对于创业者来说，创业首先需要寻找创业机会。一个完整的创业过程始于对创业机会的识别。因此，创业机会识别是创业活动的起点，其对整个创业过程的影响，乃至对创业活动成败的决定作用都是不容忽视的。在企业创建时期，创业机会比团队的智慧、才能以及可获得的资源更为重要。

2.1.1 创业机会的界定

创业机会识别的研究逐渐开始受到理论界和实业界的关注。在近年来的创业研究中，越来越多的研究人员开始认识到创业机会的重要性，认为创业是一个识别、开发和利用创业机会的过程。创业机会是创业的核心要素，也是创业研究的主线。创业者通过识别和开发创业机会，将潜在的机会转变为有价值的产品或服务。而准确界定创业机会的内涵和外延，是识别、评价和开发利用创业机会、开展创业活动的必要前提。

创业是一个跨学科、多层面的复杂现象，对于创业机会的界定，不同的学者具有不同的观点。从 1934 年开始 Schumpter 提出了创业机会是把资源创造性地结合起来，以满足市场需求并创造价值的可能性。直至 2006 年 Barringer 和 Ireland 认为创业机会是一组有利于创造新产品、新服务或新需求的环境因素。通过其中的变化，我们可以洞察出创业在不同时代的侧重点。目前中外学术界对于创业机会的界定比较有代表性的观点如下。

表 2-1 创业机会的界定

年 份	学 者	创业机会界定
1934 年	Schumpter	把资源创造性地结合起来，以满足市场需求并创造价值的可能性
1979 年	Kirzner	是一种情形，在这种情形下，个人或企业通过新方式、新成果或“新方式－成果”这样的组合，引入新产品、新服务、新原料、新市场和新的组织架构
1992 年	Casson	随着新的产品和服务等在实践中的应用而带来的高于其成本的收益
1997 年	Kirzner	创业机会是未曾被明确界定的一种潜在需求，也可能是一种未曾被正式获得或利用的资源
2000 年	Shane Venkataramna	通过采用新的原材料、新的产品、新的服务、或新的管理方式，从而获得高出其成本的收益
2001 年	Wickham	是为顾客提供更优质的、区别化的服务的一种潜能
2003 年	Ardiehvili Cardozo Ray	未精确定义的市场需求，或未利用或未充分利用的资源或能力。是一种情境，在该情境中，技术、经济、政治、社会和人口条件变化产生了创造新事物的潜力

续表

年　份	学　者	创业机会界定
2003 年	Baron	在复杂的情境中，创业主体对于商业机会的存在性的知觉
2004 年	姜彦福 邱琼	是通过创造性地整合现有资源，为满足市场需要，创造价值的一种可能
2005 年	Shane 和 Venkataraman	创业机会是一些关于创造目前市场所缺乏的物品或服务的创意、信念和行动
2006 年	Dollinger	是供求关系的不同组合
2006 年	Barringer 和 Ireland	是一组有利于创造新产品、新服务或新需求的环境因素

（资料来源：根据国内外创业环境相关研究成果整理）

上述研究中多是从静态观点来界定创业机会，认为创业机会是未明确的市场需求或未得到充分利用的资源或能力（Kirzner，1997），是供求关系的不同组合（Dollinger,2006），是一组有利于创造新产品、新服务或新需求的环境因素（Barringer 和 Ireland,2006），是各种通过创造性地整合资源来满足市场需求并创造价值的可能性（Schumpeter,1934），是一些亟待满足且有利可图的市场需求（Hulbert,1997），或者是一些关于创造目前市场所缺乏的物品或服务的创意、信念和行动（Shane 和 Venkataraman,2005）。

本书认为应该用动态观点界定创业机会，创业机会是指在新的市场、新的产出或者两者关系的形成过程中，通过创造性地整合资源来满足市场需求并传递价值的可能性，是一个不断被发现或创造的动态发展过程。

2.1.2　创业机会的特征

根据我们对创业机会的界定，创业机会具有如下特征：

1. 吸引力。吸引力是指创业机会对于潜在的顾客而言能够产生一种渴望的未来状态；

2. 持续性。持续性是指创业机会会持续一定的时间，从而有待创业者去发现、评价和开发利用；

3. 实时性。实时性是指创业机会虽然具有一定的持续性，但是必须在机会窗口存续期内加以开发利用，否则被其他竞争者开发利用。

4. 依附于为用户创造或增加价值的产品、服务或业务。创业机会最终是通过产品、服务或业务展示的，而这种产品、服务或业务是能够为用户创造新的价值或增加价值的。

而对于创业机会特征的探讨，不同的专业学者也从不同的角度来分析：林嵩、张帏和姜彦福（2006）从创业者选择创业机会的角度研究认为创业机会主要存在市场和产品两个方面的特征。其中，市场方面的特征主要指创业者所面临的市场环境特征，包括市场的成长性、规模、竞争程度和网络关系的发展状况等；而产品方面的特征主要指产品本身的技术优势，包括相关的产品技术是否存在进入壁垒、是否有成本优势，技术优势能否持久等。陈海涛和蔡莉（2008）从创业机会的盈利性和可行性两个方面分析了创业机会特征，并且把盈利性分为产业或行业吸引力、目标市场的利益和机会的竞争优势三个维度，把可行性分为创业者或创业团队的特征、能力和社会网络三个维度。

2.2 创业环境分析

创业活动有三个非常重要的因素,即创业者、创业机会和创业环境。一定的创业行为和创业活动总是在特定的环境中产生与发展起来的，所以整个创业活动就一定会受到其所处的创业环境的影响，而创业机会作为创业的初始阶段的关键环节影响到了整个创业活动。我们说创业机会是创业过程的初始阶段，所以这种机会也必然是产生于一定的创业环境之中。一个新企业获得资源以及在市场上进行竞争都离不开其所处的环境背景,创业环境被看成是一个开放的系统,而新企业的创建过程应该是一个复杂的、多维度的现象,创业环境的好坏从各个方面都会影响到企业的创建及发展。

创业环境是创业机会产生的主要来源，创业环境分析主要从宏观环境、微观环境两个方面进行，在分析创业环境的过程中，创业者首先了解到创业的相关制约与限制因素，可以通过逆向思维转化成创业机会，但更多的则是从细致的分析中发现创业的机会。

2.2.1 创业环境对创业机会的影响

创业机会源于创业环境，创业机会同时又作用于创业环境，对创业环境进行影响。创业机会来源于创业环境：外部环境的不确定性正是创业机会的主要源泉。创业者通过在环境中获得的不同种类的信息对机会进行识别，通过搜索环境中的那些可以导致创业的信息进行创业。同时创业机会受到许多环境因素的影响，如外界环境中的情景因素、部分重要资源的可用性以及个体的创新性等。

环境对创业机会的影响方面的研究要包括以下几个方面。

1. 环境对创业机会产生的影响

动态环境可以为企业创造更多的机会。调查活动能够发现更加适宜的创业环境来制造创业机会，通过对先前不是创业的机会进行系统搜索，可以发现创业机会更加可能产生的环境。其次研究表明，发生在行业内的变化越大，创业机会就越多，而且随后形成的新创企业就越多。创业机会的产生很大程度来自外界环境的改变。因为行业或地区间创业环境的差异，某些行业和某些地区产生的创业机会比其他行业或地区多，当环境改变时，机会产生的概率将会大大地提升。

2. 环境对创业机会识别的影响

技术、市场、政府政策和社会价值被认为是影响创业机会识别的主要环境因素。个人特征、文化价值观以及社会背景会影响创业者对创业机会的认知，而外在环境会影响创业者建立新企业的方式及新创企业成长的倾向。

3. 环境对创业动机的影响

文化价值观和社会背景都影响着创业者的认知，潜在的创业者对于文化和制度环境的预期，决定了他们是否愿意将潜在的商业机会和可能获得的资源结合起来，真正地付诸创业行动。

4. 环境性质差异对创业机会的影响

影响创业机会形成的关键环境因素来自于行业成长空间、政府政策以及对手竞争威胁等。在转型经济中，制度因素是创业更为重要的环境因素。环境对抗性越强，企业越容易进行创业活动。通常，在多变的、对抗性的环境中，创业型企业比较多见，因为这些企业的经理人会更倾向于采用快速成长策略，并进行机会捕捉，而这些机会往往是高风险、高收益的。

2.2.2 创业环境构成要素

关于环境和创业环境概念的相关研究日趋成熟，并且在创业研究领域中已基本形成共识，即认为环境是各种自然因素和社会因素的总和。在创业过程中，创业环境是创业主体在创建新的创业企业、开展创业活动的过程中，所有对这一过程进行影响的外部要素的总和。

根据对创业环境构成的相关研究综述(详见表2-2)，创业环境主要包括技术环境、融资环境、人才和教育环境、文化环境、基础设施环境和政策环境等对创业者的创业活动产生影响的外部因素，这些环境因素构成了影响创业者创业过程的环境整体。

表 2-2 创业环境构成要素研究汇总

时　间	作　者	构成要素
1958 年	Dill	任务环境要素和一般环境要素
1994 年	Gnyawali 和 Fogell	社会经济条件、创业技能、政府政策、资金支持、非资金支持
1995 年	Bloogood 和 Sapienza	家庭支持、金融资源、雇员、客户、供应商、社区、政府部门、文化、政治、经济环境
2000 年	Saxenian	行业体系、创业网络、人才供应、文化氛围
2000 年	Fred	政治环境、经济环境、转型体制、法律环境、政策环境、非正式制约、金融环境、文化环境
2002 年	Deborah	社会氛围、公共基础建设、政府支持
2002 年	Hunger,Korsching 和 Auken	必要性环境要素、支持性环境要素
2003 年	Joerg Baten	工资水平、个人财富、政策、产业聚集水平、区域专业化水平
2003 年	GEM 中国报告	金融支持、政府政策、政府项目支持、教育与培训、研究开发转移、商业和专业基础设施、进入壁垒、有形基础设施、文化与社会规范
2004 年	Henri Grundsten	感性环境要素、理性环境要素

(资料来源：根据国内外创业环境相关研究成果整理)

其中全球创业观察(GEM)中所提出的创业环境构成要素以其权威性和广泛性，在很大程度上统一了对于创业环境构成的研究。我们根据 GEM 报告，将创业环境构成要素经过分类，划分为宏观环境与微观环境两大类进行分析。

2.2.3 宏观环境分析

宏观环境又称一般环境，是指影响一切行业和企业的各种宏观力量。对宏观环境因素作分析，不同行业和企业根据自身特点和经营需要，分析的具体内容会有差异，但一般都应对政治法律(Political)、经济(Economic)、社会文化(Sociocultural)和技术(Technological)这四大类影响企业的主要外部环境因素进行分析。

1. 宏观环境分析要素

（1）政治与法律因素。政治与法律是影响企业创业环境的重要宏观环境因素。政治因素像一只有形之手，调节着企业活动的方向；法律则为企业规定商贸活动行为准则。政治与法律相互联系，共同对企业各项活动发挥影响和作用。

政治环境包括一个国家的社会制度，执政党的性质，政府的方针、政策、法令等。不同的国家有着不同的社会性质，不同的社会制度对组织活动有着不同的限制和要求。即使社会制度不变的同一国家，在不同时期，由于执政党的不同，其政府的方针特点、政策倾向对组织活动的态度和影响也是不断变化的。国家在不同时期，根据不同需要颁布一些经济政策，制定经济发展方针。这些方针、政策，如人口政策、能源政策、物价政策、财政政策、金融与货币政策、税收政策等，都给企业研究创业环境提供了依据。一个国家制定出来的经济与社会发展战略、各种经济政策等，企业都是要执行的，而执行的结果必然要影响市场需求，改变资源的供给，扶持和促进某些行业的发展，同时又限制另一些行业和产品的发展，这是一种直接的影响。重要的政治法律变量如表 2-3 所示。

对企业来说，法律是评判企业营销活动的准则，只有依法进行的各种活动，才能受到国家法律的有效保护。因此，进行创业活动必须了解并遵守国家或政府颁布的有关经营、贸易、投资等方面的法律、法规。我国在发展社会主义市场经济的同时，也加强了市场法制方面的建设，陆续制订、颁布了一系列有关重要法律法规，如《公司法》、《广告法》、《商标法》、《经济合同法》、《反不正当竞争法》、《消费者权益保护法》、《产品质量法》、《外商投资企业法》等。

（2）经济因素（Economic Factors）。经济环境主要包括宏观和微观两个方面的内容。宏观经济环境主要指一个国家的人口数量及其增长趋势，国民收入、国民生产总值及其变化情况以及通过这些指标能够反映的国民经济发展水平和发展速度。微观经济环境主要指企业所在地区或所在服务地区的消费者的收入水平、消费偏好、储蓄情况、就业程度等因素。这些因素直接决定着企业目前及未来的市场容量。需要关注的关键经济变量如表 2-4 所示。

表 2-3　重要的政治法律变量

执政党性质	政治体制
经济体制	政府的管制
税法的改变	各种政治行动委员会
专利数量	专利法的修改
环境保护法	产业政策
投资政策	国防开支水平
政府补贴水平	反垄断法规
与重要大国关系	地区关系
对政府进行抗议活动的数量、严重性及地点	民众参与政治行为

表 2-4　需要关注的关键经济变量

GDP 及其增长率	中国向工业经济转变
贷款的可得性	可支配收入水平
居民消费（储蓄）倾向	利率
通货膨胀率	规模经济
政府预算赤字	消费模式
失业趋势	劳动生产率水平
汇率	证券市场状况
外国经济状况	进出口因素
不同地区和消费群体间的收入差别	价格波动
货币与财政政策	

（3）社会文化因素（Socio-cultural Factors）。社会文化是指一个社会的民族特征、价值观念、生活方式、风俗习惯、伦理道德、教育水平、语言文字、社会结构等的总和。它主要

由两部分组成：一是全体社会成员所共有的基本核心文化；二是随时间变化和外界因素影响而容易改变的社会次文化或亚文化。人类在某种社会中生活，必然会形成某种特定的文化。不同国家、不同地区的人民，不同的社会与文化，代表着不同的生活模式，对同一产品可能持有不同的态度，直接或间接地影响产品的设计、包装、信息传递方法、产品被接受程度、分销和推广措施等。社会文化因素通过影响消费者的思想和行为来影响企业的市场营销活动。关键的社会化因素如表 2-5 所示。

表 2-5　关键的社会文化因素

妇女生育率	特殊利益集团数量	种族平等状况	节育措施状况
结婚率、离婚率	人口出生、死亡率	平均教育状况	对退休的态度
人口移进移出率	社会保障计划	对质量的态度	对闲暇的态度
人口预期寿命	人均收入	对服务的态度	对外籍人士的态度
生活方式	平均可支配收入	污染控制	对能源的节约
对政府的信任度	对政府的态度	社会活动项目	社会责任
对工作的态度	购买习惯	对职业的态度	对权威的态度
对道德的关切度	储蓄倾向	城市、城镇和农村的人口变化	宗教信仰状况
性别角色	投资倾向		

（4）技术环境（Technological Factors）。现代科学技术是社会生产力中最活跃的和决定性的因素，它作为重要的创业环境因素，不仅直接影响企业内部的生产和经营，而且还同时与其他环境因素相互依赖、相互作用，影响创业活动。技术的影响因素如表 2-6 所示。科学技术的进步和发展，必将给社会经济、政治、军事以及社会生活等各个方面带来深刻的变化，这些变化也必将深刻地影响企业的营销活动，给企业造成有利或不利的影响，甚至关系到企业的生存和发展。因此，企业应特别重视科学技术这一重要的环境因素对企业营销活动的影响，以使企业能够抓住机会，避免风险。重要的技术信息如表 2-7 所示。

表 2-6　技术的影响因素

新行业、新市场的诞生	旧行业、旧市场的衰落
更新换代速度的加快	产品生命周期的变化
生活方式的改变	消费模式的改变
消费需求结构的变化	对效率的提升
成本的降低	

表 2-7　重要的技术信息

国家对科技开发的投资和支持重点	该领域技术发展动态和研究开发费用总额
技术转移和技术商品化速度	专利及其保护情况

2. 宏观环境分析方法——PEST 分析

PEST 分析法是外部环境分析的基本工具，它通过政治的、经济的、社会的和技术的角度或四个方面的因素分析从总体上把握宏观环境，并评价这些因素对企业战略目标和战略制定的影响，如图 2-1 所示。

PEST 是进行宏观环境分析的重要方法，但有时也会用到 PEST 分析的扩展变形形式，如 SLEPT 分析、STEEPLE 分析。STEEPLE 是以下因素英文单词的缩写，社会/人口（Social/demographic）、技术（Technological）、经济（Economic）、环境/自然（Environmental/Natural）、政治（Political）、法律（Legal）、道德（Ethical）。此外，地理因素（Geographical Factor）有时也可能会有显著影响。

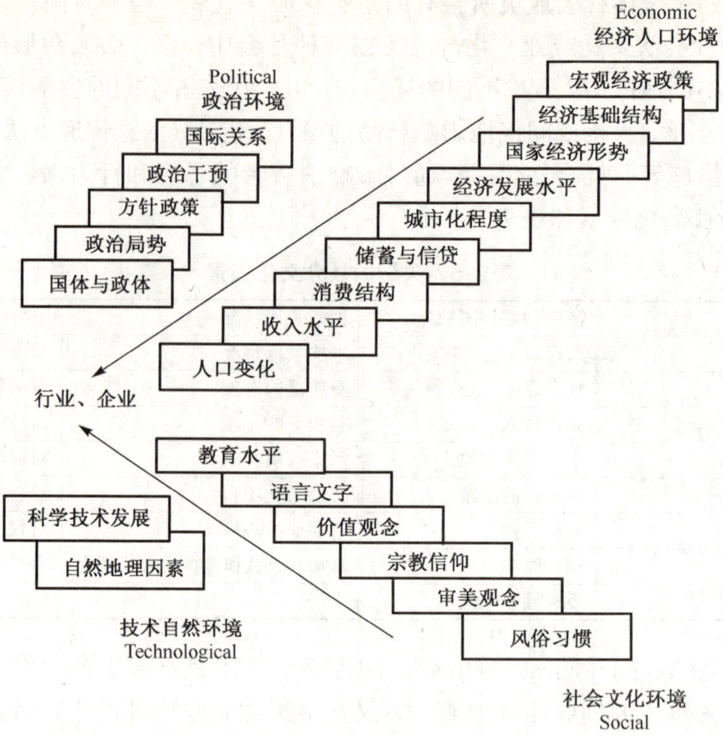

图 2-1　PEST 分析法

2.2.4　微观环境分析

微观环境分析主要由企业的供应商、营销中间商、顾客、竞争对手、社会公众组成。其中，顾客与竞争者又居于核心地位。

1. 微观环境分析要素

(1)供应商。供应商是影响企业营销的微观环境的重要因素之一。供应商是指向企业及其竞争者提供生产产品和服务所需资源的企业或个人。供应商所提供的资源主要包括原材料、设备、能源、劳务、资金等。如果没有这些资源作为保障，企业就根本无法正常运转，也就无法提供给市场所需要的商品。因此，社会生产活动的需要，形成了企业与供应商之间的紧密联系。这种联系使得企业的所有供货单位构成了对企业营销活动最直接的影响和制约力量。供应商对企业营销活动的影响主要表现在：供货的稳定性与及时性、供货的价格变动、供货的质量水平。

企业在寻找和选择供应商时，应特别注意两点：第一，企业必须充分考虑供应商的资信状况。要选择那些能够提供品质优良、价格合理的资源，交货及时、有良好信用，在质量和效率方面都信得过的供应商，并且要与主要供应商建立长期稳定的合作关系，保证企业生产资源供应的稳定性。第二，企业必须使自己的供应商多样化。企业过分依赖一家或少数几家供货商，受到供应变化的影响和打击的可能性就大。为了减少对企业的影响和制约，企业就要尽可能多地联系供货人，向多个供应商采购，尽量注意避免过于依靠单一的供应商，以免与供应商的关系发生变化时，使企业陷入困境。

(2)营销中介人。营销中介人是指协助企业促销、销售和配销其产品给最终购买者的企业或个人，包括中间商、实体分配机构、营销服务机构和财务中间机构。这些都是市场营销不可缺少的环节，大多数企业的营销活动，都必须通过它们的协助才能顺利进行。例如生产集中与消费分散的矛盾，就必须通过中间商的分销来解决；资金周转不灵，则须求助于银行或信托机构等。正因为有了营销中介所提供的服务，才使得企业的产品能够顺利地到达目标顾客手中。随着市场经济的发展，社会分工愈来愈细，那么，这些中介机构的影响和作用也就会愈来愈大。因此，企业在市场营销过程中，必须重视中介组织对企业营销活动的影响，并要处理好同它们的合作关系。

(3)公众。公众是指对企业实现其目标的能力感兴趣或发生影响的任何团体或个人。一个企业的公众主要有以下几大类。

金融公众，是指那些关心和影响企业取得资金能力的集团，包括银行、投资公司、证券公司、保险公司等。

媒介公众，指那些联系企业和外界的大众媒介，包括报纸、杂志、电视台、电台等。

政府公众，指负责企业的业务、经营活动的政府机构和企业的主管部门，如主管有关经济立法及经济政策、产品设计、定价、广告及销售方法的机构；各级经济发展规划部门、工商行政管理局、税务局、各级物价局等。

公民行动公众，指有权指责企业经营活动破坏环境质量、企业生产的产品损害消费者利益、企业经营的产品不符合少数民族需求特点的团体和组织，包括消费者协会、保护环境团体等。

地方公众，主要指企业周围居民和团体组织，他们对企业的态度会影响企业的营销活动。

一般公众，指对企业产品并不购买，但深刻地影响着消费者对企业及其产品看法的个人。

内部公众，指企业内部全体员工，包括董事长、经理、管理人员、职工。处理好内部公众关系是搞好外部公众关系的前提。

公众对企业的生存和发展产生巨大的影响，公众可增强企业实现其目标的能力，也可能会产生妨碍企业实现其目标的能力。所以，企业必须采取积极适当的措施，主动处理好同公众的关系，树立企业的良好形象，促进市场营销活动的顺利开展。

(4)顾客。企业的一切营销活动都是以满足顾客的需要为中心，因此，顾客是企业最重要的环境因素。顾客是企业服务的对象，顾客就是企业的目标市场。顾客可以从不同角度以不同的标准进行划分。

按照购买动机和类别分类，顾客市场可以分为以下几大类。

消费者市场，即指为满足个人或家庭需要而购买商品和服务的市场。

生产者市场，即指为赚取利润或达到其他目的而购买商品和服务来生产其他产品和服务的市场。

中间商市场，是指为利润而购买商品和服务以转售的市场。

政府集团市场，是指为提供公共服务或将商品与服务转给需要的人而购买商品和服务的政府和非盈利机构。

国际市场，指国外买主，包括国外的消费者、生产者、中间商和政府等。

上述每一种市场都有其独特的顾客。而这些市场上顾客需求不同，必定要求企业以不同的服务方式提供不同的产品(包括劳务)，从而制约着企业营销决策的制定和服务能力的形成。因此，企业要认真研究为之服务的不同顾客群，研究其类别、需求特点、购买动机等，使企业的营销活动能针对顾客的需要，符合顾客的愿望。

(5)竞争者。竞争是商品经济的基本特性，只要存在着商品生产和商品交换，就必然存在着竞争。企业在目标市场进行生产经营活动的过程中，不可避免地会遇到竞争者或竞争对手的挑战。只有一个企业垄断整个目标市场的情况是很少出现的，即使一个企业已经垄断了整个目标市场，竞争对手仍然有可能参与进来。同时只要存在着需求向替代品转移的可能性，潜在的竞争对手就会出现。竞争者的战略和活动的变化，会直接影响到企业的经营策略。例如最为明显的是竞争对手的价格、广告宣传、促销手段的变化、新产品的开发、售前售后服务的加强等，都将直接对企业造成威胁。因而企业必须密切注视竞争者的任何细微变化，并采取相应的对策。竞争者的评估如表2-8所示。

2. 微观环境分析工具——波特五力分析模型

创业环境中的微观环境也是在战略分析中所指的竞争环境，因此对于创业微观环境的分析我们可以采用经典的波特五力分析模型(Michael Porter's Five Forces Model)，又称波特竞争力模型，由迈克尔·波特(Michael Porter)于20世纪80年代初提出，对企业战略制定产生全球性的深远影响如图2-2所示。波特五力分析模型可以有效的分析企业的竞争环境，而这里的五力分别是：供应商的讨价还价能力、购买者的讨价还价能力、潜在竞争者进入的能力、替代品的替代能力、行业内竞争者现在的竞争能力。五种力量的不同组合变化最终影响行业利润潜力变化。

表2-8 竞争者评估

行业吸引力评价	识别公司竞争者
辨别竞争者的战略	判定竞争者的目标
评估竞争者的优势与劣势	评估竞争者的反应模式
设计竞争情报系统	选择竞争者以便进攻和回避
在顾客导向和竞争者导向中平衡	

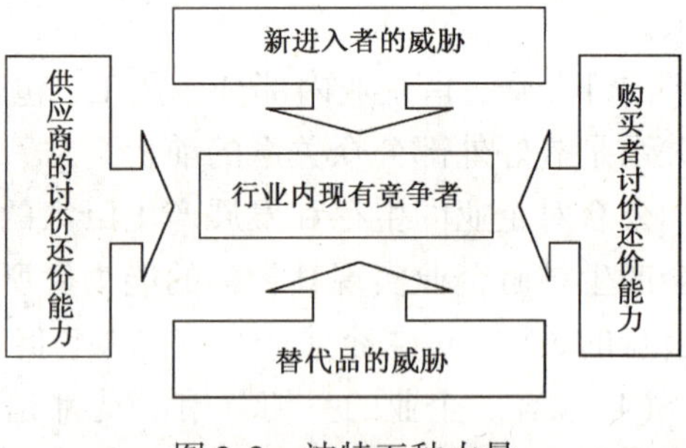

图2-2 波特五种力量

波特五种力量模型将大量不同的因素汇集在一个简单的模型中，以此分析一个行业的基本竞争态势。五种力量模型确定了竞争的五种主要来源，即供应商和购买者的讨价还价能力，潜在进入者的威胁，替代品的威胁，以及来自目前在同一行业的公司间竞争。一种可行战略的提出首先应该包括确认并评价这五种力量，不同力量的特性和重要性因行业和公司的不同而变化。

(1)供应商的讨价还价能力。供方主要通过提高投入要素价格与降低单位价值质量的能力，来影响行业中现有企业的盈利能力与产品竞争力。供方力量的强弱主要取决于他们所提供给买主的是什么投入要素，当供方所提供的投入要素其价值占买主产品总成本较大比例，对买主产品生产过程非常重要或者严重影响买主产品质量时，供方对于买主的潜在讨价还价力量就大大增强。一般来说，满足如下条件的供方集团会具有比较强大的讨价还价力量。

- 供方行业为一些具有比较稳固市场地位而不受市场剧烈竞争困挠的企业所控制，其产品的买主很多，以致于每一单个买主都不可能成为供方的重要客户；
- 供方各企业的产品具有一定特色，以至于买主难以转换或转换成本太高，或者很难找到可与供方企业产品相竞争的替代品；
- 供方能够方便地实行前向联合或一体化，而买主难以进行后向联合或一体化。

(2)购买者的讨价还价能力。购买者主要通过其压价与要求提供较高的产品或服务质量的能力，来影响行业中现有企业的盈利能力。一般来说，满足如下条件的购买者可能具有较强的讨价还价力量。

- 购买者的总数较少，而每个购买者的购买量较大，占了卖方销售量的很大比例；
- 卖方行业由大量相对来说规模较小的企业所组成；
- 购买者所购买的基本上是一种标准化产品，同时向多个卖主购买产品在经济上也完全可行；
- 购买者有能力实现后向一体化，而卖主不可能前向一体化。

(3)新进入者的威胁。新进入者在给行业带来新生产能力、新资源的同时，将希望在已被现有企业瓜分完毕的市场中赢得一席之地，这就有可能会与现有企业发生原材料与市场份额的竞争，最终导致行业中现有企业盈利水平降低，严重的话还有可能危及这些企业的生存。竞争性进入威胁的严重程度取决于两方面的因素，这就是进入新领域的障碍大小与预期现有企业对于进入者的反应情况。

进入障碍主要包括规模经济、产品差异、资本需要、转换成本、销售渠道开拓、政府行为与政策(如国家综合平衡统一建设的石化企业)、不受规模支配的成本劣势(如商业秘密、产供销关系、学习与经验曲线效应等)、自然资源(如冶金业对矿产的拥有)、地理环境(如造船厂只能建在海滨城市)等方面，这其中有些障碍是很难借助复制或仿造的方式来突破的。预期现有企业对进入者的反应情况，主要是采取报复行动的可能性大小，则取决于有关厂商的财力情况、报复记录、固定资产规模、行业增长速度等。总之，新企业进入一个行业的可能性大小，取决于进入者主观估计进入所能带来的潜在利益、所需花费的代价与所要承担的风险这三者的相对大小情况。

(4)替代品的威胁。两个处于同行业或不同行业中的企业，可能会由于所生产的产品是互为替代品，从而在它们之间产生相互竞争行为，这种源自于替代品的竞争会以各种形式影响行业中现有企业的竞争战略。首先，现有企业产品售价以及获利潜力的提高，将由于存在着能被用户方便接受的替代品而受到限制；第二，由于替代品生产者的侵入，使得现有企业必须提高产品质量、或者通过降低成本来降低售价、或者使其产品具有特色，否则其销量与利润增长的目标就有可能受挫；最后，源自替代品生产者的竞争强度，受产品买主转换成本高低的影响。总之，替代品价格越低、质量越好、用户转换成本越低，其所能产生的竞争压力就强；而这种来自替代品生产者的竞争压力的强度，可以具体通过考察替代品销售增长率、替代品厂家生产能力与盈利扩张情况来加以描述。

(5)行业内现有竞争者的竞争。大部分行业中的企业，相互之间的利益都是紧密联系在一起的，作为企业整体战略一部分的各企业竞争战略，其目标都在于使得自己的企业获得相对于竞争对手的优势，所以，在实施中就必然会产生冲突与对抗现象，这些冲突与对抗就构成了现有企业之间的竞争。现有企业之间的竞争常常表现在价格、广告、产品介绍、售后服务等方面，其竞争强度与许多因素有关。

一般来说，出现下述情况将意味着行业中现有企业之间竞争的加剧，这就是：行业进入障碍较低，势均力敌竞争对手较多，竞争参与者范围广泛；市场趋于成熟，产品需求增长缓慢；竞争者企图采用降价等手段促销；竞争者提供几乎相同的产品或服务，用户转换成本很低；一个战略行动如果取得成功，其收入相当可观；行业外部实力强大的公司在接收了行业中实力薄弱企业后，发起进攻性行动，结果使得刚被接收的企业成为市场的主要竞争者；退出障碍较高，即退出竞争要比继续参与竞争代价更高。在这里，退出障碍主要受经济、战略、感情以及社会政治关系等方面考虑的影响，具体包括：资产的专用性、退出的固定费用、战略上的相互牵制、情绪上的难以接受、政府和社会的各种限制等。

行业中的每一个企业或多或少都必须应付以上各种力量构成的威胁，而且经营者必须面对行业中的每一个竞争者的举动。除非认为正面交锋有必要而且有益处，例如要求得到很大的市场份额，否则经营者可以通过设置进入壁垒，包括差异化和转换成本来保护自己。当确定了优势和劣势时，必须进行定位，以便因势利导，而不是被预料到的环境因素变化所损害，如产品生命周期、行业增长速度等，然后保护自己并做好准备，以有效地对其他企业的举动做出反应。

根据上面对于五种竞争力量的讨论，企业可以采取尽可能地将自身的经营与竞争力量隔绝开来、努力从自身利益需要出发影响行业竞争规则、先占领有利的市场地位再发起进攻性竞争行动等手段，以增强自己的市场地位与竞争实力。波特五力模型与一般竞争战略的关系如表 2-9 所示。

表 2-9　波特五力模型与一般竞争战略的关系

行业内的五种力量	一般竞争战略		
	成本领先战略	差异化战略	专一化战略
进入障碍	具备杀价能力以阻碍潜在对手的进入	培育顾客忠诚度以挫伤潜在进入者的信心	通过专一战略建立核心能力以阻止潜在对手的进入
买方侃价能力	具备向大买家出更低价格的能力	因为选择范围小而削弱了大买家的谈判能力	因为没有选择范围使大买家丧失谈判能力
供方侃价能力	更好地抑制大卖家的侃价能力	更好地将供方的涨价部分转嫁给顾客方	进货量低供方的侃价能力就高。但专一化差异化的公司能更好地将供方的涨价部分转嫁出去
替代品的威胁	能够利用低价抵御替代品	顾客习惯于一种独特的产品或服务因而降低了替代品的威胁	特殊的产品和核心能力能够防止替代品的威胁
行业内对手的竞争	能更好地进行价格竞争	品牌忠诚度能使顾客不理睬你的竞争对手	竞争对手无法满足专一差异化顾客的需求

2.2.5 我国创业环境概况

创业环境不仅是创业机会的来源，其对创业活动的影响也是绝不容忽视的。我国的创业环境近几年逐步提升，越来越多的国内创业者投身创业活动，也吸引了大批国外投资者的关注。下面从七个方面对我国目前的创业环境进行简单的概述。

1. 金融支持

金融支持即创业资金来源问题。目前，我国创业资金主要有四个方面的来源：第一是创业者的自有资金；第二是非正式投资(主要包括从亲戚朋友处的借款所得、私人股权募集资金等)；第三是创业投资；第四是IPO。通常，在创业活动的前期，金融支持主要来自于前三种方式。

尽管我国金融支持力度逐步提高，但就世界范围来看还是相对较弱的，远低于世界平均水平。我国创业活动的金融支持主要来自于创业者的自有资金。除创业者的自有资金外，非正式投资也是我国创业者的主要资金来源，其中家庭是创业者获得资金的主要来源，其次是来自朋友的投资。

尽管调查显示，很多创业者期望来自于金融机构的资金支持，但真正能够得到来自于金融机构的资金支持还是极少数。因此，我国的创业金融支持环境还是亟待提高的。

2. 政府政策支持

政府政策对创业活动的支持主要表现为对创业活动的激励方面，主要包括中央政策和地方政策等。政府对创业活动的支持政策主要包括：关于创业活动的政策、关于成长企业的政策、关于就业的政策、关于环境政策、关于安全问题的政策、关于企业组织形式的政策、关于税收的政策等。

我国在政府政策对创业活动的支持方面还是较为突出的，对创业活动起到了一定的推动作用。与其他国家相比，我国的创业企业在税收方面获得了一定的优惠政策，这方面的负担较小，政府对创业企业的扶持意愿是较为明显的。但是，我国对新建企业的审批复杂、审批效率较低，相关费用较高，在某种程度上削弱了对创业企业的扶持作用。

目前，在金融政策、税收政策、所有制政策和产业政策等方面，我国正逐步加大对创业活动的扶持力度，给予了创业企业，特别是生存型创业企业税收上的减免，减轻了创业企业的负担。

3. 教育培训

创业教育是在基础教育的基础上，面向全民、特别是潜在创业群体的，关于创业知识、创业技能的教育培训活动。创业教育是创业者开展创业活动的基础，是促进创业、扩大就业的有效手段。

随着对创业教育认识的逐步提高，我国正在完善创业教育培训体系，并且已经逐步在中小学和大学教育阶段加设了创业教育的相关内容，加强对创业精神的培育和对创业素质的提高，从根本上对创业活动起到了促进和推动作用。

4. 研究开发转移

在科学技术日新月异的今天，新产品和新技术在现代企业运营过程中的应用已经屡见不鲜。利用这些新型技术所进行的创业活动，无论是对行业技术的进步，还是对扩大就业，都具有深远的现实意义。新产品和新技术往往出现在大学等科研机构中，这些新的产品和技术如何能够在生产生活的实践中得以应用，特别是在创业活动中得以应用，是推动科技型创业活动的关键。促进新的研发项目转移到创业活动中，主要依靠三个方面的支持：第一是技术来源，第二是资金支持，第三是技术转化，三个方面缺一不可。研究开发转移的过程，实际上就是将新技术引入创业实践的过程，成功与否是衡量创业活动效率高低和创业者创业技能的主要标志。

结合我国的创业实际，目前科研成果在创业过程的转化，政府还是给予了创业企业一定的支持。但在实际操作过程中，政府所提供的资金支持还是有限的，企业本身对研究成果转化过程中所需要的费用承担能力不足，影响了研究开发转移的效率和效果。值得一提的是，近年来，我国加大了对知识产权保护的力度，使得创业企业在新技术、新专利在使用过程中更加有所保障。

5. 商务环境和有形基础设施

商务环境主要指创业活动的软环境，如咨询服务、法律服务和金融服务等环境。目前各国的商务环境水平普遍较高，相比之下，尽管近年来政府已经采取了多项措施来优化商务环境，但我国的商务环境整体水平还是具有一定差距的。

随着国家对有形基础设施建设的积极投入，近年来，我国在此方面取得了较为明显的进步。便捷的交通设施、现代化的通信设施等都为创业活动提供了更多的便利条件。

6. 进入壁垒方面

随着世界经济的高速发展，国际市场变化剧烈，我国国内市场也处于高增长、高变化的阶段，产品更新换代的速度加快，产业的生命周期不断缩短。高速变化的市场在给创业企业带来不确定性的同时，也带来了大量的机会。对于大多数行业，我国的进入成本较低，更加有利于创业企业对于市场机会的把握。但在某些行业中，垄断现象十分严重，无形中增加了创业企业的进入成本，为创业企业设置了较高的进入壁垒。

7. 文化和社会规范方面

与其他国家相比，我国的传统文化和社会规范对创业精神具有一定的支持作用。在我国传统文化中，有很多方面都是鼓励个人勤奋努力、独立自立、富有创造精神、具有风险意识的，而这些精神特质都是创业精神的精华，对于创业活动起到了促进作用。

综上所述，近年来我国的创业环境整体向好，在基础设施建设、文化与社会规范等方面具有一定的优势。但在金融支持、研究开发转移、商务环境和创业教育等方面还存在着一定的差距，这些方面都制约着创业活动的开展。

积极营造和谐的创业环境，通过改善创业环境，能够进一步地提高创业者的创业热情，从而促进创业活动的开展。应该在政府提供资金支持的基础上，不断刺激资本市场的投资热情，提高创业投资在创业融资中的比重；应该继续加大政府政策对创业活动的支持力度，杜绝空泛的口号，将政府政策落实到细节之处；应该不断加强政府项目对创业活动的带动作用，培育和扶持创业企业；应该构建完善的创业教育体系，从创业精神的培养，到整体创业技能的提高；应该促进新产品、新技术从科研机构向创业市场转移的科技型创业活动，在保证技术支持的前提下，加大资金的投入力度；应该加强相关商务环境的培育，为创业企业提供全方位的周到服务；应该继续推行反垄断措施，降低创业企业的进入壁垒；应该继续发扬中国传统文化对创业活动的引导作用；应该不断促进新的创业机会的产生，提高识别创业机会、利用创业机会的能力。

2.3 创业机会的识别

创业机会是开展创业活动的前提，但只有当创业者识别并发现创业机会并将其付诸实践时，创业活动才能够得以开展，创业成功才能够成为一种可能性，这也是创业者能力的主要体现。

机会是创造出来的，企业家在不确定、变化以及技术剧变的过程中对均衡市场环境进行创造性破坏，在此过程中机会被创造出来。同时机会是客观存在的，只是没有被发现而已，创业者凭借其自身的知识和能力发现那些被忽视的创业机会。但机会对于每一个人都是不一样的。由于不同的环境、背景、经历、知识能力，决定一个人能看到与能拥有的机会种类与数量。时势造英雄，英雄不是天成的，机会环境比创业家性格更为重要，是机会塑造了创业家。机会的发掘不是偶然与机遇，而是创业家所拥有的知识与经验能力决定他所能发掘机会的数量与格局，以及这项机会可以被利用的程度。

2.3.1 创业机会的来源

创业机会无处不在、无时不在，但大千世界纷繁复杂，让人眼花缭乱，如何有效处理各种信息从而发掘出创业机会，对创业者而言是一个首要的课题。

1. 创业机会来源的研究

关于创业机会的来源，目前主要有外部环境变化观点、信息不对称观点等学说。

(1)外部环境变化观。Baron 和 Shane(2005)以创业过程为分析框架，提出了创业机会来源于创新变革、政治与规制变革、社会与人口变化、产业结构变化等因素的观点。

Ardichvili 等(2003)认为，创业机会是指创新或经济、政治、社会和人口条件变化使创造新事物成为可能这样一种情形。

Schumpeter(1934)认为真正有价值的创业机会来源于一些能使人们做以前没有做过的事或者使以更有价值的方式做事的变化。

Dollinger(2006)认为创业机会来源于影响现有市场均衡、能为供需双方带来利益的因素，有经验的创业者能从中找到很有价值的商机。

(2)信息不对称观。在 Kirzner(1997)看来，之所以存在创业机会，是因为人们拥有的信息不对称，使得掌握较多信息的人比其他人更容易做出有商业创意的决策。

本书认为外部环境变化和信息不对称都是创业机会的来源。创业机会的出现往往是因为环境的变动、市场的不协调或混乱、信息的滞后、领先或缺口，以及各种各样的其他因素的影响的。也就是说，在一个自由的企业系统中，当行业和市场中存在变化着的环境、混乱、混沌、矛盾、落后与领先、知识和信息的鸿沟，以及各种各样其他真空时，创业机会就产生了，如技术革新，消费者偏好的变化，法律政策的调整等。

2. 创业机会来源的发掘

著名管理大师彼得·德鲁克将创业者定义为那些能“寻找变化，并积极反应，把它当作机会充分利用起来的人”。创业的机会大都产生于不断变化的环境。环境变化了，市场需求、市场结构必然发生变化。因此，德鲁克提出的创业机会七大来源：①从意外情况中捕捉创新动机；②从实际和设想不一致性中捕捉创新动机；③从过程的需要中捕捉创新动机；④从行业和市场结构变化中捕捉创新动机；⑤从人口状况的变化中捕捉到创新动机；⑥从观念和认识的变化中捕捉到创新动机；⑦从新知识，新技术中捕捉创新动机。

Timmons 认为创业机会主要有七个来源：包括法规的改变、技术的快速变革、价值链重组、技术创新、现有管理者或者投资者的管理不善、战略型企业家以及市场领导者的短视。他认为这些创业机会主要是来自于改变、不连续的、或者是混乱的状况。

除此之外，在对创业机会来源的研究中，比较有代表性的就是 Schumpeter(1934)、Druker(1989)和 Timmons(1994)的观点，将他们具体观点进行比较，如表 2-10 所示。

表 2-10　创业机会来源主要观点比较

		Schumpeter	Druker	Timmons
外在配合条件	存在市场不均衡	打开新市场、创造或获取共赢的新来源		忽视下一波客户需要
	环境变动	引入生产或配销的新方法	基于产业获取市场结构上的改变、人口统计特性	法规的改变、价值链或配销通路的重组
	提供技术或新服务	引入新产品或服务	基于程序需要的创新	技术的快速变革、技术的创新
	现有厂商效率不佳	现有产品品质的明显的改善		现有管理或投资者的不良管理
	其他	产业内组织的新形态	新知识(科学的与非科学的)	
个人能力条件	相关领域的知识		意料之外的事件	
	创业警觉		意料之外的事件、不一致的状况认识、情绪及意义上的改变	
	其他			具备创业精神的领导

（资料来源：丁栋虹. 创业管理. 北京：清华大学出版社，2006.1，P24－25）

综上所述，我们认为众多的创业来源可归纳为技术机会、市场机会、顾客机会和政策机会四类创业机会，帮助创业者更有针对性地选择信息和分析信息，增加发现有效商机的概率。

(1)技术机会。即技术变化带来的创业机会，主要源自新的科技突破和社会的科技进步。通常，技术上的任何变化，或多种技术的组合，都可能给创业者带来某种商业机会。具体表现在以下三方面。

- 新技术替代旧技术。当在某一领域出现了新的科技突破和技术，并且它们足以替代某些旧技术时，创业的机会就来了。
- 实现新功能、创造新产品的新技术的出现。这无疑会给创业者带来新的商机。

• 新技术带来的新问题。多数技术的出现对人类都有其既利又弊的两面性,即在给人类带来新的利益的同时,也会给人类带来某些新的灾难。这就会迫使人们为了消除新技术的某些弊端,再去开发新的技术并使其商业化,这就会带来新的创业机会。

(2)市场机会。即市场变化产生的创业机会。一般来看,主要有以下四类:

• 市场上出现了与经济发展阶段有关的新需求。相应地,就需要有企业去满足这些新的需求,这同样是创业者可资利用的商业机会。

• 市场供给缺陷产生的新的商业机会。非均衡经济学认为,市场是不可能真正达到供求平衡的,总有一些供给不能实现其价值。因此,创业者如果能发现这些供给结构性缺陷,同样可以找到可资利用并创业的商业机会。

• 先进国家(或地区)产业转移带来的市场机会。从历史上看,世界各国各地的发展进程是有快有慢的。即便在同一国家,不同区域的发展进程也不尽相同。这样,在先进国家或地区与落后国家或地区之间,就有一个发展的"势差"。当这"势差"大到一定程度,由于国家或地区之间存在"成本差异",再加上经济发展到一定程度时,环保问题往往会被先进国家或地区率先提到议事日程上,所以,先进国家或地区就会将某些产业向外转移,这就可能为落后国家或地区的创业者提供创业的商业机会。

(3)顾客机会。创业的根本目的是满足顾客需求, 顾客需求在没有满足前就是问题。这种问题和需求可能是被忽略顾客群的需求, 也可能是新顾客全体的需求, 还可能是特殊顾客群体的需求。寻找创业机会的一个重要途径是善于去发现和体会自己和他人在需求方面的问题或生活中的难处。

(4)政策机会。即政府政策变化所赐予创业者的商业机会。随着经济发展、科技变革等,政府必然也要不断调整自己的政策,而政府政策的某些变化,就可能给创业者带来新的商业机会。

2.3.2 识别创业机会的方法

1. 通过系统分析发现机会

实际上, 绝大多数的机会都可以通过系统分析得到发现。人们可以从企业的宏观环境(政治、法律、技术、人口等)和微观环境(顾客、竞争对手、供应商等)的变化中发现机会。借助市场调研, 从环境变化中发现机会, 是创业机会发现的一般规律。

2. 新眼光调查

注重二级调查: 阅读某人的发现和出版的作品、利用互联网搜索数据、浏览寻找包含你所需要信息的报纸文章等都是二级调查的形式。

开展初级调查: 通过与顾客、供应商、销售商交谈和采访他们, 直接与这个世界互动, 了解正在发生什么以及将要发生什么。

记录你的想法: 瑞士最大的音像书籍公司的创始人说他就有一本这样的笔记本, 当记录到第 200 个想法时, 他坐下来, 回顾所有的想法, 然后开办了自己的公司。

3. 通过问题分析和顾客建议发现机会

问题分析从一开始就要找出个人或组织的需求和他们面临的问题, 这些需求和问题可能很明确，也可能很含蓄。一个有效并有回报的解决方法对创业者来说是识别机会的基础。这个分析需要全面了解顾客的需求，以及可能用来满足这些需求的手段。

从顾客那里征求想法。一个新的机会可能会由顾客识别出来，因为他们知道自己究竟需要什么。顾客就会为创业者提供机会。顾客建议多种多样，他们会提出一些诸如"如果那样的话不是会很棒吗"这样的非正式建议。留意这些，有助于你发现创业机会。

4. 通过创造获得机会

这种方法在新技术行业中最为常见，它可能始于明确拟满足的市场需求，从而积极探索相应的新技术和新知识，也可能始于一项新技术发明，进而积极探索新技术的商业价值。通过创造获得机会比其他任何方式的难度都大，风险也更高。同时，如果能够成功，其回报也更大。这种情况下所产生的创新在人类所具有重大影响的创新中，居于压倒性的地位。索尼公司开发随身听(Walkman)就是一个很好的例子。索尼公司觉察到人们希望随身携带一个听音乐的设备，并利用公司微缩技术的核心能力从事项目研究，最终开发出划时代的产品——随身听，取得了巨大的成功。

2.3.3 创业机会识别的关键影响因素

作为创业者，难能可贵的地方就在于他能发现其他人所看不到的机会，并迅速采取行动来把握创业机会并实现创业机会的价值。在很长一段时间里，人们认为一般人群不可能看到创业机会，发现机会并成为创业者的个体具有别人所没有的特殊禀赋，识别创业机会难以模仿，更不可学习。但是，随着学术研究的深入，人们逐渐总结出了一些识别创业机会的规律和技巧。正如物理学教授不可能指望每个人都成为爱因斯坦一样，掌握有关识别创业机会的知识，虽然不能保证能够发现创业机会，但确实能给人们的行动提供思路和指导。

创业机会的有效识别依赖于两个方面：客观上良好的评价系统和评价指标，以及主观上创业者能够正确获取信息感知机会的能力。对于是什么因素导致一些人更善于识别出有价值的创业机会，不少学者进行过研究，下面是取得共识的四类主要因素。

1. 先前经验

存在两类的先前知识与机会感知过程相关联。一类创业者具有浓厚兴趣领域内的知识，在这种兴趣爱好的驱使下，创业者会花费大量的时间与精力来学习提升其能力，并在在这个领域内拥有了非常深厚的知识积累。还有一类知识是涉及不同的领域，这些知识是来源于常年的工作积累，而与其兴趣爱好没有关系。这两个领域的整合可能直接导致其识别新机会、新市场或者解决顾客问题的新途径。

创业者较其他人来说更容易发现机会是因为先前他所拥有的知识有助于认识到市场中有价值的新信息。并且，他强调任何创业者只能发现与其先前知识相关联的创业机会。这些先前知识主要包括先前的市场知识、先前的市场服务方式知识、先前的顾客问题知识这三类。Shane 指出由于个体所有的先前知识之间存在异质性，这种异质性形成了知识通道，所以个体只能感知到某个机会。在特定产业中的先前经验有助于创业者识别出商业机会，这被称为走廊原理。它是指创业者一旦创建企业，他就开始了一段旅程，在这段旅程中，通向创业机会的“走廊”将变得清晰可见。这个原理提供的见解是，某个人一旦投身于某产业创业，这个人将比那些从产业外观察的人，更容易看到产业内的新机会。

2. 认知因素

机会识别可能是一项先天技能或一种认知过程。有些人认为，创业者有“第六感”，使他们能看到别人错过的机会。多数创业者以这种观点看待自己，认为他们比别人更“警觉”。警觉很大程度上是一种习得性的技能；拥有某个领域更多知识的人，倾向于比其他人对该领域内的机会更警觉。

学者 Kirzner 最早使用“洞察力”来解释创业机会的识别过程。Kirzner 着眼于市场过程的考察，指出由于经济中的当事人并不能够掌握所有的市场信息，那么，市场的常态将不会是均衡状态。而企业家就是对那些变化着的环境或被普通人忽视的机会保持警觉的人。他还进一步的指出企业家不止针对现存条件下未被开发的机会保持警觉，而且也对那些未来的机会保持警觉性。对信息洞察力状态的提高可以带来潜在创业者的机会感知。这种思路隐含着这样的观点,就是更敏锐的洞察力会带来更高的感知创业机会的概率。

3. 社会关系网络

社会关系网络能带来承载创业机会的有价值信息，个人社会关系网络的深度和广度影响着机会识别。

创业者所处的社会关系网络对机会的感知非常重要,这种关系网络是作为企业的重要隐形资源,对于创业企业的生存以及发展具有非常重要的推动和促进作用。成功的创业企业通常能够从其社会网络中捕捉商机、获取资源，给企业创造出显性资源无法实现的价值。研究已经发现，社会关系网络是个体识别创业机会的主要来源，更多的关系网络的创业者较单独创业者能更多的发现创业机会；同时与强关系相比，弱关系更有助于个体识别创业机会。

4. 个人特质

很多研究关注企业家的个人特质对于成功的感知机会的作用,而相关研究也表明了有两项个人特质的确与成功的机会感知有关。

第一种是自信、乐观与机会感知的关系。克鲁格(Krueger)等人的研究表明企业家的乐观精神与自我效能感相关。William Guth 等人发现创业者的乐观态度是新创企业成功的重要内在因素。

第二种特质是创造力。创造力在创业决策中起到了非常重要的作用。调查显示，90%的被调查者认为创造力对创业机会识别非常重要。创造性是产生新奇或有用创意的过程。从某种程度上讲，机会识别是一个创造过程，是不断反复的创造性思维过程。在听到更多趣闻轶事的基础上，你会很容易看到创造性包含在许多产品、服务和业务的形成过程中。对个人来说，创造过程可分为五个阶段，分别是准备、孵化、洞察、评价和阐述。

2.4 创业机会的评估

链接 1

万燕才起飞，却折了翅膀

1956 年，美国安培公司研制成世界上第一台磁带录像机，但在几十年里，它的替代品一直都没有出现。

1992 年 4 月美国国际广播电视技术展览会上，C－CUBE 公司展出了 MPEG 解压缩技术，这项技术在当时本无新意，大家都把它看成一种压缩技术的变形。但却引起当时还是安徽电视台研究员的姜万勐注意，他认识到：MPEG 技术可把 74 分钟的图像和声音压缩，存储在一张 12cm 的 CD 光盘里，从而创造出一种新的视听产品，这无疑可以成为一个新兴产业的开端。姜万勐与 C－CUBE 公司的董事长孙燕生一拍即合，将 MPEG 技术开发为电子消费产品。姜万勐当即投资 7 万美元，请 C－CUBE 公司为其做一种板卡。12 月份，又投资 50 万美元，VCD 播放机诞生。看到实验室成果后，双方共同投资 1700 万美元成立万燕公司。

VCD 播放机诞生，“万燕”的第一代产品于 1993 年 9 月面世并通过国家鉴定，1994 年初万燕产品进入市场推广阶段。在电视广告的黄金时段，关凌抱着一堆碟片朗朗说到：“小影碟特便宜”，中国老百姓开始接受 VCD 这个颇有些洋味的概念。为打开市场，姜万勐倾尽所有财力，1994 年一年，万燕广告投入费用达 2000 万元人民币，然而享受丰硕成果的却并不是万燕公司本身。

1995 年 4 月，胡志标筹集 80 万元资金，在中山市东升镇成立“爱多”公司。11 月，“爱多”投下重金在央视打出广告，随后又请影视巨星成龙做品牌宣传，一时间声名鹊起。

从 1996 年开始，中国的 VCD 市场每年以数倍速度增长，销量从 1995 年的 60 万台猛增至 1996 年的 600 多万台，1997 年销售达到 1000 万台，短短 5 年累计销售已有 5000 万台，并催生了爱多、步步高、新科等国内响当当的品牌。但“万燕”却在这个产业中，从“先驱”成为“先烈”，其市场份额从 100% 跌到 2%。最终“万燕”被同省的美菱集团重组，成为美菱万燕公司。

一个无中生有的产品，面临的最大问题就是如何让消费者认知和接受。大部分先行品牌的做法都是采用高频率的广告轰炸，但这是一种非常冒险的行为，失之毫厘，就会让自己在市场引爆前弹尽粮绝，为他人做嫁衣，成为先烈。

中国第一个方便面生产商上海益民无人知晓。(1986 年)

中国第一瓶洗发露——蜂花淹没在花丛中。(1979 年)

中国第一台直排燃气热水器玉环热水器被排挤在外。(1979 年)

中国第一部矿泉壶百龙销声匿迹。(1991－1996)

中国第一部 PDA 快译通陨落了。(1992)

中国第一冰茶概念的创导者“旭日升”被市场冻结。(1994)

一个好的创业机会意味着成功的一半。但并不是每一个创业机会都适合于创业，都能创业成功。创业机会一旦被识别，就要对这个机会进行评估，评估是否是一个有价值的创业机会，并不是每一个创业机会都会给创业者带来效益，每个创业机会都存在一定的风险。所以，创业者在利用这个创业机会之前就要对这个机会进行科学的分析与评估，然后作出选择。目前较为普遍使用的评估方法是价值评估矩阵与 Timmons 创业机会评价模型。

2.4.1 创业机会价值评估矩阵

不同的创业机会可以为创业者带来的利益大小也不一样，即不同创业机会的价值具有差异性。为了在千变万化的市场环境中找出有价值的创业机会，创业者需要对创业机会的价值进行更为详细具体的分析。

创业者在搜寻、识别和利用创业机会的过程中，所主要关注的就是创业机会的可行性和盈利性。其中，创业机会的可行性是开展创业活动的必要条件，而创业机会的盈利性则是开展创业活动的主要驱动力。因此创业机会的价值大小由创业机会的吸引力和可行性两方面因素决定。

1. 创业机会的吸引力

创业机会对创业者的吸引力是指创业企业利用该创业机会可能创造的最大利益。它表明了创业企业在理想条件下充分利用该创业机会的最大极限。反映创业机会吸引力的指标主要有市场需求规模、利润率、发展潜力。

(1) 市场需求规模。市场需求规模表明创业机会当前所提供的潜在市场需求总量的大小，通常用产品销售数量或销售金额来表示。事实上，创业机会提供的市场需求总量往往由多个企业共享，特定创业企业只能拥有该市场需求规模的一部分，因此，这一指标可以由创业企业在该市场需求规模中可能达到的最大市场份额代替。尽管如此，若提供的市场需求总量规模大，则该创业机会使每个企业获得更大需求份额的可能性也大一些，该创业机会对这些创业企业的吸引力也在不同程度上更大一些。

(2) 利润率。利润率是指创业机会提供的市场需求中单位需求量可以为创业企业带来的最大利益(这里主要是指经济利益)。利润率反映了创业机会所提供的市场需求在利益方面的特性。它和市场需求规模一起决定了创业企业当前利用该创业机会可创造的最高利益。

(3) 发展潜力。发展潜力反映创业机会为创业企业提供的市场需求规模、利润率的发展趋势及其速度情况。发展潜力同样也是确定创业机会吸引力大小的重要依据。即使创业者当前面临的某一创业机会所提供的市场需求规模很小或利润率很低，但由于整个市场规模或利润率有迅速增大的趋势，则该创业机会对创业者来说仍可能具有相当大的吸引力。

2. 创业机会的可行性

创业机会的可行性是指创业者把握住创业机会并将其转化为具体利益的可能性。从特定创业者角度来讲，只有吸引力的创业机会并不一定能成为创业企业实际上的发展良机，具有吸引力的创业机会必须同时具有强可行性才会是创业者高价值的创业机会。例如，某创业企业在准备进入数据终端处理市场时，意识到尽管该市场潜力很大(吸引力大)，但企业缺乏必要的技术能力(可行性差)，所以创业机会对该企业的价值不大，无法未进入该市场。后来，公司通过吸纳其他创业者或创业企业具备了应有的技术(此时可行性增强，创业机会价值增大)，这时企业可正式进入该市场。

创业机会的可行性是由创业者(创业企业)自身条件、外部环境状况两方面决定的。

(1)创业者自身条件。创业者自身条件是能否把握住创业机会的主观决定因素。它对创业机会可行性的决定作用有三：首先创业者是否有足够的经验和资源去把握创业机会，例如，一个具有很大吸引力的饮料产品的需求市场的出现，对主要经验为非饮料食品的创业者来说，可行性可能就会小一些，同时，一个吸引力很大的创业机会很可能会导致激烈的竞争，实力较差者的创业者，可能无法参与竞争；其次，创业企业是否能够获得内部差别优势，所谓创业企业的内部差别优势，是指该创业企业比市场中其他企业更优越的内部条件，通常是先进的工艺技术，先进的生产设备，产品或创业者已建立强势形象等等，创业者应对自身的优势和弱点进行正确分析，了解自身的内部差别优势所在，并据此更好地弄清创业机会的可行性大小，创业企业也可以有针对性地改善自身的条件，创造出新的差别优势；最后，创业企业团队的整体能力也影响着创业机会可行性的大小，针对某一创业机会，只有创业团队成员的能力和经验构成和协作程度都与之相匹配时，该创业机会对创业者才会有较大的可行性。

(2)外部环境条件。创业企业的外部环境从客观上决定着创业机会对创业企业可行性的大小。外部环境中每一个宏观、微观环境要素的变化都可能使创业机会的可行性发生很大的变化。例如，某创业企业试图进入一个吸引力很大的市场。原来的判断是：由于该市场的产品符合创业者的经营特长，并且创业企业在该产品生产方面有工艺技术和生产规模上的优势，创业企业可获得相当可观的利润。然而在很短时间内，许多外部环境要素已发生或即将发生一些变化：随着原有的竞争对手和潜在的竞争者逐渐进入该产品市场，并采取了相应的工艺革新，使该创业企业的差别优势在减弱；比该产品更低价的替代品已经开始出现，顾客因此对创业企业拟推出的产品的定价的接受度下降，但降价意味着利润率的锐减；环保组织在近期的活动中已经预示着该创业企业产品使用后的废弃物将被视为造成地区污染的因素之一；最后，政府即将通过的一项关于国民经济发展的政策可能会使该产品的原材料价格上涨，这也将意味着利润率的下降。这表明，尽管创业者的自身条件即决定创业机会可行性的主观因素没变，但由于决定可行性的一些外部因素发生了重要变化，也使该创业机会对创业企业的可行性大为降低。同时，利润率的下降又导致了市场吸引力的下降。吸引力与可行性的减弱最终使原创业机会的价值大为减小，以至于创业企业不得不重新考虑创业项目或调整创业方案。

3. 评估方法

确定了创业机会的吸引力与可行性，就可以综合这两个方面对创业机会进行评估。按吸引力大小和可行性强弱组合可构成创业机会的价值评估矩阵，如图 2-3 所示。

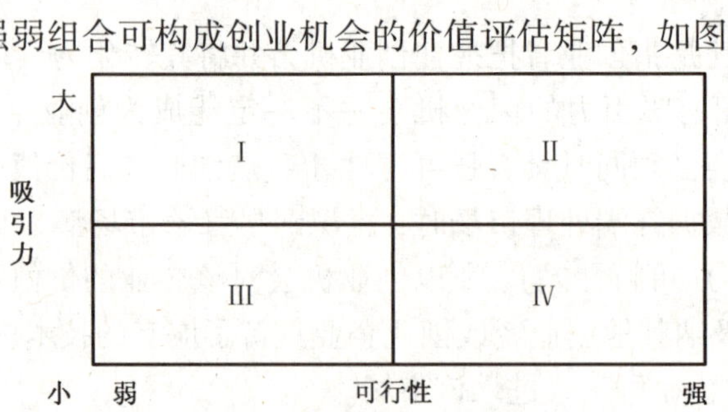

图 2-3　创业机会价值评估矩阵

区域Ⅰ为吸引力大、可行性弱的创业机会。一般来说，该种创业机会的价值不会很大。除了少数好冒风险的创业者，一般创业者不会将主要精力放在此类创业机会上。但是，创业者可时刻注意决定其可行性大小的内、外环境条件的变动情况，并做好当其可行性变大进入区域Ⅱ迅速反应的准备。

区域Ⅱ为吸引力小、可行性俱佳的创业机会，该类创业机会的价值最大。通常，此类创业机会既稀缺又不稳定。创业者的一个重要任务就是要及时、准确地发现有哪些创业机会进入或退出了该区域。该区域的创业机会是创业活动最理想的选择。

区域Ⅲ为吸引力、可行性皆差的创业机会。通常创业者不会去注意该类价值最低的创业机会。该类创业机会不大可能直接跃居到区域Ⅰ中，它们通常需经由区域Ⅰ、Ⅳ才能向区域Ⅰ转变。当然，有可能在极特殊的情况下，该区域的创业机会的可行性、吸引力突然同时大幅度增加。创业者对这种现象的发生也应有一定的准备。

区域Ⅳ为吸引力小、可行性大的创业机会。该类创业机会的风险低，获利能力也小，通常稳定型创业者、实力薄弱的创业者以该类创业机会作为其创业活动的主要目标。对该区域的创业机会，创业者应注意其市场需求规模、发展速度、利润率等方面的变化情况，以便在该类创业机会进入区域Ⅱ时可以有效地把握。

需要注意的是，该矩阵是针对特定创业企业的。同一创业机会在不同创业企业的矩阵中出现的位置是不一样的。这是因为对不同经营环境条件的创业企业，创业机会的利润率、发展潜力等影响吸引力大小的因素状况以及可行性均会有所不同。

在上述矩阵中，创业机会的吸引力与可行性大小的具体确定方法一般采用加权平均估算法。该方法将决定创业机会的吸引力(或可行性)的各项因素设定权值，再对当前创业企业这些因素的具体情况确定一个分数值，最后加权平均之和即从数量上反映了该创业机会对创业企业的吸引力(或可行性)的大小。

2.4.2 Timmons 创业机会评价模型

美国著名的创业管理专家 J. A. Timmons 提出的创业商机评价模型是目前国际比较流行的风险投资家、创业者所普遍使用的创业商机评价方法，该方法总结了八大类 53 项指标来评价一个创业企业的表现和未来发展情况。尽管现实中的成千上万的创业机会未必能与这个评价模型相契合，但这个评价模型总体看来还是比较系统的，评价框架的这八类指标分别为：行业与市场、经济因素、收获条件、竞争优势、管理团队、致命缺陷、创业家的个人标准与理想与现实的战略性差异。这八类指标所分别包括的具体指标如表 2-11 所示。

表 2-11 Timmons 创业创业机会评价表

行业与市场	1. 市场容易识别，可以带来持续收入 2. 顾客可以接受产品或服务，愿意为此付费 3. 产品的附加值高 4. 产品对市场的影响力高 5. 将要开发的产品生命周期长久 6. 项目所在的行业是新兴行业，竞争不完善 7. 市场规模大，销售潜力达到 1000 万 ~10 亿元 8. 市场成长率在 30% ~50% 甚至更高 9. 现有厂商的生产能力几乎完全饱和 10. 在五年内能占据市场的领导地位，达到 20% 以上 11. 拥有低成本的供货商，具有成本优势

经济因素	1. 达到盈亏平衡点所需要的时间在1.5~2年以下 2. 盈亏平衡点不会逐渐提高 3. 投资回报率在25%以上 4. 项目对资金的要求不是很大，能够获得融资 5. 销售额的年增长率高于15% 6. 有良好的现金流量，能占到销售额的20%~30%以上 7. 能获得持久的毛利，毛利率要达到40%以上 8. 能获得持久的税后利润，税后利润率要超过10% 9. 资产集中程度低 10. 运营资金不多，需求量是逐渐增加的 11. 研究开发工作对资金的要求不高
收获条件	1. 项目带来的附加价值具有较高的战略意义 2. 存在现有的或可预料的退出方式 3. 资本市场环境有利，可以实现资本的流动
竞争优势	1. 固定成本和可变成本低 2. 对成本、价格和销售的控制较高 3. 已经获得或可以获得对专利所有权的保护 4. 竞争对手尚未觉醒，竞争较弱 5. 拥有专利或具有某种独占性 6. 拥有发展良好的网络关系，容易获得合同 7. 拥有杰出的关键人员和管理团队
管理团队	1. 创业者团队是一个优秀管理者的组合 2. 行业和技术经验达到了本行业的最高水平 3. 管理团队的正直廉洁程度能达到最高水准 4. 管理团队知道自己缺乏哪方面的知识
致命缺陷	不存在任何致命缺陷
创业家的个人标准	1. 个人目标与创业活动相符合 2. 创业家可以做到在有限的风险下实现成功 3. 创业家能接受薪水减少等损失 4. 创业家渴望进行创业这种生活方式，而不只是为了赚大钱 5. 创业家可以承受适当的风险 6. 创业家在压力下状态依然良好
理想与现实的战略性差异	1. 理想与现实情况相吻合 2. 管理团队已经是最好的 3. 在客户服务管理方面有很好的服务理念 4. 所创办的事业顺应时代潮流 5. 所采取的技术具有突破性，不存在许多替代品或竞争对手 6. 具备灵活的适应能力，能快速地进行取舍 7. 始终在寻找新的机会 8. 定价与市场领先者几乎持平 9. 能够获得销售渠道，或已经拥有现成的网络 10. 能够允许失败

2.4.3 Ardichvili 创业机会来源

Ardichvili 等人根据创业机会的来源和发展情况将创业机会进行分类，而这种分类方法也可以用于判断创业机会的价值与采用。

将创业机会分为两个维度构成矩阵：横轴以探寻到的价值为坐标，这一维度代表着创业机会的潜在价值；纵轴以创业者的创造价值能力为坐标，代表着创业者是否能够有效开发并利用这一创业机会，如图2-4所示。按照这两个维度将其划分成四象限。

第一象限，机会的价值并不确定，创业者能力也不确定，这种机会为“梦想”。

第二象限，机会的价值已经较为明确，但如何实现这种价值的能力尚未确定。这种机会是一种“尚待解决的问题”。

第三象限，机会的价值尚未明确，而创造价值的能力已经较为确定，称这样的机会为“技术转移”。

第四象限中，机会的价值和创造价值的能力都已确定，这一机会可称为“业务或者说是企业形成”。

Ardichvili 认为，比起右下角的创业机会，右上角的机会其成功的可能性不大。

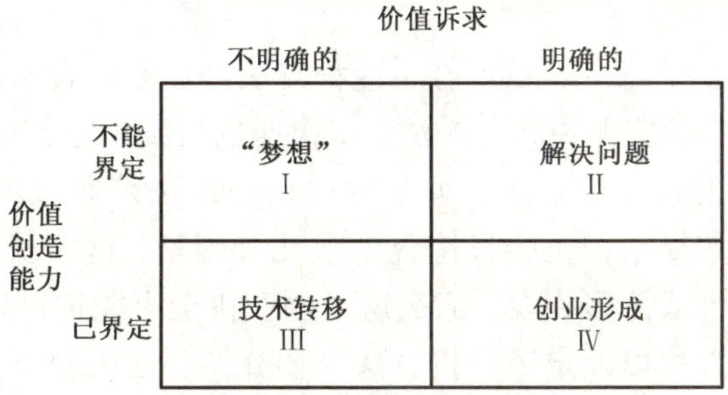

图 2-4　创业机会分类

2.4.4　其他评估方法

除以上介绍的两种方法之外，我们一般将其他创业机会的评估方法分为定性分析方法和定量分析方法两种。

1. 定性分析方法

Thomas WLZimmerer 和 Norman MLScarborough 把创业机会的评价分为五大步骤：第一步，判断新产品或服务将如何为购买者创造价值及使用新产品或服务的潜在障碍。根据对产品或服务使用的潜在障碍以及市场认可度的分析，得出新产品的潜在需求、早期使用者的行为特征以及产品达到创造收益的预期时间。第二步，分析产品在目标市场投放的技术风险、财务风险并进行机会窗分析。第三步，在产品的制造过程中是否能保证足够的生产批量和可以接受的产品质量。第四步，估算新产品项目的初始投资额，使用何种融资渠道。第五步，在更大范围内考虑风险程度以及如何控制和管理那些风险因素。

Longenecker 等人提出评价创业机会的五个标准，对产品有明确界定的市场需求；投资项目必须能够维持长久的竞争优势；投资必须拥有高回报率，所以其中允许有些失误；创业者和机会必须相互合适；机会中不存在致命的缺陷。

Stevenson，Roberts 等人认为要评价创业机会，就要充分考虑下面几个重要问题：机会的大小、存在的时间跨度和随时间成长的速度；潜在利润能否弥补投资成本；机会是否带来了多样性的商业机会选择；可能障碍；产品或服务是否满足需求。

2. 定量分析方法

第一，标准打分矩阵。这种方法是通过选择对创业机会成功有重要影响的因素，并由专家小组对每一个因素进行打分，分为最好(30%)、好(20%)、一般(10%)三个等级，最后求出对于每个因素在各个创业机会下的加权平均分，从而可以对不同的创业机会进行比较。

第二，温斯汀豪斯法。温斯汀豪斯法(Westinghouse)实际上是计算和比较各个机会的优先级，如下公式来表示：

$$\frac{技术成功概率 \times 商业成功概率 \times (价格 - 成本) \times 投资生命周期}{总成本} = 机会优先级$$

在该公式中，技术和商业成功概率用百分比表示，成本以单位产品成本计算，投资生命周期收入是指可以预期的所有收入，总成本包括研究、设计、制造和销售费用各个环节的成本之和。

第三，波泰申米特法(Potentionmeter)。这种方法是让创业者来填写针对不同因素的不同情况，预先设定好权值的选项式问卷方法，来快速的得到特定创业机会的成功潜力指标。

第四，贝蒂(Batty)的选择因素法。贝蒂的选择因素法是通过11个选择因素的设定来对创业机会进行判断。如果某个机会只符合少数几个因素，这个机会和可能就不可取；如果某个机会符合其中七个或更多因素，那么这个创业机会可能很可取。

以上是对定性分析方法以及定量分析方法简要介绍，创业者可以根据需要选择不同的方法对创业机会进行分析，从而选择合适自己的创业机会。

应用与训练

1. 思考与练习

(1)什么是创业机会？创业机会的特征是什么？

(2)创业环境对创业机会有哪些影响？

(3)创业的宏观环境与微观环境分析包括哪些内容？

(4)什么是PEST分析方法？

(5)什么是波特五力分析模型？

(6)创业机会的主要来源？

(7)创业机会识别的关键影响因素是什么？

(8)如何利用价值评估矩阵进行创业机会的评估？

(9)如何利用Timmons创业机会评价模型进行创业机会的评估？

2. 案例分析

马云的创业历程

一、认识马云

马云是阿里巴巴集团的主要创始人之一、阿里巴巴集团主席和首席执行官、阿里巴巴公司主席和执行董事、软银集团董事、中国雅虎董事局主席、亚太经济合作组织(APEC)下属工商咨询委员会(ABAC)会员、杭州市政协委员、杭州师范大学阿里巴巴商学院院长。

1964年，马云出生于杭州西湖畔的一个普通家庭。马云求学的道路较为坎坷，中考考了两次，高考竟考了三次。第一次高考失利后，马云曾经放弃求学，尝试做过搬运工、秘书等工作后，在一个偶然的机会受到《人生》一书的启发，马云才继续回到求学的道路上。终于，在参加第三次高考后，马云于1984年被杭州师范大学外语系录取。在大学里，马云展露出他的领导才能，当选为学生会主席。

1988 年，24 岁的马云大学毕业后，进入杭州电子工业学院（现杭州电子科技大学）当上了一名老师，主要讲授英语和国际贸易等课程。在任教期间的业余时间里，马云在当地一家夜校做兼职教师，教授英语，同时还做一些翻译工作。

1995 年，创办了中国首家互联网商业信息发布平台——“中国黄页”；1997 年，加盟外经贸部中国国际电子商务中心，并开发了外经贸部官方网站及网上中国商品交易市场；1999 年，创建了阿里巴巴网站；2003 年，创建了目前国内最大 C2C 购物平台——淘宝网；2004 年，创建了独立的第三方电子支付平台——支付宝；2005 年，兼并了当时全球最大的门户网站——雅虎在华的全部资产，阿里巴巴因此成为中国最大的互联网公司；2007 年，推出了以网络广告为营收项目的营销平台——阿里妈妈。

二、初次创业

参加工作后的马云并未安于现状。1991 年，马云利用自己的专业背景，开始了他的第一次创业，和朋友合伙开了一家翻译社，取名为“海博翻译社”。但马云的首次创业并不是很成功的，翻译社成立后，经营惨淡，入不敷出。但是，马云并没有就此放弃，他在翻译社里做起了小商品生意，出售一些工艺品和鲜花。多样化经营的措施很快使得翻译社的生意出现了转机，经营慢慢走上了正轨。

在翻译社的日常业务中，马云建立了与一些政府部门的联系，在翻译社规模不断扩大的同时，马云在杭州也因“英语棒”而小有名气。在经营翻译社期间，马云不仅承担了学校最多的课程，还组织建立了杭州市第一个英语角，进一步扩大了自己的知名度。

在很多关于马云的创业历程的描述中，都未曾提及马云的这一次创业经历，主要是因为，这次创业的主要内容与其后来在电子商务方面的成就差异较大。但是，马云这一次的创业经历却为其日后的创业成功奠定了坚实的基础。

三、二次创业

在经营翻译社的过程中，由于马云与一些政府部门的业务往来，以及他“英语棒”的名气，他还经常参与一些政府部门的涉外交流工作，这种身份给他在电子商务领域创业带来最大的契机。

1995 年初，马云受浙江省交通厅委托到美国催讨一笔债务，虽然最后债务没有讨回，但却使马云有机会接触到了当时在国内鲜有人知的互联网。初次接触互联网，头脑活络的马云竟然想到了要为他的翻译社在网上做广告。在将翻译社的广告放到网上的两个小时里，马云竟收到了来自不同国家的六封邮件，这让思维机敏的马云头脑中出现了一个念头。他想到自己可以成立一个公司，可以象自己在互联网上做广告一样，将中国企业的资料都以这种形式向世界发布，在宣传中国企业的同时，自己可以作为这种广告的媒介来获得利润。

回国后，马云立刻向周围的朋友征求意见，但很少有人支持他。在那个年代，大家甚至不知道什么是互联网，因此很难理解马云的想法。但是马云还是获得了妻子和几个朋友的支持，毅然辞去了待遇丰厚的教师工作，着手建立自己的公司。

1995 年 4 月，31 岁的马云，拿着从亲戚处凑来的两万元钱，与妻子和一个朋友一起，创建了我国较早的一家互联网公司——海博网络，建立了服务于企业的商业网站——“中国黄页”，这是中国首个互联网商业信息发布平台。

在马云的互联网创业之初，是非常艰难的。当时互联网还没有在中国普及，很多城市没有开通互联网，很多人也从未听说过互联网。马云一边向客户解释着什么是互联网，一边推介着中国黄页，经常被人误解为“骗子”。但随着互联网在不同城市的陆续开通，中国黄页的客户数量迅速增加，马云在努力工作的同时，很快获得了巨大的利润，扩大了在全国范围内的知名度。1996 年年底，海博网络的营业额达到了 700 万。

随着互联网的普及，在行业内处于垄断地位的杭州电信也涉足此业，由于实力悬殊，马云不得不选择与杭州电信合作经营中国黄页。很快，由于经营理念的差异，马云选择了退出，放弃了中国黄页。

1997年，应中国外经贸部的邀请，马云加入了中国国际电子商务中心，并亲自承担管理工作，开发了外经贸部官方网站，建立了中国商品网上交易市场，同时还开发了网上中国技术出口交易会、中国招商、网上广交会和中国外经贸等一系列国家级网站。在此过程中，马云加深了对互联网和电子商务的认识，逐渐形成了B2B的思路。而这段在外经贸部工作的经历，也给马云带来了很大的收获，在坚定其电子商务创业的信心的同时，也使他对社会发展有了更深层次的认识，考虑问题有了更为宏观的视角。

四、三次创业

1999年，凭借其在外经贸部工作时所形成的构想和前两次创业的经验，凭借着凑来的50万元创业启动资金，马云和他在北京的创业团队一起回到杭州，开始了又一次的创业。这一次，马云和他的创业团队目标非常明确，就是建立一家面向中小企业的电子商务公司，并且要建立一家国际级的大公司。首先，马云用了一万美元从一个加拿大人手中买下了“阿里巴巴”的域名。没有足够的资金租用办公场所，马云的家就成了办公室，二三十个人挤在狭小的空间里，全身心地投入到全新的事业中。

1999年，互联网方兴未艾，公众的注意力刚刚投向门户网站，投资者也聚焦于此，电子商务也仅仅是从国外传入的一个全新概念，知道这一名词的人也把它当作是对遥远未来的一种憧憬。恰恰是在这个时候，马云开始尝试建立电子商务网站，其开拓性是空前的，其勇气也是巨大的，其前景还是不十分明确的，社会能否接受这种超前的商务形式，这是否仅仅是一忽而过的前卫理念？在这种情况下，马云还是大胆而果断地做出了这一决定，1999年9月，阿里巴巴网站正式推出。

1999年10月，阿里巴巴获得了由高盛带来的500万风险投资，这笔资金的到来，为阿里巴巴的生存和发展提供了巨大的动力。在获得这笔资金后，马云首先做的就是从国外引进大批相关人才，解决了当时从国内很难找到电子商务高端人才的问题。2000年1月，阿里巴巴又获得了软银集团高达2000万美元的风险投资，再次为公司的发展提供了保证。获得了大规模的国际风险投资后，马云以其独特的视角、超前的预见性和东西结合的管理理念，放眼全球市场，广泛吸纳国际人才，在促进中国中小企业电子商务市场的同时，积极开拓了广泛的国际市场。1999年，阿里巴巴成立当年，就吸引了会员达8.9万人，到2000年年底，阿里巴巴的会员数量达到了近五十万人，每天可发布二千多条商业信息，迅速成为全球最大的电子商务平台。短短一年时间，马云就实现了其创业之初的主要目标。

2000年1月，在中国互联网络大赛中，阿里巴巴被评为“商务类优秀网站”。2000年6月，阿里巴巴获得互联网周刊授予的“2000年度中国百家优秀网站”称号。2000年6月，阿里巴巴被美国权威财经杂志《福布斯》评选为“全球二百家最佳B2B网站”之一。2000年11月，阿里巴巴被《远东经济评论》杂志评选为“全球最佳B2B网站”。

阿里巴巴连续五次被美国权威财经杂志《福布斯》评选为“全球最佳B2B网站”。阿里巴巴还多次被哈佛大学、斯坦福大学商学院选为MBA案例，在各国学术界掀起研究热潮。

2003年，我国爆发了“非典”疫情，电子商务的优势得以体现，成为中国和国外企业的首选商务手段，而阿里巴巴以其优质而先进的服务成为众多企业的首选。与此同时，阿里巴巴不断拓展其业务领域，扩大其在全球客户数量，在引领中国中小企业走向国际的同时，阿里巴巴也在国际电子商务领域站稳了脚跟。

2007年11月6日，阿里巴巴在香港联合交易所成功上市。目前，阿里巴巴集团已经建立了淘宝网、支付宝、雅虎中国、阿里妈妈等多个分公司，业务涵盖商务、营销、金融等多个方面，为全球用户提供了越来越便捷的服务。其中，阿里巴巴、淘宝网、支付宝已经成为阿里巴巴集团最具竞争力的品牌。

补充资料

阿里巴巴

阿里巴巴（Alibaba.com）是阿里巴巴集团旗下的主要品牌之一，也是阿里巴巴集团的起源。目前，阿里巴巴（Alibaba. com）已经成为全球企业间（B2B）电子商务的最佳平台之一，成为全球最大网上交易市场和商务交流社区之一。

阿里巴巴以其良好的定位，稳固的结构，优秀的服务，目前已经成为世界上电子商务类网站中的翘楚。阿里巴巴以其所拥有的庞大网商数量、对全球绝大多数国家的覆盖，被评为“最受欢迎的 B2B 网站”。

目前，阿里巴巴网站主要包括两个相连的电子商务网站：阿里巴巴国际网站和阿里巴巴中国网站。阿里巴巴国际站（www. alibaba. com）是目前世界上排名较为靠前的网上商务平台，能够为世界各地的网商提供跨越全球的产品供应信息。随着阿里巴巴国际网站规模的不断扩大、实力的不断增强，目前已经吸引了超过 360 万名网商前来注册。阿里巴巴中国网站是目前我国国内居于首位的网上商务平台，其先进的服务和强大的实力也吸引了超过 2100 万的注册用户。

淘宝网

淘宝网（Taobao. com）是阿里巴巴集团于 2003 年投资一亿元建立的个人网上交易平台。2004 年 7 月，阿里巴巴集团又向淘宝网追加投资 3.5 亿人民币。2005 年 10 月，阿里巴巴集团再次追加投资 10 亿人民币。

目前，淘宝网主要提供客户对客户（C2C）和商家对个人（B2C）两大网上交易平台，主要用于商品网上零售，致力于打造全球领先网络零售商圈。马云创办的个人拍卖网站淘宝网，成功地走出了一条中国本土化的独特道路，从 2005 年第一季度开始，淘宝网成为亚洲最大的个人拍卖网站。截止 2008 年 12 月 31 日，淘宝网注册会员超 9800 万人，覆盖了中国绝大部分网购人群；2008 年交易额为 999.6 亿元，占中国网购市场 80% 的份额。

支付宝

随着阿里巴巴集团业务的不断扩展，以及淘宝网个人交易平台的推出，阿里巴巴于 2003 年 10 月又推出了支付宝，建立了独立的第三方电子支付平台。支付宝最初是作为淘宝网公司为了解决网络交易安全所设的一个功能，该功能为首先使用的“第三方担保交易模式’，由买家将货款打到支付宝账户，由支付宝向卖家通知发货，买家收到商品确认后指令支付宝将货款放于卖家，至此完成一笔网络交易。

目前，支付宝已经与众多国有商业银行、股份制商业银行、区域性银行及 VISA、东亚银行等大型国际组织建立了战略合作关系。支付宝成为中国规模最大、服务最佳的第三方电子支付平台。

分析讨论：

1. 马云三次创业分别面临什么样的创业环境？
2. 马云三次创业分别把握了什么样的创业机会？
3. 马云是如何把握住创业机会的？

拓展阅读

阅读与讨论 2-1 “赢在中国”部分创业构想

《赢在中国》是中央电视台的一档全国性商战真人秀节目，大型励志创业电视活动，获胜者可以获得企业提供的一大笔风险投资。众多饱含激情的选手，通过环境分析与机会识别寻找到属于自己的创业机会，其中有成功的，也有夭折的，但无论怎样，都为我们提供了智慧的碰撞。

1. 办公家居整合运营

李书文，男，1970 年出生，硕士，现当代文学、MBA 专业。

参赛项目：办公家居整合运营。中润公司在创业之初即确立要做中国办公家具行业第一整合运营品牌的目标。

2.“搜酷”(soucou. com)

陈洁，男，1968年出生，本科，应用物理专业。

参赛项目：“搜酷”(soucou. com)是基于移动终端的精确营销广告服务系统。系统的服务对象是商家和顾客，它以折扣券为桥梁，以移动终端(手机、PDA等)为载体，在商家和顾客之间建立起精确营销的信息渠道。

3. 跨行业跨地区通用理财积分交换管理软件系统及数据库系统

邵长青，男，1979年出生，硕士，计算机及工商管理专业。

参赛项目：建立跨行业跨地区通用理财积分交换管理软件系统及数据库系统以打造联合营销平台。在掌握大量的消费者数据和消费行为数据时，联合加盟商户开展各种专门的营销活动并协助商家培养客户忠诚度。

4. 高端的网上交际平台

陈跃武，男，工商管理硕士、电子工程硕士。

参赛项目：高端的网上交际平台，为高端的中国和美国的商业领导之间搭建一个网上交流的平台。在这个网上的平台，可以分享商业文件，可以进行网上论坛，发起商业活动。

5. LED大屏幕移动电视车

曹正强，男，1973年出生，EMBA专业。

参赛项目：以已获国家专利的LED大屏幕移动电视车，打造全国新型户外传媒网络。通过节庆活动、体育赛事、互动节目、广告宣传、各种大中小型电视台转播，将客户的信息直接送达目标客户群。

6. AUTOFANS车友汽车生活馆

贾豫，男，1977年出生，硕士。

参赛项目：AUTOFANS车友汽车生活馆，为汽车用品厂商和消费者之间搭建一个互利、共赢的服务平台，为车主提供优质、快捷、贴心、周到的产品和施工服务。

7. 运动超市

叶杰辉，男，中专。

参赛项目：运动超市，打造一个提供运动休闲项目供需平台的网络服务品牌，整合全国各类运动项目资源，让消费者更高效便捷地从中获得信息及服务。

8. 北京古北口历史创业产业园

张莉，女，本科，传媒专业。

参赛项目：北京古北口历史创业产业园。与政府合作，完成规划整合和运营，商业模式是旅游产业与现代创业联合，旅游产业主要是修复和开发，和后边的配套建设和运营，创意产业主要是古北口影视剧和长城支点网络游戏和旅游线上线的体现。

9. 第二代候车厅媒体

王阳，男，1982年出生，本科，经贸专业。

参赛项目：第二代候车厅媒体，随着区域经济的增长和城市的发展，二级城市和三级城市受到商家的尊重，候车厅媒体作为一种城市的基础设施，它很好地规避了政策波动带来的风险，又为广大的市民出行提供了一个很大的方便。

10. 婚恋交友网站——百合网

钱江，男，1970年出生，硕士，计算机、经济管理、工商管理硕士专业。

参赛项目：婚恋交友网站——百合网。通过科学的心理和情感分析，让客户在客观了解自己的基础上，通过计算机技术，分析客户数十个影响婚恋幸福的性格特征，并根据这些性格特征为客户推荐合适的交往对象。

11. 中华分时度假交换平台

何红光，男，1959年出生，本科，经济学专业。

参赛项目：中华分时度假交换平台，通过资本扩张迅速占领中国分时度假市场的品牌制高点，与国家有关部门积极合作，建立行业标准，采取与国际交换机构平等合作与适度自我开发国际度假地相结合的方式，实现项目产业的国际化。

12. 信用服务网

胡博，男，1980年出生，大专，市场营销专业。

参赛项目：信用服务网，建立企业商家的信用档案，通过全国的信息资源建立自己的信息中心帮助客户寻找客户，同时对此信息进行贸易撮合，使网下服务延伸到每个商人中间。

13. 殡仪服务连锁企业

冯志刚，男，1977年出生，硕士。

参赛项目：殡仪服务连锁企业。殡葬消费是一种感情消费和精神消费，该企业的工作在于满足人生"最后一刻"对于"生命尊严"和"价值永恒"的心理需求，让逝者获得善终的完美，更让生者感知到力量，更好地掌握和珍惜生活。

14. 文语通

周运南，男，1977年出生，本科，贸易经济专业。

参赛项目：解决聋哑人听说障碍的文字语音互转装置——文语通，将先进的语音合成技术、语音识别技术和个人掌上电脑（PDA）进行集成，进而能够同时实现文字、语音的双向输入和双向输出。构建一个聋哑人与健全人自由交流的信息平台。

讨论：

以上创业构想分别从什么样的角度来发掘出市场机会的？

阅读与讨论 2-2　美国年轻人常见的创业构想

一、互联网商业构思

1. 收藏品。创建一个收藏品如运动会牌、硬币、邮票等的集市，供人们在内进行交易。对通过你的网站进行的各种交易收取佣金。

2. 时装。出售服装——从卖新款服装到代销旧衣服服装，这在网上都很受欢迎。譬如，据说T恤衫商贩就通过网络向大学生卖出了许多T恤，这些大学生通常都拥有自己的校内免费网上账户。

3. 唱片标签。利用新的MP3技术，音乐家可以直接把他们的专辑放在网上，顾客越过唱片公司直接从网上把它们下载到计算机里。小巧并且专业化强的在线唱片标签可能成为未来的潮流。

4. 特制食品。在线出售特制食品的优点在于：你可以为不同的顾客设计不同的食品并将他们想要购买的食品送上门。在你的个人主页上定期发布新菜谱来招揽回头客。

5. 爱好者杂志。如唱片可以翻录和在线销售一样，杂志同样也可以这样做。你可以通过销售订购和广告服务的方式来利用“数字杂志”赚钱。

二、“离线”商业构思

1. 烤焙。你喜欢烤焙食物吗？你可以出售一些新出炉的面包、曲奇、糕点和油酥点心。做这项生意，“口碑”是最好的广告。

2. 娱乐。你是喜欢在观众面前表现自己的人吗？你会魔术吗，或者你有过扮演某个角色的经历吗？你也许喜欢成为一名魔术师或小丑，为一些生日聚会或其他场合增添娱乐气氛。如果你有音乐天赋，你可以和乐队一起为婚礼或晚会演奏。

3. 手工艺品。你喜欢做珠宝、皮制品或其他手工艺品吗？你有善于做手工艺品但不喜欢参与销售过程的朋友吗？你可以出售自己的工艺品或出售朋友的工艺品来赚取佣金。

4. 假日销售。在假日你有空闲时间吗？试着销售一些季节性商品，如圣诞节装饰物或情人节糖果，这些商品的可销售期很短，但销售量很大。如果你愿意适时投入的话，可以在短期内获得丰厚的利润。

5. 音乐课。你是否擅长某一乐器并有足够的能力教授别人？即使你对一种乐器只有中等程度的掌握，也可以教一些年轻的初学者们。

6. 粉刷/家具翻新。你喜欢粉刷吗？(如果是的话，)你可以粉刷房间和公寓或旧家具翻新。

7. 照看宠物。你喜欢动物吗？遛狗及照看宠物可以成为一种选择。

8. 摄影。你拥有品质优良的照相机或摄像机吗？越来越多的人喜欢把婚礼、生日、聚会和其他活动等拍摄或录制下来。你需要把做的样本展示给潜在的顾客。

9. 看护植物。办公室有时会每周雇人来为植物浇水、清洁、施肥。随着越来越多的人在外工作，他们有植物看护服务的需要。

10. 翻译。你会两种语言吗？你可以给那些想吸引外国顾客的当地店主们翻译一些广告、宣传单及其他一些印刷资料。

11. T恤衫。你喜欢艺术吗？喜欢自己设计、印刷个性化的T恤衫吗？

(资料来源：节选自《青年创业指南—建立和经营自己的公司》，美国，史蒂夫·马里奥特)

讨论：

1. 美国青年人的创业构想对你发掘创业机会有何启示？

2. 按照美国青年人创业的思路，看看我们身边有哪些被忽略了创业机会？

参考文献

[1] 唐果. 大学生创业基础教程. 北京：电子工业出版社，2011.5

[2] 杜爽. Timmons创业机会评价模型中行业与市场指标研究对我国创业企业的应用与启示. 商场现代化，2005(6)

[3] 李时椿. 创业管理. 北京：清华大学出版社，2010.12

[4] 王朝云. 创业机会的内涵和外延辨析. 外国经济与管理,2010(6)

[5] 夏亮. 关于创业机会来源观点的比较研究. 科技创业月刊,2009(5)

第3章
战略规划

案例导入

从"隆中对"看战略

亮躬耕陇亩，好为《梁父吟》。身长八尺，每自比于管仲、乐毅，时人莫之许也。惟博陵崔州平、颍川徐庶元直与亮友善，谓为信然。

时先主屯新野。徐庶见先主，先主器之，谓先主曰："诸葛孔明者，卧龙也，将军岂愿见之乎?"先主曰："君与俱来。"庶曰："此人可就见，不可屈致也。将军宜枉驾顾之。"

由是先主遂诣亮，凡三往，乃见。因屏人曰："汉室倾颓，奸臣窃命，主上蒙尘。孤不度德量力，欲信大义于天下；而智术浅短，遂用猖蹶，至于今日。然志犹未已，君谓计将安出?"

亮答曰："自董卓已来，豪杰并起，跨州连郡者不可胜数。曹操比于袁绍，则名微而众寡。然操遂能克绍，以弱为强者，非惟天时，抑亦人谋也。今操已拥百万之众，挟天子而令诸侯，此诚不可与争锋。孙权据有江东，已历三世，国险而民附，贤能为之用，此可以为援而不可图也。荆州北据汉、沔，利尽南海，东连吴会，西通巴蜀，此用武之国，而其主不能守，此殆天所以资将军，将军岂有意乎?益州险塞，沃野千里，天府之土，高祖因之以成帝业。刘璋暗弱，张鲁在北，民殷国富而不知存恤，智能之士思得明君。将军既帝室之胄，信义著于四海，总揽英雄，思贤如渴，若跨有荆、益，保其岩阻，西和诸戎，南抚夷越，外结好孙权，内修政理；天下有变，则命一上将将荆州之军以向宛、洛，将军身率益州之众出于秦川，百姓孰敢不箪食壶浆，以迎将军者乎?诚如是，则霸业可成，汉室可兴矣。"

先主曰："善!"于是与亮情好日密。

关羽、张飞等不悦，先主解之曰："孤之有孔明，犹鱼之有水也。愿诸君勿复言!"羽、飞乃止。

问题：

1. 诸葛亮获得刘备充分信赖的原因是什么?
2. "孤之有孔明，犹鱼之有水也。"这句话代表刘备内心什么想法?

学习目标

1. 理解什么是企业战略规划?
2. 掌握战略规划的重要性以及战略计划的三个层次；
3. 掌握创业型企业战略的制定和选择；
4. 了解战略实施的工作方法和重点。

解决问题

1. 掌握创业型企业战略规划的过程；
2. 掌握创业型企业竞争战略和发展战略的特点及选择方法。

战略（Strategy）一词最早是军事方面的概念，“战”指战争，“略”指“谋略”。后来演变成军事术语，指军事将领指挥军队作战的谋略。在西方，“Strategy”一词源于希腊语“Strategos”，意为军事将领、地方行政长官。在中国，战略一词历史悠久，春秋时期孙武的《孙子兵法》被认为是中国最早对战略进行全局筹划的著作。在现代，“战略”一词被引申至政治和经济领域，其涵义演变为泛指统领性的、全局性的、左右胜败的谋略、方案和对策。

一个组织为了参与竞争需要制定出内容广泛的规划和方案，包括组织的目标以及为实现这些目标而制定实施的计划和政策。当一个公司成功地制定和执行价值创造的战略时，就能够获得战略竞争力（Strategic Competitiveness）。

3.1 企业战略概述

3.1.1 企业战略的概述

随着经济全球化的发展，现代“战略”一词被引申至社会政治和经济领域，企业界和学术界对企业战略的作用及重要性的认识提升到一个前所未有的高度。企业战略是对企业各种战略的统称，其中既包括竞争战略，也包括营销战略、发展战略、品牌战略、融资战略、技术开发战略、人才开发战略、资源开发战略等。

在对企业战略的分析中，会表现出一些共有的现象。

首先，企业战略层出不穷，企业会根据环境的变化、本身的资源和实力对企业战略进行持续的调整和创新。第二，企业战略虽然有多种，但基本属性是相同的，都是对企业的谋略，都是对企业整体性、长期性、基本性问题的计谋。例如，企业竞争战略是对企业竞争的谋略，企业营销战略是对企业营销的谋略，企业技术开发战略是对企业技术开发的谋略，企业人才战略是对企业人才开发的谋略，以此类推。各种企业战略有同也有异，相同的是基本属性，不同的是谋划问题的层次与角度。总之，无论哪个方面的计谋，只要涉及的是企业整体性、长期性、基本性问题，都属于企业战略的范畴。第三，企业战略首先是一个“自上而下”的过程，要求高级管理层具备相关的能力及素养；同时它还受到多种因素的制约和驱动，是个循环驱动的系统。

一个战略就是设计用来开发核心竞争力、获取竞争优势的一系列综合的、协调的约定和行动。如果选择了一种战略，表明了这家公司打算做什么，以及不做什么。当一家公司实施的战略，竞争对手不能复制或因成本太高而无法模仿时，它就获得了竞争优势。此外，没有任何竞争优势是永恒的。竞争对手获得用于复制该公司价值创造战略的技能的速度，决定了该公司竞争优势能够持续多久。

综上所述，所谓企业战略可以定义为企业根据环境的变化、本身的资源和实力选择合适的经营领域和产品，从而形成自己的核心竞争力，在各种竞争中取胜的过程。随着世界经济全球化和一体化进程的加快和随之而来的国际竞争的加剧，对企业战略的要求愈来愈高。

3.1.2 创业型企业战略规划的必要性

创业型企业战略的研究对象是创业型企业。创业型企业是指处于创业阶段，高成长性与高风险性并存的创新开拓型企业。创业型企业不等于高科技企业，也不等于中小企业。大企业集团也有再创业行为，只不过这种行为一般可自行解决。高科技企业和中小企业有的早已超出了创业阶段,从这点来看它和创业型企业不能混淆。

进入二十一世纪以来，创业活动作为经济发展的一支重要力量，在科学技术转化为现实生产力方面起着重要的作用。各界对创业企业的重视和研究不断深入。尽管创业成功的企业如微软、阿里巴巴等给正处在创业阶段的许多创业者以信心和希望，但光环之下仍有许多勇于创新和敢冒风险的企业惨遭淘汰。为此，分析创业失败的原因并提高创业成功率就成了一个非常严肃的研究课题。近年来，在现有的关于创业型企业的讨论中，针对创业型企业的战略规划的讨论日渐丰富。即将创业和战略管理进行有机结合，从战略管理的角度研究创业行为，促使创业企业实施战略规划，以达到帮助创业企业规避风险目的。

在我国，创业型企业面临资源约束和制度环境障碍，仍未摆脱“短命”的宿命，它们的可持续发展面临严重的挑战：有数据显示，真正具有高成长性和持续成长能力的创业型企业不足3.32%，2001～2003年期间我国创业型企业平均注销率为12.28%。因此,在这种局势下更需要企业制定出自己的战略规划方案，从而可以在不同的方面应对危机的来临。因此，每个企业都需要战略规划，它是企业未来顺利发展的保障，企业战略规划的必要性毋庸置疑。

不是每个人对战略规划的理解都是一样的。对中小企业，尤其是草创阶段的创业型企业，存在这样一种观点：战略规划很重要，但战略规划的程序和结果都应该和现实紧密相连。中小企业市场变化太快了，战略规划过于遥远，长篇累牍的报告会约束企业的手脚。在大型企业通常都有一个专门的战略规划部门承担这项工作,在中小企业，受客观条件影响，则不能或不一定需要专门做战略规划。显然这种想法是错误的，在这个问题上需要做统一认识的研究。那种认为大企业需要企业战略规划，而创业型企业则不需要企业战略规划的思想是荒谬的。

1. 创业型企业其设立本质仍是追逐利润

创业型企业其设立本质还是为了追逐利润,企业实施战略领导是应对复杂多变的竞争环境和赢取生存发展机会的需要。

在市场竞争越来越激烈、产品越来越同质化、消费者越来越理性、供过于求的市场经济大环境中，创业型企业本身无论整体技术、人力资本、规模、品牌、渠道、信誉以及其它可利用的社会资源多方面大多处于弱势。在这种背景下，创业型企业不得不研究自己的优势和劣势；研究所在行业的竞争者、新进入者和替代者；研究本企业的供应商、分销商和顾客；以便能够制定正确的相关政策。只有这样才能找出自己的目标市场和目标消费者，取得一定的市场份额。追逐到本企业的利润，否则，它也就失去了存在的价值。

2. 创业型企业的持续成长需要企业战略规划的指导和支撑

我们都知道，任何大企业，它都是从中小企业一步步成长起来的。而任何一个创业型企业，无一不希望自己的企业能不断的成长壮大。二十一世纪全球经济中的竞争是复杂、富有挑战性的，同时又充满竞争机会和威胁。在难以预测的环境中竞争，企业若有效地实施战略领导会有助于他们提升公司业绩,战略领导者能够有助于企业提升业绩和财富的创造与积累而不迷失方向。作为创业型企业，如果要想不断成长、壮大的话，不认清自己企业所处的位置，研究本企业的具体情况和企业所处行业的竞争状况，并根据研究情况来制定企业的发展目标、发展方向等，也就是企业战略，是不可能的。

3. 战略规划可以使企业既能够有效地发现新机会，也能够高效地开发机会并形成竞争优势

创业企业的特点及经营活动与创业者的特点密切相关。无论创业者性格相对保守还是进取，即使对市场机会的识别非常及时，在缺乏战略规划的条件下，均有可能对市场机会的成分和风险分析不够全面而导致失败或者利用不足。因此，缺乏战略规划的企业表现出较强的行为随意性，或者前思后想不敢行动，或者做孤注一掷的冒险行为，其结果具有非常强的不确定性。

4. 战略规划可以使创业企业的活动更加稳定，更具计划性，便于组织和有效管理，并能持续保持创业精神

进行战略规划的企业首先需要对环境进行系统研究，寻找行动的方向，并就总体发展战略做出规划，尽管许多创业型企业战略规划相对简单，总体战略的考虑较少，但对于产品战略、技术战略、市场战略等却进行了较为详细的评估和权衡，也有着详细的计划方案，这就使得创业企业的活动有章可循，便于创业企业更有效地组织管理和安排各项活动。

创业企业由于资源和市场限制，在其经营过程中可能面临很多不确定性，不同发展阶段的工作重点也应有所不同，当团队成员针对企业应该开展什么业务存在不同见解时，在开拓市场等行动上存在意见分歧时，战略规划可以有效地帮助团队成员统一行动的方向，达成一致的行为，从而齐心协力获得竞争优势，持续保持创业精神。

总之，创业型企业与成熟企业相比，在资源、管理、思维方式和发展战略上存在很大的差异。忽视创业型企业的独有特征而直接套用成熟企业的战略模式，则可能给企业带来危机。为此，充分理解创业的本质和创业型企业的成长过程，认真研究和规划好企业战略，企业在未来生存下来并且兴旺发达的可能性也就越大。尽管进行创业规划可能需要企业耗费一定的资源，但它却可以使企业的活动具有方向性、计划性和稳定性，避免随意性，因此创业型企业战略规划势在必行。

3.1.3 影响创业型企业战略的因素

1. 创业型企业的特征

相比处于成熟阶段的企业而言，创业型企业面临很多挑战和先天的局限。创业型企业除了和一般企业具有相同的共性外，凡是取得良好的发展和生存的创业型企业，在战略、战术和思维方式上与一般企业相比有很多不同的个性和特征。

创业企业经营上体现出以下显著特点。

(1) 追求创新性。竞争日益激烈导致企业必须创新才能生存，公司需要通过创新发掘其他人或其他公司没有发现或开发的机会，进入新市场，获得新客户，或用新的方式配置资源。

(2) 机会导向性。是指创业活动中，企业需要具有识别机会、利用机会、开发机会并产生经济成果的行为的特点，或者将好的创意迅速变成现实的超强能力。

(3)动态适应性。一方面企业的创业精神会促使创业行为随着企业的成长而延续并强化;另一方面机会发现和利用是一个动态的过程。

(4)抗御风险能力。与成熟企业相比，创业型企业需要体现出积极主动地承担风险，并寻找市场生存发展空间的特点。

由于企业经营上的要求和企业的发展时期限制，整体来看创业型企业特点明显，优缺点表现非常突出。

(1)创新意识强，创业者能力突出，对可能出现的趋势具有很强的洞察力,企业能迅速做出反应。

(2)企业成长空间大，一些高科技、高风险行业，潜在的收益可能是初始投入的许多倍,企业发展往往超出创业者的预期。

(3)追求现实性。企业规模一般偏小，组织管理结构简单，思维灵活，讲究效果而不是形式，企业运转效率很高。

(4)企业缺乏总体性、长远性、指导性规划，战略调整频繁。

(5)业务竞争激烈，经营风险高，未来发展不确定性大，抗御风险能力低。创业型企业如果不能适应成长历程中的波折，企业会迅速面临业绩下滑或倒闭的危机。

(6)资源不足，对所需资源的可控性低。相对于成熟企业，创业型企业在支配外部资源上明显处于劣势。

(7)稳定性差。核心团队的凝聚和溃散，是成长中发生频率较高、影响较大的风险因素。

2. 影响创业型企业战略选择的因素

在全球化背景下，创业型企业面临更复杂更动态的外部环境，进而增加了不确定性，企业在成长的不同阶段会面临许多不同的资源需求问题和成长战略的适时调整。而由于创业型企业成长的脆弱性，对外部制度和政策存在较强的依赖性，国家对创业的支持政策也随着时间的推移，呈现出阶段性、系统性和连贯性的特征。对创业型企业战略的主要因素有必要进行认真的分析研究。总的来说，创业型企业战略制定的影响因素有如下几点。

(1)企业的愿景规划。使命，核心价值观和愿景是愿景规划的三个组成部分，也是一个企业存在时最核心的部分。在战略规划的过程中，使命和愿景始终指引着战略制定的方向的要求；而核心价值观引导着战略的思考方式以及执行策略，不同的价值观决定不同的决策取向。企业的愿景规划对战略选择的影响主要取决于创业者及员工、股东相互信赖程度，对创业信念、理想的坚持，未来的发展空间等。

(2)管理者的素质、经历与决策风格。对大多数创业型企业来说，管理者的素质非常重要，管理者的经历常常被当成战略选择过程的起点，这样，一个很自然的结果是，进入考虑范围的战略数量会受到管理者的素质经历的限制。由于管理者对过去战略的制定者和执行者的模仿和认同，因此，他们常常不倾向于改动这些既定战略，这就要求企业有跳出固有思维的勇气，以削弱可能是错误的战略思维对企业未来战略的影响。

企业管理者对风险所抱持的态度影响着企业战略态势的选择。风险承担者一般采取一种进攻性的战略，以便在被迫对环境的变化做出反应之前做出主动的反应。风险回避者一般采取一种防御性战略，只有环境迫使他们做出反应使他们才不得不这样做。风险回避者相对来说更注重过去的战略，而风险承担者则有着更为广泛的选择。

(3)创业型企业对外部环境的依赖程度。创业活动本质上就是一个充满不确定性的动态过程，创业型企业总是生存在一个受到多种因素影响的环境系统中。这个外部环境，包括了宏观环境和产业环境。所谓宏观环境主要是看区域的经济状况以及每个经济周期的经济状况。而产业环境则可以借鉴波特的五力模型。包括：供应商、客户、竞争者、替代者以及潜在的竞争者。企业在成长的不同阶段会面临许多不同的资源需求问题和成长战略的适时调整，企业对这些环境力量中的一个或多个因素的依赖程度也影响着企业战略管理的过程。对环境的较高的依赖程度通常会减少企业在其战略选择过程中的灵活性。

(4)企业自身的实力及存在的生命周期阶段。企业自身的实力是影响企业战略规划和选择的重要因素。规模越大，资金越雄厚的企业抗御风险能力越强，越有条件进行详细的战略分析，在战略选择活动中，整体战略规划完整而全面。相比而言，实力偏弱的企业最严峻问题是生存，因此更多地考虑市场经营层面的竞争战略和技术创新战略，对于公司经营层战略较少涉及。这个差异可以用“企业的生命周期理论”描述。

所谓“企业的生命周期”，是指企业诞生、成长、壮大、衰退甚至死亡的过程。虽然不同企业的寿命有长有短，但各个企业在生命周期的不同阶段所表现出来的特征却具有某些共性，企业不同的的生命阶段，规划的重点是不同的。理论上将企业生命周期分成10个阶段。

① 孕育期。焦点放在构思和未来的可能性上，制订和谈论雄心勃勃的计划。勇于承担风险意味着下一阶段的开始。

② 婴儿期。创始人注意力已由构思和可能性转移到成效。销售额的渴望驱动着这个行动，是机会驱使的阶段。没人花太多的注意力在书面工作、控制、系统、规程上。

③ 学步期。这是一个迅速成长的阶段。销售为王，他们更愿意按照人而不是职能组织企业。创始人仍然承担所有的决策工作。

④ 青春期。在这个阶段，公司采取新格局，管理开始规范，随之出现强烈冲突。

⑤ 盛年期。公司按照新的规划图景在控制和柔性之间建立平衡。兼有纪律和创新。新的业务在组织中萌生，提供开始新生命周期的机会。

⑥ 稳定期。这是生命周期中第一个衰老阶段。此时企业通常有稳定的市场份额，组织良好。决策开始趋向于保守，内部的关系日益复杂。

⑦ 贵族期。基本特征如经费常花在控制系统、福利措施和一般设备上；讲究做事的方式；缺乏创新；拘泥传统等。

⑧ 官僚化早期。主要行为特征有喜欢追究问题责任；内部斗争激烈，客户反而被忽视；偏执狂束缚了企业，等等。

⑨ 官僚期。在公司中的成功不是如何令客户满意，而是看其政治手腕。厚厚的规程手册、大量的文书工作、规则、政策等窒息了创新和创造力。等到病入膏肓，就进入了死亡。

⑩ 死亡期。死亡期可能突然到来，或者持续数年。当公司无法解决存在的问题时，公司就会崩溃。

(5)企业文化和内部权势关系。企业文化和内部权势关系和企业生命周期无关，即使是处于同一个发展阶段，不同企业都存在着或强或弱的文化。企业文化和战略态势的选择是一个动态并衡，相互影响的过程。企业在选择战略态势时不可避免的要受到企业文化的影响。企业未来战略的选择只有充分考虑到与目前的企业文化和未来预期的企业文化相互包容和相互促进的情况下才能被成功的实施。另一方面，企业中总存在着一些非正式组织。由于种种原因，某些组织成员会支持某些战略，反对另一些战略。这些成员的看法有时甚至能够影响战略的选择，因此在现实的企业中，战略态势的决策或多或少都会打上这些力量的烙印。

(6)战略规划的时间限制。时间限制不仅减少了能够考虑的战略方案的数量，而且也限制了可以用于评价的方案的信息和数量。有研究表明，在时间的压力下，人们倾向于把否定的因素看得比肯定的因素更重要，因而往往做出更加具有防御性的策略。另外战略规划周期也会对战略选择造成影响。战略规划期长，则外界环境的预测相对复杂，因而在作战略选择时的不确定性因素更多，这会使战略方案的决策的复杂性大大增加。

3. 创业型战略选择的原则

(1)充分了解。在实际工作中，创业型企业还处在摸索阶段，管理者往往在经过对各项可能的战略态势进行全面评价以后，发现好几种方案都是可以选择的，在这种情况下，会有一些因素会对最后决策产生影响，这些因素在不同的企业和不同的环境中起到的影响作用是不同的，但了解这些因素对企业管理者制定合适的战略方案来说是非常必要。

(2)动态应对。通过分析，我们可以看出对企业战略的影响因素很多,单纯强调某种因素都是比较片面的,企业在制定战略或执行战略时,要把各种因素结合在一起考虑，不同因素对企业的影响程度不同,企业应该依据情况不同学会动态应对，对影响较大的因素进行认真分析考虑,而对于影响较小的因素,在执行战略的过程中对其进行适当调整就可以了。

3.1.4 创业型企业战略规划主要特点

1. 创业型企业战略规划的复杂程度较低

与成熟企业相比，创业型企业战略规划的难度和复杂性大大降低。一方面因为创业企业通常规模较小，企业还不成熟，各方面还处于摸索阶段，企业从事各项活动的不确定性程度都较高，因此很少有企业制定非常完整复杂的战略规划；另一方面，很多创业企业的成功在于迅速把握了一个市场机会，在此之前并没有时间和精力进行详细的市场调查，更不用说对整个行业的竞争结构进行分析。全面计划的方法并不适合创业企业，过多的分析可能会使一些企业错过可能抓住的市场机会。对于创业型企业而言，其创业计划介于不做计划与详细计划之间，既虽非没有计划，且复杂程度较低。

2. 战略规划的重点侧重于如何生存和发展

成熟企业因其经营的稳定性，有条件进行详细的战略分析，在战略选择活动中，无论是公司总体战略还是经营单位竞争战略选择上都可以进行详细的思考，整体战略规划完整而全面。相比而言，创业型企业面临的最严峻问题是生存，因此创业企业战略规划的重点更侧重于获得企业发展所必需的资源，侧重于获得市场立足的空间，因此创业企业更多地考虑市场经营层面的竞争战略和技术创新战略，对于公司经营层战略较少涉及。

3. 战略规划的动态变化性要求高。

创业者往往因为拥有某种优势、资源或机遇而创建企业，在成立之初根据其拥有的资源条件制定战略，企业战略规划考虑的期限通常较短，也相对比较具体。随着企业的发展，企业优势、拥有的资源和外部产业环境发生了变化，企业必须结合内外部条件的变化进行发展战略的调整，以适应发展的需要。此外，企业后期的发展还与企业家的开拓精神和企业的技术学习能力有很大关系。因此，创业企业的成长过程可以看作是企业不断改变战略追求商业机会的过程。企业在成长过程中的不同阶段战略规划呈现出适应资源条件的动态性的特点。

当然，这只是一种静态的分析，因为企业周围的环境随时都在变化，如果变化是渐进式的，那么企业只需不断地对战略进行修正；如果变化是根本性的，那么企业就需重新制定战略。

3.2 创业型企业战略的制定和选择

3.2.1 创业型企业战略的类型

从企业内部、企业未来和企业创新三个视角的统一来看。企业战略可分成三个层次，即企业总体战略、经营(事业部)战略和职能战略。

企业总体战略是关于企业的竞争方向，企业竞争战略是关于企业的竞争做法，企业职能战略是关于企业竞争措施的实行。企业总体战略以价值为取向，与经营战略和职能战略相比显得比较抽象；职能战略以作业性为主要取向，需要考虑考虑可控制性；介于中间的经营战略与企业总体战略相比，具有风险较小、成本较低预期收益不太高的特点。与职能战略相比，其风险、成本及预期收益又相对较高。

正如企业目标是多层次的，有总体目标，各层次目标，各经营项目目标，组成完整的目标体系。企业战略在制定总体战略、分公司制定经营单位战略(竞争战略)、部门制定职能性战略时是有所侧重的。而中、小型企业，尤其是创业型企业因其内部没有相对独立的经营单位，便不必僵化地分为三个层次。

公司战略主要涉及到公司的多元化业务选择的问题,需要大量的资源予以支持,对于刚刚创立的小企业来说,显然,资源匮乏的现实使得企业的战略研究主要集中在竞争战略和成长战略，公司总体战略和职能战略涉及较少。

1. 企业竞争战略

竞争战略属于事业部战略层面的战略，也称 SBU(Strategic Business Units)。对经营单一产品的中小企业而言，其战略也即竞争战略。

竞争战略是企业战略的一部分，它是在企业总体战略的制约下，指导和管理具体战略经营单位的计划和行动。企业竞争战略要解决的核心问题是，如何通过确定顾客需求、竞争者产品及本企业产品这三者之间的关系，来奠定本企业产品在市场上的特定地位并维持这一地位。

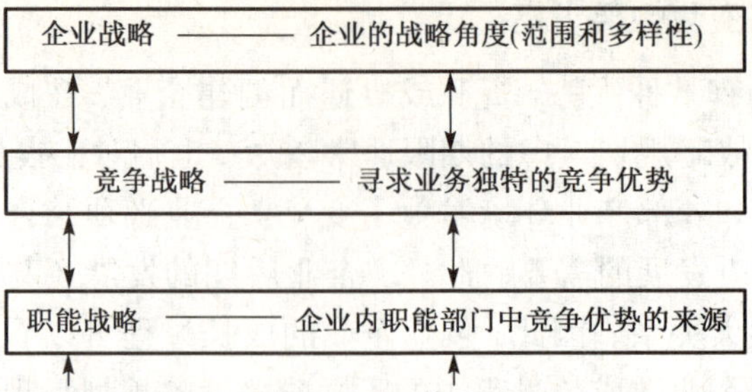

图 3-1　企业战略管理的层次

竞争战略主要针对企业如何在所选定的行业或事业领域与竞争对手展开有效竞争的问题。即主要解决竞争手段问题。它是企业取得竞争优势的"一般竞争战略"。

"竞争战略之父"迈克尔·波特说过："在竞争中，企业为了建立与五种力量抗衡的有利的战略地位，并超过其他竞争者，有三种'一般竞争战略'可供选择：低成本战略、差异化战略和集中战略。"

(1)成本领先战略(低成本战略)

成本领先战略又称低成本战略，是指企业的全部成本水平低于竞争对手，即在追求规模效益的基础上降低成本。成本领先战略概括为如下几种主要类型：简化产品型成本领先战略；就是使产品简单化，即将产品或服务中添加的花样全部取消；改进设计型成本领先战略；材料节约型成本领先战略；人工费用降低型成本领先战略；生产创新及自动化型成本领先战略。采用成本领先战略，意味着企业可以通过其低成本地位来获得持久的竞争优势，从而成为行业中高水平的经营单位。成本领先战略的优势包括：可以抵御竞争对手的进攻；具有较强的对供应商的议价能力；形成了进入壁垒。

① 采用低成本战略的动因

- 形成进入障碍；
- 增强讨价还价能力；
- 降低替代品的威胁；
- 保持领先的部分地位；
- 实现低成本战略的条件；
- 具有先进的生产工艺与设备；
- 严格的成本控制系统；
- 很高的市场占有率；
- 不断地更新设备；
- 高效的分销与服务体系；
- 完善和有效的管理体系。

② 成本领先战略的适用条件

- 市场需求具有较大的价格弹性；
- 所处行业的企业大多生产标准化产品，价格因素决定了企业的市场地位；
- 实现产品差异化的途径很少；

- 多数客户以相同的方式使用产品；
- 用户购买从一个销售商改变为另外一个销售商时，转换成本很小，因而倾向于购买价格最优惠的产品。

③ 成本领先战略的风险

- 竞争对手开发出更低成本的生产方法；
- 竞争对手采取模仿的方法；
- 顾客需求的改变；
- 丧失对市场变化的预见能力；
- 技术变化降低企业资源的效用；
- 降价过度引起利润率下降。

④ 成本领先战略的收益

- 抵挡住现有竞争对手的对抗；
- 抵御购买商讨价还价的能力；
- 更灵活地处理供应商的提价行为；
- 形成进入障碍；
- 树立与替代品的竞争优势。

(2)差异化战略

差异化战略又称别具一格战略、差别化战略，是指在一定的行业范围内，企业向顾客提供的产品或服务与其他竞争者相比独具特色、别具一格，形成一些在全产业范围中具有独特性的东西，使企业建立起独特的竞争优势。差异化战略应该是顾客感受到的、对其实际价值的产品或服务的独特性，而不是企业自我标榜的独特性是将公司提供的产品或服务差异化。

现代社会是个性化社会，差异化的产品和服务是社会发展的趋势。实现差异化战略可以有许多方式：设计或品牌形象、技术特点、外观特点、客户服务、经销网络都可以做出差异化来。差异化战略主要有五种基本的途径：产品差异化战略。产品差异化的主要因素有：特征、工作性能、一致性、耐用性、可靠性、易修理性、式样和设计；服务差异化战略。服务的差异化主要包括送货、安装、顾客培训、咨询服务等因素；人事差异化战略。训练有素的员工应能体现出下面的六个特征：胜任、礼貌、可信、可靠、反应敏捷、善于交流。另外还有就是渠道差异化战略和形象差异化战略。

① 采用差异化战略的动因

- 形成进入障碍；
- 降低顾客敏感程度，建立顾客对企业的忠诚；
- 增强讨价还价能力；
- 防止替代品威胁。

② 差异化战略的适用条件

外部条件

- 可以有很多途径创造企业与竞争对手产品之间的差异，并且这种差异被顾客认为是有价值的；

• 顾客对产品的需求和使用要求是多种多样的，即顾客需求是有差异的；
• 采用类似差异化途径的竞争对手很少，即真正能够保证企业是“差异化”的；
• 技术变革很快，市场上的竞争主要集中在不断地推出新的产品特色。

内部条件

除上述外部条件之外，企业实施差异化战略还必须具备如下内部条件：

• 具有很强的研究开发能力，研究人员要有创造性的眼光；
• 企业具有以其产品质量或技术领先的声望；
• 企业在这一行业有悠久的历史或吸取其他企业的技能并自成一体；
• 很强的市场营销能力；
• 研究与开发、产品开发以及市场营销等职能部门之间要具有很强的协调性；
• 企业要具备能吸引高级研究人员、创造性人才和高技能职员的物质设施；
• 各种销售渠道强有力的合作。

③ 采取差异化战略的风险包括：

• 竞争者可能模仿，使得差异消失；
• 保持产品的差异化往往以高成本为代价；
• 产品和服务差异对消费者来说失去了意义；
• 与竞争对手的成本差距过大；
• 企业要想取得产品差异，有时要放弃获得较高市场占有率的目标。

表 3-1　差异化战略途径选择

产　品	服　务	人　事	渠　道	形　象
特色 性能 一致性 耐用性 可靠性 可维修性 风格 设计	订货方便 送货 安装 客户培训 客户咨询 维修 其他服务	能力、资格 礼貌、谦恭 诚实 可靠 负责 反应的敏锐 沟通交流	覆盖面 专业化 绩效	标志 文字与视听媒体 气氛 事件

(3)集中战略

集中型战略即聚焦战略，是指把经营战略的重点放在一个特定的目标市场上，为特定的地区或特定的购买者集团提供特殊的产品或服务。即指企业集中使用资源，以快于过去的增长速度来增加某种产品的销售额和市场占有率。采用集中战略的逻辑依据是：企业比竞争对手更有效地为较窄范围的目标顾客群服务。与成本领先战略和差异化战略所不同的是，集中战略不是欲在整个行业范围内取得竞争优势，而是围绕某个特定的目标市场开展其战略经营活动。从总体市场上看，也许集中战略并未取得成本领先或差异化优势，但是，它却能在较窄的市场范围内，取得成本方面或差异化方面的竞争优势。

集中战略有两种表现形式：成本集中战略，即企业在所处的目标市场中寻求低成本的优势；差异化集中战略，即寻求企业在目标市场中的独特的差异化。

① 采用集中战略的动因

- 集中的企业由于其市场面小，可以更好地了解市场和顾客，提供更好的产品与服务；
- 集中战略可以防御行业中各种竞争力量，使企业在本行业中获得高于一般水平的收益。

② 集中化战略的适用条件

- 目标市场足够大且可以盈利，或者虽然是小市场但具有成长潜力；
- 企业的资源或能力有限，不允许选定多个细分市场作为目标；
- 在所选定的目标细分市场中没有其他的竞争对手采取这一战略；
- 企业拥有足够的能力和资源，能在目标市场上站稳脚跟；
- 企业凭借其建立起来的顾客商誉和企业服务来防御行业中的竞争者。

③ 集中战略的风险

- 由于企业全部力量和资源都投入了一种产品或服务或一个特定的市场，当顾客偏好发生变化，技术出现创新或有新的替代品出现时，就会发现这部分市场对产品或服务需求下降，企业就会受到很大的冲击；
- 竞争者打入了企业选定的目标市场，并且采取了优于企业的更集中化的战略；
- 产品销量可能变小，产品要求不断更新，造成生产费用的增加，使得采取集中化战略的企业成本优势得以削弱。

④ 集中化战略的收益

- 集中化战略便于集中使用整个企业的力量和资源，更好地服务于某一特定的目标；
- 将目标集中于特定的部分市场，企业可以更好地调查研究与产品有关的技术、市场、顾客以及竞争对手等各方面的情况，做到“知彼”；
- 战略目标集中明确，经济效果易于评价，战略管理过程也容易控制，从而带来管理上的便捷。

2. 企业成长战略

所谓“企业成长”，一方面是指质量的改善，另一方面指由于发展导致的规模扩大或数量的增加。马歇尔曾在《经济学原理》中将“企业成长”的过程类比作一个生态过程（大树原理），一系列内部变化导致成长体的个体发育及特征的变化。

企业不仅需要竞争战略，也需要发展战略。企业不能脱离发展搞竞争，也不能脱离竞争图发展。在竞争中发展，在发展中竞争，这是先进企业的成功之道。

发展战略与竞争战略有联系也有区别。竞争战略着眼于怎样打胜仗，而发展战略着眼于怎样为打胜仗创造条件。因为发展战略与竞争战略的性质不一样，所以发展战略与竞争战略的根据也不一样。竞争战略侧重于搞市场及竞争关系等分析，而发展战略侧重于搞发展基础、发展矛盾、发展条件及发展机遇等分析。竞争战略的要素是竞争内容、竞争对手、竞争策略、竞争手段等，而发展战略的要素是发展方向、发展步骤、发展重点、发展措施等。企业成长的三种常见方式是：技术创新成长、规模经济与范围经济成长、多元化成长。

（1）密集性成长

密集性成长是指企业在原有生产范围内充分利用在产品和市场方面的潜力来获得成长发展，也可称作集约性成长。主要有以下形式：

- 市场渗透：企业生产的老产品在老市场上进一步渗透，扩大销量，达到使老顾客增加购买量的目的。市场渗透战略是企业经营的最基本的发展战略。由于市场渗透战略是一种立足于现有产品，充分开发其市场潜力的企业发展战略，又称为企业最基本的发展战略。由于市场渗透战略是由现有产品和现有市场组合而形成的，所以企业战略管理人员应当系统地考虑市场、产品及营销组合的策略,以达到促进市场渗透的目的。
- 市场开发：夺走对手的顾客。
- 产品开发：改进老产品或开发新产品的方法来增加企业在老市场上的销售量，争取潜在新客户。

① 市场渗透战略的适用条件

- 企业产品与服务在当前市场中还未达到饱和 ；
- 现有用户对产品的使用率还可显著提高；
- 在整个产业的销售额增长时主要竞争者的市场份额在下降；
- 销售额与营销费用高度相关；
- 规模的提高可带来很大的竞争优势。

② 市场开发战略的适用条件

- 可得到新的、可靠的、经济的和高质量的销售渠道；
- 企业在所经营的领域非常成功；
- 存在未开发或未饱和的市场；
- 企业拥有扩大经营所需要的资金和人力资源；
- 企业存在过剩的生产力；
- 企业的主业属于正在迅速全球化的产业。

③ 产品开发战略的适用条件

- 企业拥有很高的市场信誉度及完善的销售系统；
- 企业所参与竞争的产业属于快速发展的高技术产业；
- 主要竞争对手以可比价格提供更高质量的产品；
- 企业在高速增长的产业中参与竞争；
- 企业拥有非常强的研究与开发能力。

(2)一体化成长战略

“一体化”的概念也称为“整合”，分为“横向”和“纵向”两个方面，是企业充分利用自己在产品、技术、市场上的优势，根据物资流动的方向和交易费用的大小，使企业不断地向深度和广度发展的一种战略。一体化战略主要包括垂直一体化(生产企业同供应商、销售商串联)、前向一体化(生产企业同销售商联合)、后向一体化(生产商同原料供应商联合)、横向一体化(同行业企业之间的联合)。

一体化战略有利于提高经营效率，实现规模经济，提升控制力或获得某种程度的垄断。但也存在脱离行业困难、管理复杂、可能产生能力不平衡，不利于技术和产品研发风险。

(3)多元化战略

多元化战略又称多角化战略，是指企业同时经营两种以上基本经济用途不同的产品或服务的一种发展战略。多元化战略是相对企业专业化经营而言的，其内容包括：产品的多元化、市场的多元化，投资区域的多元化和资本的多元化。企业采用多元化战略，可以更多地占领市场和开拓新市场，也可以避免单一经营的风险。

3.2.2 创业型企业战略的制定框架和过程

战略管理是对一个企业未来发展方向制定和实施决策的动态管理过程，包含若干子项：愿景、目标、路线、项目选择、业务策略等。战略的制定不是一劳永逸，应该随着环境的变化而调整。创业型企业由于自身的特点，在企业战略的制定上除了依据企业战略的规律外，也还具有一些自身的特点。

1. 创业型企业战略制定框架

(1)感性分析内外部环境。创业企业抗御风险能力相对很低，环境因素的影响非常大，这就要求企业在制定战略时环境分析一定要非常全面，全面的分析需要大量的资源予以支持，但是信息资源不足很难满足企业要求。创业企业在环境分析上大多缺乏科学的方法，采用的方法定性比定量多，这样会放大企业风险。目前最常见的解决方法是做自己熟悉的行业，环境判断凭感觉，不拘泥于理论框架限制。“做生不如做熟”能变被动为主动，变短板为长项。

(2)有重点的制定战略。公司战略主要涉及到公司的多元化业务选择的问题，对于刚刚创立的小企业来说，显然，资源匮乏的现实使得其几乎不可能采用这种战略。所以创业企业的战略主要集中在竞争战略和成长战略。公司总体战略和职能战略涉及较少。

(3)走专业化发展。由于财力、物力和人力等因素限制，创业企业不可能在多个行业都具有竞争优势。所以，这就要求创业企业做到“有所不为而后有为”，专注于专业化发展，集中企业内部的优势资源，突出核心专长，借此来培育企业长期的竞争优势。

(4)做好市场深化细分，强化营销战略。创业型中小企业制定战略的时候一定要注意市场的深化细分。创业企业机动灵活、适应性较强的优势，要有能够保证它们寻找到市场上的各种空隙，“钻进去”从而形成独特的竞争优势的能力。只有明确目标消费者，才可能具有高度竞争优势，才可能成功。

(5)加强策略联盟。策略联盟对一家企业成功的重要性起到至关重要的作用。要注意与自己处于同一产业或相关产业的大企业的合作上，而且也要注意将自身并不精通的业务环节转包给其他企业以及关注技术合作。因为从价值链的角度来看，世界上无论是大企业还是小企业，没有一家会在所有的业务环节上都精通，都具有竞争优势，所以为了保持和强化核心业务，使企业更具竞争力，企业可以只保留最关键的核心业务环节，其他在本企业资源有限的约束下无法做到最好的环节，可外包出去，这样可以更低的成本来换取更高的价值。

2. 创业型企业战略制定过程

创业型企业战略管理过程不是一个完全规范性的全面的过程，决策的变动频率相对比较大，随机性强。

(1)确定企业使命阶段。由于创业型企业还不是多种经营企业，一般说来，总体目标应该简单。创业型中小企业的目标要达到以下要求：应该有一个明确的、特定的主题，不应该是模糊不清，过于抽象；目标可以测量，尽可能地用定量化指标来描述；目标要有一个明确的实现期限；目标应该是积极的，又具有可操作性。创业型企业在不清楚自己的使命和目标时，也不妨摸索前进。

(2)战略环境分析阶段。环境分析创业型企业多依靠行业经验解决，环境分析上不愿意做大量的时间、精力投入，喜欢参照行业成功关键因素和竞争成功要素，选择出企业的战略方向，明确自己的核心竞争力，并着力构建自己的核心竞争力。

环境调查包括两方面：一是企业内部环境调查，了解企业各种素质情况和经营实力情况；二是企业外部环境调查，了解企业所处的宏观环境，行业环境和市场环境，通过环境调研，明确企业本身的优势和劣势，企业所面临环境的机会和风险，为正确制定和实施经营战略方案，提供客观依据。

(3)战略选择及评价阶段。创业型企业本质愿意主动地承担风险，并寻找市场生存发展空间。战略制定、选择及评价目的性强，时间周期短，强调效率，偏重制定经营战略方案。战略制定、选择要形成战略思想，形成战略思想应从战略思维开始，进行战略思维本身也是一种过程，即人们对处理问题的认识和态度，逐步从模糊到明确的过程，也就是战略思想形成的过程。

在明确战略思想和对环境调研有了分析结果后，就需要拟订多种战略方案，对每个方案进行评价，指出各方案的优缺点，并做出选择，即确定最后满意的经营战略方案。这个战略方案包括战略目标，战略重点，战略方针，战略阶段和战略对策等内容。这个阶段的经营战略方案应该是一个清晰明确的战略方案，因为一个清楚的战略方案可以使员工更加明确自己的生产经营范围，占领相应的市场份额，提高竞争力。

制订中长计划时，应侧重于专业化发展，集中企业内部的优势资源，突出核心专长。需要注意的是创业型企业的内部资源是非常有限的，要高效地运用现有的资源和潜在资源，以最小的耗费取得最大的效果，就要做到资源开发符合总体规划，资源要综合利用，资源利用符合节约和可持续发展的要求。

(4)战略实施及控制阶段。选择经营战略方案后，需要加以落实使之具体化，也就是说需要通过战略规划战略计划使之具体化，从时间和空间上加以落实。从时间上，分为若干战略阶段，明确每个阶段的计划目标，从空间上，将每个阶段的计划目标落实到每个部门和各个生产经营单位，直到个人，根据各部门，各单位的计划任务进行资源的合理配置，保证战略任务的顺利实施。在战略方案的执行中，经营环境可能出现原先预料之外的变化，使战略方案中的某些部分失去了指导作用，因而需要及时地对原方案进行必要的修改、调整、使之完善，使其更加符合实际，发挥其正确的指导作用。

3.2.3 创业型企业战略的选择

创业型企业，通常意义上是指从发现机会到实现各种资源的整合，为开创新业务而建立的新经济组织。它是创业者个人特性和创新行为的综合结果。它包括创业中的种种具体行为：辨识机会、资源整合、组建团队，提供新产品或服务，创造新价值等。创业型企业未来可以创造的新价值越大，企业所面临风险和不确性也越强，对创业者要求也越高。

1. 创业型企业创业渠道

按照新企业建立的渠道分类创业可以分为独立创立、母体脱离和企业内创业。

(1)独立自主创业。独立自主创业是指创业者个人或创业团队白手起家进行创业。独立自主创业的过程充满挑战与刺激,对创新的贡献最大。优点是创业者可以自由施展才能和抱负,获取大量财富,实现更高的社会价值,但是独立创业的难度和风险都很大,对创业型企业的要求是全方位的。

(2)母体脱离式创业。母体脱离是公司内部的管理者从母公司脱离出来,新成立一个独立企业的创业活动,也称为裂变型创业。它的优势是母体脱离的创业者拥有创业所需的专业知识、经验和关系网络,生产与原公司相近的产品或提供类似的服务;缺点是创业受原来行业的约束,各方面限制较多。

(3)企业内创业。企业内创业即在大企业内部创业。企业为了倡导创新并使其成果商品化,企业通过授权和资源保证等支持企业内的创业活动。现在大企业已经不是创业浪潮中的旁观者和被动应对者。现有大企业内部创业者也在积极地寻找和追逐新的创意和商业机会。

在企业成长的方式上主要是两种基本形式:内部成长、外部成长。

内部成长指企业主要是依靠企业自身盈利的再投入以及内部经营条件的改善而实现的企业成长,包括降低成本、提高生产率、组织结构调整等,可控性相对较强;由于内部成长不受制于外部干预,通常被称为有机成长。内部成长是有限制的,当企业到达成熟阶段后,很难通过内部方式维持成长。

外部成长指企业主要通过外部行为实现的成长,比如兼并与收购、技术转让、吸收外资等,控制难度较大。外部成长战略主要依靠与第三方建立的关系,如合并、并购、战略联盟、合资企业、许可证经营和特许经营来实现企业的快速成长。与缓慢的内部战略相比,追求外部成长的战略要构建面向成长的更快速的合作方法。

对于初创期的企业来讲,企业在资金、技术、人才都比较薄弱的情况下,难以依靠规模和垄断来建立起市场的进入壁垒,为了保持快速成长并能很好抵御竞争对手,选择与第三方合作往往是一种很好的成长方式。

2. 独立自主创业企业的战略选择

在创业企业建立的渠道中,可以分为独立创立、母体脱离和企业内创业三种创业途径。母体脱离和企业内创业创业类型在企业战略上和传统企业战略有很多相同之处,可供借鉴研究的资料也非常多,考虑到我国目前创业企业以独立创业为主,生存型创业仍然是主导的创业类型的特点,本部分内容只重点对独立创业企业进行研究。

(1)独立创业型企业技术战略。随着技术在企业中重要性的提高,技术战略在当今企业战略中的地位越来越重要,已经成为企业获取竞争优势的战略性武器。技术战略是企业战略的核心,决定了企业的竞争优势。尤其对以高新技术为优势的独立创业型企业,技术战略更是决定企业成败的最关键因素。

独立创业型企业技术战略包括技术研发能力、研发投入强度、技术获取方式、技术保护措施等几项基本内容。独立创业型企业技术竞争战略类型分为技术领先、技术跟随和技术模仿三种战略类型。

① 技术领先

采用技术领先战略努力建立在行业中的领导地位。这种战略有利于在消费者中建立一种领导者的形象，有利于形成一种主导性的市场地位，从目前的情况来看，技术领先越来越扩大到全球化的范围。企业选择在全球技术领先，也就是说它们将在全球竞争者之间获得或开发技术，并率先将其推向市场，以获得市场领导者的地位，这样，技术领先成为企业创造和保持竞争优势的主要途径。

② 技术跟随

技术跟随创新战略，又可以分为创新防御型、创新改进型、市场拓展型技术战略。采取技术跟随战略的独立创业型企业，在市场进入时间上滞后于领先创新者，采取了跟随的态度。创新防御型技术战略，主要指企业集中于有限的市场领域，注重维持在现有的产品市场的领先地位。创新改进型技术战略，采取这种战略的企业注重发现潜在的产品市场和市场机会，创新的重点也就放在对领先创新者产品性能的改进和完善，从而更好地适应市场需求。市场拓展型技术战略，采取这种战略的企业主要目标就是通过提供差异化产品，来占领领先创新者尚未覆盖、无力覆盖的细分市场。

③ 技术模仿

采取模仿创新型技术战略的独立创业型企业，一般也属于跟随创新的战略。采取这种战略的企业，一般技术实力较弱，技术的获取主要来自外部，技术战略的重点也就是在如何快速和低成本地获取所需要的技术，本身的技术能力建立在外部技术购买的基础上，自身的技术积累较差。我国的许多中小企业就采取这种技术战略的类型。

各种技术战略类型适用于不同的战略情况，根据技术演化所处的不同阶段和市场竞争环境的差异，技术战略的类型就会不同，技术战略所包含的内容也会发生变化。从本质上说，技术战略并没有优劣之分，关键在于企业的战略目标和竞争战略之间能否形成有效的结合，能否服务于构筑企业自身的竞争优势，能适合企业的发展需要；此外，技术战略也会随着企业技术能力和市场地位的变化而调整，以获取企业的动态的竞争优势。

(2)独立创业型企业竞争战略。哈佛大学商学院的“竞争战略之父”迈克尔·波特给出三种“一般竞争战略”可供选择：低成本战略、差异化战略和集中战略。

面对庞大的市场、消费者众多，企业可考虑采用成本领先(Costleadership)战略去建立竞争优势。此种战略的要诀是通过规模经济以减低平均支出，同时借大量生产(Mass Producton)取得专业化的工作效率，使整体成本下降，产品价格得以定位于较同业低，竞争优势由此产生。同时利用独特构思，先进的科学技术和施工程序，别具一格的服务形式，企业可以设计出一种与众不同的产品，即使产品本身并无稀奇之处，通过广告及包装也能树立产品的独特品牌形象，达到差异化的效果。

一般情况下，公司创业应首先选择差异化战略，差异化战略可实施于广阔范围市场或狭窄范围市场。而成本领先战略适用于成熟企业以规模效益维持市场上的领先地位,追求成本领先不仅不会给创业型企业带来竞争优势,反而会限制公司的创新能力。因为如果创业企业过分强调成本控制,则会以牺牲产品或服务质量、限制创新或机会为代价。在早期市场开拓阶段,过分的成本控制会导致企业运营的失败。

创业型企业也选择差异化和成本领先的组合战略。与公司创业型企业相比,新创型企业融资则更加困难。尽管成熟公司支持型新创企业能较容易地从母公司那里获得资金支持,而且还可以利用成熟公司的技术、商誉等其他一些无形资产,但是成熟公司支持型新创企业的发展要受到整个公司战略发展的限制。

波特提出的基本竞争战略在战略管理学术研究和实践中占据着重要的地位。其核心思想在于“产品经济”或者为顾客生产最好的产品。但在现实社会中,企业并不仅仅只是通过这些方式来展开竞争的。

(3)独立创业型企业成长战略。竞争战略的要素是竞争内容、竞争对手、竞争策略、竞争手段等,而发展战略的要素是发展方向、发展步骤、发展重点、发展措施等。企业成长战略主要有三种:密集性成长、一体化成长战略、多元化(多角化,多样化)战略。

独立创业型企业建立初始一般采取密集性成长的创业战略,主要有以下形式。市场渗透:企业生产的原有产品在原有市场上进一步渗透,扩大销量,以达到使老顾客增加购买量的目的;市场开发:夺走对手的顾客;产品开发:用改进原有产品或开发新产品的方法来增加企业在原有市场上的销售量,争取潜在新客户。

在企业发展扩张期,许多中小企业基于经营风险的考虑,往往采取多元化经营战略,即将资金投向多个经营方向,追求大而全。结果是企业不仅没有做大做强,反而陷入资源困境,难以自拔。多元化经营策略有其难以克服的弊端,即受资源分散限制,企业往往不能集中资源优势,难以形成核心竞争力。中小企业不宜采用多元化经营战略,这是由中小企业的主客观因素决定的。就我国中小企业而言,目标聚焦战略是企业成长的理性选择。因为目标聚焦战略,一方面可以有效避免中小企业的资源缺陷,另一方面可以有效整合现有的资源,聚焦资源于主业,培育企业的核心竞争能力。

(4)独立创业型企业国际化战略。随着经济全球化的发展、世界各国经济开放程度的提高,经济的相互合作、渗透也逐渐加强,竞争也越来越国际化。厂商跨越国界寻求拓展新的市场或建立新的生产基地的现象越来越普及。二十世纪八十年代以后,全球经济中出现一种特殊的国际企业,其在创业初期或在创业很短的时间内(如二年内)就开始涉入国际市场,而且国际化的程度相当高。

由于创业型企业先天不足,在政策、垄断性资源上处于劣势,因此,创业型企业自我突破、不断创新以及发挥核心优势是创业型企业实现成长的根本。无论选择那一种战略,只有成功地满足了客户和市场的需求才能真正实现企业健康成长。

3.3 创业型企业战略的实施与评估

企业实施战略领导是企业获取竞争优势的需要。随着企业外部环境的复杂化,企业间的竞争日益加剧,开发可持续发展的竞争优势是所有企业的共同目标,通过出众的竞争方式开展战略领导,将有助于企业获得较大利润。

3.3.1 创业型企业战略实施的基本原则

企业在经营战略实施的过程中,常常会遇到许多在制订战略时未估计到或者不可能完全估计到的问题,在战略实施中有三个基本原则,可以作为企业实施经营战略的基本依据。

1. 适度合理性的原则

在经营目标和企业经营战略的制订过程中，由于受到信息、决策时限以及认识能力等因素的限制，对未来的预测不可能很准确，所制订的企业经营战略也不是最优的，而且在战略实施的过程中由于企业外部环境及内部条件的变化较大，情况比较复杂，因此只要在主要的战略目标上基本达到了战略预定的目标，就应当认为这一战略的制订及实施是成功的。在客观生活中不可能完全按照原先制订的战略计划行事，因此战略的实施过程不是一个简单机械的执行过程，而是需要执行人员大胆创造，大量革新。因为新战略本身就是对旧战略以及旧战略相关的文化、价值观念的否定，没有创新精神，新战略就得不到贯彻实施。因此，战略实施过程也可以是对战略的创造过程。在战略实施中，战略的某些内容或特征有可能改变，但只要不妨碍总体目标及战略的实现，就是合理的。

另外，企业的经营目标和战略总是要通过一定的组织机构分工实施的，也就是要把庞大而复杂的总体战略分解为具体的、转为简单的、能予以管理和控制的问题，由企业内部各部门以至部门各基层组织分工去贯彻和实施，组织机构是适应企业经营战略的需要而建立的，但一个组织机构一旦建立就不可避免的要形成自己所关注的问题基本位利益，这种本位利益在各组织之间以及和企业整体利益之间会发生一些矛盾和冲突，为此，企业的高层管理者要做的工作是对这些矛盾冲突进行协调一致折衷、妥协，以寻求各方面都能接受的解决办法，而不可能离开客观条件去寻求所谓绝对的合理性。只要不损害总体目标和战略的实现，还是可以容忍的，即在战略实施重要遵循适度的合理性原则。

2. 统一领导，统一指挥的原则

对企业经营战略了解最深刻的应当是企业的高层领导人员，一般来讲，他们要比企业中下层管理人员以及一般员工掌握的信息要多，对企业战略的各个方面的要求以及相互联系的关系了解得更全面，对战略意图体会最深，因此战略的实施应当在高层领导人员的统一领导，统一指挥下进行，只有这样其资源的分配、组织机构的调整、企业文化的建设、信息的沟通及控制、激励制度的建立等各方面才能相互协调、平衡，才能使企业为实现战略目标而卓有成效的运行。

同时，要实现统一指挥的原则，要求企业的每个部门只能接受一个上级的命令，但在战略实施中所发生的问题，能在小范围、低层次解决问题，不要放到更大范围，更高层次去解决，这样做所付出代价最小，因为越是在高层次的环节上去解决问题，其涉及的面也就越大，交叉的关系也就越复杂，当然其代价也就越大。

统一指挥的原则看似简单，但在实际工作中，由于企业缺少自我控制和自我调节机制或机制不健全，因而在实际工作中经常违背这一原则。

3. 权变原则

企业经营战略的制订是基于一定的环境条件的假设，在战略实施中，事情的发展与原先的假设有所偏离是不可避免的，战略实施过程本身就是解决问题的过程，但如果企业内外环境发生重大的变化，以至原定的战略的实现成为不可行，显然这时需要把原定的战略进行重大的调整，这就是战略实施的权变问题。其关键就是在于如何掌握环境变化的程度，如果当环境发生并不重要的变化时就修改了原定的战略，这样容易造成人心浮动，带来消极后果，缺少坚韧毅力，最终只会导致一事无成。但如果环境确实已经发生了很大的变化，仍然坚持实施既定的战略，将最终导致企业破产，因此关键在于如何衡量企业环境的变化。

3.3.2 创业型企业战略的实施

1. 企业战略实施的模式

在企业战略实践中，战略实施有五种不同的模式。

(1)命令指挥型。企业高层领导研究确定战略，向企业管理人员宣布企业战略，然后强制命令下层管理人员执行。

这种模式的运用要有以下约束条件：

① 总经理要有较高的权威，靠其权威通过发布各种指令来推动战略实施。

② 该模式只能在战略比较容易实施的条件下运用。这就要求战略制定者与战略执行者的目标比较一致，战略对企业现行运作系统不会构成威胁；企业组织结构一般都是高度集权制，企业环境稳定，能够集中大量的信息，多种经营程度较低，企业处于强有力的竞争地位，资源较为宽松。

③ 该模式要求企业能够准确有效地收集信息并能及时汇总到总经理的手中。因此，它对信息条件要求较高。这种模式不适应高速变化的环境。

④ 该模式要有较为客观的规划人员。因为在权力分散的企业中，各事业部常常因为强调自身的利益而影响了企业总体战略的合理性。因此，企业需要配备一定数量的有全局的眼光的规划人员来协调各事业部的计划，使其更加符合企业的总体要求。

这种模式的缺点是把战略制定者与执行者分开，即高层管理者制订战略，强制下层管理者执行战略，因此，下层管理者缺少了执行战略的动力和创造精神，甚至会拒绝执行战略。

(2)变革型。转化型模式是从命令型转变来的。该模式十分重视运用组织结构、激励手段和控制系统来促进战略实施。该模式较适合于环境确定性较大的企业。

在战略实施中，总经理本人或在其他方面的帮助需要对企业进行一系列的变革，如建立新的组织机构，新的信息系统，变更人事，甚至是兼并或合并经营范围，采用激励手段和控制系统以促进战略的实施，为进一步增强战略成功的机会，企业战略领导者往往采用以下三种方法：

① 利用新的组织机构和参谋人员向全体员工传递新战略优先考虑的战略重点是什么，把企业的注意力集中于战略重点所需的领域中。

② 建立战略规划系统、效益评价系统，采用各项激励政策以便支持战略的实施。

③ 充分调动企业内部人员的积极性，争取各部分人对战略的支持，以此来保证企业战略的实施。

这种模式在许多企业中比指挥型模式更加有效，但这种模式并没有解决指挥型模式存在的如何获得准确信息的问题，各事业单位及个人利益对战略计划的影响问题以及战略实施的动力问题，而且还产生了新的问题，即企业通过建立新的组织机构及控制系统来支持战略实施的同时，也失去了战略的灵活性，在外界环境变化时使战略的变化更为困难，从长远观点来看，在环境不确定性的企业，应该避免采用不利于战略灵活性的措施。

(3)集体合作型。该模式把战略决策范围扩大到企业高层管理集体之中，强调集体力量，希望能调动高层管理人员的积极性和创造性。这种模式比较适合于复杂而又缺少稳定性环境的企业。

企业的总经理考虑的是如何让其它高层管理人员从战略实施一开始就承担有关的战略责任。为发挥集体的智慧，企业总经理要和企业其他该层管理人员一起对企业战略问题进行充分的讨论，形成较为一致的意见，制订出战略，再进一步落实和贯彻战略，使每个高层管理者都能够在战略制订及实施的过程中做出各自的贡献。

合作型的模式克服了指挥型模式即变革模式存在的两大局限性，使总经理接近一线管理人员，获得比较准确的信息。同时，由于战略的制订是建立在集体考虑的基础上的，从而提高了战略实施成功的可能性。

该模式的缺点是由于战略是不同观点、不同目的的参与者相互协商折衷的产物，有可能会使战略的经济合理性有所降低，同时仍然存在着谋略者与执行者的区别，仍未能充分调动全体管理人员的智慧和积极性。

(4)全员参与型。该模式是把集体合作型的参与成分扩大到了企业的较低层次，力图使企业全体人员都支持企业的目标和战略。

这种模式的特点是企业总经理考虑如何动员全体员工都参与战略实施活动，即企业总经理运用企业文化的手段，不断向企业全体成员灌输者以战略思想，建立共同的价值观和行为准则，使所有成员在共同的文化基础上参与战略的实施活动。由于这种模式打破了战略制定者与执行者的界限，力图使每一个员工都参与制订实施企业战略，因此使企业各部分人员都在共同的战略目标下工作，使企业战略实施迅速，风险小，企业发展迅速。

全员参与型模式也有局限性，表现为：

这种模式是建立在企业职工都是有学识的假设基础上的，在实践中职工很难达到这种学识程度，受文化程度及素质的限制，一般职工(尤其在劳动密集型企业中的职工)对企业战略制订的参与程度受到限制。

① 极为强烈的企业文化，可能会掩饰企业中存在的某些问题，企业也要为此付出代价。

② 采用这种模式要耗费较多的人力和时间，而且还可能因为企业的高层不愿意下放其控制权，从而使职工参与战略制订及实施流于形式。

(5)增长型。这种模式的特点是企业总经理考虑的是如何激励下层管理人员制订实施战略的积极性及主动性，为企业效益的增长而奋斗。即总经理要认真对待下层管理人员提出的一切有利企业发展的方案，只要方案基本可行，符合企业战略发展方向，在与管理人员探讨了解决方案中的具体问题的措施以后，应及时批准这些方案，以鼓励员工的首创精神。采用这种模式，企业战略不是自上而下的推行，而是自下而上的产生，因此，总经理应该具有以下的认识：

总经理不可能控制所有的重大机会和威胁，有必要给下层管理人员以宽松的环境，激励他们集中精力从事有利于企业发展的经营决策。

① 总经理的权力是有限的，不可能在任何方面都可以把自己的愿望强加于组织成员。

② 总经理只有在充分调动及发挥下层管理者的积极性的情况下，才能正确的制订和实

施战略，一个稍微逊色的但能够得到人们广泛支持的战略，要比那种“最佳”的却根本得不到人们的热心支持的战略有价值得多。

③ 企业战略是集体智慧的结晶，靠一个人很难做出正确的战略。因此，总经理应该坚持发挥集体智慧的作用，并努力减少集体决策的各种不利因素。

2. 创业型企业战略实施的模式选择

在 20 世纪 60 年代以前，企业界认为管理需要绝对的权威，这种情况下，指挥命令型模式是必要的。60 年代，钱德勒的研究结果指出，为了有效的实施战略，需要调整企业组织结构，这样就出现了变革型模式。集体合作型、全员参与型及增长型三种模式出现较晚，但从这三种模式中可以看出，战略的实施充满了矛盾和问题，在战略实施过程中只有调动各种积极因素，才能使战略获得成功。上述五种战略实施模式在制订和实施战略上的侧重点不同，指挥型和合作型更侧重于战略的制订，而把战略实施作为事后行为，而文化型及增长型则更多的考虑战略实施问题。实际上，在企业中上述五种模式往往是交叉或交错使用的。创业型企业在初创期指挥命令型、集体合作型用的较多，变革型用的较少。

3. 创业型企业战略的实施步骤

战略实施是一个自上而下的动态管理过程。所谓“自上而下”主要是指战略目标在公司高层达成一致后，再向中下层传达，并在各项工作中得以分解、落实。所谓“动态”主要是指战略实施的过程中，常常需要在“分析–决策–执行–反馈–再分析–再决策–再执行”的不断循环中达成战略目标。

创业型企业的战略领导实施过程可以分解成几个阶段：

(1) 制定战略选择方案。在制定企业战略过程中，要有一定数量的方案。企业可以从对企业整体目标的保障、对中下层管理人员积极性的发挥以及企业各部门战略方案的协调等多个角度考虑，选择自上而下的方法、自下而上的方法或上下结合的方法来制定战略方案。

(2) 评估战略备选方案。评估备选方案通常使用两个标准：一是考虑选择的战略是否发挥了企业的优势，克服劣势，是否利用了机会，将威胁削弱到最低程度；二是考虑选择的战略能否被企业利益相关者所接受。需要指出的是，实际上并不存在最佳的选择标准，管理层和利益相关团体的价值观和期望在很大程度上影响着战略的选择。此外，对战略的评估最终还要落实到战略收益、风险和可行性分析的财务指标上。

(3) 选择战略。即最终的战略决策，确定准备实施的战略。如果由于用多个指标对多个战略方案的评价产生不一致时，最终的战略选择可以考虑以下几种方法：根据企业目标选择战略，聘请外部机构，提交上级管理部门审批等。

(4) 实施战略方案。企业在实施战略时，首先要清楚地认识到自己要发生怎样的变化才能成功地实施战略，做好战略变化分析。第二，为了执行方便有必要将战略方案从时间和空间两个方面进行分解，编制具体的战略行动计划。第三，战略实施的考核与激励非常重要。企业战略实施的考核通常利用关键绩效指标法（KPI）和平衡记分卡等方法实施。

4. 创业型企业战略实施管理

战略实施就是将公司战略付诸实施的过程。企业战略的实施是战略管理过程的行动阶段，因此它比战略的制订更加重要。

企业战略的实施运作主要与下面六个因素有关，即各级领导人员的素质和价值观念；企业的组织机构；企业文化；资源结构与分配；信息沟通；控制及激励制度。通过这六项因素使战略真正进入到企业的日常生产经营活动中去，成为制度化的工作内容。

经营战略的实施过程中，注意应该做好战略控制。战略控制主要是指检查企业为达到目标所进行的各项活动的进展情况，

(1)关键环节控制。对企业战略规划中的关键环节长期跟踪监控，推进执行，保证其运行及时、有效，并对整体战略规划起到推动作用。

(2)关键结点控制。对企业战略规划设置若干个关键结点，对其推进时间、空间给予清晰界定，并及时跟进，实现关键节点掌控，推进战略规划的良性实施。

(3)财务控制。对战略规划是设置的业务目标、保障支持目标进行必要的财务控制，战略执行推进所需钱款按时、有计划支付，适时动态监控有序调整，保证战略执行有序推进，伺机推动战略的动态管理。

(4)组织控制。必要时可成立“战略管理委员会”，推进战略的制订、督导和监控，保证战略的科学制定和有效执行。

企业的成长离不开战略领导的作用，尤其是创业型企业由于要不断进行创新才能推动企业的快速发展。面对复杂多变的国内和国际新经济形势，战略领导者如何实施战略就关系到企业的生死存亡。只有以企业愿景为目标，努力开发企业的人力资源，培育出企业的核心竞争力，并创建好适合创业的企业文化，努力实施道德行为，这样才能使企业在激烈的竞争中立于不败之地。企业战略的实施如图 3-2 所示。

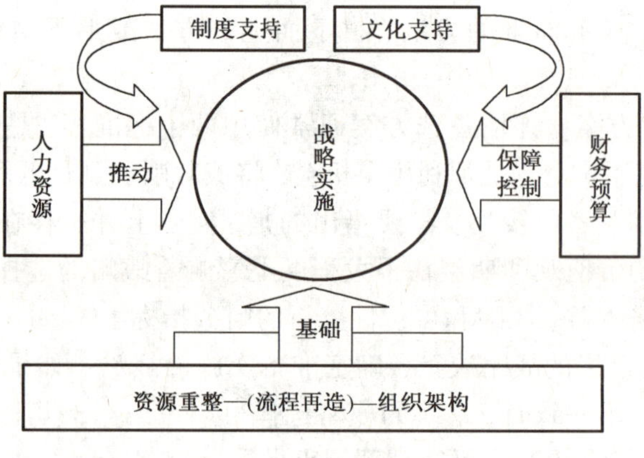

图 3-2　企业战略实施

3.3.3　创业型企业战略控制和评估

战略制定、战略实施、战略评估共同构成战略管理的全过程。创业型企业所在的内外部环境变动更加剧烈，要保证战略管理过程的顺利实现，管理者必须通过战略评估体系对

制订并实施的战略效果进行认真评价，以便采取相应的完善措施，管理者战略评估水平决定着战略管理的成败。

目前对战略评估的研究还处于探索阶段，如果把战略的控制与评估结合起来看，战略评估是指以战略的实施过程及其结果为对象，通过对影响并反映战略管理质量的各要素的总结和分析，判断战略是否实现预期目标的管理活动。企业只有加强对战略执行过程的控制与评价，才能适应环境的变化，完成战略任务。

1. 创业型企业战略控制评估

企业战略评估包括：建立控制系统、监控绩效和评估偏差、控制及纠正偏差三个方面内容。

(1) 控制系统建立。创业型企业由于处于发展初期，公司管理很多还停留于"人治"的阶段，但随着公司规模日渐扩大，经营者难度加大，必须建立有效的内控系统确保企业战略能按照既定的目标和方向实施。内部控制系统包括对组织内部各部门各环节功能及责权的设计与部署，通过一连串相互协调的方法和措施实现目标。

首先建立一套健全的内部控制制度，保证使公司的业务均按照适当的管理授权进行，通过各种内部控制制度，协调控制经济活动，促使各职能有效运作。

另外，通过全员参与，各流程环节强化安装战略规划执行，让日常的运作活动简单有序、增加效益使企业战略能按照既定的目标和方向实施。

(2) 监控绩效和评估偏差战略评估。在实际操作中，战略评估监控一般分为事前评估、事中评估和事后评估三个环节。

① 事前评估

事前评估，即战略分析评估，它是一种对企业所处现状环境的评估。战略分析评估一般使用运用 SWOT 分析法，其目的是为了发现最佳机遇；通过评估企业内外环境状况，以发现最佳机遇，此种评估也可称作现状分析评估。事前评估一方面要检查企业现行战略是否具有经济效益和可行性，如果不能就要重新考虑设计新战略。另一方面通过评估外部环境，判定在现行环境下企业是否有新的机遇。企业要得出一个结果，或继续执行原战略或采取适应环境要求的新战略。创业型企业战略分析评估主要包括企业的现行战略和绩效；不同战略方案的比较；对企业相关利益备选方案的评估以及竞争力的评估等方面。

② 事中评估

事中评估，即战略选择评估，是一种动态评估，属于事中控制。它是在战略的执行过程中进行，是对战略执行情况与战略目标差异的及时获取和及时处理。

战略选择评估指战略执行前对战略是否具有可行性的分析。此处涉及到很多的评估模型。如 SAM 模型、定量战略规划模型（QSPM）、Eletre 方法（E 方法）、战略规划评估模型（SPE）。运用这些模型的条件主要取决于企业多种经营的程度、发展变化的速度以及目前的文化状态。对于创业型企业，可以适当简化评估模型，利用设立战略控制措施标准，如关键环节控制、关键结点控制、财务控制、组织控制等，对战略实施情况进行评估。

③ 事后评估

事后评估，即战略绩效评估，它是在期末对战略目标完成情况的分析、评价和预测，是一种综合评估。属于事后控制。战略绩效评估是在战略执行的过程中对战略实施的结果从财务指标、非财务指标进行全面的衡量。它本质上是一种战略控制手段，即通过战略实施成果与战略目标的对比分析，找出偏差并采取措施纠正。

(3)控制及纠正偏差。创业型企业评价实施企业战略后的企业绩效，把它与既定的战略目标与绩效标准像比较，发现战略差距，分析产生偏差的原因，纠正偏差，是企业战略的实施的要求。

控制及纠正偏差两个渠道来进行：预算控制和非预算控制。

预算控制是通过编制预算并以此为基础，执行和控制企业经营活动，在活动过程中比较预算和实际的差距及原因，然后对差异进行处理。包括业务预算、财务预算、专门预算及全面预算体系。

① 预算控制的步骤

编制预算——执行预算——预算差异分析——对预算控制的结果进行分析总结，评价和考核预算控制的绩效。

② 传统的非预算方法

亲自视察——专题报告与分析——统计数据资料——比率分析。

2. 评估的主要标准

(1)可行性标准。可行性标准评估战略在实践中会如何运行。例如，是否有足够的资源使战略得以实施？是否有足够的资金？是否可获得相关技术的支持？我们的员工能力是否足够？

(2)可接受标准。可接受标准评估战略的收益结果是否可被接受？例如，战略产生的利润或增长是否足以达到高级管理者、股东及其他权益持有者的期望？接受标准的另一指标是该战略所涉及的风险水平；该战略的实施是否需要对企业结构进行重大改变？

(3)适宜性标准。适宜性标准评价备选战略在多大程度上适用于战略分析中所识别出的问题。该战略是否充分利用了企业的优点、克服或避免了企业的缺点并且应对了环境方面的威胁？它是否有助于企业实现目标？

3. 有效控制的原则

有效控制，是指围绕标准使组织的各项活动处于控制状态。一旦组织的某项活动出现偏差，则能及时纠正偏差，而且能使偏差所导致的损失降低到最低限度。控制纠正不宜采取过于强烈的行动，要适可而止，恰到好处。如果纠差的力量太大，将会造成大起大落的大波动，反而不利于稳定状态的维持，过多的、不适当的纠正行动也将会破坏系统的稳定状态的维持。

(1)控制应同计划相适应，反映计划要求。控制的目标是为了实现计划，控制是实现计划的保证。不同的计划有不同的特点，所需的控制信息各不相同。控制越是考虑计划的特点，越能发挥作用。为实现每一项计划所进行的控制工作有很大的不同，都需要按不同计划的特殊要求和具体情况来设计。

(2)控制应直接控制，同组织相适应。明确的职务和责权是控制的依据。使每个人明白自己控制的责任，健全的组织能使联络渠道畅通、信息迅速传递。一旦偏差出现，就能迅速控制。主管人员及下属的对所负担的职务越能胜任，也就越能觉察偏差，及时采取预防措施，于是越不需要进行间接控制，从而减少偏差的发生及进行间接控制的费用。

(3)控制应该突出重点，强调例外。为了进行有效的控制，需要特别注意在根据各种计划来衡量工作绩效时有关键意义的那些因素。控制住了关键点，也就控制住了全局。同时，在控制工作中强调关键点的控制也是提高控制工作效率的要求。对例外的关注，不应仅仅依据偏差的大小而定，还必须考虑相应的工作或标准的重要性，即强调例外必须跟关键点结合起来，关键点上的例外偏差是最应予以重视的。

(4)控制应具有灵活性及时性和经济性。控制系统能适应主客观条件的变化，持续地发挥作用。信息的及时性和矫正措施的及时性。控制的适度、考虑控制费用、工作力度和复杂性的关系。

(5)控制应具有客观性精确性和具体性。坚持实事求是，控制不凭个人主观经验和直观判断。信息必须是精确无误的，否则易出现错误决策。信息情报应尽量具体，控制才有针对性。

(6)控制应注意培养组织成员的自我控制能力。提高控制有效性的根本途径是职工进行自我控制，要求职工的工作目标服从组织的整体目标，管理者经常检查职工的工作效果。

(7)观察控制趋势。要学会控制趋势，要使控制有效，控制变化趋势则显得非常重要。控制趋势的关键在于从现状中揭示倾向，特别是在趋势刚显露苗头时就敏锐地觉察到。

应用与训练

1.案例分析

香飘飘：一杯奶茶如何卖到24亿元？[①]

蒋建琪出生在湖州南浔，自小蒋建琪听得最多的，就是生意生意，这直接导致他在大专毕业分配到上海铁路局后的极度不适。

就在此时，学食品专业的亲弟弟在南浔搞了一个食品厂，蒋建琪便隔三差五地跑回老家帮忙。食品厂主营糕点，一个春节下来就挣了一万多块钱，这是蒋建琪人生中最开心的时刻之一。厂子办到第二年，弟弟因为别的打算准备放弃，于是，蒋建琪辞职回家，接手了食品厂，这家食品厂也就是香飘飘食品有限公司的前身湖州老顽童食品有限公司。

一、诞生

2003年，一个困惑让蒋建琪感到焦虑：彼时的老顽童年销售额几千万元，但明显遇到了不可能突破的天花板——主打产品棒棒冰是典型的淡旺季产品，一到冬天销量便急速下滑，并且很有可能成为一种过渡性产品。

企业迫切需要切入新的领域，当时唯一确定的方向，是做一种能喝的产品。在蒋建琪的商业认知中，喝的东西肯定要比吃的东西销售量大。

2004年的一天，蒋建琪在街头看到一家奶茶店，人们排着长队购买珍珠奶茶。经验告诉他：一个地方只要排长队就一定存在供需失衡，就一定有创新的可能、商机的存在。

蒋建琪突发奇想：为什么不把街头的奶茶方便化、品牌化呢？蒋建琪立即行动请来杭州市科技农业研究所帮助研发配方，请设计公司设计包装，大约半年多以后，产品试制成功。

---

① 资源来源：商界杂志报道节选

他给产品确定了一个新的名字——香飘飘。香飘飘上市之前，只选择了温州、湖州、无锡、苏州四个城市试销，每个城市只选取中学、大学、标准超市，每个销售点公司都安排人员跟踪，继而再将结果汇总成图表。半年的测试结果令人满意。这是一个有潜力的产品，蒋建琪兴奋不已。

二、以学生为引爆点

2005年，蒋建琪决定：香飘飘要着手准备打仗了。根据马尔科姆·格拉德维尔的引爆点理论：一项工作的80%都是由参与工作的20%的人完成的。同样，要发起流行，就得把资源集中在引爆点上，只要找对了一点，轻轻一触，这个世界就会动起来。

那么，能够迅速引爆杯装奶茶的流行趋势的人群在哪儿——是学生！

香飘飘选择学校及其周边商超试销，只是连店老板们都未见过的产品，怎么向学生推荐？于是，香飘飘在每箱产品里都附上一张红纸条：本包装箱内多放了一杯奶茶，由香飘飘公司邀请店老板亲自品尝。

市场渐渐有了反应，销售团队又买来几十本《中国黄页》，根据不同试销点所在的位置，将方圆十几公里内的大中小学地址全部打印出来，然后再邮寄给试销点，“把奶茶卖到这些地方去。”

照此办法，逐一推进，香飘飘先后以杭州、郑州、南京、北京等几个有影响力的大中城市为中心，做深做透，继而再向周边城市辐射，借势成事，水到渠成。

2005年在济南举办的全国糖酒订货会上，香飘飘正式向全国招商。此前，经销商们从未见过杯装奶茶，在亲口品尝后都兴奋不已，现场签单者络绎不绝。数月后，全国各地的订单纷纷向湖州聚集，香飘飘当年的账面资金，迅速攀升至5000万元。

三、广告轰炸

地面部队在加速推进，空中广告轰炸则依旧选择聚焦战略。当年，资金实力尚不雄厚的香飘飘，砸下3000万元广告费，而且只砸湖南卫视。香飘飘成了奶茶行业第一个做广告的。也有人表示看不懂：全国市场还没完全铺完，超市里也没有，打什么广告？

事实上，决定砸下3000万元广告费的那天晚上，蒋建琪整晚未眠，在反复纠结中终于坚定信念，“对于比较容易被模仿的新产品而言，第一次出拳一定要重、要狠，一定要迅速打进顾客内心深处。”

四、岌岌可危

2006年，中国杯装奶茶市场开始变天了。此前香飘飘南征北战，一骑绝尘，没有对手，其销售额从2005年的数千万元一下跃升至2006年的4.8亿元，在风起云涌的快消品江湖，杯装奶茶当年的毛利在百分之四十以上，天下还有这么好的生意？蛋糕引来猎食者，香飘飘引起同行注意。

2006年下半年，喜之郎旗下的优乐美，立顿旗下的立顿奶茶、大好大旗下的香约奶茶相继杀入杯装奶茶市场……一时间，全国冒出了几十家奶茶品牌。其中最有竞争力的是喜之郎旗下的优乐美，喜之郎以果冻起家，浸润食品行业很多年，无论是资金实力，还是经销商网络、销售团队规模，显然要比香飘飘强大许多。

由于喜之郎的初期失误，让蒋建琪觉得对手并不如想象中厉害，加上前几年的顺风顺水，香飘飘真的就“飘”起来了。香飘飘在2007年发布了一个宏大的发展规划：一是上马一个志在替代方便面的方便年糕项目；二是开奶茶连锁店，进军餐饮业；三是进军房地产市场。

一边是飘起来的香飘飘，一边是穷追猛打的优乐美们，在2007~2009的两年时间里，价格战、渠道战、广告战、口水战，此起彼伏，香飘飘一方面要面临众多对手攻势，一方面还得分出精力做其它的多元化项目。蒋建琪意识到：危机来了。

2008年，香飘飘的销售收入接近10亿元，而优乐美的销量也不断上涨，至2009年上半年，优乐美与香飘飘的销量已经非常接近了。香飘飘岌岌可危。

“剐肉”式改革

2009年下半年，蒋建琪开始深刻反思，同时也密集拜访了国内众多的营销管理机构，他力图给自己的企业寻找到一张药方，同样也为自己接下来的商业生涯寻找一个答案。聚焦、专注、从多元化中抽身，这是蒋建琪得到的答案。

第一，砍掉已经投了3000多万元年糕项目。

第二，砍掉每年的销售额已经在3000万元以上花生项目。

第三，砍掉房地产项目。

突然之间，三个项目齐齐下马，犹如送走自己一手养大的三个小孩，蒋建琪逼迫自己回到那条或许会更痛的未知路。

2010年，香飘飘奶茶销量突破10亿杯，销售额过20亿元。进入2011年，香飘飘销量持续增长，与竞争对手的距离再度拉开，行业第一品牌的地位得以保住。

2012年香飘飘销售额24亿元，未来能否突破50亿甚至100亿元的行业天花板，则取决于企业能否在未来几年内搭建起平台战略。

思考：

1. 香飘飘的成长经过几个阶段？采取了哪些战略方法？
2. 评价这些战略方法与企业当时发展阶段是否合适？
3. 导致香飘飘成功的因素主要有哪些？

2. 思考与练习

1. 影响创业型企业战略的因素有哪些？
2. 总结创业型企业战略的制定框架和过程。
3. 论述创业型企业战略控制系统评估的方法。

参考文献

[1] 雷银生. 企业战略管理教程. 北京：清华大学出版社，2010.9

[2] 彭壁玉. 中小企业战略管理. 北京：科学出版社，2011.6

第 4 章
商业模式设计

案例导入

易到用车的商业模式创新

作为一家租车服务公司，易到用车没有一辆属于自己的汽车，也没有一名属于自己的司机。易到用车事实上并不是租车公司，而是提供智能商务用车的网上平台。

2010 年，长江 EMBA 毕业的周航，创办了易到用车网。易到用车的流程为：当消费者订车时，可以通过网络、电话以及智能手机终端直接联系易到租车。易到在接收到消费者信息并接收付款之后，通过自主开发的系统将信息派发给其他租车公司的闲置车辆和司机，并且保证 1 小时内出现在上车地点。

这个看似简单的商业模式，需要完善的措施才能保证畅通运行。

首先是 O2O，即将线下商务的机会与互联网结合在一起，让互联网成为线下交易的前台。

其次，是移动互联网。为了更好地调配下游租车公司的车辆，易到用车研发出一套基于智能手机基础的客户端。当司机与这辆车空闲的时候，系统中就可以显示出该车的位置和状态，系统会根据距离、服务时间等指标选择最合适的车辆。

最后是商务，目前易到用车主要在商务用车领域。并且不同于以往租车公司的收费，易到用车所有服务均按小时来计费。根据不同客户的需求提供不同车型的服务。与传统的出租车相比，易到用车的服务费用大约是出租车的 2 到 3 倍。

（资料来源：党永嘉. 易到用车：租车业携程. 21 世纪商业评论，2011. 12. 16）

案例思考

1. 什么是商业模式？
2. 商业模式的基本出发点是什么？
3. 商业模式设计的基本要素有哪些？

学习目标

1. 掌握商业模式的定义；
2. 了解商业模式的类型和价值；
3. 学习商业模式的基本要素；
4. 掌握商业模式的设计原则及内容。

解决问题

1. 学习商业模式的概念；
2. 认识商业模式的价值；
3. 掌握商业模式的构成要素；
4. 学会设计商业模式。

4.1 商业模式概述

4.1.1 商业模式的概念

过去，创业者们在创业之初，将大量的时间和精力投入在如何选择强竞争力的产品、技术或服务上。在现代竞争环境中，创业企业不仅要选择核心产品、技术或服务，更为重要的任务是要设计出一个富有竞争力的商业模式。因此，商业模式已经成为倍受创业者和风险投资者关注的核心词汇。正如管理大师彼得·德鲁克所说："当今企业之间的竞争不仅仅是产品与服务层面的竞争，更是商业模式的竞争。"可见，商业模式已成为现代企业的核心竞争要素，对于创业企业而言更为重要。那么，到底什么是商业模式呢？

商业模式的概念最早出现于20世纪50年代，但真正被广泛认知和使用则是在20世纪90年代后期，直到今天，商业模式对于普通大众而言依然是一个新名词，各界人士都有自己独特的认识。从企业经营者的角度，商业模式是企业的盈利模式，是从事商业的方式，是开展业务的方法和途径，是获取收入或维持经营采用的业务方式，是如何通过运作来实现其生存与发展的方式；从消费者的角度，认为商业模式是围绕顾客需求组织资源投入，给顾客提供价值，创造、传递、实现顾客价值的模式。

尽管在商业企业、创业者和投资者口中频繁出现商业模式这一名词，但目前学术界依然没有关于商业模式的权威定义，笔者收集了几种现阶段比较被业界接受的概念：

哈佛商学院将商业模式定义为，企业赢利所需采用的业务决策与平衡。

泰莫斯认为，商业模式是指一个完整的产品、服务和信息流体系，包括每一个参与者和其起到的作用，以及每一个参与者的潜在利益和相应的收益来源和方式。商业模式的设计是商业策略的一个组成部分。而将商业模式实施到公司的组织结构（包括机构设置、工作流和人力资源等）及系统（包括IT架构和生产线等）中则是商业运作的一部分。

李振勇在其著作《商业模式》中认为，商业模式是为实现客户价值最大化，把能使企业运行的内外各要素整合起来，形成一个完整的高效率的具有独特核心竞争力的运行系统，并通过最优实现形式满足客户需求、实现客户价值，同时使系统达成持续赢利目标的整体解决方案。

Osterwalder, Pigneur and Tucci（2005）在翻阅了大量文献后给出的定义认为商业模式是一种包含了一系列要素及其关系的概念性工具，用以阐明某个特定实体的商业逻辑。它描述了公司所能为客户提供的价值以及公司的内部结构、合作伙伴网络和关系资本等借以实现（创造、推销和交付）这一价值并产生可持续盈利收入的要素。简而言之，奥斯特瓦德认为商业模式描述了企业如何创造价值，传递价值和获取价值的基本原理①。

综合以上基本理论，本书对商业模式的定义为：为了满足客户需求，实现客户价值，确保企业持续盈利的有关企业业务系统、产品或服务系统、客户系统、财务系统的整体运行方案。

---

① 亚历山大·奥斯特瓦德（AlexanderOsterwalder），伊夫·皮尼厄（YvesPigneur）著 王帅，等译. 商业模式新生代·北京：机械工业出版社，2014.4

4.1.2 商业模式与盈利模式

创业者在创立企业时，往往容易将盈利模式混淆等同于商业模式，其实两者之间有着显著的不同，但又相互联系。

1. 商业模式与盈利模式的区别

商业模式是有关企业“做什么，如何做，怎样赚钱”的过程，而盈利模式是企业获取利润的最终方法和途径。盈利模式就是企业赚钱的渠道，通过怎样的模式和渠道来赚钱。商业模式就是公司通过什么途径或方式来赚钱。盈利模式是结果策略，是指企业靠什么方式或策略赢利。例如是靠卖产品赢利，还是靠加盟连锁赢利等；而商业模式是过程策略，是指企业的商业化或商品化过程，是指企业把什么东西卖给什么客户的过程。例如门户网站通过海量的信息吸引消费者免费注册，获取消费者数据库，然后通过收取广告费来盈利，因此，免费是一种商业模式，但不等同于盈利模式。

2. 商业模式与盈利模式的联系

商业模式和盈利模式的目的都是为了企业盈利。商业模式是一个复合的模式，包括公司做什么产品、定位什么样的客户、用什么市场营销手法，即包括了一个企业的业务模式、盈利模式、服务模式、管理模式、生产模式等，而盈利模式只是它其中的一个环节。因此，商业模式大于并包含盈利模式，盈利模式是商业模式的一部分。

4.1.3 商业模式的类型

迈克尔·波特曾经说过：“没有不能赚钱的行业，只有赚不到钱的模式。”一个成功的商业模式，是对一个组织如何行使其功能的描述，是对其主要活动的提纲挈领的概括。它定义了公司的客户、产品和服务，它还提供了有关公司如何组织以及创收和盈利的信息。商业模式与公司战略一起，主导了公司的主要决策。商业模式还描述了公司的产品、服务、客户市场以及业务流程。因此，商业模式已被视为创业制胜的宝典。

纵观现代企业层出不穷的创新商业模式，不论是制造业还是零售业，传统企业还是新兴商业，其商业模式都或者围绕着企业资源与环境的互动，或者解决企业各运行系统的核心设计，因此，我们将商业模式大致分为以下两种类型。

1. 运营性商业模式

运营性商业模式重点解决企业与环境的互动关系，包括与产业价值链环节的互动关系。运营性商业模式创造企业的核心优势、能力、关系和知识，主要包含以下几个方面的主要内容：

产业价值链定位：企业处于什么样的产业链条中，在这个链条中处于何种地位，企业结合自身的资源条件和发展战略应如何定位。

赢利模式设计(收入来源、收入分配)：企业从哪里获得收入，获得收入的形式有哪几种，这些收入以何种形式和比例在产业链中分配，企业是否对这种分配有话语权。

2. 策略性商业模式

策略性商业模式是对运营性商业模式的扩展和应用，策略性商业模式涉及到企业生产经营的方方面面。包括：

业务模式：企业向客户提供什么样的价值和利益，包括品牌、产品等。

渠道模式：企业如何向客户传递业务和价值，包括渠道倍增、渠道集中/压缩等。

组织模式：企业如何建立先进的管理控制模型，比如建立面向客户的组织结构，通过企业信息系统构建数字化组织等。

4.1.4 商业模式的价值

大多数创业者在创业之前，总不免要去研究市场上众多企业的经营之道，却往往能够发现有一部分企业具有强竞争力的技术但收益不够理想，还有一些质量过硬的产品也得不到市场的认可，创业者们因此而感到困惑，这些企业为什么不能在竞争中脱颖而出？事实上，这些企业和产品的失败，其实是忽略了商业模式的价值，没有对自己的商业模式进行创新，与其他企业或产品处于一种同质化的竞争之中，因而无法立足。可见，商业模式是企业竞争制胜的关键，其重要价值不言而喻。

1. 商业模式的创新比产品与技术的创新更加重要

时代华纳前首席执行官迈克尔·邓恩说："在经营企业过程当中，商业模式比高技术更重要，因为前者是企业能够立足的先决条件。"一个成功的商业模式不一定是在技术上的突破，而是在某一个环节的改进，或是对原有模式的重组、创新，甚至是对整个游戏规则的颠覆。商业模式的创新形式贯穿于企业经营的整个过程，贯穿于企业资源开发、研发模式、制造方式、营销体系、市场流通等各个环节，也就是说在企业经营的每个环节上的创新都可能变成一种成功的商业模式。

2. 商业模式是企业竞争制胜的关键

21 世纪的企业竞争的最高境界，不再是产品的竞争、人才的竞争、营销的竞争、服务的竞争，而是一种商业模式的竞争。据《科学投资》杂志调查显示：在创业企业中，因为战略原因而失败的只有 23%，因为执行原因而夭折的也只不过是 28%，但因为没有找到商业模式而走上绝路的却高达 49%。没有一个合理的商业模式，不管企业名气有多大，资产有多大，也必定走向衰亡！商业模式是关系企业生死存亡、兴衰成败的大事，企业要想获得成功就必须从制定适合该企业的商业模式开始，新成立的企业是这样，发展期的企业更是如此。商业模式是企业竞争制胜的关键。

3. 好的商业模式有利于建立市场壁垒

每个公司都有自己的商业模式，好的商业模式可以形成壁垒，比如茅台，通过文化形成了独一无二的产品，构成了深深的"护城河"，有自己的定价权。再比如腾讯，他的商业模式是新的社交公司，大家使用 QQ 不是为了通讯，而是社交，因为数量巨大，所以对用户有着巨大的黏性，你的社交网络越大，越离不开 QQ。一个好的商业模式可以有效地建立起市场的壁垒，巩固企业市场地位，获取竞争优势。①

---

① 王景波. 发现商业模式的重要性，http://blog.sina.com.cn/wjb01.

4.2 商业模式的构成要素

4.2.1 商业运作的基本问题

创业者创立企业，首先要明确以下几个商业运作的基本问题。

1. 顾客是谁

商业项目的确定，首先要找到目标市场，定位目标顾客群，挖掘顾客的特性、需求以及偏好。精确定位顾客是谁，可以帮助企业区分细分市场特性，研究市场需求，有的放矢地提供产品或服务。

2. 顾客价值

顾客价值是指顾客通过购买商品所得到的收益和顾客花费的代价(购买成本和购后成本)的差额。企业运行必须解决要提供的产品或服务是什么，提供物对目标顾客有什么样的价值，包括产品价值、使用价值、占有价值和全部价值。

3. 业务模式

商业运作还要解决在现有市场环境下，公司以什么样的业务模式来满足消费者的需求。业务模式要解决企业要提供什么样的产品或服务来满足目标客户需求，产品或服务如何提供，如何传递给目标消费者。

4. 盈利模式

一个不盈利的企业是不道德的。因此，商业运作要解决的第四大基本问题便是能帮助企业盈利的模式设计，该模式既要符合市场需求，又要独具特色，将企业的核心业务、顾客价值及盈利来源充分整合，以实现企业运营目标。

4.2.2 商业模式的基本要素

哈佛学者对商业模式的研究认为，任何一个商业模式都是一个由客户价值、企业资源和能力、盈利方式构成的三维立体模式。由哈佛大学教授约翰逊(Mark Johnson)，克里斯坦森(Clayton Christensen)和SAP公司的CEO孔翰宁(Henning Kagermann)撰写的《商业模式创新白皮书》把这三个要素概括为：

(1)客户价值主张：指在一个既定价格上企业向其客户或消费者提供服务或产品时所需要完成的任务；

(2)资源和生产过程：即支持客户价值主张和盈利模式的具体经营模式；

(3)盈利公式：即企业用以为股东实现经济价值的过程。

而瑞士学者亚历山大·奥斯特瓦德(Alexander Osterwalder)和比利时学者伊夫·皮尼厄(Yves Pigneur)在综合了各种关于商业模式研究的共性的基础上，提出了一个包含九个要素的商业模式参考模型，认为构成商业模式有九大基本要素：客户细分、价值主张、渠道通路、客户关系、收入来源、核心资源、关键业务、合作伙伴以及成本结构。

笔者认为这九大要素对于新创企业的商业模式构建有着极为重要的指导意义，因此本书将以该要素模型为研究基础，来分解创业企业构建商业模式所需的要素。

根据亚历山大·奥斯特瓦德和伊夫·皮尼厄2014年的最新研究成果，笔者将这九大要素进行了分析整理，提出商业模式九要素模型，如图4-1所示。

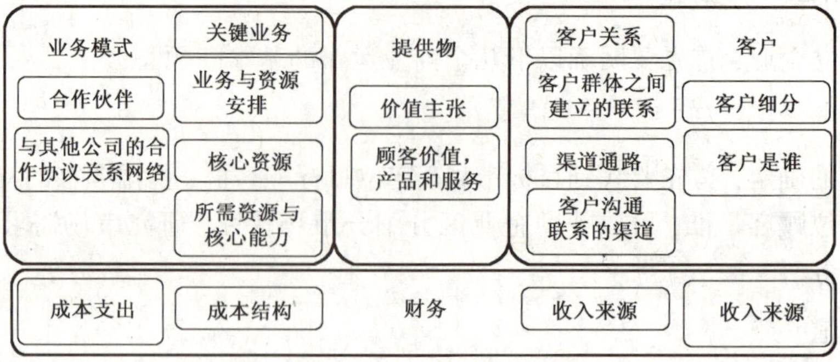

（资料来源：根据文献资料翻译、整理）

图4-1　商业模式九要素模型

1. 客户细分（Customer Segments）

客户细分即公司想要接触和服务的消费者群体。这些群体具有某些共性，从而使公司能够针对这些共性来创造客户价值。通俗一点来说，客户细分要解决的问题是企业正在为谁创造价值，谁是企业最重要的客户。

客户是商业模式构建的核心，没有可为企业带来价值和收益的客户，就没有企业可以长久存活。商业模式可以定义一个或者多个或大或小的客户细分群体，企业必须做出合理的决策，到底该重点服务哪些客户细分群体，一旦做出选择，就可以凭借对特定客户群体需求的深入分析和把握，设计出相应的商业模式。

创业企业在进行商业模式设计时，可以先从一些典型的客户细分群体着手，在此基础上拓展出创新的客户细分群体，常见的客户细分市场类型如下。

(1)大众市场客户。商业模式设计时聚焦为传统的大众客户，可以为企业带来最广泛的客户基础，便于企业最大限量地满足广大受众的普遍需求。这类商业模式的客户群体范围广阔，客户的需求和问题都具有普遍性，容易把握，企业一旦进入该类市场，便同时意味着大容量的客户群和激烈的同质化竞争。经营大众日用消费品的企业多使用这类商业模式的客户细分。

(2)利基市场客户。利基是更窄地确定某些群体，这是一个小市场，并且它的需要没有被服务好，或者说“有获取利益的基础”。[①] 利基市场是指那些被市场中的统治者或有绝对优势的企业忽略的某些细分市场或者小众市场，创业企业可以选定一个很小的产品或服务领域作为自己的客户，集中力量进入，并专门为此类客户量身定制产品或服务，从而在避开竞争的同时也建立起强大的市场壁垒，逐渐形成持久的竞争优势，形成自己独有的商业模式。如汽车零部件厂商依赖的利基客户便是其主要汽车生产商。

① 菲利普·科特勒. 营销管理. 北京：中国人民大学出版社，2012.

链接 1

创业型企业可开拓的利基市场

一般说来，中小企业可以开拓的利基市场有以下五类：

① 自然利基市场。为了追求规模经济效应，很多大企业一般采用少品种、大批量的生产方式，这就自然为中小企业留下了很多大企业难以涉及的"狭缝地带"，这些"狭缝地带"即为自然利基市场。很多中小企业正是选择这些自然利基市场投入经营，在与大企业不发生竞争的情况下成长起来的。

② 协作利基市场。对于生产复杂产品的大企业来说，不可能使每道工序都达到规模经济性的要求。大企业为了谋求利润最大化或节省成本，避免"大而全"生产体制的弊端，而去与外部企业进行协作，这种协作关系为中小企业提供了生存空间，即协作利基市场。

③ 专利利基市场。拥有专利发明的中小企业，可以运用知识产权来防止大企业染指自己的专利技术向自己的产品市场渗透，从而在法律制度的保护下形成有利于中小企业成长的专利利基市场。

④ 潜在利基市场。现实中，常有一些只得到局部满足或根本未得到充分满足或正在孕育即将形成的社会需求，这就构成了潜在的市场需求空间，即潜在利基市场。如在电脑行业，竞争可谓刀光剑影，新产品不断涌现，但对于人们常用的从几兆到几百兆之间的数据交换需求却被广大电脑厂商忽略。深圳市朗科科技有限公司总裁邓国顺看到了这一潜在的社会需求，发明了体积小(只有拇指大小)的移动存储器——U盘，在行业掀起了一场革命，当然公司借此获得了迅速的发展。

⑤ 替代利基市场。美国著名的企业战略学家波特教授在通过严密的竞争者分析后，得出结论："最好的战场是那些竞争对手尚未准备充分、尚未适应、竞争力较弱的细分市场。"对方的虚弱之点就是我方理想的攻击之点。如果企业有能力比竞争对手提供令消费者更满意的产品或服务，即能够有力地打击竞争者的弱点，那么，该市场就可以作为自己的目标市场，这正是"避实击虚"思想在市场竞争战略上的应用。

(资料来源：利基营销理论. MBA 智库百科)

(3)区隔市场客户。定位为区隔化市场客户细分的商业模式，是在略有不同的客户需求的市场细分群体间有所区分，这些客户细分有很多相似的特征，又有不同的需求和困扰。企业要区别化地提供价值主张、渠道通路，建立不同的客户关系和盈利模式。区隔市场客户细分可按客户行业区隔、客户层级区隔、客户年龄性别区隔、客户心理区隔等。如海尔的商业模式就是运用副品牌策略对市场进行区隔。

(4)平台市场客户。选择平台市场作为商业模式核心细分客户的企业，意在为平台提供服务，而不仅仅是为平台上的一两家客户服务。平台市场给予企业广泛的客户资源，通常都是平台解决方案提供商。如淘宝网即是通过打造 C2C 的平台来构建其商业模式。

(5)链条市场客户。链条市场客户指企业供应链上的客户。企业在商业模式要素设置过程中可对供应链上的企业进行需求分析，为链条上的细分客户提供产品或服务，可以保障企业的利润来源，同时也利于掌控核心资源，为构建商业模式打好基础。如家居零售商的商业模式多集中在此类细分市场客户。

2. 价值主张(Value Propositions)

价值主张即企业通过其产品和服务所能向消费者提供的价值。价值主张确认了企业对消费者的实用意义。每个价值主张都包含可选系列产品或服务，以迎合特定客户细分群体的需求。有些价值主张可能是创新的，并表现为一个全新的或破坏性的提供物(产品或服务)，而另一些可能与现存市场提供物(产品或服务)类似，只是增加了功能和特性。通俗一点来讲，价值主张要解决的问题是创业企业该向客户传递什么样的价值？或者正在帮助客户解决哪类难题？正在满足哪些客户需求？正在提供客户细分群体哪些系列的产品和服务？

价值主张可以是定量的，如价格、服务等级等，也可以是定性的，如性能、客户体验等，每个客户的价值主张都有对应的产品或服务来实现。创业企业可从以下代表性的要素中来提炼客户价值主张，但不仅限于此七类要素。

(1)创新。该类价值主张满足客户从未感受和体验过的全新需求。大多数消费者对创新的产品和创意都有需求，借助创新来打造企业的核心竞争力可以给此类客户群体创造持续的客户价值。如IT企业便是以不断的技术创新来实现客户价值。

(2)性能。大多数企业都通过不断改进和提升产品或服务的性能来为客户创造价值，这也是广大的消费者最普遍的价值主张。如手机制造商就是通过不断改进产品性能来为顾客创造使用价值。

(3)服务。特色化、定制化的服务成为现代消费者越来越关注和在意的价值主张，企业可在服务设计上为客户创造价值。如海底捞以其独具特色的服务来定义其在客户心中的位置。

(4)设计。设计感也可以为顾客创造价值，尤其是在追求时尚和品质的细分客户群中，这样的价值主张是相当重要的一个要素。如珠宝生产商便是以设计来赢得消费者青睐。

(5)品牌。产品同质化竞争的时代，品牌价值是越来越多消费者关注的焦点。品牌是唤起消费者情感价值主张的载体，不容忽视。如奢侈品企业以其独有的品牌价值带给消费者不同的情感诉求。

(6)价格。通过更具竞争力的价格来提供同质化的价值是满足价格敏感客户细分群体的常用做法，如超级市场的低价策略、网络平台的免费模式等。

(7)体验。消费者有参与、体验的价值需求，提供可供目标客户群体体验的产品或服务也是为客户创造价值的手段。如农产品供应商采取体验采摘的模式来满足客户体验价值。

3. 渠道通路(Channels)

渠道通路即公司用来接触消费者的各种途径。这里阐述了公司如何沟通、接触其客户细分而传递其价值主张。它涉及公司的市场和分销策略。通俗一点来讲，渠道通路要解决的问题是：企业通过哪些渠道可以接触我们的客户细分群体？如何接触他们？渠道如何整合？哪些渠道最有效？哪些渠道成本效益最好？如何把渠道与客户进行整合？

企业可以选择通过自建渠道、合作伙伴渠道，或者两者混合来接触目标客户。在把价值主张推向市场期间，发现如何接触客户的正确渠道组合是至关重要的。企业确立了自己的渠道类型之后，还要对这些渠道进行有效整合，渠道整合有利于降低成本，提高效益。因为在同一销售过程中，由不同渠道来承担销售过程中的不同职能，可使企业获得更多利润。例如，一个呼叫中心通常比一个区域销售代理耗费的成本低，而且能为企业带来更多客户，并对这些客户的身份加以确认。企业可以将低成本的电话营销用于客户身份的确认，以达成那些易于成交的业务，把复杂的交易交由区域销售代理处理。采用这种方式，不但可以降低整个销售成本，而且使区域销售代理有更多时间寻求更多、更大的商业机会。

4. 客户关系(Customer Relationships)

客户关系即公司同其客户群体之间所建立的联系。我们所说的客户关系管理(Customer Relationship Management)即与此相关。通俗一点来讲，客户关系要解决的问题是：企业的每个客户群体希望企业与之建立和保持何种关系？哪些关系已经建立了？这些关系成本如何？如何把这些关系与商业模式的其余部分进行整合？

企业常见的客户关系类型有如下四种，创业者在创业时可参考确定自己的客户关系类型。

(1)买卖关系。一些企业与其客户之间的关系维持在买卖关系水平，客户将企业作为一个普通的卖主，销售被认为仅仅是一次公平交易，交易目的简单。企业与客户之间只有低层次的人员接触，企业在客户企业中知名度低，双方较少进行交易以外的沟通，客户信息极为有限。客户只是购买企业按其自身标准所生产的产品，维护关系的成本与关系创造的价值均极低。无论是企业损失客户，还是客户丧失这一供货渠道，对双方业务并无太大影响。

(2)优先供应关系。企业与客户的关系可以发展成为优先选择关系。处于此种关系水平的企业，销售团队与客户企业中的许多关键人物都有良好的关系，企业可以获得许多优先的甚至独占的机会，与客户之间信息的共享得到扩大，在同等条件下，乃至竞争对手有一定优势的情况下，客户对企业仍有偏爱。

在此关系水平上，企业需要投入较多的资源维护客户关系，主要包括给予重点客户销售优惠政策、优先考虑其交付需求、建立团队、加强双方人员交流等。此阶段关系价值的创造主要局限于双方接触障碍的消除、交易成本的下降等“降成本”方面，企业对客户信息的利用主要表现在战术层面，企业通过对客户让渡部分价值来达到交易长期化之目的，可以说是一种通过价值向客户倾斜来换取长期获取价值的模式，是一种“不平等”关系，客户由于优惠、关系友好而不愿意离开供应商，但其离开供应商并不影响其竞争能力，关系的核心是价值在供应商与客户之间的分配比例和分配方式。

(3)合作伙伴关系。当双方的关系存在于企业的最高管理者之间，企业与客户交易长期化，双方就产品与服务达成认知上的高度一致时，双方进入合作伙伴阶段。在这个阶段，企业深刻地了解客户的需求并进行客户导向的投资，双方人员共同探讨行动计划，企业对竞争对手形成了很高的进入壁垒。客户将这一关系视为垂直整合的关系，客户企业里的成员承认两个企业间的特殊关系，他们认识到企业的产品和服务对他们的意义，有着很强的忠诚度。在此关系水平上，价值由双方共同创造，共同分享，企业对客户成功地区别于其竞争对手、赢得竞争优势发挥重要作用。双方对关系的背弃均要付出巨大代价。企业对客户信息的利用表现在战略层面，关系的核心由价值的分配转变为新价值的创造。

(4)战略联盟关系。战略联盟是指双方有着正式或非正式的联盟关系，双方的近期目标和愿景高度一致，双方可能有相互的股权关系或成立合资企业。两个企业通过共同安排争取更大的市场份额与利润，竞争对手进入这一领域存在极大的难度。现代企业的竞争不再是企业与企业之间的竞争，而是一个供应链体系与另一个供应链体系之间的竞争，供应商与客户之间的关系是“内部关系外部化”的体现。

这四类关系并无好坏优劣之分，并不是所有企业都需要与客户建立战略联盟。只有那些供应商与客户之间彼此具有重要意义且双方的谈判能力都不足以完全操控对方，互相需要，又具有较高转移成本的企业间，建立合作伙伴以上的关系才是恰当的。而对大部分企业与客户之间的关系来说，优先供应商级的关系就足够了。因为关系的建立需要资源，如果资源的付出比企业的所得还多，那么这种关系就是“奢侈的”。①

5. 收入来源(Revenue Streams)

收入来源即公司通过各种收入流(Revenue Flow)来创造财富的途径。收入来源模块用来描绘公司从每个客户群体中获取的现金收入。通俗一点来讲，收入来源要解决的问题是什么样的价值能让客户愿意付费？他们现在付费买什么？他们是如何支付费用的？他们更愿意如何支付费用？每个收入来源占总收入的比例是多少？

一个商业模式可以包含两种不同类型的收入来源，一是通过客户一次性支付获得的交易收入，二是客户为获得价值主张和售后服务而持续支付的费用。

一般而言，创业企业的收入来源可以从以下几个方面获取：

(1)产品销售。最为常见的收入来源方式是销售实体产品的所有权，大多数的企业将产品销售作为其主要的收入来源。如俏江南、真功夫、海底捞等餐饮型企业，他们为客户提供吃的食品，销售的是产品，解决消费者食的需求，收入模式就是依靠产品差价来赚取利润。

(2)服务销售。依靠提供特定的服务来收费，客户使用的服务越多，越个性化，付费越多。包括使用服务收费、定制服务收费、租赁服务收费、授权服务收费等模式。如7天、如家、汉庭、桔子水晶等经济型连锁酒店，他们为客户提供的是住宿服务，解决的是消费者住的需求，收入模式是住宿费用，是服务销售获取收入的模式。

(3)其他收入。处于不同行业中的企业还有其他的收入来源，如广告收入、数据库销售收入、流量收入、会员收入等，这些收入来源往往具有行业特性。如媒体行业的收入模式就主要依靠广告销售，不同类型的品牌商、企业主在各种类型媒体上做广告，销售自己的理念和产品，媒体则依靠广告获取收入维持媒体本身的运营；门户网站的收入来源之一就是流量收入；阿里巴巴的主要收入来自于其会员数据库，其主要产品就是中国供应商这一会员产品，依靠万人以上的电话营销及地面营销团队，向大量中小企业提供网络营销会员数据库服务。

6. 核心资源(Key Resources)

核心资源即公司执行其商业模式所必需的最重要的因素。每个商业模式都需要核心资源，这些资源使得企业组织能够创造和提供价值主张、接触市场、与客户细分群体建立关系并赚取收入。不同的商业模式所需的核心资源也有所不同。通俗一点来讲，核心资源要

---

① MBA智库百科，http://wiki.mbalib.com/wiki/客户关系.

解决的问题是企业的价值主张需要什么样的核心资源？渠道通路需要什么样的核心资源？客户关系和收入来源又需要什么样的核心资源？

企业核心资源可以是实体资产、知识资产、人力资源或金融资产。

(1)实体资产。实体资产包括生产设施、不动产、汽车、机器、系统、销售网点和分销网络等。如沃尔玛拥有的庞大的全球店面网络和与之配套的物流基础设施等。

(2)知识资产。包括品牌、专利、版权、合作关系和客户数据库等，这类资产日益成为强健商业模式中重要的组成部分。

(3)人力资源。在某些企业的商业模式中，人力资源是某一些类别的企业最为重要的核心资源。如知识密集型产业和创意产业中，人力资源便是至关重要的核心资源。

(4)金融资产。有些商业模式需要金融资源或者财务担保，如现金、信贷额度或用来雇佣关键雇员的股票期权池。

7. 关键业务(Key Activities)

关键业务即企业为确保商业模式可行而必须做的最重要的经营活动。任何商业模式都需要多种关键业务活动，这些业务是企业得以成功运营所必须实施的最重要的动作。关键业务也是创造和提供价值主张、接触市场、维系客户关系并获取收入的基础。通俗一点来讲，关键业务要解决的问题是企业的价值主张需要哪些关键业务？渠道通路需要哪些关键业务？客户关系和收入来源又需要哪些关键业务？

不同的商业模式会衍生不同的关键业务，可以是制造产品，可以是提供解决方案，也可以运营平台或者网络。

(1)制造产品。这些业务活动涉及生产一定数量或满足一定质量的产品，与设计、制造及发送此产品有关。制造产品这类业务活动是大多数企业商业模式的核心。

(2)提供解决方案。这类业务指为特定客户的问题提供定制化的解决方案，如咨询公司、医院等机构的关键业务就是提供解决方案。

(3)运营平台或网络。以平台为核心资源的商业模式，其关键业务都是与平台或网络相关的。网络服务、交易平台都是平台。

8. 合作伙伴(Partnerships)

合作伙伴即公司同其他公司之间为有效地提供价值并实现其商业化而形成的合作关系网络。这描述了让商业模式有效运作所需的供应商与合作伙伴的网络。企业基于多种原因打造合作关系，合作关系正日益成为许多商业模式的基石。很多公司通过创建联盟来优化其商业模式、降低风险或获取资源。通俗一点来讲，合作伙伴要解决的问题是谁是企业的重要伙伴？谁是企业的重要供应商？从伙伴那里获取哪些核心资源？合作伙伴都执行哪些关键业务？

企业的合作关系可以有四种类型：

(1)在非竞争者之间的战略联盟关系；

(2)竞合：在竞争者之间的战略合作关系；

(3)为开发新业务而构建的合资关系；

(4)为确保可靠提供的购买方—供应商关系。

9. 成本结构(Cost Structure)

成本结构即运营一个商业模式所引发的所有成本。成本结构用来描绘特定的商业模式运作下所引发的最重要的成本构成。创建价值和提供价值、维系客户关系以及产生收入都会引发成本，这些成本在确定核心资源、关键业务与合作伙伴后可以相对较为容易地计算出来。通俗一点来讲，成本结构要解决的问题是什么是商业模式中最重要的固有成本？哪些核心资源花费最多？哪些关键业务花费最多？

成本结构所代表的是在运转整个商业模式的过程中所消耗的成本。市场同质化竞争的本质是成本结构的竞争，优化成本结构，不仅降低了经营消耗和有效积累资本，关键是有了更强的抗风险能力。企业在设计商业模式时可以通过以下一些措施来实现成本结构的优化。

(1)削减客户次要需求，简化产品类型。关键是抓住客户的核心需求和突出性价比，如7天连锁核心是提供良好的休息环境，一流的床铺加上一流的隔音环境，而提供较小的卫生间、窗户做小，吹风每层楼才有一个。

(2)技术性创新。不仅仅是产品的创新，还包括商业模式和管理模式的创新，佳能用小型复印机打败了如日中天的施乐，网络零售的平均成本比实体零售低6% ~8%；

(3)供应链整合。让客户、供应商、制造商和分销商组成的网络中的物流、信息流和资金流加快转速度，用一体化带来的效率提高，沃尔玛和凯马特的美国第一零售之争，沃尔玛就赢在供应链技术革新，在美国超过70个高科技物流配送中心，能同时供应700多家店，单个配送中心作业量达120万箱，供应链优势让它价格平均水平低于凯马特，再发动价格战一锤定音。

(4)规模经济效应。通过产能扩大，在组织成本、采购成本、经验成本和库存等方面取得成本优势，降低单位产品的边际成本，最大的优势是成功地拉高进入门槛，如格兰仕产能达到100万台时，出厂价定在产能80万台成本价以下，产能达到400万台时，出厂价定在产能200万台成本价以下，产能达到1000万台时，出厂价定在产能500万台成本价以下，降价的另一个结果是将价格平衡点以下的企业一次又一次大规模淘汰，行业集中度提高，格兰仕成为微波炉市场的领跑者。

(5)自动化。随着我国人口红利的关闭，制造业的人力成本已经不占优势，自动化是未来大势所趋，创造国内摩托车行业的第一条机器人生产线的重庆建设工业公司，通过90%的自动化率，生产效率提高了42.8%，合格率则从70%提高到了97%，而工作人员则减少了3000多人。

(6)严格财务管理。钉死目标，卡住过程，评估结果，最后赏罚分明，台塑的采购分为三步，一线提需求，在采购部汇总合并同类项，采购部决定是否购买并集中询价和谈条件，而采购权在经理手里，经理会对需求和价格进行考虑决定是否继续，即使经理通过了最后还得王永庆亲自审批才生效，这种流程让台塑采购价格降低2% ~3%，达到数十亿，降低部分拿出一定额度奖励分发给相关人员，整个财务系统实现了利益绑定和良性循环；多一分成本的把握，企业的路才会更有把握。①

---

① 黄力泓. 商业模式之成本结构的战略思维. 经理人网，http://www.sino-manager.com/.

4.3 商业模式的设计

4.3.1 商业模式设计原则

每个企业在设计自己的商业模式时，都要从企业的实际出发，从解决本企业的发展关键问题着手，整体考虑，从而设计出一个适合本企业发展的具有创新性的商业模式。成功的商业模式设计要遵循一些原则，大量的研究总结出了以下七大核心原则。

1. 持续赢利原则

企业能否持续赢利是我们判断其商业模式是否成功的唯一的外在标准。因此，在设计商业模式时，能赢利和如何赢利也就自然成为重要的原则。当然，这里指的是在阳光下的持续赢利。持续赢利是指既要能"赢利"，又要能有发展后劲，具有可持续性，而不是一时的偶然赢利。持续赢利是对一个企业是否具有可持续发展能力的最有效的考量标准，赢利模式越隐蔽，越有出人意料的好效果。

2. 客户价值最大化原则

一个商业模式能否持续赢利，是与该模式能否使客户价值最大化有必然关系的。一个不能满足客户价值的商业模式，即使赢利也一定是暂时的、偶然的，是不具有持续性的。反之，一个能使客户价值最大化的商业模式，即使暂时不赢利，但终究也会走向赢利。所以我们把对客户价值的实现再实现、满足再满足，当作企业应该始终追求的主观目标。

3. 资源整合原则

整合就是要优化资源配置，就是要有进有退、有取有舍，就是要获得整体的最优。它通过组织协调，把企业内部彼此相关却又分离的职能整合成一个有机体，把企业外部拥有独立利益的合作伙伴整合成一个为客户服务的系统。资源整合的基本要求是：根据企业的发展战略和市场需求，对有关资源进行重新配置，以凸显企业的核心竞争力，并寻求资源配置与客户需求的最佳结合点，增强企业的竞争优势，提高对客户的服务水平。

4. 创新原则

一个成功的商业模式不一定是在技术上的突破，而是对某一个环节的改造，或是对原有模式的重组、创新，甚至是对整个游戏规则的颠覆。商业模式的创新形式贯穿于企业经营的整个过程之中，贯穿于企业资源开发、研发模式、制造方式、营销体系、市场流通等各个环节，也就是说，在企业经营的每个环节上的创新都可能变成一种成功的商业模式。

5. 融资有效性原则

融资模式的打造对企业有着特殊的意义，尤其是对中国广大的中小企业来说更是如此。我们知道，企业生存需要资金，企业发展需要资金，企业快速成长更是需要资金。资金已经成为所有企业发展中绕不过的障碍和很难突破的瓶颈。谁能解决资金问题，谁就赢得了企业发展的先机，也就掌握了市场的主动权。从一些已成功的企业发展过程来看，无论其表面上对外阐述的成功理由是什么，但都不能回避和掩盖资金对其成功的重要作用，许多失败的企业就是没有建立有效的融资模式而失败了。商业模式的设计很重要的一环就是要考虑融资模式。甚至可以说，能够融到资并能用对地方的商业模式就已经是成功一半的商业模式了。

6. 组织管理高效率原则

高效率是每个企业管理者都梦寐以求的境界，也是企业管理模式追求的最高目标。按现代管理学理论来看，一个企业要想高效率地运行，首先要解决的是企业的愿景、使命和核心价值观，这是企业生存、成长的动力，也是员工干好的理由。其次是要有一套科学的实用的运营和管理系统，解决的是系统协同、计划、组织和约束问题。最后还要有科学的奖励激励方案，解决的是如何让员工分享企业的成长果实的问题，也就是向心力的问题。

7. 风险控制原则

设计再好的商业模式，如果抵御风险的能力很差，就会像在沙丘上建立的大厦一样，经不起任何风浪。这个风险指的是系统外的风险，如政策、法律和行业风险，也指的是系统内的风险，如产品的变化、人员的变更、资金的不继等。

4.3.2 商业模式的设计式样

亚历山大·奥斯特瓦德和伊夫·皮尼厄的研究中总结出了五种代表性的商业模式式样，即非绑定式商业模式、长尾式商业模式、多边平台式商业模式、免费式商业模式和开放式商业模式式样。

1. 非绑定式商业模式

非绑定式商业模式有三种基本的业务类型：客户关系型业务、产品创新型业务和基础设施型业务。每种类型都含有不同的经济、竞争和文化驱动因素。分别针对三种价值信条：卓越运营，产品领先，亲近客户。如私人银行业中“绑定”(咨询、金融产品、柜台)所引发的冲突和不利的权衡妥协；移动电信行业的业务拆分(网络运营外包，专注于用户和内容)。

2. 长尾式商业模式

长尾式商业模式的核心是多样少量，他们专注于为利基市场提供大量产品，每种产品可以卖的很少。利基产品销售总额可以与凭借少量畅销产品产生绝大多数销售额的传统模式相媲美。长尾式商业模式存在三个经济触发因素：生产工具大众化，分销渠道的大众化，链接供需双方的搜索成本不断下降。

3. 多边平台式商业模式

多边平台式商业模式就是将两个或者更多有明显区别但又相互依赖的客户群体集合到一起。建立一个平台，为不同的客户群体提供不同的价值主张并获得收入。如Google的商业模式(第三方网站的广告)；苹果的平台运营商的演变等。

4. 免费式商业模式

免费式商业模式指至少有一个庞大的客户群体可以享受持续的免费服务。分为三种模式：基于多边平台的免费产品或服务(内容网站)；免费增收服务，如人人网；诱钓模式，如亚马逊 Kiindle、合约手机等。

5. 开放式商业模式

通过与外部伙伴系统性合作，来创造和捕捉价值，可以是“由外到内”，将外部的创意引入公司内部，也可以是“由内到外”，将公司内部闲置的创意和资产提供给外部伙伴。

4.3.3 商业模式设计方法

对于创业企业而言，商业模式的设计需要结合企业自身资源实际，经过充分的市场调研和论证，结合商业模式九要素，设计出适合自身特色的商业模式。经过众多学者的实践研究，总结出了创业企业商业模式设计的几种方法。

1. 全盘复制的方法

全盘复制商业模式的方法比较简单，即对优秀企业的商业模式进行直接复制，将较为优秀的商业模式全盘拿来为我所用，当然有时也需要为适合企业情况略加修正。全盘复制的方法主要适用于行业内的企业，特别是同属一个细分市场或拥有相同的产品的企业，更包括直接竞争对手之间商业模式的互相复制。

全盘复制优秀企业的商业模式有两个注意点，一是需要快速捕捉商业模式的信息，谁先复制就可能具备先发优势；二是主要进行细节调整，复制不等于生搬硬套，需要针对本细分市场或企业情况进行适应性调整。

链接 2

当当网的商业模式复制之路

在电子商务领域，亚马逊公司在电子商务企业中是最早做 B2C 商业模式的，这种模式具有独立的销售平台，具有成本低、容量大、长尾效益等优点，主要依靠销售商品及服务来盈利，解决了传统零售业面临经营成本偏高、店面过度膨胀、零售利润下滑、经营品种受限等问题。由于亚马逊公司的主营业务主要是在美国，对中国市场并未涉及，所以就给了中国企业复制并运用到中国市场的机会，当当网则是国内最早复制模仿亚马逊商业模式的企业，由于当当网最早进入 B2C 并复制成功，所以当当网目前保持国内 B2C 的领先地位，在当当网之后卓越网则是基本复制了亚马逊和当当网的商业模式，目前也取得了中国市场 B2C 的第二位的定位，等到亚马逊想进入中国市场时，发现中国市场 B2C 市场已经被当当网和卓越网垄断，以至于亚马逊为进入中国市场只能直接并购了卓越网。在中国网络游戏市场，各主要竞争对手之间的商业模式也是互相复制，盛大将网络游戏的商业模式改为免费游玩，各主要竞争对手就完全复制。

---

2. 借鉴提升的方法

(1)引用创新点。通过学习和研究优秀商业模式，对商业模式中核心内容或创新概念给予适当提炼和节选，通过对这些创新点的学习，比照本企业的相关内容，寻找本企业商业模式与这些创新点的不足，如果这些创新点能够比本企业现阶段商业模式中的相关内容更符合企业发展需要，企业就应结合实际需要将这些创新概念在本企业给予引用并发挥价值。引用创新点学习优秀商业模式的方法适用范围最为广泛，不同行业、不同竞争定位的企业都适用。在实际引用中主要是取其商业模式较为创新的一个点，这个点一般会集中在盈利模式，当然产品模式、业务模式、运营模式的创新点也会被引用。虽然引用商业模式中的盈利模式对企业效益的提升较为明显，但是产品模式、运营模式、业务模式的引用也可为企业带来明显的价值，并提升企业的核心竞争能力和支撑盈利模式实施的能力，所以企业也需不断加强对产品模式、运营模式和业务模式的学习和优化，这点需要引起企业领导者的注意。

链接 3

百度和腾讯的商业模式

百度初始的商业模式是通过给门户网站提供搜索技术，获取服务费用，当发现给门户网站提供技术服务难以有较大发展的时候，百度对自己的商业模式进行了修正，通过出售应用软件与服务获得经济回报，这个商业模式帮助百度度过了艰难的创业期。但是这个商业模式目标人群较小，是对自我技术的出售，不可能做大主营业务和持续发展，百度需要找到能够快速发展和做大的商业模式。2001 年百度才确定了现在的商业模式——基于竞价排名的网络推广方式，而这个创新是百度通过借鉴 Overture 公司的竞价排名，并将竞价排名作为自己的主要盈利模式，最终百度通过引用国外商业模式的创新点而使自己成功上市。

腾讯的商业模式是通过增加用户黏性，将长尾效应发挥最大价值，使用户自愿花钱购买腾讯的增值服务。在此指导思想上，腾讯实施混合业务，横跨多个业务领域，并不断借鉴行业内其他比较好的商业模式，使旗下业务均能实现盈利。腾讯销售虚拟填充物和装饰品是最为成功的商业模式之一，这个商业模式是复制一家韩国企业的商业模式。在 2002 年，一位赴韩国考察当地互联网生态的腾讯员工，被一款名为 Avatar 的游戏在网络游戏中销售用户虚拟形象的做法触动，这位员工迅速将这个商业模式报告给腾讯总部，这种商业模式很快便在腾讯开花结果，比如，它的博客服务（Qzone）就通过销售虚拟填充物和装饰品，成为国内最早盈利的博客产品。

（2）延伸扩展。一个好的商业模式诞生后，会立刻被竞争对手进行复制，如上文所说，这种复制很快会被主要竞争对手复制，但是另一种复制模式则有可能另辟蹊径，并且有可能抢占相关市场的先发优势。具体做法是，通过对最新商业模式的了解，寻找使用这种商业模式的企业所在行业及细分市场，通过穷尽分析和专业分析找到同一行业内尚未开发的其他细分市场，将该种商业模式的主体框架率先运用在同一行业不同细分市场，使商业模式的应用范围不断扩展到其他细分市场，当然商业模式在实际运用中需要针对细分市场进行优化和调整。这种学习方法的优点是借助商业模式的研究，寻找尚未开发的其他有效细分市场，并有机会构建先发竞争优势，且使用范围也更为广泛，并适用于行业内所有的企业。行业外的企业如果想多元化发展，寻找新的业务发展机会，也可以直接复制或学习这种商业模式，使其顺利进入该行业。

延伸扩展具体实施时有两个难点，一是在于对细分市场的寻找和分析，如何能够找到尚未开发的细分市场；二是原则上进入同一市场内部不同细分市场的商业模式无需做较大的调整，但是如何依据细分市场特点做针对性调整和优化则是关键。

(3)逆向思维。通过对行业领导者商业模式或行业内主流商业模式的研究学习，模仿者有意识实施反向学习，即市场领导者商业模式或行业内主流商业模式如何做，模仿者则反向设计商业模式，直接切割对市场领导者或行业内主流商业模式不满意的市场份额，并为他们打造相匹配的商业模式。逆向思维的学习方法主要适用于行业内的挑战者，主要包括处于行业内前五位左右的企业，或某细分市场的领导者。

采取逆向思维的方式学习商业模式时有三个关键点，一是找到行业领导者或行业主流商业模式的核心点，并据此制定逆向商业模式；二是企业在选择逆向制定商业模式时不能简单追求反向，需确保能够为消费者提供更高的价值，并能够塑造新的商业模式；三是防范行业领导者的报复行动，评估领导者的可能的反制举措，并制定相应的措施。

3. 整合超越的方法

(1)整合创新。基于企业已经建立的优势或平台，依托消费者对本企业的忠诚度或用户黏度，通过吸收和完善其他商业模式进行整合创新，使自己在本领域拥有产业链优势、混合业务优势和相关竞争壁垒。整合创新模式主要适用于行业领导者或细分市场领导者，其余企业尚不具备整合所需的各项能力和要素。

采取整合创新的方式学习商业模式时，需要特别关注企业现有平台是否具备一定优势，能否承担整合平台的重任，否则整合创新将失去基础，所以这种方法更多地被行业领导者或细分市场领导者所采用。

链接 4

迪士尼与腾讯的商业模式创新

在传统行业，普通游乐园是通过建立游乐设施、出售门票等方式构建商业模式，而迪士尼则在此基础上，利用世界各地的迪士尼乐园建立的卡通形象的品牌力量，整合影视、图书、玩具、礼品、服装、商业地产等多种产品，通过品牌形象的多层次深入开发和利用，不但保持了迪士尼的领先定位，也实现迪士尼品牌在多领域的溢价和永续发展。在互联网行业，腾讯的商业模式造就了超高的用户黏度和超强的竞争壁垒，并给它带来了巨大的流量，并借助长尾效应构建商业模式。腾讯正借助社区的粘性和流量朝着新闻门户、网络游戏和 C2C 电子商务三个方向渗透，力争成为中国最大的“在线生活”服务提供商，为更好地打造“在线生活”服务商的商业模式，腾讯从最初的移动增值服务，到后来的 QQ 秀、网络游戏，再到后来的 QQ 空间、QQ 宠物、品牌广告，无一不是对商业模式的持续整合与创新，腾讯已经初步具有沟通、门户、商务、搜索和支付这五类互联网业务的最佳组合。

---

(2)颠覆超越。借助行业内技术更新换代的时机，围绕技术变革可能出现的新机会，对现有产品的商业模式进行颠覆性创新，打造适合新技术条件下，对现有产品产生替代作用产品的商业模式，使企业凭借新商业模式实现跨越式超越。实施颠覆超越的企业显然需要具备超强的技术研发实力，所以颠覆超越模式主要适用于行业内巨头级企业或在新技术

背景下拥有核心技术的企业，普通企业及时明确知晓相关可能性，由于技术上的壁垒也很难实施。

在实施颠覆超越学习方法时，关键在于对技术未来发展趋势的准确判断，技术发展趋势的判断会存在两个关键点，一是新技术是否会出现，当年长虹豪赌等离子产业，忽视液晶技术的替代可能，是其落败的主要原因，而3D时代也面临着专业应用领域向大众领域普及的诸多难题；二是新技术到底来自哪个方向，如果技术储备走错方向，则可能给企业造成不可估量的损失，如当年美国汽车工业将大型车和强劲动力作为产业方向，并依此进行技术研发，忽视了小排量车和经济车的技术开发，导致在油价高涨、金融危机的外部环境下，使企业经营集体陷入困境。

4. 商业模式设计要领

(1)快速捕捉并行动。快速捕捉可学习的商业模式主要从两个方面进行，一方面除了关注本国企业之外，还应重点关注美国、欧洲企业的商业模式的变化，而亚洲主要是关注日韩企业商业模式的变化。另一方面还需关注行业领导者或某细分市场领先者的商业模式的创新和改进，以便第一时间能够获知主要竞争对手的商业模式的最新变化。为了更好地捕捉最新的商业模式，有条件的企业需要构建监测机构或监测机制，能够对全球范围内的重要商业模式进行跟踪，发现机会后可以立即学习或复制，构建先发竞争优势。

QQ的前身OICQ，1996年由三个以色列人所创，在1998年被美国在线以2.87亿美元收购，而同年底，27岁的马化腾与大学同学张志东就一起创办了腾讯，并很快推出了完全中文化的、并添加了许多适合中国用户需求的OICQ，以最快速度模仿了OICQ的商业模式。而QQ为了保持行业的领先地位，其在互联网发达的美国、日本、韩国均设立了监测机构，争取第一时间了解竞争对手商业模式的变化，便于自己学习或模仿。

(2)不断完善、调整和改造。首先，商业模式设计由于较为复杂，很多时候不可能一步实现最优化，需要不断设计符合企业经营发展的最优商业模式，如百度的商业模式也是经历过三次较大的调整后才趋于稳定的。其次，商业模式有时需要对不同国家和社会环境下进行适应性调整，如零售商业模式中沃尔玛已经连续数年成为世界500强第一，但是却在日本、韩国遭遇滑铁卢，而家乐福也在香港被挤出市场，其中一个重要的原因在于，面对本地消费环境，商业模式却没有进行多少变化，适应性明显减弱。最后，在竞争对手的模仿和消费者需求变化下，既有商业模式已经不能为消费者提供更多价值，如以新浪、搜狐、网易等为代表的门户网站，商业模式在经历了“烧钱”积聚人气后，通过网络广告获得少量的收入，利用短信等增值业务持续盈利的初步发展阶段之后，三大门户网站开始调整其商业模式，新浪回归到以广告收入为主的媒体类商业模式，而网易发力网络游戏，搜狐则采取多元化齐头并进方式，目的都是为了不断提升和改变以适应新的竞争形式。

(3)注重互相借鉴。新兴产业的商业模式和传统行业的商业模式虽然有些差异，但是其原理却是较为一致的，从互联网行业商业模式来看，商业模式创新的核心在客户黏性，利用大流量，依托长尾效益，为消费者的差异化需求提供增值服务，并以此构建竞争壁垒。这个理论在动漫产业中已经广为使用，如拍摄动画片在电视台播放，基本不收取版权费，而只为聚集大量青少年人群，再通过动画片中的玩具、书籍、光碟等其他个性化产品进行盈利。又如汽车销售的4S店，盈利模式不直接体现在汽车整车销售过程中，而更多的是在售后服务、金融保险等领域进行创收。

(4)强化企业内部管理能力。在以商业模式为主导的竞争阶段，一个好的商业模式等于成功了一半，另一半则是企业内部管理能力。没有企业内部的管理能力，再好的商业模式也无法发挥竞争优势，更不会获得资本市场的青睐。企业的拥有者必须清醒地意识到，企业家或创业者不能幻想仅仅依靠商业模式一夜暴富，而应具备企业家精神和做实业的态度，在练好企业管理的内功的同时，不断学习、模仿和创新商业模式。

商业模式的设计切莫盲目跟随和生搬硬套，如果我们能够深刻认知商业模式设计的思想和具体方法，有创造性和针对性的设计商业模式，那么企业商业模式的超越相比规模超越和技术超越则更易达成，也更容易使企业获得更多市场机会，并通过商业模式的设计把握这些新机会，使企业在商业模式竞争阶段获得先发优势和结构性竞争壁垒。①

5. 商业模式设计创新

Osterwalder 的商业模式这一价值体系中，企业可以通过改变价值主张、客户细分、渠道通路、客户关系、关键业务、核心资源、合作伙伴、收入来源和成本结构等因素来激发商业模式创新。也就是说，企业经营的每个环节的创新都有可能成为一个成功的商业模式。而国内的学者研究发现，一般商业模式创新可以从战略定位创新、资源能力创新、商业生态环境创新以及这三种创新方式结合产生的混合商业模式创新这四个维度进行，如图 4-2 所示。

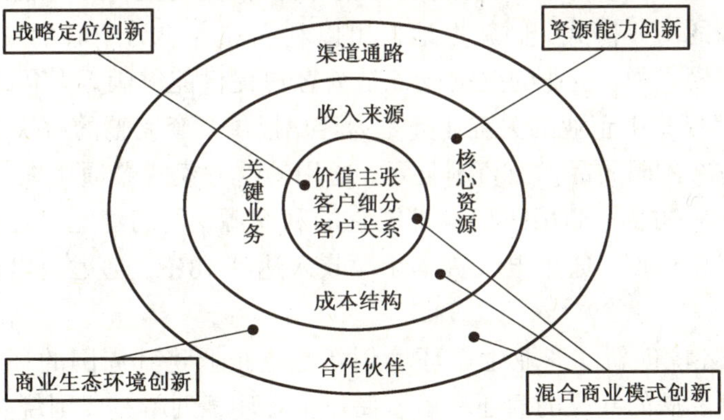

图 4-2 商业模式创新的四维模型

(资料来源：尹一丁. 商业模式创新的四种方法(A). 销售与管理，2012.8)

(1)战略定位创新。战略定位创新主要是围绕企业的价值主张、客户细分及客户关系方面的创新，具体指企业选择什么样的顾客、为顾客提供什么样的产品或服务、希望与顾客建立什么样的关系，其产品和服务能向顾客提供什么样的价值等方面的创新。在激烈的市场竞争中，没有哪种产品或服务能够满足所有的消费者，战略定位创新可以帮助我们发

① 正略钧策. 如何设计商业模式、创业邦，http://www.cyzone.cn，2011.7.

现有效的市场机会，提高企业的竞争力。在战略定位创新中，企业首先要明白自己的目标客户是谁，其次是如何让企业提供的产品或服务在更大程度上满足目标客户的需求，在前两者都确定的基础上，再分析选择何种客户关系。合适的客户关系也可以使企业的价值主张更好地满足目标客户。

美国西南航空公司抓住了那些大航空公司热衷于远程航运而对短程航运不屑一顾的市场空隙，只在美国的中等城市和各大城市的次要机场之间提供短程、廉价的点对点空运服务，最终发展成为美国四大航空公司之一。王老吉创新性地将自己的产品定位于“饮料+药饮”这一市场空隙，为广大顾客提供可以“防上火”的饮料，正是这种不同于以往饮料行业只在产品口味上不断创新的竞争模式，最终使王老吉成为“中国饮料第一罐”。

(2)资源能力创新。资源能力创新是指企业对其所拥有的资源进行整合和运用能力的创新，主要是围绕企业的关键业务，建立和运转商业模式所需要的核心资源的开发和配置、成本结构及收入来源方面的创新。所谓关键业务是指影响其核心竞争力的企业行为；核心资源指能够让企业创造并提供价值的资源，主要指那些其他企业不能够代替的物质资产、无形资产、人力资本等。在确定了企业的客户细分、价值主张及客户关系之后，企业可以进一步进行资源能力的创新。战略定位是企业进行资源能力创新的基础，而且资源能力创新的四个方面也是相互影响的。一方面，企业要分析在价值链条上自己拥有或希望拥有哪些别人不能代替的关键能力，根据这些能力进行资源的开发与配置；另一方面，如果企业拥有某项核心资源，如专利权，也可以针对其核心资源制定相关的活动；对关键能力和核心资源的创新也必将引起收入来源及成本结构的变化。

20世纪90年代，当通用发现传统制造行业的利润越来越小时，他们改变行业中以提供产品为其关键业务的商业模式，创新性地提出以利润和客户为中心的“出售解决方案”模式。在传统的经营模式中，企业的关键业务是为客户提供能够满足其需求的机械设备，但在“出售解决方案”模式中企业的关键业务是为客户提供一套完整的解决方案，而那些器械设备则成为这一方案的附属品。有资料显示，通用的这一模式令通用在一些区域的销售利润率超过30%。另一方面，通用还积极扩展它的利润源，他们建立了通用电气资本公司。在20世纪80年代中后期，通用电气资本年净收入达到18%，远远超出通用其他部门4%的平均值。

(3)商业生态环境创新。商业生态环境创新是指企业将其周围的环境看作一个整体，打造出一个可持续发展的共赢的商业环境。商业生态环境创新主要围绕企业的合作伙伴进行创新，包括供应商、经销商及其他市场中介，在必要的情况下，还包括其竞争对手。市场是千变万化的，顾客的需求也在不断变化，单个企业无法完全完成这一任务，企业需要联盟，需要合作来达到共赢。企业战略定位及内部资源能力都是企业建立商业生态环境的基础。没有良好的战略定位及内部资源能力，企业将失去挑选优秀外部合作者的机会以及与他们议价的筹码。一个可持续发展的共赢的商业环境也将为企业未来发展及运营能力提供保证。

20世纪80年代，美国最大的连锁零售企业沃尔玛和全球最大的日化用品制造商宝洁争执不断，他们相互威胁与抨击，各种口水战及笔墨官司从未间断。由于争执给双方都带来了损失，后来他们开始反思，最终促成了他们建立了一种全新的供应商—零售商关系，把产销间的敌对关系转变成了双方均能获利的合作关系。宝洁开发并给沃尔玛安装了一套“持续补货系统”，该系统使宝洁可以实时监控其产品在沃尔玛的销售及存货情况，然后协同沃尔玛共同完成相关销售预测、订单预测以及持续补货的计划。这种全新的协同商务模式为双方带来了丰厚的回报。

(4)混合商业模式创新。混合商业模式创新是一种战略定位创新、资源能力创新和商业生态环境创新相互结合的方式。根据笔者的研究，企业的商业模式创新一般都是混合式的，因为企业商业模式的构成要素战略定位、内部资源、外部资源环境之间是相互依赖、相互作用的，每个部分的创新都会引起另一部分相应的变化。而且，这种由战略定位创新、资源能力创新和商业生态环境创新两两相结合甚至同时进行的创新方式，都会为企业经营业绩带来巨大的改善。

苹果公司的巨大成功，不单单在其独特的产品设计，还源于其精准的战略创新。他们看中了终端内容服务这一市场的巨大潜力，因此，它将其战略从纯粹的出售电子产品转变为以终端为基础的综合性内容服务提供商。从其“iPod + iTune”到后来的“iPhone + App”都充分体现了这一战略创新。在资源能力创新方面，苹果突出表现在能够为客户提供充分满足其需求的产品这一关键活动上。苹果每次推出新产品，都超出了人们对常规产品的想象，其独特的设计以及对新技术的采用都超出消费者的预期。例如，消费者所熟知的重力感应系统、多点触摸技术以及视网膜屏幕的现实技术都是率先在苹果的产品上使用的。另一方面，苹果的成功也得益于其共赢的商业生态模式。2008 年 3 月，苹果公司发布开发包 SDK 下载，以便第三方服务开发商针对 iPhone 开发出更多优秀的软件，为第三方开发商提供了一个又方便又高效的平台，也为自己创造了良好的商业生态环境。

总之，商业模式创新既可以是三个维度中某一维度的创新，也可以是其中的两点甚至三点相结合的创新。正如 Morris 等(2005)提出的，有效的商业模式这一新鲜事物能够导致卓越的超值价值，商业模式创新将成为企业家追求超值价值的有效工具。①

4.4 产品与服务设计

尽管商业模式的创新比产品或服务的创新更为重要，但这并不意味着企业在产品和服务的设计上可以忽略。成功的创业企业，对于产品或服务的选择都尤为慎重。寻求到既能满足消费者迫切或长远的需求，又能优于竞争对手的产品或服务，是创业项目成功的关键要素之一。而产品和服务是商业模式中实现价值主张的核心载体，因此本部分重点探讨创业企业的产品或服务设计。

4.4.1 产品与服务的定位

产品与服务的定位，决定着创业企业要在哪块市场上争夺消费者。创业者的首要任务，是要找到用什么样的产品或服务最有效地满足消费者未被满足的需求，并且是有足够需求量

① 尹一丁.“商业模式创新的四种方法”，销售与管理. 2012.8.

的需求。而要想在激烈的市场竞争中寻找一款符合消费者需求趋势，且又能优于竞争对手的产品或服务，必须对产品或服务的吸引力进行综合分析，从而决策产品与服务的定位。

1. 产品与服务的吸引力

新创企业要想在竞争中立足，必须创造具有足够吸引力的产品或服务。产品与服务的吸引力是指一款产品或服务独有的，能够引导消费者主动关注、喜好以及购买的因素。那么，哪些因素能够最有效地引导消费者的需求呢？这便是创业者需要为自己的产品或服务设计的关键要素了。新创企业在选择或创造产品与服务时，应主要从以下要素来评估其吸引力：

(1)独特性。对于新创企业而言，产品或服务拥有独特的卖点，无疑是奠定其强大吸引力的首要因素。独特意味着相较于现有产品或服务，你有创新的功能、技术、服务，甚至是价格。独特性不一定要求新创企业创造一个全新的产品或服务，而在现有产品或服务基础上有独特的创新，且该创新能够满足消费者某一方面的需求或者解决消费者某一问题，该产品或服务就具有潜在优势，对于消费者而言就是具有吸引力的。独特性可以通过专利技术来实现，也可以通过具有竞争优势的定价来实现，甚至可以通过提供独特的服务来实现。例如海底捞火锅，其创立时的立足点便是将服务作为其独特卖点，因为想要在火锅这个成熟产品本身再进行创新已经颇有难度，而又要让海底捞对消费者有足够的吸引力，便用其贴心的、主动的、消费者意料之外的优质服务来吸引大众，成为业界的佼佼者。

(2)质量。产品质量是指产品适应社会生产和生活消费需要而具备的特性，它是产品使用价值的具体体现。简而言之，质量是指产品的主要特性在使用中的水平，包括耐用性、可靠性等。消费者逐渐趋于理智，对产品的质量追求也越来越高，而高质量的产品能售出较高的价格，同时还可赢得消费者的信赖、忠诚和口碑，促进重复购买。创业企业要想在产品或服务上建立相对于竞争对手的差异优势，以提升产品或服务在消费者心目中的吸引力，就必须确保其产品或服务在质量上具有较高的稳定性和相对较低的变异性，并保持在很高的水平上。例如成都“油条哥”李刚的街边创业，虽然开的是再普通不过的油条店铺，但却为了降低油条中的铝残留量，一年中进行了50多次试验，并将自己的油条送检，结果研究出远高于国家标准的“国际油条”，迎来四面八方的消费者追捧，足可见高质量的产品对于消费者的吸引力是巨大的。

(3)方便性。方便性是指产品或服务的易获得性，包括地点、时间、订货和付款的便利性。有吸引力的产品或服务，不但能具体解决消费者某一需求，而且还能用与竞争对手相同甚至更低的成本来更好地满足消费者的需求，同时还能使顾客感觉到便利，降低顾客的成本。

(4)外观、式样、包装。产品的外观设计、式样、包装的新颖性也是吸引消费者的重要因素。新创企业创业初期，在还没有形成自己的独特产品之时，可以通过改变现有产品的外观、式样或者包装来增加产品吸引力。同质化的产品越来越多，产品质量和功能都大同小异的前提下，消费者的选择便变得感性，而现阶段80后、90后逐渐成为消费主力，这类群体对产品的个性化需求强烈，因此外观、式样、包装成为消费者在选择成熟产品时的重要考虑因素。例如 iPhone 系列产品的热卖，吸引广大“果粉”的除了其智能化的功能之外，还有其时尚的外观设计。

2. 产品与服务的定位决策

创业企业要准确选择自己的产品或服务，首先要找准消费者还有哪些未被满足的需求，然后结合企业自身的资源条件，从而定位自己的产品或服务特色，来满足消费者的需求。定位决策过程如下图所示：

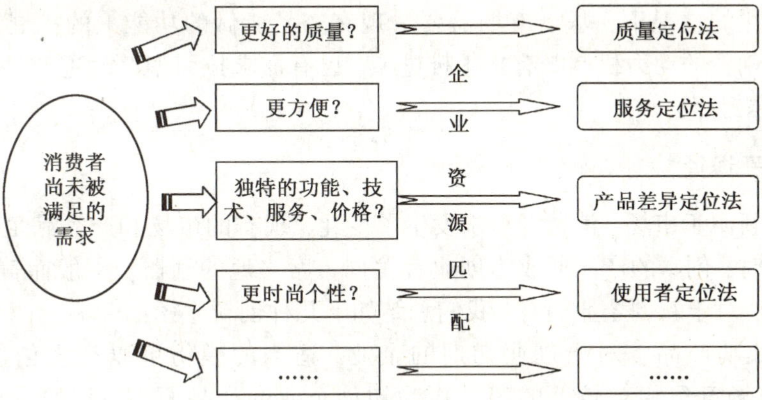

图 4-3　产品与服务定位决策思维导图

创业企业在进行产品或服务的定位决策时，根据对目标消费者的需求分析，一般可考虑采用产品差异定位法、质量定位法、服务定位法、使用者定位法等。

(1) 产品差异定位法。产品差异定位法是指强调企业的产品或服务与竞争对手相比所具有明显特征的定位方法。如成都“手帕姐”创立的企业，在传统手帕产品上绘上旅游地图、地方特色图案等，将手帕定位为环保的旅游礼品，赋予手帕新的功能。

(2) 质量定位法。质量定位法是指以可验证的优于竞争对手的质量为依据的定位方法。创业企业在进行产品或服务的选择时，可以高质量作为定位依据，做行业领先的产品，并获得资质认可，以便以高标准的姿态进入本行业，占领市场先机。

(3) 服务定位法。服务定位法是指以提供独特的服务来为自己的产品增加卖点的定位方法。市场上产品类别繁多，想要在众多的产品中脱颖而出，创造市场上还没有出现的产品，这对创业者而言是一件很难的事情，因此在现有产品基础上附加独具特色的服务成为初创者们的一条捷径。值得注意的是，要想在市场中获得长久的竞争力，选择的独特的服务必须与产品相结合，且不易被复制。

(4) 使用者定位法。使用者定位法是指企业通过明确指出其产品或服务使用者，达到吸引目标消费者而实现定位的方法。找出产品的正确使用者或购买者，会使定位在目标市场上显得更突出，在此目标组群中，为他们的地点、产品、服务等，特别塑造一种形象。如某服装企业创业者，专卖大码服装，目标使用者锁定在超胖的人群，为这类使用者群体量身定做服装，实现错位竞争，凸显独特的产品价值。

4.4.2 产品与服务创新

从市场营销的角度看,凡是企业向市场提供的过去没有生产过的产品都叫新产品。具体地说,只要是产品整体概念中的任何一部分的变革或创新,并且给消费者带来新的利益、新的满足的产品,都可以认为是一种新产品。产品与服务的创新既包含创造全新的产品或服务,也包含在现有产品或服务的基础上进行改造、创新,即分为全新产品创新和改进产品创新。全新产品创新是指产品用途及其原理有显著的变化。改进产品创新是指在技术原理没有重大变化的情况下,基于市场需要对现有产品所做的功能上的扩展和技术上的改进。全新产品创新的动力机制既有技术推进型,也有需求拉引型。改进产品创新的动力机制一般是需求拉引型。

1. 产品创新途径

产品的创新源于市场,消费者需求发生了变化,现有的市场和产品满足不了消费者日趋变化的需求时,创新的产品便成为创业者发掘一席之地的利器。一般而言,产品创新的途径有很多种,对于新创企业而言,我们总结如下几种创新途径:

(1)模仿成功产品。对于创业初期的企业,适当的模仿可以产生创造力。模仿那些成功的但市场竞争相对较低的产品作为初创企业的产品原型,稍加改良即可实现产品的创新。使用此方法时应注意对模仿对象的知识产权的充分尊重,模仿必须有创新。

(2)寻找很好但却失败了的产品。市场上创业者频出,失败者也众多,但并不意味着失败了的企业产品也是粗劣的,有的创业企业是因为定位错误或者营销决策失误导致的失败,并不能否定其产品的优秀。因此,从失败的企业中去发现优质的产品,也不失为一条创新产品之路。

(3)发明新的产品或服务。发明创造是创新产品的一个重要途径。创业者们,尤其是年轻的创业者们总是认为要发明创造是一件很艰难的事情,实际上,在创立企业时,不一定要自己去发明创造,可以通过购买或者合伙别人的发明创造专利来实现产品创新。这样既保证了产品的独创性和专利性,又省去了自己研发的艰辛过程。

(4)改进现有产品或服务。对于大多数创业者而言,在现有产品或服务基础上改进,从而实现产品或服务创新是最容易实现的途径。使用该种方法要求创业者们对消费者的需求变化具有敏锐的洞察力,才能在恰当的时机改进现有产品或服务,一举走在改革的前列。如向现成产品中添加价值、替换现有产品的材料、打包或拆分现有产品等,都可以实现产品或服务的创新。

(5)找寻废料的用途。环保项目近年来也是各大创业者们青睐的选择之一。创业者们不妨从各行业的废料中打开思路,利用现代科技,将废料循环使用,不失为一个创新的好办法。例如多伦多的PooPooPaper公司(参见本章“链接5”)所制造的各种纸张、记事本、贺卡等产品,都是用食草动物的粪便所制成,如大象、马、牛、驴及熊猫等。

(6)产品组合。在原有产品系列中进行产品组合,甚至通过异业联盟的方式来实现产品创新也是不错的途径。例如装修公司实行主材套餐制，便是对原有的装修项目进行了组合，增加公司利润的同时降低了消费者成本，又极大地促进了消费者将基础装修和主材都交由装修公司来做的积极性。

链接5

废物利用 创业商机

“很多公司都在对外销售垃圾商品，还装作这些商品并非垃圾。我能不能对那些真正的‘垃圾’进行销售呢?”PooPooPaper 的创始人 Michael Flancman 曾这样想过。

后来，他与妻子在多伦多建立了 PooPooPaper 公司，这家公司经营再生纸生意，而他们所用的原料，正是公司名字中的 PooPoo(粪便)。他们所制造的各种纸张、记事本、贺卡等产品，都是用食草动物的粪便所制成，例如大象、马、牛、驴以及熊猫等。

这个创意源于在同一位正在实验用大象的粪便造纸的朋友会面之后，Flancman 不禁产生了这样的想法：销售那些“垃圾”。Flancman 说：“这个想法有点奇怪，但是十分有趣。从一些角度上来看，这个想法十分吸引人——把看似无用的东西加以利用，赋予新的利用价值，并利用它开发出新的产品。我觉得这将给市场带来一些独一无二的产品。”

20 世纪初期，Flancman 生活在泰国，将当地人制作的手工艺品出口到其他国家。之后，当地人利用他们的技术开发出了一种新的手工艺品，这是一种有益于环境的纸类产品，造型为各种憨态可掬的动物。Flancman 将这种产品发到了他的家乡多伦多的一家动物园，以测试这种产品的市场表现。结果这种产品受到了消费者的热烈追捧。2005 年，Flancman 夫妇花费了他们 10 万美元的积蓄，将这种产品推广到了更多的动物园的礼品店内。

Flancman 起初只使用大象的粪便作为原料，这多亏了泰国巨大的大象数量。随着 PooPooPaper 的逐渐发展，他开始使用其他食草动物的粪便作为原料。Flancman 表示：“我们十分乐于走这条可持续发展的路线，但是我们希望能够以一种有趣并且让人印象深刻的方式沿着这条路走下去。”Flancman 对自己雇用那些居住在清迈的手工艺术家感到十分自豪，“我们在做的，是帮助他们继续传承这种已经延续了数百年的手工艺术。”

随着美国换届大选的临近，Flancman 正在专注于一种名叫“poo- litical”的产品的推广。该产品以驴和大象的粪便为原料(驴和大象分别为美国民主党和共和党的象征)，这种产品甚至还有自己的“政治口号”，例如：“每个政党都有一只驴”、“抵制国会席位买卖、“支持国家新改革”等。

PooPooPaper 的产品可以在网上购买，但是 Flancman 的销售大部分都来自各大零售商店以及非营利机构，例如 Busch Gardens、圣地亚哥动物园、史密森尼博物院以及芝加哥谢特水族馆等。购买者的年龄在 18 岁到 55 岁，而且孩子们也是这种产品的忠实追随者。

他们的产品的售价从 5 美元(单张贺卡)到 65 美元(套装产品)不等。

(资料来源：Michelle Juergen 著，鲁行云译.“废物利用[J]”，创业邦，2012.06)

2. 新产品开发程序

产品或服务创新的途径有很多种，但对于创业企业来说，不论是哪种途径设计出来的新产品或服务，都必须经过一系列科学的开发程序，否则，贸然进入市场将可能给企业带来灾难性的失败。一般而言，开发新产品要经历以下程序。

(1)市场调研。新产品开发前，要根据创业企业的战略目标，结合企业自身的资源条件来确定新产品的开发目标，同时做好充分的市场调研，一方面了解目标消费者还有哪些未被满足的需求，以及现有需求的发展变化动向，另一方面了解市场上主要竞争对手的产品特征，找到可塑造差异化的因素等。

(2)新产品构思。根据市场调研的信息以及创业企业本身的资源条件，结合消费者需求以及竞争现状，提出对新产品的初步设想和构思创意。构思创意主要来自对消费者需求的评估以及创新的科研、技术成果等。新产品创意构思可提供多个可选方案。

(3)新产品创意筛选。新产品构思出来之后，集合公司决策层从备选的方案中选择出符合公司战略目标且具有可行性的构思创意。创意筛选时一要坚持新产品开发的正确方向，综合考虑成本和可行性；二要兼顾创业企业的长远发展和市场需求的整体趋势；三要有一定的技术基础和资源条件。

(4)新产品决策。根据创业企业战略目标的设定，通过对消费者需求趋势的准确分析和预测，对新产品的基本特征和开发条件进行概括的描述，包括主要性能、目标成本、销售预计、开发投资、企业现有资源的利用程度等，然后对不同方案进行比较，做出新产品开发决策。

(5)新产品设计与试制。新产品设计一般分为初步设计、技术设计和工作图设计三个阶段。新产品试制一般包括样品试制和小批试制两个阶段。样品试制是校核设计的质量、产品的结构和性能等；小批试制是校核工艺，检查图纸的工艺性等。对决定试制的产品，还要进行商标、包装设计。最后还要进行成本财务分析和初步定价。

(6)新产品试销。新产品设计出来之后，要进行试用或试销，以检验产品功效或消费者反应。试用是指请用户直接试用样品，企业跟踪观察，及时收集试用实况、改进意见、用户的使用习惯，以及对包装、装潢、商标设计的要求等。试销是指将产品及其商标、装潢与广告、销售服务的组织工作置于一个小型市场环境中，实地检验消费者反应。新产品试用或试销环节的科学进行，有助于创业企业更有效地进行产品定位及决策。

(7)投放市场。新产品试用或试销之后，创业企业必须以试用试销过程中取得的信息为依据，改进产品，投入生产，并制定有效的营销组合策略，投放市场，以便最快地进入和占领市场，进入产品生命周期的成长期，迅速达到一定的市场占有率。

产品投放市场之后，还要进行一次全面、系统的分析，包括市场销售状况、产品前景、竞争形势和产品收益率的分析，并与原计划目标进行比较；寻求进一步改进产品设计和营销策略的措施，以达到新产品开发的最佳收益。

4.4.3 产品跨界组合

创业企业在进行产品决策时，除了考虑以什么样的产品进入市场之外，还应该考虑产品组合。消费者都希望拥有选择的权利，在做出购买决策之前，消费者总是习惯性地在多个选择中做比较，因此，必要的产品组合是新创企业进行产品决策时必须考虑的。而在现代市场竞争之下，传统的产品组合已不能帮助新创企业迅速建立竞争优势，产品的跨界组合成为新兴商业模式的重要组成部分。

打破产品类别界限，以原创性产品来革命性地界定一个新市场，将带来比细分市场高得多的利润回报。

1. 打破产品功能界限的创意

内衣加上时尚化设计，引发了内衣外穿潮流。让汽车具有居家功能，房车出现了，移动汽车旅馆出现了。宾馆里的一次性浴帽如何还能扩大市场？机会或许在厨房里。做饭菜的时候头发掉在饭菜里是令人恶心的事，而烹调的油烟沾在头发上亦令人不爽，浴帽正好派上用场：管住头发，阻挡油烟。现在，浴帽生产厂家只要改变产品名称：一次性厨师帽，并与一次性桌布、保鲜膜之类产品陈列同一货架，浴帽就多了一个市场空间出来，实现跨界组合。

2. 打破目标消费群界限的创意

剃须刀的目标人群当然是男人，可是吉列却想要将剃须刀卖给女人。这样的组合完全可以实现，女人爱美，也有了"剃须"的需求，只是剃的部位不同而已。现在市场上针对女人使用的剃须刀已经有了吉列、飞利浦、松下等众多品牌，这些都是跨界组合的产品创新。

3. 打破使用方法界限的创意

牛奶是喝的，使用方法改为干吃就实现了使用方法的跨界，这就诞生了干奶片的创意。水果是吃的，使用方法改为喝，这不仅诞生了果汁饮料，还诞生了榨汁机市场。一个人想打网球，如何实现跨界的产品创意？壁球便由此而产生。

4. 打破使用时间界限的创意

牛奶大多数时候都是早晨饮用，将使用时间跨界为晚上饮用，所以有了安睡奶。牛奶饮用市场一下扩大了。睡衣是睡觉时穿的，但加上一些外衣的特征，它就成了居家休闲服。

5. 打破使用场合界限的创意

米饭是典型的主餐食品，打破使用场合的界限，小米锅巴就让米饭变成吃着玩的休闲食品。土豆，改变常规的使用场合，由餐桌上的菜肴变成办公室的休闲食品，便产生了薯片。甚至用来填饱肚子的热气腾腾的馒头，也可以变成郊游时边吃边玩的五味俱全的烤馒头片。

6. 打破渠道界限的创意

随着互联网的普及与完善，网上购物对传统便利店的威胁越来越大，坐在家里遍览千万种商品，动动手指就可以订货上门，实现了方便的购物方式。这便是渠道的跨界。

面对网络店铺的竞争，传统便利店如何使用渠道跨界应对竞争？传统便利店不要试着去对立互联网购物，可以试着去补充：互联网送货上门需要极高的时间与人力、财力成本，那么网点广泛的传统便利店正可以充当互联网的仓储与发货功能。威胁转变成了机会。化妆品、洗发水可以换一种渠道，放到药店出售吗？只需要将化妆品和洗发水增加治疗功能便可实现新的品类创意。

7. 打破营销组合界限的创意

养花成为一种回归自然的风尚，许多人和企业都喜欢用真正的花草来点缀自己的环境，要实现产品创新，可以借鉴其他产品的营销组合方式，既然房屋可以出租，花草为什么不可以出租呢？于是专业的花卉租赁公司出现了，专门为各企业提供花卉租赁服务，创造性地提供产品，实现了全新的服务模式。

链接 6

戏剧跨界组合

随着电影、电视、电子游戏、舞台剧的发展，马戏正在越来越多地失去观众，太阳马戏团面临着严峻的生存危机。太阳马戏团用横向思维重新审视了马戏的生存环境，发现太阳马戏团的困境并非输于竞争对手所致，而是因为马戏行业整体遭遇其他新兴娱乐业的冲击。于是太阳马戏团重新界定了问题本身，提出了横向营销的解决之道：即在向观众提供马戏表演的刺激和乐趣的同时，加入戏剧的复杂情节和艺术内涵，让马戏表演就像戏剧一样，有自己的主题和故事情节，甚至每次演出都配有自己的原创音乐、灯光和节目。通过引入戏剧、芭蕾舞等领域的表演元素，太阳马戏团创作出了精美绝伦的娱乐表演形式。它吸引了一个原本不是这个行业的全新顾客群——已经转而光顾戏院、歌剧院和观赏芭蕾舞的成年人与企业客户，这些人愿意为一种前所未有的娱乐体验支付数倍于传统马戏的票价。而且由于上演的剧目多种多样，人们就有理由更频繁地来观看太阳马戏团的表演，从而提高了马戏团的收入。就这样，太阳马戏团仅用 20 年的时间就成为了全球顶尖马戏团。

（资料来源：哈佛商业评论，2008.8）

综上所述，创业企业要围绕着客户的价值主张，结合企业的核心资源，来做出产品或服务的决策，并结合竞争形势，创造性地实行跨界组合，以契合企业的业务模式，形成企业具有长远竞争优势的商业模式。

应用与训练

(1) 什么是商业模式？
(2) 商业模式有什么价值？
(3) 商业模式的构成要素有哪些？
(4) 商业模式的设计式样有哪些？
(5) 如何设计商业模式？
(6) 创新产品的途径有哪些？

拓展阅读

[1] 21 商评网, http://www.21cbr.com
[2] 经理人网, http://www.sino-manager.com
[3] 商业模式中心, www.BizModel.org

参考文献

[1] 亚历山大·奥斯特瓦德, 伊夫·皮尼厄著, 王帅等译. 商业模式新生代. 北京: 机械工业出版社, 2014.4.
[2] 菲利普·科特勒. 营销管理. 北京: 中国人民大学出版社, 2012.4.
[3] 尹一丁. 商业模式创新的四种方法, 销售与管理. 2012.8.

第5章
营销计划

案例导入

张善创业的营销计划

张善经历了保健品、化妆品及广告公司的成功操作，心理突然就觉得失去了打工的兴趣，何不干点什么？后来一次偶然的机会让张善看中了与灯具配套的遥控智能系统，一个简单的遥控器能够控制家庭内所有的灯具开关，当时市场上还没有同类产品，因此张善觉得这是一块较大的空白市场，说干就干，张善的创业就此起步。下面就是张善创业的营销计划。

其目标市场包括两个部分：1. 城市家庭，以新婚和小孩出生不久的年轻家庭为主，这些人具有收入较高、品位较高和新居为主的特点；2. 房地产开发商，期待有新的房产卖点，其目标群定位同以上人群。

在产品方面，针对市场需求发展了两个系列，一是节能开关，用于满足既有需要；另一个是主打产品，多路遥控的智能开关。产品都采用小的接收器，不破坏整体美观。

在定价方面，节能开关定价为稍高于老产品的 35 元/只，以取得快速切入，把智能开关定价为 298 元/套，该价格经市场调查，大部分目标群体都愿意接受。

在渠道方面，确定了分销与直销相结合的方式，在分销方面，采取直供小区灯具终端，开发市内小区，利用批发开发市郊市场的办法；在直销方面重点发展房产开发商，争取一次性覆盖整个楼盘，保证零售，同时开展商区直销，扩大渠道接触面。

在促销方面，确定了先安装试用两周再付款的优惠政策，并制定了针对不同渠道开展不同促销的办法。针对房产开发商，采取与上层紧密沟通，先包装样板房积累口碑，时机成熟一次性进入的方式；针对分销网点和小区终端，采取布置宣传、陈列物，重在产品展示和效果演示方面的推广；针对直销家庭，采取直销广告入户、报纸夹带，适度大媒体投放的策略。

经过张善的精心策划和实施控制，市场销售逐步升温，最后还实现了与灯具配套销售。

（资料来源：根据 MBA 智库百科资料整理，有改动）

案例思考

1. 什么是营销计划？
2. 营销计划一般包含哪几部分内容？

学习目标

1. 了解营销管理的基础知识；
2. 掌握营销计划包含的基本内容；
3. 掌握制订营销计划的核心要点。

解决问题

1. 进行创业企业的市场营销战略规划；
2. 制定并执行创业企业的市场营销策略。

营销计划是创业计划最核心的组成部分之一，它很大程度上决定了一个新创企业的成败，试想一个无法实现最基本销售收入的企业能够在市场上生存吗？一般来说，一个新创企业的营销计划包含了市场调研、营销目标、营销战略、营销组合策略、营销执行等内容。

5.1 目标市场营销战略

市场由购买者组成，而购买者是一个异常复杂、庞大的群体，任何一个新创企业都无法满足全部购买者的所有需求。因此，新创企业根据外部的市场环境和内部的资源条件，选择某些特定的购买者作为本企业的目标购买者群体，并据此进行产品定位，针对目标市场制定营销策略，这就是目标市场营销战略。它由市场细分、市场选择和市场定位三个步骤所组成。

5.1.1 市场细分

1. 市场细分的概念

市场细分(Market Segmentation)的概念是美国市场学家温德尔·史密斯(Wendell R. Smith)于20世纪50年代中期提出来的。市场中的购买者在许多方面各不相同，市场细分就是企业通过市场调研，根据自身条件和营销意图，以购买者及其需求的某些特征或变量为依据，区分购买者群体的过程。

2. 市场细分的作用

细分市场不是按产品维度进行的一种划分，而是从消费者维度进行划分的，是根据市场细分的理论基础，即消费者的需求、动机、购买行为的多元性和差异性来划分的。

(1)有利于发掘市场机会，开拓新市场。

(2)有利于聚焦目标市场和制定针对性的营销策略。

(3)有利于集中资源开发目标市场。

(4)有利于企业提高竞争能力。

链接 1

联想的产品细分策略

正是基于产品的明确区分，联想打破了传统的“一揽子”促销方案，围绕“锋行”、“天骄”、“家悦”三个品牌面向的不同用户群需求，推出不同的“细分”促销方案。选择“天骄”的用户，可优惠购买让数据随身移动的魔盘、可精彩打印数码照片的3110打印机、SOHO好伴侣的M700多功能机，以及让人尽享数码音乐的MP3；选择“锋行”的用户，可以优惠购买“数据特区”双启动魔盘、性格鲜明的打印机，以及“新歌任我选”MP3播放器；钟情于“家悦”的用户，则可以优惠购买“电子小书包”魔盘、完成学习打印的打印机、名师导学的网校卡，以及成就电脑高手的XP电脑教程。

(资料来源：根据MBA智库百科资料整理，有改动)

---

3. 市场细分的原则

(1)可衡量性。可衡量性是指用来细分市场的标准和变数及细分后的市场是可以识别和衡量的，即有明显的区别，有合理的范围。如果某些细分变数或购买者的需求和特点很难衡量，细分市场后无法界定，难以描述，那么市场细分就失去了意义。一般来说，一些带有客观性的变数，如年龄、性别、收入、地理位置、民族等，都易于确定，并且有关的信息和统计数据，也比较容易获得；而一些带有主观性的变数，如心理和性格方面的变数，就比较难以确定。

(2)可进入性。可进入性是指企业能够进入所选定的市场部分，能进行有效的促销和分销，实际上就是考虑营销活动的可行性。一是企业能够通过一定的广告媒体把产品的信息传递到该市场众多的消费者中去，二是产品能通过一定的销售渠道抵达该市场。

(3)可盈利性。可盈利性是指细分市场的规模要大到能够使企业足够获利的程度，使企业值得为它设计一套营销规划方案，以便顺利地实现其营销目标，并且有可拓展的潜力，以保证按计划能获得理想的经济效益和社会服务效益。如一个普通大学的餐馆，如果专门开设一个西餐馆满足少数师生酷爱西餐的要求，可能由于这个细分市场太小而得不偿失；但如果开设一个回族饭菜供应部，虽然其市场仍然很窄，但从细微处体现了民族政策，有较大的社会效益，值得去做。

(4)差异性。差异性指细分市场在观念上能被区别并对不同的营销组合因素和方案有不同的反应。

(5)相对稳定性。相对稳定性指细分后的市场有相对应的时间稳定。细分后的市场能否在一定时间内保持相对稳定，直接关系到企业生产营销的稳定性。特别是大中型企业以及投资周期长、转产慢的企业，更容易造成经营困难，严重影响企业的经营效益。

4. 市场细分的标准

(1)个人/家庭市场的细分标准。根据美国著名营销学者菲利普·科特勒(Philip Kotler)提出的消费者市场(即个人/家庭市场)主要细分变量，个人/家庭市场的细分标准可以概括为地理因素、人文因素、心理因素和行为因素四个方面，每个方面又包括一系列的划分标准，如表5-1所示。

表5-1 个人/家庭市场细分标准及变量一览表

细分标准	细分变量
地理因素	地区、城镇大小、地形、地貌、气候、交通状况、人口密集度等
人文因素	年龄、性别、职业、收入、民族、宗教、教育、家庭人口、家庭生命周期等
心理因素	生活方式、性格、购买动机、态度等
行为因素	购买时间，购买数量，购买频率，购买习惯，对服务、价格、渠道、广告的敏感程度等

① 地理因素。就是按个人/家庭客户所在的地区、城镇大小、地形、地貌、气候、交通状况、人口密集度等因素来细分市场。因为处在不同地理环境下的消费者，对于同一类产品往往会有差别较大的需要与偏好。例如，对私家车的选购，城市居民喜欢式样新颖的车型，而农村的居民注重坚固耐用的车型等。因此，对个人/家庭市场进行地理细分是非常必要的。

链接2

麦当劳的市场细分

麦当劳刚进入中国市场时大量传播美国文化和生活理念，并以美国式产品牛肉汉堡来征服中国人。但中国人爱吃鸡，与其他洋快餐相比，鸡肉产品也更符合中国人的口味，更加容易被中国人所接受。针对这一情况，麦当劳改变了原来的策略，推出了鸡肉产品。在全世界从来只卖牛肉产品的麦当劳也开始卖鸡了。这一改变正是针对地理要素所做的，也加快了麦当劳在中国市场的发展步伐。

（资料来源：MBA 智库百科）

②人文因素。就是按年龄、性别、职业、收入、民族、宗教、教育、家庭人口、家庭生命周期等变数，将市场划分为不同的群体。由于人文因素比其他因素更容易获取相关数据，且适用范围比较广，因而人文因素一直是细分个人/家庭市场的重要依据。如以年龄为划分标准，服装市场可以分为儿童市场、青年市场、中年市场、老年市场。又如以职业为划分标准，教师比较注重书籍、报刊方面的需求，公司白领则比较注重电子产品、服装等方面的需求等等。

链接3

奇瑞 QQ 的目标客户

奇瑞 QQ 的目标客户是收入并不高但有知识有品位的年轻人，同时也兼顾有一定事业基础，心态年轻、追求时尚的中年人。一般大学毕业两三年的白领都是奇瑞 QQ 潜在的客户。人均月收入 5000 元即可轻松拥有这款轿车。许多时尚男女都因为 QQ 的靓丽、高配置和优性价比就把这个可爱的小精灵领回家了，从此与 QQ 成了快乐的伙伴。奇瑞公司有关负责人介绍说，为了吸引年轻人，奇瑞 QQ 除了轿车应有的配置以外，还装载了独有的“I－say”数码音频系统，成为了“会说话的 QQ ”，堪称目前小型车时尚配置之最。据介绍，“I－say 数码听”是奇瑞公司为用户专门开发的一款车载数码装备，集文本朗读、MP3 播放、U 盘存储多种时尚数码功能于一身，让 QQ 与电脑和互联网紧密相连，完全迎合了离开网络就像鱼儿离开水一样的年轻一代的需求。

（资料来源：根据 MBA 智库百科的资料整理，有改动）

③ 心理因素。就是将个人/家庭客户按其个性、生活方式、购买动机、态度等变量细分成不同的客户群体。除了上述几种对市场进行细分的变量以外，心理因素也是造成同一城市、相同年龄的个人/家庭客户，对同类产品产生需求差异的原因之一。例如同样是成都市区的老年人，其对服装的需求就可以根据其个性分为“传统型”和“新潮型”两个消费群体。

链接4

米勒啤酒的重新定位

在 60 年代末，米勒啤酒公司在美国啤酒业排名第八，市场份额仅为 8%，与百威、蓝带等知名品牌相距甚远。为了改变这种现状，米勒公司决定采取积极进攻的市场战略。他们首先进行了市场调查。通过调查发现，若按使用率对啤酒市场进行细分，啤酒饮用者可细分为轻度饮用者和重度饮用者，而前者人数虽多，但饮用量却只有后者的1/8。他们还发现，重度饮用者有着以下特征：多是蓝领阶层；每天看电视3个小时以上；爱好体育运动。米勒公司决定把目标市场定在重度使用者身上，并果断决定对米勒的“海雷夫”牌啤酒进行重新定位。重新定位从广告开始。他们首先在电视台特约了一个“米勒天地”的栏目，广告主题变成了“你有多少时间，我们就有多少啤酒”，以吸引那些“啤酒坛子”。广告画面中出现的尽是些激动人心的场面：船员们神情专注地在迷雾中驾驶轮船，年青人骑着摩托冲下陡坡，钻井工人奋力止住井喷等。结果，“海雷夫”的重新定位战略取得了很大的成功。到了1978年，这个牌子的啤酒年销售达2000万箱，仅次于AB公司的百威啤酒，在美名列第二。

（资料来源：MBA智库百科）

④ 行为因素。就是按照个人/家庭客户的购买时间、购买数量、购买频率、购买习惯、对服务、价格、渠道、广告的敏感程度等变量来细分市场。许多产品的消费具有明显的季节性特点，如烟花爆竹的消费主要在春节期间，空调的消费主要集中在夏季，多数家庭的旅游活动多在学习假期进行等。因此，企业可以根据消费者产生需要、购买或使用产品的时间进行市场细分，如航空公司、旅行杜在寒暑假期间大做广告，实行优惠票价，以吸引师生乘坐飞机外出旅游；商家在酷热的夏季大做空调广告，以有效增加销量；双休日商店的营业额大增，而在元旦、春节期间，销售额则更大等。因此，企业可根据购买时间进行细分，在适当的时候加大促销力度，采取优惠价格.以促进产品的销售。

购买数量。据此可分为大量用户、中量用户和少量用户。大量用户人数不一定多，但消费量大，许多企业以此为目标，反其道而行之也可取得成功。如文化用品大量使用者是知识分子和学生，化妆品大量使用者是青年妇女等。

购买频率。据此可分为经常购买、一般购买、不常购买（潜在购买者）。如铅笔，小学生经常购买，高年级学生按正常方式购买，而工人、农民则不常买。

购买习惯（对品牌忠诚度）。据此可将消费者划分为坚定品牌忠诚者、多品牌忠诚者、转移的忠诚者、无品牌忠诚者等。例如，有的消费者忠诚于某些产品，如柯达胶卷、海尔电器、中华牙膏等；有的消费者忠诚于某些服务，如某航空公司、某酒店或饭店等，或忠诚于某一个机构、某一项事业等等。为此，企业必须辨别他的忠诚顾客及特征，以便更好地满足他们的需求，必要时给忠诚顾客以某种形式的回报或鼓励，如给于一定的折扣。

（2）组织市场的细分标准。上述个人/家庭市场的细分变量有很多都适用于组织市场的细分，如地区、气候、交通状况、购买动机、态度、购买频率、购买习惯（品牌忠诚度）等。但由于组织市场有它自身的特点，企业还应采用其他一些标准和变数来进行细分，根据两位美国学者波罗玛（Bonoma）和夏皮罗（Shapiro）的生产者市场的主要细分变量表，我们稍作变动可以构成组织市场的主要细分变量表，如表5-2所示。

表5-2　组织市场主要细分变量表

变　量	划分标准
人文变量	行业、客户规模、地理位置
经营变量	技术、使用频率、服务要求
采购方法	采购组织、权力结构、客户关系、采购政策、采购标准
采购情形	紧急、特别用途、订货量
个性特征	双方相识点、风险态度、忠诚度

产品用户的行业属性是组织市场细分常用的变量，不同行业的用户对同一产品有不

同的需求，如传感器生产企业可根据传感器的用户不同将市场细分为政府市场、生产者市场和中间商市场，政府市场特别注重产品质量；生产者用户要求有高质量的产品和服务；中间商市场主要用于转卖，除要求保证质量外，还要求价格合理和交货及时。因此，新创企业应针对不同行业用户的需求，提供不同的产品及其配套服务，制定不同的市场营销组合策略，以满足不同行业用户的不同需求。

以上从个人/家庭市场和组织市场两方面介绍了具体的细分变量及划分标准。为了有效地进行市场细分，有这样几个问题应引起注意：

第一，动态性。市场细分的变量及划分标准不是固定不变的，如地区、交通状况、购买动机、态度等，都会随着时间的推移而变化。因此，应树立动态观念，适时进行动态调整。

第二，适用性。市场细分的因素有很多，各新创企业的实际情况又各异，不同的企业在细分市场时采用的细分变量及划分标准不一定相同，究竟选择哪种变量，应视具体情况加以确定，切忌生搬硬套和盲目模仿。如化妆品可按购买动机细分市场，汽车按什么标准细分市场合适呢？

第三，组合性。要注意细分变数的综合运用。在实际的企业进行市场细分中，一个理想的目标市场是有层次或交错地运用上述各种因素的组合来确定的。如某乘用车生产企业将20～55岁的城市中高收入男性确定为目标市场，就运用了四个变量：年龄、地理区域、性别、收入。

5. 市场细分的方法

市场细分的方法主要有单一变量法、主导因素排列法、综合因素细分法、系列因素细分法等；市场细分作为一个比较、分类、选择的过程，应该按照市场细分的程序来进行。

链接5

“斯航”成为明星

斯堪的那维亚航空公司（简称“斯航”）是由挪威、瑞典和丹麦三国合资经营的公司，由于价格竞争、折扣优惠及许多小公司的崛起，斯航在其国内和国际航线上都处于亏损状况。

1982年初，“斯航”首先设计了一种新的、单独的商务舱位等级，这种商务舱是根据工商界乘客不喜欢与那些旅游者同舱的特点设立的。工商界乘客常常因为一些情况必须改变日程，他们需要灵活性；他们在旅途中关心的是把工作赶出来，这意味着他们需要读、写，为会议或谈判作准备，或睡觉——以便到达目的地后能够精力充沛地投入工作。换句话说，他们不需要分散注意力或娱乐。旅游者却没有这种压力，对他们来说，旅途就是假期的一部分，而机票价格则是一个敏感的决定因素。设置紧凑的座位和长期预备的机票，使航空公司有可能出售打折扣的机票使一些人获得了旅行的机会，这些人则把省下的钱花在异国情调的度假生活中。商务旅行者与此不同，他们最重视的是时间和日程表，在“斯航”以前，没有一家航空公司懂得怎样在同一架飞机上满足这两类顾客不同的需求。

“斯航”的商务舱票价低于传统的头等舱，高于大多数的经济舱，但给予顾客更多的方便。在每个机场，“斯航”都为商务舱的乘客设置了单独的休息室，并免费提供饮料，有的还可看上电影。在旅馆，为他们准备了有会议室、电话和电传设备的专门房间，并提供免费使用的打字机，使他们能够完成自己的工作，他们还可以保留这些房间，而且不受起程时间、时刻表变动及最低住宿时间的限制，所有这些都以经济实惠的价格提供。机场还为商务舱乘客设置了单独的行李检查处，他们不必去和普通乘客一起拥挤地通过安检。在飞机上，他们享有单独的宽大座椅，放腿的空间更为宽敞，还装置了一些传统的头等舱才有的装饰品，比如玻璃器皿、瓷器、台布等，他们还可享用美味佳肴。

"斯航"开辟了一个独特的市场，并正在赋予它更多的价值。对工商界乘客来说，头等舱太贵，经济舱又太嘈杂，太不舒服。他们可能与旅游者挤在同一舱内，享受旅游者同等的待遇但却套出较高的价格——因为他们不能像旅游者那样，由于不受日程限制而等待减价或折扣机票，商务舱成为工商界乘客及航空公司双方都很适宜的较好的供需办法。

"斯航"夺去了竞争者的生意，成为明星。许多竞争者如今也在试图仿效他。

（资料来源：MBA 智库百科）

根据美国著名营销学者菲利普·科特勒(Philip Kotler)提到的市场细分的程序，市场细分包括以下三个基本步骤。

(1)调研阶段。企业调研人员通过各种调研方法了解其动机、态度和行为，并在此调研的基础上，收集用户的产品使用方式、对产品类别的态度、人文变量、心理变量等资料。

(2)分析阶段。企业研究人员用因子分析法分析资料，剔除相关性大的变量，然后用集群分析法找出差异最大的细分市场。

(3)细分阶段。企业营销人员根据消费者不同的态度、人文变量、心理变量等划分出每个群体。根据主要的不同特征定义每个细分市场。

5.1.2 目标市场选择

新创企业在完成市场细分之后，就该进入市场选择这一环节，市场选择一般由细分市场的评估和目标市场的选定两个部分所构成。

1. 目标市场的定义

对新创企业而言，一般不以所有的消费者为目标消费者。所谓目标市场，就是指企业预定进入的细分市场，亦即准备针对性地满足其某些需求的一部分特殊的购买者群体。例如，现阶段我国城乡居民对照相机的需求，可分为高档、中档和普通三种不同的消费者群。调查表明，33%的消费者需要物美价廉的普通相机，52%的消费者需要使用质量可靠、价格适中的中档相机，16%的消费者需要美观、轻巧、耐用、高档的全自动或多镜头相机。国内各照相机生产厂家，大都以中档、普通相机为生产营销的目标，因而市场出现供过于求，而各大中型商场的高档相机，多为高价进口货。如果某一照相机厂家选定16%的消费者目标，优先推出质优、价格合理的新型高级相机，就会受到这部分消费者的欢迎，从而迅速提高市场占有率。①

2. 细分市场的评估

新创企业进行市场选择的第一个环节就是，根据一定的评估标准对各个细分市场进行

① 资料来源：MBA 智库百科

分析评价。细分市场的评估一般有两个标准，即企业目标和细分市场的发展潜力。

根据企业目标进行细分市场评估。我们说，管理首先是目标导向的。如果某一细分市场虽然能在短期内带来较大的销量和利润，但并不符合新创企业的发展的主要目标，甚至可能造成企业资源和精力的分散，那么这样的市场就应该考虑放弃。

根据细分市场的发展潜力进行细分市场评估。细分市场的发展潜力一方面决定于其市场规模和增长率，另一方面决定于该细分市场的竞争潜力。市场规模亦即可能的顾客数量，对新创企业而言，自然是可能的顾客数量越多越好；但需要注意的是，规模大的企业一般也会比较关注市场规模大的细分市场，而对市场规模偏小的细分市场兴趣不大，那么新创企业在刚进入市场时，就需要在评估细分市场时进行综合考虑。市场增长率即在未来的一段时期内，顾客数量与其购买量增长的比率，对新创企业而言，目标市场中顾客数量与其购买量的良好上升势头，无疑有利于新创企业在市场上站稳脚跟。根据竞争理论大师迈克尔·波特的"竞争五力模型"，细分市场的竞争潜力一般可以从供应者、购买者、现有竞争者、潜在竞争者和替代者五个方面进行评估。对新创企业而言，一般需要首先考虑对供应者和购买者的讨价还价能力，其次暂时避开实力较强的现有竞争者，最后适当关注潜在竞争者和替代者。

3. 目标市场的选定

新创企业在进行目标市场的选定时，菲利普·科特勒提出了五种目标市场选定模式，如图 5-1 所示。

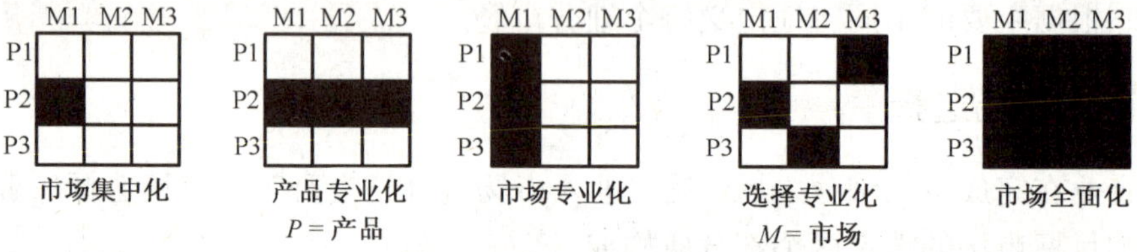

图 5-1　目标市场选择五种模式

第一种目标市场选定模式是市场单一化。即"一种产品，一个细分市场"，这是最简单的目标市场选定模式，它针对细分出的一个单一市场进行集中营销，企业用一种产品去覆盖一个细分市场。

第二种目标市场选定模式是产品专业化。即"一种产品，所有细分市场"，就是企业用一种产品去覆盖所有的细分市场，同一种产品也可以有不同的规格、款式以满足不同的顾客群体。

第三种目标市场选定模式是市场专业化。即"所有产品，一个细分市场"，就是企业用所有产品去覆盖一个细分市场。

第四种目标市场选定模式是选择专业化。即"部分产品，部分市场"，就是企业用部分产品去覆盖部分的细分市场。

第五种目标市场选定模式是市场全面化。即"所有产品，所有市场"，就是企业用所有产品去覆盖所有的细分市场。

5.1.3　市场定位

1. 市场定位的含义

市场定位(Marketing Positioning)一词源于艾尔·里斯和杰克·特劳特在1972年提出的经典概念——定位，定位这一概念的核心含义就是独特和差异化。市场定位最基本一层的含义就是独特和差异化的目标顾客群体，对新创企业而言，找到独特和差异化的顾客群体，并根据该群体独特和差异化的需求去开发独特和差异化的产品，从而在激烈竞争的市场中造就自身独特和差异化的能力和优势，由此使新创企业形成自己独特和差异化的个性或特色，提升企业在市场中的能见度和辨识度，最终获得目标顾客群体的认可甚至忠诚。市场定位的关键是企业要发掘自己比竞争者更具有竞争优势的特性，即找到企业生存和发展的核心竞争力所在。

链接6

美国西南航空公司的市场定位分析

● 市场定位

产品：民航运输。

市场：自费外出旅游者和小公司的商务旅行者。

地域：达拉斯—奥斯汀—休斯顿，减少门到门的旅行时间。

需求：轻松活泼的旅行生活低费用的旅行费用。

● 营销措施

飞机：全部选用“波音737”。

定票：电话定票，不通过旅行社(需要什么票—信用卡号—确认)。

登机：报姓名—打出不同颜色卡片—以颜色依此登机—自选座位。

机上：没有头等舱、不提供行李转机服务、不提供餐饮服务。

● 效果

办理登机时间比别人快2/3。飞机在机场一个起落只需25分钟(其他要40分钟)。去掉头等舱(3排×3个=9个座位)，增加4排×6个=24个座位

● 取消餐饮服务后

服务人员从标准配置的4个减少到2个，取消机上餐饮设备，可加6个座位。不提供餐饮服务，原着陆后15分钟的清洁时间也省去了。增加了航班量(其他6趟，它8趟)机票售价只要60~80美元，大大低于其他航空公司的180~200美元。

---

2. 市场定位的步骤

根据我国营销学者吴健安的理论，新创企业一般通过识别竞争优势、明确竞争优势和体现竞争优势三个步骤来进行市场定位。

(1)识别竞争优势。一般企业的竞争优势可能来源于大规模的生产能力和成本优势，对新创企业来说，产能和成本可能并不是自己的优势所在，而对顾客需求的深度把握并由此开发的独特产品可能才是自己的竞争优势。这种竞争优势既可以是现有的，也可以是潜在的，这需要创业者进行有效识别。

(2)明确竞争优势。通过对主要竞争对手的调研分析，并把企业的所有营销活动进行系统性分类，然后将分类后的主要营销活动与主要竞争对手的同类营销活动进行对比，从

而找到并明确本企业的竞争优势，一般新创企业的主要营销活动类别可以是产品开发、促销策略、服务水平、销售渠道、品牌个性等。

(3)体现竞争优势。新创企业在明确竞争优势后，需要通过一系列的促销活动向目标顾客群体宣传其独特的竞争优势，以利于在顾客心目中占据一个独特位置。为此，企业首先应使目标顾客了解、知道、熟悉、认同、喜欢和偏爱本企业的市场定位，在顾客心目中建立与该定位相一致的形象。其次，企业通过各种努力强化目标顾客形象，保持目标顾客的了解，稳定目标顾客的态度和加深目标顾客的感情来巩固与市场相一致的形象。最后，企业应注意目标顾客对其市场定位理解出现的偏差或由于企业市场定位宣传上的失误而造成的目标顾客模糊、混乱和误会，及时纠正与市场定位不一致的形象。

3. 市场定位战略

新创企业的市场定位战略主要由以下产品差异化战略、服务差异化战略和形象差异化战略三种战略所构成。

(1)产品差异化战略。产品差异化基本的含义是指产品在外观、性能、质量等方面的差异化，但无疑产品的差异源自于顾客的差异。常言道“物以类聚，人以群分”，新创企业可以通过所服务的顾客群体的差异化，来显示与竞争对手的距离和区别。

(2)服务差异化战略。当今很多新创企业都属于服务型企业，为顾客提供有别于竞争对手的高品质服务，无疑可以为企业带来明显的竞争优势。在服务营销范畴来说，个性化的服务项目、独特的服务标准和优秀的服务人员，都可以给顾客带来差异化的服务体验，从而确立自身的竞争优势。

(3)形象差异化战略。对消费者而言，一个企业在消费者心目中的形象，无疑在很大程度上影响了消费者的购买决策。企业形象包含了企业产品形象、企业服务形象和企业团队形象等各个方面，它是一个企业在消费者心目中长期积累形成的一个综合印象。那么，一个新创企业就需要在经营发展的过程中，全面而持续地检视企业的所有经营行为，不断反思各种企业行为(尤其是推广传播行为)给目标受众造成的企业形象的模糊、混乱和误会，并及时纠正。

链接 7

CIS-企业形象识别系统

CIS 是英文 Corporate Identity System 的缩写，直译为企业形象识别系统，意译为企业形象设计。

CIS 一般分为三个方面，即企业的理念识别——Mind Identity(MI)，行为识别——Behavior Identity(BI)和视觉识别——Visual Identity(VI)。企业理念是指企业在长期生产经营过程中所形成的企业共同认可和遵守的价值准则和文化观念，以及由企业价值准则和文化观念决定的企业经营方向、经营思想和经营战略目标。企业行为识别是企业理念的行为表现，包括在理念指导下的企业员工对内和对外的各种行为，以及企业的各种生产经营行为。企业视觉识别是企业理念的视觉化，通过企业形象广告、标识、商标、品牌、产品包装、企业内部环境布局和厂容厂貌等媒体及方式向大众表现、传达企业理念。CIS 的核心目的是通过企业行为识别和企业视觉识别传达企业理念，树立企业形象。

5.2 营销组合策略

5.2.1 产品策略

一个新创企业的营销组合策略，首要的是用什么样的产品去满足目标顾客的需求，并且企业的产品策略也部分地影响其他的营销组合因素。关于产品整体概念，常用的有菲利普·科特勒为代表的五层次说。第一层次为核心产品，意指产品的基本效用；第二层次为形式产品，意指外观、式样、品质等；第三层次为期望产品，意指与产品相关的属性；第四层次为延伸产品，意指产品的附带利益；第五层次为潜在产品，意指产品可能的演进和变化。产品策略主要包括产品组合策略、产品生命周期策略、品牌策略和包装策略等。

1. 产品组合策略

创业企业在进行产品决策时，除了考虑以什么样的产品进入市场之外，还应该考虑产品组合。消费者都希望拥有选择的权利，在做出购买决策之前，消费者总是习惯性地在多个选择中做比较，因此，必要的产品组合，是新创企业进行产品决策时必须考虑的。所谓产品组合，是指一个企业提供给市场的全部产品线和产品项目的组合或结构，对于新创企业而言，即企业的业务经营范围。产品线是指产品组合中的某一类产品大类，是一组密切相关的产品，它由类似的方式发挥功能、售给相同的顾客群，通过同一的销售渠道出售或属于同一的价格范畴。产品项目是衡量产品组合各种变量的一个基本单位，指产品线中不同品种及同一品种的不同品牌。产品组合包括四个衡量变量：长度、宽度、深度和关联度。

表 5-3　宝洁公司的产品组合(部分)

护肤/化妆	洗发水	口腔护理	香皂/沐浴露	洗衣粉
玉兰油	飘柔	佳洁士	舒肤佳	碧浪
吉列	海飞丝	欧乐－B	玉兰油	汰渍
Illume(伊奈美)	潘婷		激爽	
ANNA SUI(安娜苏)	沙宣		卡玫尔	
SK-II	伊卡璐			
……	……			

(1)产品组合的长度。产品组合的长度是指企业所拥有的产品项目的平均数，即全部产品项目总数除以全部产品线数所得的商。如表 5-3 所示的产品组合总长度为 18，每条产品线的平均长度为 $18 \div 5 = 3.6$。新创企业往往由于受到资金、技术和精力的限制，产品组合长度不宜过长。

(2)产品组合的宽度。产品组合的宽度是指产品组合中所拥有的产品线数目。如表 5-3 所示的产品组合宽度为 5。新创企业在创立初期一般设计较少的产品线，以降低成本和运营风险。

(3)产品组合的深度。产品组合的深度是指产品项目中每个品牌所含不同花色、规格、质量产品数目的多少。如佳洁士牙膏有四种规格和两种配方，其产品组合深度就是 8。新创企业在进行产品决策时，产品组合深度不宜过深，可随着企业的成长，逐步加强对核心产品的深度开发，拓展产品组合深度。

(4)产品组合的关联度。产品组合的关联度是指各条产品线在最终用途、生产条件、分销渠道或其他方面相互关联的程度。如表 5-3 所示的宝洁公司的产品组合，虽有 5 条产品线，但都为个人或家庭洗护用品，表中所列产品组合则具有较强的关联度。相反，经营多个非相关产业的企业，其产品组合的关联度则可能较小甚至无关联。新创企业创业初期往往经营的产品系列都呈相关关系，关联度较高，以便给消费者清晰的认知。

企业创业初期，要在对市场的认识和预测基础上，逐步完善产品组合，不要期待将产品组合决策一步到位。可根据对消费者需求的了解，结合企业的自身资源，设计核心的几条产品线，产品项目不宜过多，产品组合的深度也不宜过深，一方面是考虑初创企业资金的压力，另一方面初创期的企业应着力打造自己的特色、核心产品或服务，以迅速占领市场，产品组合过于复杂会分散企业资源，也不利于核心竞争力的打造。

当新创企业进入快速成长期时，便可根据实际情况逐步完善产品组合策略，如增加产品线数量、加深产品组合深度等。

2. 产品生命周期策略

产品从投入市场到最终退出市场的全过程称为产品的生命周期，该过程一般经历产品的导入期、成长期、成熟期和衰退期四个阶段。

(1)导入期。导入期是新产品首次正式上市的最初销售时期，只有少数创新者和早期采用者购买产品，销售量小，促销费用和制造成本都很高，竞争也不太激烈。这一阶段企业营销策略的指导思想是，把销售力量直接投向最有可能的购买者，即新产品的创新者和早期采用者，让这两类具有领袖作用的消费者加快新产品的扩散速度，缩短导入期的时间。

(2)成长期。成长期的产品，其性能基本稳定，大部分消费者对产品已熟悉，销售量快速增长，竞争者不断进入，市场竞争加剧。企业为维持其市场增长率，可采取以下策略：改进和完善产品；寻求新的细分市场；改变广告宣传的重点；适时降价等。

(3)成熟期。成熟期的营销策略应该是主动出击，以便尽量延长产品的成熟期，具体策略有：市场改良，即通过开发产品的新用途和寻找新用户来扩大产品的销售量；产品改良，即通过提高产品的质量，增加产品的使用功能、改进产品的款式、包装，提供新的服务等来吸引消费者。

(4)衰退期。衰退期的产品，企业可选择以下几种营销策略：维持策略；转移策略；收缩策略；放弃策略。

3. 品牌策略

品牌是用以识别某个销售者或者某群销售者的产品和服务，并使之与竞争对手的产品和服务区别开来的商业名称及其标志，通常由文字、标记、符号、图案和颜色等要素或这些要素的组合构成[1]。品牌对于企业的作用主要体现在树立企业形象、促进产品销售、有利于企业的市场和产品开发、维护企业的合法权益等。企业的品牌策略包括品牌定位、品牌设计、品牌使用、品牌推广、品牌更新与扩展、品牌保护等策略。

品牌定位是品牌建设的基础，通过品牌定位确定品牌个性，即通过环境分析、结合企业目标和目标市场的特点，为品牌在顾客心目中确定一个具有独特价值的位置，并且与竞争对手区别开来。

品牌设计则是对品牌的表现形式及内涵进行有效的规划，包括品牌名称、标志、符号、字体等要素设计和品牌的内涵提炼等内容。

品牌使用策略包括品牌归属策略、品牌统分策略、复合品牌策略等，例如：单个产品品牌策略：即一个产品一个品牌，著名的日用化学品生产企业宝洁(P&G)公司就是采用这种策略；产品线品牌策略：即同一产品品类上的所有产品同一品牌。如金利来公司对其领带、领夹、钱包等男士系列用品都采用"金利来"这个品牌；统一品牌策略：即企业生产的所有产品均使用同一品牌。如佳能公司(Canon)生产的照相机、传真机、打印机、复印机都使用佳能品牌。

品牌推广策略则是通过广告、公共关系、人员推广、网络营销等各类有效的传播手段对品牌进行宣传推广，提升品牌的知名度。

品牌更新与扩展则是企业根据市场变化和自身目标的调整，对品牌定位、品牌设计和使用策略进行调整，以适应环境的变化，或进行品牌创新；品牌扩展是指一个品牌在获得市场的认可取得成功以后，扩展应用于其他的产品或服务。

品牌保护是指企业要具有良好的品牌意识，采取各种措施对品牌实行有效保护，保护注册商标、驰名商标认定、品牌维权、互联网域名保护等。

很多创业企业认为：品牌是大企业的事情，是大公司的专利，只有大量广告投入才能建立品牌。新创企业因为资金不足，当前最关键的问题是销量，等积累了足够的资本，再考虑品牌。其实，这是新创企业对品牌认知的误区，也违背了品牌发展的规律。品牌建设是一个渐进推广的过程，没有任何捷径。企业从注册的那一刻开始，就意味着品牌建设的开始。根据周锡冰、万荣素的研究成果[2]，新创企业可以从以下几个方面来进行品牌建设：易于传播的品牌名称、对品牌进行专业而全面的规划、提炼准确诉求点、质量是品牌的保证、品牌必须有自己独特的个性、找准品牌发展定位、实现品牌的跨越式扩张。

4. 包装策略

包装包括内包装、中包装、外包装三个层次。包装策略是通过对产品包装的形式、结构、材料等的策划，最终利用包装来推销产品、拓宽市场、提高市场占有率，从而实现企业的营销目标。包装策略通常与产品的规格设计相联系，共同构成产品系列，可选择的包装策略如下。

类似包装策略：企业对其各种产品，在包装上采用相近的图案、近似的色彩和共同的特征。采用该策略，可使消费者形成对企业产品的深刻印象，也可降低包装成本。但如果企业各种产品质量过于悬殊，则会形成负面影响。

---

① 吴健安. 市场营销学. 北京：高等教育出版社，2007.

② 周锡冰，万荣素. 品牌建设着力点，中国中小企业，2008. 6.

等级包装策略：根据产品质量等级不同采取不同的包装。

配套包装策略：将不同类型和规格但有相互联系的产品置于同一包装中。如将系列化妆品包装在一起出售，便是典型的配套包装。

附赠品包装策略：在包装容器中附赠物品，以吸引消费者购买。如许多儿童食品的包装是采用此种策略。

此外，还可采用复用包装策略、不同容器包装策略等。

5.2.2 价格策略

企业在运用价格策略时要确定定价的基本目标，是销量最大化，还是利润最大化，要考虑影响价格的各类因素，权衡产品中的可见价值、成本、利润三者之间的合理比例，还要策划产品定价的方法和策略，最后还要协调好产品价格、市场份额、市场规模、产品生命周期、市场竞争程度之间的关系。

1. 制定基本价格

企业制定价格必须全面考虑各个方面的因素，采取六个步骤：选择定价目标、测定需求的价格弹性、估算成本、分析竞争对手的产品与价格、选择适当的定价方法、选定最后价格。企业定价有三种导向。

(1)成本导向定价法。这是一种主要以成本为依据的定价方法，包括成本加成定价法和目标收益定价法，其特点是简便、易用。

成本加成定价法：指按照单位成本加上一定百分比的加成来制定产品销售价格。

目标收益定价法：又称投资收益率定价法，是根据企业的投资总额、预期销量和投资回收期等因素来确定价格。

(2)需求导向定价法。这是一种以市场需求强度及消费者感受为主要依据的定价方法，包括认知价值定价法、反向定价法和需求差异定价法三种。

认知价值定价法：企业根据购买者对产品的认知价值来制定价格。

反向定价法：企业依据消费者能够接受的最终销售价格，计算自己从事经营的成本和利润后，逆向推算出产品的批发价和零售价。

需求差异定价法：产品价格的确定以需求为依据，首先强调适应消费者需求的不同特性，而将成本补偿放在次要的地位，对同一商品在同一市场上制订两个或两个以上的价格，或使不同商品价格之间的差额大于其成本之间的差额。

(3)竞争导向定价法。通常有两种方法，即随行就市定价法、差别定价法。

随行就市定价法：将本企业某产品价格保持在市场的平均价格水平，利用这样的价格来获得平均报酬。

差别定价法：企业通过不同营销努力，使同种同质的产品在消费者心目中树立起不同的产品形象，进而根据自身特点，选取低于或高于竞争者的价格作为本企业产品价格。

2. 修订基本价格

价格是企业竞争的主要手段之一，还要根据复杂的市场情况，采用灵活多变的方式确定产品的价格。

(1)有专利保护的新产品的定价可采用撇脂定价法和渗透定价法。撇脂定价法是在新产品上市之初，将价格定得较高，在短期内获取厚利，尽快收回投资。就像从牛奶中撇取所含的奶油一样，取其精华，称之为“撇脂定价”法；渗透定价法则是在新产品投放市场时，价格定得尽可能低一些，其目的是获得最高销售量和最大市场占有率。

(2)仿制品的定价。仿制品是企业模仿国内外市场上的畅销货而生产出的新产品。仿制品面临着产品定位问题，就新产品质量和价格而言，有九种可供选择的战略：优质优价；优质中价；优质低价；中质高价；中质中价；中质低价；低质高价；低质中价；低质低价。

3. 竞争性调价

企业在产品价格确定后，由于客观环境和市场情况的变化，往往会对价格进行修改和调整。一般企业在以下情况须考虑降价：

① 企业生产能力过剩、产量过多，库存积压严重，市场供过于求，企业以降价刺激市场需求。

② 面对竞争者的“削价战”，企业不降价将会失去顾客或减少市场份额。

③ 生产成本下降，科技进步，劳动生产率不断提高，生产成本逐步下降，其市场价格也应下降。

提价一般会遭到消费者和经销商反对，但在许多情况下不得不提高价格：

① 通货膨胀。物价普遍上涨，企业生产成本必然增加，为保证利润，不得不提价。

② 产品供不应求。一方面买方之间展开激烈竞争，争夺货源，为企业创造有利条件；另一方面也可以抑制需求过快增长，保持供求平衡。

链接 8

上海大众的价格策略

2002 年 9 月 12 日，1.6 升 POLO 上市，售价 13.55 万 ~14.8 万元，此时 POLO 销量突破 15，000 辆，平均达到每天销售 100 辆。截至 2003 年 9 月底，POLO 的总销量为 59，800 辆。2003 年 9 月 12 日，POLO 开始降价，价格降幅为 8100 –11，100 元，高价撇脂结束。

POLO 的面世，填补了上海大众的整条价格链中 13 万 ~15 万的空缺。从普桑到 POLO，再到桑塔纳 2000，最后还有帕萨特，上海大众拥有了中国汽车企业最完整的一条价格链条。从 POLO 车 13 万 ~15 万元的定价中，其战略意义已可见端倪。2003 年 2 月 28 日，上海大众两门 Gol 轿车正式上市，上市的 Gol 是两门导入型、两门基本型和两门舒适型三款，定价从 7.5 万 ~9.83 万元。如此将上海大众的产品线价格链延伸至 10 万元以下。

5.2.3 渠道策略

销售渠道是指商品从生产者传送到用户手中所经过的全过程，以及相应设置的市场销售机构。正确运用销售渠道，可以使企业迅速及时地将产品转移到消费者手中，达到扩大商品销售，加速资金周转，降低流动费用的目的。包括以下内容：

1. 渠道选择策略

渠道策略包括直接渠道和间接渠道两类，直接渠道策略是企业采用产销合一的经营方式，即商品从生产领域转移到消费领域时不经过任何中间环节，间接渠道策略是指商品从生产领域转移到用户手中要经过若干中间商的销售渠道。直接渠道销售及时，中间费用少，便于控制价格，及时了解市场，有利于提供服务等优点，但此方法使生产者花费较多的投资、场地和人力，所以消费广，市场规模大的商品，不宜采用这种方法。间接渠道由于有中间商加入，企业可以利用中间商的知识、经验和关系，从而起到简化交易，缩短买卖时间，集中人力财力和物力用于发展生产，以增强商品的销售能力等作用，但中间商要分享销售利润，所以毛利空间较小的产品不宜采用这种方法。

间接渠道必须选择中间商，主要有三类：

(1)经销商。经销商是指从事商品交易业务，在商品买卖过程中拥有商品所有权的中间商。代理商是受生产者委托，从事商品交易业务，但不具有商品所有权的中间商。按代理商与生产公司业务联系的特点，又可以将其再分为企业代理商、销售代理商、寄售商和经纪商。

(2)零售商。零售商是指向最终消费者提供商品和服务的中间商。零售商是销售系统中数量最多的组织。它按经营商品类别不同，有专卖店、百货公司、超级市场、便利店等。从着眼于价格竞争来看，有折扣商店、仓储卖场等。从不设铺面的零售商来看，有直复营销专业机构、自动机售货、流动售货等。从管理系统不同的各种零售组织看，有自营连锁店、加盟连锁店、零售商合作组织、协同商业百货商店、消费者合作社等。

(3)批发商。批发商是介于生产者和零售商之间的中间商，它按营销商品种类的多少来分，可以分为一般批发商和专业批发商；按照服务地区分可以分为全国批发商、区域批发商和地方批发商；按是否拥有商品经营权可以分为经销批发商和代理批发商；按服务的内容可以分为综合服务批发商和专业服务批发商。

在选择目标渠道时，还必须考虑是选择单一直接或间接渠道，还是多种直接或间接渠道，甚至直接和间接混合的渠道模式。

2. 渠道长度策略

销售渠道按其长度来分类，可以分为若干长度不同的形式，商品从生产领域转移到用户的过程中，经过的环节越多，销售渠道就越长；反之就越短。消费品销售渠道有四种基本的类型。

零级渠道：生产者——消费者；

一级渠道：生产者——零售商——消费者；

二级渠道：生产者——代理商或者批发商——零售商——消费者；

三级渠道：生产者——代理商——批发商——零售商——消费者。

工业品销售渠道有三种基本的类型：生产者——工业品用户；生产者——代理商或者工业品经销商——工业品用户；生产者——代理商——工业品经销商——工业品用户。

一般来讲，在以下情况下适合采取短渠道销售策略：

① 从产品的特点来看，易腐、易损、价格贵、高度时尚、新潮、售后服务要求高而且技术性强；

② 零售市场相对集中，需求数量大；

③ 企业的销售能力强，推销人员素质好，资历雄厚，或者增加的收益能够补偿花费的销售费用。

反之，在以下情况下适合采取长渠道销售策略：

① 从产品特点来看，非易腐、非易损、价格低、选择性不强、技术要求不高；

② 零售市场较为分散，各市场需求量较小；

③ 企业的销售能力弱，推销人员素质较差，缺乏资金，或者增加的收入不能够补偿多花费的销售费用。

3. 渠道宽度策略

销售渠道的宽窄，就是企业确定由多少中间商来经营某种商品，即决定销售渠道的每个层次(环节)适用同种类型的中间商的数目是多少。一般情况下，有以下三种具体策略可供选择：

① 密集分销。选择较多的中间商来推销产品。通常用于日常消费品和通用化程度较高的工业品，使消费者能及时、方便地买到所需产品。

② 独家分销。在一定时期内，在一个地区或市场只选定一家中间商来推销，实行独家经营。独家分销是最窄的分销渠道，适用于技术性较强的耐用消费品或名牌产品。

③ 选择性分销。在一定的地区或市场中有条件地选择几家中间商进行分销。其形式介于广泛分销与独家分销之间，适合各类产品。

4. 市场地域拓展策略

需要考虑三个层次的问题：专注于本地市场还是向更大地区市场、全国市场，甚至国际市场拓展；专注于中心城市(一级市场)还是一般城市(二级市场)，或者农村市场(三级市场)；地域市场拓展是否有优先顺序或重要次要的区别。

链接 9

娃哈哈的渠道管理

杭州娃哈哈集团有限公司是国内有名的食品饮料生产企业，娃哈哈的产品并没有很高的技术含量，其市场业绩的取得和它对渠道的有效管理密不可分。娃哈哈与经销商签订的合同中严格限定了销售区域，将经销商的销售活动限制在自己的市场区域范围之内。娃哈哈发往每个区域的产品都在包装上打上编号，编号和出厂日期印在一起，不能被撕掉或更改，籍以准确监控产品去向。娃哈哈专门成立了一个反窜货机构，全国严厉稽查，保护各地经销商的利益。娃哈哈的反窜货人员经常巡查各地市场，一旦发现问题，马上会同企业相关部门及时解决。总裁宗庆后及各地的营销经理也时常到市场检查，一旦发现产品编号与地区不符，便严令彻底追查，按合同条款严肃处理。娃哈哈奖罚制度严明，一旦发现跨区销售行为将扣除经销商的保证金以支付违约损失，情节严重的将取消其经销资格。

娃哈哈全面激励和奖惩严明的渠道政策有效地约束了上千家经销商的销售行为，为庞大渠道网络的正常运转提供了保证。凭借其“蛛网”般的渠道网络，娃哈哈的含乳饮料、瓶装水、茶饮料销售到了全国的各个角落。2004 年

2月，新产品"激活"诞生，3月初铺货上架，从大卖场、超市到娱乐场所、交通渠道、学校和其他的一些传统的批发零售渠道，"激活"出现在了它能够出现的一切地方。娃哈哈将其渠道网络优势运用得淋漓尽致，确保了"激活"在迅速推出的同时尽快形成规模优势。

5.2.4 促销策略

促销策略是市场营销组合的基本策略之一。促销策略是指企业如何通过人员推销、广告、公共关系和营业推广（也称销售促进）等基本促销手段，向消费者或用户传递产品信息，引起他们的注意和兴趣，激发他们的购买欲望和购买行为，以达到扩大销售的目的。企业将合适的产品，在适当地点、以适当的价格出售的信息传递到目标市场，一般是通过两种方式：直接和间接促销手段。

人员促销就是直接促销，它通过推销员包括邀请专家、顾问直接与消费者见面，向他们进行宣传与推销，引起消费者兴趣，促使消费者购买。

间接促销包括广告促销、营业推广促销和公共关系促销等。广告促销是通过各种广告媒体向消费者传递产品信息以促进销售；营业推广是通过一系列刺激渠道中间商或消费者购买的措施以促进销售；公共关系促销是通过公关活动广泛建立人际网络、树立企业信誉、提升产品和企业形象及知名度来达到促销目的。

链接 10

营业推广的方法很多，通常分为消费者促进、渠道促进、销售人员促进三类。消费者促进的方法有发布会、展示会、现场演示、样品赠送、宣传册、邮寄广告、代金券、折扣特价、回扣、有奖销售、竞赛、礼品等；渠道促进的方法有进货奖励、付款折扣、分销奖励、费用补贴、样品提供、销售累计奖励、陈列竞赛、促销人员支持、订货会议、店面装修、广告合作、技术合作、pop支持等；销售人员促进的方法有推销竞赛、红利提成、特别推销奖、免费旅游等。

链接 11

广告策略 5M1W

对象——谁（Who）
目标——任务（Mission）
内容——信息（Message）
媒体——媒体（Media）
预算——资金（Money）
效果——衡量（Measurement）

链接 12

销售促进方案的主要内容

（1）活动背景
（2）活动概述
  –活动目的和目标
  –活动对象
  –活动名称和主题
  –活动方式

–活动时间和地点
(3)方案细则(活动的具体规则、条件等)
(4)配套支持行动
–广告、宣传、物料
(5)预算或配额
(6)注意事项(如安全等)
(7)行动计划表(事项、责任人、时间等)
(8)附件(内容繁杂且不宜在正文体现的内容)

5.3 营销执行与营销新趋势

5.3.1 营销执行

任何营销计划都只有在适当的营销组织和营销费用的支持下，才能得到有效的执行。

1. 营销组织

(1)功能性营销组织。功能性营销组织是最常见的市场营销机构的组织形式，是在营销副总裁领导下，由各种营销职能专家构成的职能性组织。具体结构如图 5-2 所示：

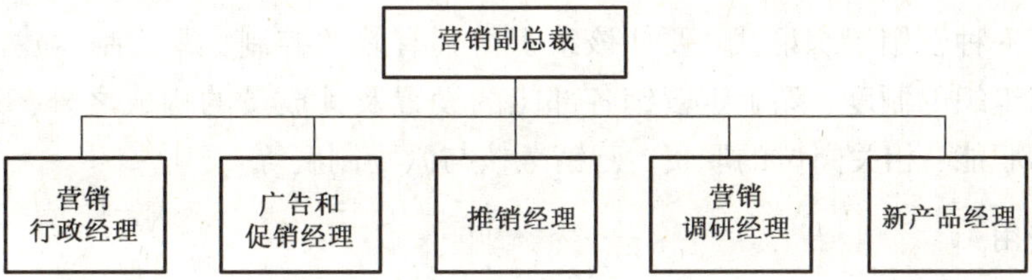

图 5-2　功能性营销组织示意图

功能性组织的主要优点是管理简单。但是，随着产品的增多和市场扩大，这种组织形式会暴露出很大的缺点。由于没有一个人对一项产品或一个市场负全部的责任，因而每项产品或每个市场制订的计划欠完整，有些产品或市场就很容易被忽略。另外，各个职能部门为了各自利益容易发生纠纷。

(2)地区型营销组织。在全国范围内组织营销的企业往往按地理区域组织其推销人员。例如，许多公司把中国大陆分成华东、华南、华北、西南四大区域，每个区域设一区域经理，区域经理根据所管辖省市的销售情况再设若干地区销售经理，地区销售经理下再设若干地方销售经理或主任，每个地方经理或主任再领导几位销售代表。

这种模式明显增加了管理幅度。但在推销任务复杂、推销人员对利润影响很大的情况下，这种分层是很重要的。

(3)产品或品牌管理组织。生产不同产品或品牌的公司往往需要设立产品或品牌管理组织。这种组织并没有取代功能性管理组织，只不过是增加一个管理层次而已。其基本做法是：由一名产品主管经理领导，下设若干个产品大类(产品线)经理，产品大类(产品线)经理下再设几个具体产品经理。产品管理最初是由美国宝洁公司于 1927 年率先采用的。

(4)市场型营销组织。当企业把一条产品线的各种产品向不同的市场进行营销时可采取这种组织模式。如生产电脑的企业可以把目标客户按不同的购买行为和产品偏好分成不同的用户类别，设立相应的市场型组织结构。具体结构如图 5-3 所示：

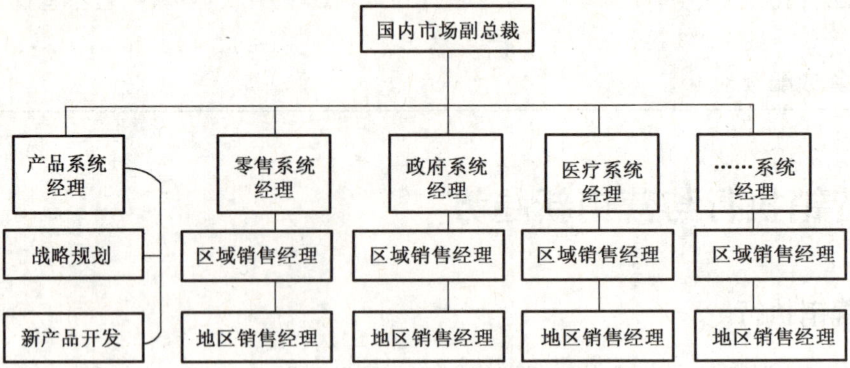

图 5-3　市场型营销组织示意图

市场型营销组织的优点在于，企业的市场营销活动是按照满足各类不同顾客的需求来组织和安排的，有利于企业加强销售和市场开拓。其缺点是存在权责不清和多头领导的矛盾。

无论任何一种营销组织形式，要使该组织得到有效的控制，那么制度建设就是最有力的保障。营销组织的制度，除确定营销各部门的设置及其成员的构成之外，另一方面就是营销各部门的职能、相关岗位的职责、营销考核与激励制度等。

2. 营销费用

在营销执行中，除了营销组织外的另一个重要的内容就是营销费用，此处主要讨论营销费用的构成与控制，营销费用的主要构成有以下几项。

直接推销费用：直接销售人员的薪金、奖金、差旅费、训练费、交际费及其他相关费用。

推广费用：广告媒体的成本、产品说明书的印刷费用、赠奖及展览会的费用、推广部门的薪金等。

仓储费用：租金、维护费、折旧、保险、包装费、存货成本等。

运输费用：主要是托运费用，如果是自有运输工具运输则要计算折旧、维护费、燃料费、牌照税、保险费、司机薪金等。

其他市场营销费用：营销管理人员薪金等。

新建企业的营销费用的控制主要采取费用专控和定额管理进行控制，费用专控即专项费用管理，控制计划外开支；定额管理即依计划确定额度开支。

5.3.2　网络营销——营销新趋势

在 21 世纪的今天，网络营销无疑是本世纪至今为止最具代表性的一种营销形式。当我们步入移动互联时代的时候，网络营销已经成为众多新创企业的营销选择。由于网络营销的理论体系十分庞杂，根据我国网络营销学者冯英健所著《网络营销基础与实践（第 4 版）》

和MBA智库百科相关资料，本书主要从网络营销的定义、网络营销与电子商务、网络营销的基本职能、网络营销的主要方法四个方面进行探讨。

1. 网络营销的定义

网络营销目前在学术界尚无一致公认的定义，此处我们可以这样认为：网络营销以公司目标为导向，是新创企业整个营销战略的一个有机组成部分，以互联网为信息平台，以网络用户为受众，以市场需求和认知为导向，利用一整套网络应用手段去实现企业营销目的的一系列行为。虽然网络营销以互联网为核心平台，但也可以整合其他的资源形成整合营销，比如销售渠道促销、传统媒体广告、地面活动等。互联网拥有其他任何媒体都不具备的综合营销能力，网络营销可进行从品牌推广、到销售、到服务、到市调等一系列的工作，包括电子商务、企业展示、企业公关、品牌推广、产品推广、产品促销、活动推广、挖掘细分市场、项目招商等方面。这里所指的网络不仅包括互联网(Internet)，还应该包括外联网(Extranet)，以及内联网(Intranet)，即应用互联网技术和标准建立的企业内部信息管理和交换平台。

2. 网络营销与电子商务

电子商务与网络营销是一对紧密相关又具有明显区别的概念，对于初次涉足网络营销领域者对两个概念很容易造成混淆。比如，企业建一个普通网站就认为是开展电子商务，或者将网上销售商品称为网络营销等，这些都是不确切的说法。冯英健关于网络营销定义的说明中，认为"网络营销不等于电子商务"，这主要是基于下列两个方面的考虑：

(1)网络营销与电子商务研究的范围不同。电子商务的内涵很广，其核心是电子化交易，电子商务强调的是交易方式和交易过程的各个环节，而网络营销注重的是以互联网为主要手段的营销活动。网络营销和电子商务的这种关系也表明，发生在电子交易过程中的网上支付和交易之后的商品配送等问题并不是网络营销所能包含的内容，同样，电子商务体系中所涉及的安全、法律等问题也不适合全部包括在网络营销中。

(2)网络营销与电子商务的关注重点不同。网络营销的重点在交易前阶段的宣传和推广，电子商务的标志之一则是实现了电子化交易。网络营销的定义已经表明，网络营销是企业整体营销战略的一个组成部分，可见，无论传统企业还是基于互联网开展业务的企业，也无论是否具有电子化交易的发生，都需要网络营销，但网络营销本身并不是一个完整的商业交易过程，而是为了促成交易提供支持，因此是电子商务中的一个重要环节，尤其在交易发生之前，网络营销发挥着主要的信息传递作用。从这种意义上说，电子商务可以被看作是网络营销的高级阶段，一个企业在没有完全开展电子商务之前，同样可以开展不同层次的网络营销活动。

以上两个方面表明了电子商务与网络营销的关系：网络营销与电子商务研究的范围不同，网络营销与电子商务的关注重点不同。不过，电子商务与网络营销是密切相关的，网络营销是电子商务的组成部分，开展网络营销并不等于一定实现了电子商务(指实现网上交易)，但实现电子商务一定是以开展网络营销为前提，因为网上销售被认为是网络营销的职能之一。

3. 网络营销的基本职能

网络营销的基本职能归纳为八个方面：网络品牌、网址推广、信息发布、销售促进、销售渠道、顾客服务、顾客关系、网上调研。网络营销的职能不仅表明了网络营销的作用和网络营销工作的主要内容，同时也说明了网络营销所应该可以实现的效果，对网络营销职能的认识有助于全面理解网络营销的价值和网络营销的内容体系，因此网络营销的职能是网络营销的理论基础之一。

(1)网络品牌。网络营销的重要任务之一就是在互联网上建立并推广企业的品牌，知名企业的网下品牌可以在网上得以延伸，一般企业则可以通过互联网快速树立品牌形象，并提升企业整体形象。网络品牌建设是以企业网站建设为基础，通过一系列的推广措施，达到顾客和公众对企业的认知和认可。在一定程度上说，网络品牌的价值甚至高于通过网络获得的直接收益。

(2)网址推广。这是网络营销最基本的职能之一，在几年前，甚至认为网络营销就是网址推广。相对于其他功能来说，网址推广显得更为迫切和重要，网站所有功能的发挥都以一定的访问量为基础，所以，网址推广是网络营销的核心工作。

(3)信息发布。网站是一种信息载体，通过网站发布信息是网络营销的主要方法之一，同时，信息发布也是网络营销的基本职能，所以也可以这样理解，无论哪种网络营销方式，结果都是将一定的信息传递给目标人群，包括顾客或潜在顾客、媒体、合作伙伴、竞争者等。

(4)销售促进。营销的基本目的是为增加销售提供帮助，网络营销也不例外，大部分网络营销方法都与直接或间接促进销售有关，但促进销售并不限于促进网上销售，事实上，网络营销在很多情况下对于促进网下销售十分有价值。

(5)销售渠道。一个具备网上交易功能的企业网站本身就是一个网上交易场所，网上销售是企业销售渠道在网上的延伸，网上销售渠道建设也不限于网站本身，还包括建立在综合电子商务平台上的网上商店及与其他电子商务网站不同形式的合作等。

(6)顾客服务。互联网提供了更加方便的在线顾客服务手段，从形式最简单的FAQ(常见问题解答)，到邮件列表，以及BBS、MSN、聊天室等各种即时通信服务，顾客服务质量对于网络营销效果具有重要影响。

(7)顾客关系。良好的顾客关系是网络营销取得成效的必要条件，通过网站的交互性、顾客参与等方式在开展顾客服务的同时，也增进了顾客关系。

(8)网上调研。通过在线调查表或者电子邮件等方式，可以完成网上市场调研，相对传统市场调研，网上调研具有高效率、低成本的特点，因此，网上调研成为网络营销的主要职能之一。开展网络营销的意义就在于充分发挥各种职能，让网上经营的整体效益最大化，因此，仅仅由于某些方面效果欠佳就否认网络营销的作用是不合适的。网络营销的职能是通过各种网络营销方法来实现的，网络营销的各个职能之间并非相互独立的，同一个职能可能需要多种网络营销方法的共同作用，而同一种网络营销方法也可能适用于多个网络营销职能。

4. 网络营销的主要方法

网络营销的方法体系的分类维度很多，除冯英健的职能维度和信息传递维度外，按照是否有企业网站可以分为无站点网络营销和基于企业网站的网络营销；按照网络营销网络资源则分为内部资源网络营销和外部资源的网络营销。为简单起见，这里我们仅举新创企业网络营销适应性较为广泛的一些主要方法作为参考。

(1)微信营销。在进入移动互联时代的今天，基于移动手机网络的移动网络营销方法无疑是最主要的网络营销方法之一，它包括了微信营销、手机微博营销、手机客户端软件营销、网页展示广告等众多网络营销方法。其中微信营销是应用范围较广的一个，它基于微信手机软件，通过注册企业账户及微信公众账户，对新创企业而言适用于建立与维护客户关系、移动客服、基于LBS(Location Based Service，移动定位服务)的营销等。下面介绍微信营销的三种主要方法。

"意见领袖型"营销方法。企业家、企业的高层管理人员大都是意见领袖，他们的观点具有相当强的辐射力和渗透力，对大众言辞有着重大的影响作用，潜移默化地改变人们的消费观念，影响人们的消费行为。微信营销可以有效地综合运用意见领袖型的影响力和微信自身强大的影响力刺激需求，激发购买欲望。如小米创办人雷军，就是最好的"意见领袖型"营销策略。如，雷军利用自己的微博强有力的粉丝，在新浪上简单地发布关于小米手机的一些信息，就得到众多小米手机关注者的转播与评论，更能在评论中知道消费者是如何想的，消费者内心的需求。

"病毒式"营销方法。微信即时性和互动性强、可见度、影响力以及无边界传播等特质特别适合病毒式营销策略的应用。微信平台的群发功能可以有效地将企业拍的视频，制作的图片，或是宣传的文字群发到微信好友。企业更是可以利于二维码的形式发送优惠信息，这是一个既经济又实惠，更有效的促销好模式。顾客主动为企业做宣传，激发口啤效应，将产品和服务信息传播到互联网还有生活中的每个角落。

"视频、图片"营销方法。运用"视频、图片"营销策略开展微信营销，首先要在与微友的互动和对话中寻找利用市场，发现利于市场。为特定利于市场为潜在客户提供个性化、差异化服务，其次，善于供助各种技术，将企业产品、服务的信息传送到潜在客户的大脑中，为企业赢得竞争的优势，打造出优质的品牌服务。让我们的微信营销更加"可口化、可乐化、软性化"，更加地吸引消费者的眼球。

(2)微博营销。微博营销是一种社会化网络营销方法，其方式是通过微博的发布与讨论，营销产品或者服务，营销对象：微博的粉丝，为扩大营销的效果，一般会通过大V的转发，大V可能拥有几十万甚至一千万的粉丝。

微博营销可以分为三个基本流程：首先，选择影响力高、用户量大、目标受众集中的微博平台开设企业微博账号，并且做好基本信息设置，使目标用户能很好地了解企业特色；其次，通过内容获取关注，有价值、目标用户感兴趣的微博内容是基础，微博语言要拟人化，具有情感，保证日常的微博对话，并形成制度化、正常化，这方面可以学学其他企业是怎么做的；最后是微博推广，不仅仅使用微博来推广广告和产品信息，信息一定要透明、真实，包括优惠信息或危机信息，引导粉丝参与到公司的活动甚至新产品的开发中去。

(3)网络销售。消费者通过网络在网上购物、在网上支付。由于这种模式节省了客户和企业的时间和空间，大大提高了交易效率，特别对于工作忙碌的上班族，这种模式可以为其节省宝贵的时间。

网上开店主要经历三个步骤：第一，选择网上商店平台。网上开店离不开网上商城这个平台，其功能、操作方式、服务、收费水平等都会影响新创企业的经营状况，网上商城的人气也直接关系新创企业的顾客数量，因此网上开店首先要选择合适的网上商城。第二，网上商店的建设。网上商店是用户关注度的竞争，其图片、文案、定价、促销等的策划是否具有足够的特色和吸引力，就成了最终决定网上商店成败的决定性因素之一。第三，网上商店的推广。充分了解和利用平台内部的网络推广资源，扩大本店的网络可见度是新创企业的管理重点。

(4)搜索引擎营销。搜索引擎优化。搜索引擎优化是利用搜索引擎规则，通过对网页进行合理优化，使用户能通过搜索引擎快速便捷地获取信息，增强网站在顾客面前的曝光率，提升网站的影响力和排名，达到推广的目的。

搜索引擎竞价排名。搜索引擎竞价排名是以“提升企业销售额”为直接目标。竞价排名是按照付费最高者排名靠前的原则，对购买了同一关键词的网站进行排名。竞价排名一般采取按效果付费的方式。许多中小企业可以采用竞价排名的方式来推广自己的网站。

(5)网上客户服务。现代客户需要的是优质的个性化服务，企业通过网站、即时通信工具等形式积极主动为客户提供全天候、即时、互动的服务，使客户能及时、有效地获取所需的各种资料，包括文字、图片、动画以及录像等；还可以让客户直接与企业的管理部门、供销部门和研发部门对话，以获取最新的资料与技术文件、排除故障的方法等；也可以接受并处理客户的投诉等，这种全新的服务方式能够迎合现代客户个性化的需求特征。为了保障网上客户服务的优质、高效，企业要注意以下几点。

建立忠诚顾客数据库。可吸收对公司产品非常了解的忠诚顾客介入公司的网络营销，他们能帮助公司解决消费者的问题，回答一些技术上的问题，同时他们还会提醒公司哪些消费者在网上发布对公司不利的信息。

互联网的高速传播特点要求商家为客户提供快速回应。通常的承诺是24小时回复；及时发现不满意顾客，了解他们不满意的原因，及时处理。

通过顾客反馈信息了解顾客对公司产品的满意程度、消费偏好、对新产品的反应等。准确了解消费者的消费心理及决策过程，通过E-mail等方式与顾客建立起“一对一”的亲密关系。

(6)第三方电子商务服务。由第三方提供一个电子商务服务平台，交易双方只要交纳一定的佣金费用，就可以在平台上进行交易，而平台的提供者只起一种中介服务的作用，并不参与交易。据不完全统计，我国目前有面向中小企业的各类电子商务平台2000多个，会员总数逾2000万家。电子商务平台为中小企业提供低成本、专业化的电子商务应用服务，不仅有利于中小企业降低成本、提高效率、扩展市场，而且正在促进中小企业商务模式创新，以及商务生态的培育和再造。

(7)会员制策略。中小企业可以通过为“会员”提供一定的利益来吸引更多的浏览者成为网站会员，提高网站的点击率与知名度。这些会员有“免费”的也有“收费”的，当然免费会员受到浏览者的欢迎，但是由于中国互联网正逐步走向成熟，已经不是所有网站用户都希望免费。一些博客会员希望花点钱可以享受更高层次的权限；一些求职者希望成为付费会员，好得到更多有效就职机会；另一些商业用户则希望通过成为会员看到别人无法涉及的商业资源。用户希望得到更多折扣的趋势在当当网上体现突出。当当网把他们划分成两类——黄金VIP客户，可以再享受9.7折优惠；钻石VIP客户，可以再享受9.5折优惠。而专业博客对于网站的服务就更为挑剔。他们希望可以得到更大的空间、更高的权限，文章可以高频次出现等。通过网站会员制策略可以使中小企业和客户建立起长期、稳定、相互信任的密切关系，还可以吸引新客户，提高企业的竞争力。

(8)网络营销的外包经营策略。中小企业在人才上不具有优势，并很难得到所需的专业技术人才，因此需要外包出去。外包经营实质上就是指借用、整合外部资源，以提高企业竞争力的一种资源配置模式。即企业只利用有限的资源做你最擅长的(核心竞争力)，其余的外包已经成为一种不可逆转的趋势。研究表明，外包支持服务的公司，比什么都在自己公司里做的公司，运行效率更高，成本更低。这种方式也更加适合于各项资源都紧张的中小型企业。

总之，随着技术的不断发展，广大中小企业必须根据企业自身的情况，采取正确的网络营销方法，并在实践过程中不断地总结得失，调整方案，则企业的网络营销活动一定能取得成功，为企业带来新的商机和利润。

应用与训练

(1)营销计划的一般结构是什么?
(2)什么是目标市场营销战略? 目标市场营销战略如何构成?
(3)如何进行市场细分? 如何进行市场定位?
(4)营销组合策略是怎样构成的?
(5)产品策略包含哪些内容?
(6)价格策略包含哪些内容?
(7)渠道策略包含哪些内容?
(8)促销策略包含哪些内容?
(9)营销组织一般有哪些形式?
(10)网络营销的主要方法有哪些?

拓展阅读

[1] MBA 智库百科 http://wiki.mbalib.com
[2] 和讯网,http:// www.hexun.com
[3] 中国经济网,http:// www.ce.cn
[4] 商界招商网,http://www.sj998.com

参考文献

[1] 唐果. 大学生创业基础教程. 北京：电子工业出版社，2011. 5.
[2] 周锡冰，万荣素. 品牌建设着力点，中国中小企业，2008. 6.
[3] 吴健安. 市场营销学. 北京:高等教育出版社，2007
[4] 菲利普·科特勒等. 市场营销管理. 北京:中国人民大学出版社，2001
[5] 冯英健. 网络营销基础与实践. 北京:清华大学出版社，2002
[6] MBA 智库百科 http://wiki.mbalib.com

第6章
运 营 计 划

案例导入

有一对夫妇打算做装饰旗买卖，他们决定每个星期天都到南佛罗里达的一个户外跳蚤市场卖装饰旗。这个跳蚤市场全年开放，顾客一直很多，而且在家中挂装饰旗似乎越来越流行，他们知道这种产品有一定的市场。

夫妇俩决定投资约 1 万美元，但是在投下资金并摆下摊位之前，他们没有制订任何正式的运营计划。

夫妇俩和跳蚤市场的负责人洽谈后，得到了一个相当好的摊位。为了保住这个位置，他们决定先付一整年的租金。然而，他们从没想过要这个负责人保证，在这个市场里销售装饰旗的只能是他们一家。

结果一个月之内，跳蚤市场中就多了两家卖旗子的摊位。

几周后，其他问题也出现了。夫妇俩很快发现自己低估了每个星期天架设和拆除摊位所需的时间。而且他们盘点存货的能力很差，所以，经常会出现某些装饰旗样式过多而某些太少的情况。由于他们从没精确计算过做生意所需的成本，结果，一年后他们发现自己赚的钱比政府规定的最低工资还少。

于是夫妇俩想把摊子转让给别人，但是装饰旗的热潮已经降温。现在连凯马特和塔吉特这种折扣大卖场也在卖装饰旗，而且价格更低。最后，为了摆脱这个生意，他们干脆把装饰旗全部送给了当地的慈善团体，而赔掉的钱则拿来抵扣应纳税款。

运营计划可以在事前帮助人们对公司的未来进行评估。在事业开始之前先列出各个项目并仔细进行分析，能有效地预防将来的危机和困境。坚持这种习惯的好处是无价的。

对小公司来说，并不需要制订厚达50页的运营计划，然而在公司还没开张前先在纸上列出关于新事业的各种资料非常重要。否则，生意很快就会惨淡收场。

（资料来源：摘自南海出版社《为什么小女孩的火柴卖不掉》一书）

案例思考

1. 什么是运营计划？
2. 为什么创业者需要制订运营计划？
3. 创业者制订的运营计划应包括哪些内容？

学习目标

1. 理解运营计划的概念；
2. 掌握选址的基本方法；
3. 了解平面布置和设施布置的基本原则；
4. 了解采购管理的基本概念和原则；
5. 理解流程图的作用；
6. 理解质量和质量控制的基本原则和方法。

解决问题

1. 会编制运营计划；
2. 会使用基本的选址方法；
3. 能进行简单的平面布置和设施布置；
4. 能进行基本的供应商选择和评估；
5. 能绘制流程图；
6. 能进行简单的质量控制设计。

6.1 运营计划与运营战略

6.1.1 运营计划

1. 运营计划的概念

通常意义上，运营计划有广义和狭义之分。广义的运营计划又称为经营计划，指的是一个项目向正常目标前进所需要制订的有预见性的进程性计划。

狭义的运营计划又称为生产运作计划或者综合生产计划，指的是在公司设施规划、资源规划和长期市场预测的基础上做出的，是指导公司各部门1年内经营生产活动的纲领性文件。它是将企业策略与生产能力转换为劳动力水平、库存、产量等变量的一种优化组合，是能力和需求的一种平衡。

2. 运营计划的作用

对创业者来说，不管是公司的运营，还是项目的运营，运营计划都是不可或缺的，有了具体合理的运营计划，创业才能有条理有计划地进行。企业的运营计划是实现其经营目标的重要手段，也是组织和指导企业生产有序进行的依据，因而企业管理者必须加强运营计划管理工作，对企业的生产任务进行统筹安排，使其人财物等各种资源都得到充分利用，科学有效的运营计划管理制度是加强计划管理的前提和基础，需要制订的运营计划主要有战略性的计划和战术性的计划。

3. 运营计划的层次和相互关系

运营计划可分为近期计划、中期计划和长期计划。近期计划可以制定在1个月到半年之内，以更好地观察运营的效果，中期计划可以在半年到3年这个期限内，长期计划则要根据公司的目标来具体制订。

运营计划是一个复杂的体系，其层次和相互关系如图6-1所示：

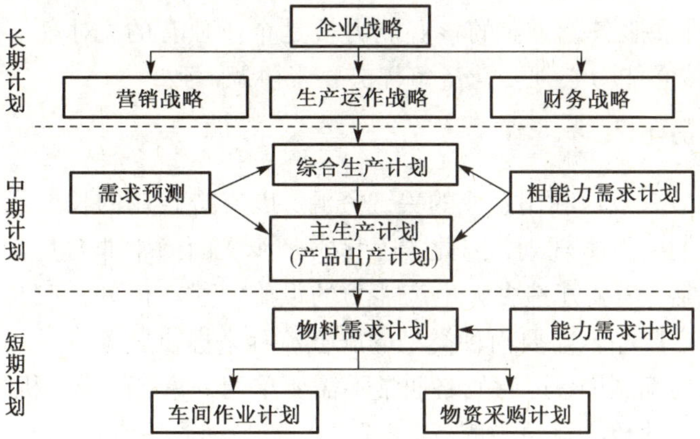

图6-1 运营计划层次体系

4. 综合生产计划

综合生产计划是狭义的运营计划，它是在工厂设施规划、资源规划和长期市场预测的基础上做出的，是指导全厂各部门 1 年内经营生产活动的纲领性文件。它是将企业策略与生产能力转换为劳动力水平、库存、产量等变量的一种优化组合，是能力和需求的一种平衡。综合生产计划的编制如表 6-1 所示。

表 6-1　某自行车厂综合生产计划

	1 月	2 月	3 月
24 型产量	10 000	15 000	20 000
26 型产量	30 000	30 000	30 000
总计	40 000	45 000	50 000

5. 创业管理中的运营计划

本书所指的运营计划既包括了通常意义上的生产计划，也涵盖了和创业管理关系重大的，属于运营管理领域的知识和理论，包括运营战略、选址规划、设施设备布置、工艺流程和服务流程设计、质量控制等方面的内容。

6.1.2　运营战略

1. 运营战略的概念

运营战略（Operations Strategy）是运营管理中最重要的一部分，传统企业的运营管理并未从战略的高度考虑运营管理问题，但是在今天，企业的运营战略具有越来越重要的作用和意义。运营战略是指在企业经营战略的总体框架下，如何通过运营管理活动来支持和完成企业的总体战略目标。

运营战略作为企业整体战略体系中的一项职能战略，它主要解决在运营管理职能领域内如何支持和配合企业在市场中获得竞争优势。运营战略一般分为两大类：一类是结构性战略。包括设施选址、运营能力、纵向集成和流程选择等长期的战略决策问题；另一类是基础性战略。包括劳动力的数量和技能水平、产品的质量问题、生产计划和控制以及企业的组织结构等时间跨度相对较短的决策问题。

企业的运营战略是由企业的竞争优势要素构建的。竞争优势要素包括：低成本、高质量、快速交货、柔性和服务。企业的核心能力就是企业独有的、对竞争优势要素的获取能力，因此，企业的核心能力必须要与竞争优势要素协调一致。

2. 运营战略的内容

运营战略是以最有效地利用企业的关键资源，以支持企业的长期竞争战略以及企业的总体战略的一项长期的战略规划，因此，运营战略涉及面通常非常广泛，主要的一些长期结构性战略问题包括：需要建造多大生产能力的设施？建在何处？何时建造？需要何种类型的工艺流程来生产产品？需要何种类型的服务流程来提供服务？

在创业计划书的编制中，运营战略通常不需要单列一章，而应有机地融入公司战略中，为公司构建长期有效的核心竞争力服务。

3. 运营战略的竞争优势要素

为了保持竞争力，不同国家的企业有不同的竞争优势要素。运营战略成功的关键是明确竞争的重点优势要素。了解每个竞争重点优势要素的选择后果，做出必要的权衡。竞争力是指企业在经营活动中超过其竞争对手的能力，是一个企业能够长期地以比其他企业（或竞争对手）更有效的方式提供市场所需要的产品和服务的能力。竞争力是决定一个企业生存、发展、壮大的重要因素，是企业取得竞争优势的保证条件。

斯金纳等人最初定义的“四种基本竞争优势要素”为：成本、质量、快速交货和柔性。现在又出现了第五种竞争优势要素——服务，这是20世纪90年代企业为获取差异化竞争优势而首选的竞争优势要素。

（1）成本——低成本。价格是顾客必须对产品或服务支付的金额。显然，在质量、功能相同的条件下，顾客将选择价格较低的产品或服务。价格竞争的实质是成本竞争，生产运营成本越低，企业在价格上就越有竞争优势。

（2）产品质量和可靠性——提供优质产品。质量分为两类：产品（服务）质量和过程质量。产品质量包括产品的功能、耐用性、可靠性、外观造型、产品的合格率等，质量的好坏反映产品满足顾客需要的程度。

质量的竞争力表现在两个方面：一是保持产品的高质量水平；二是提供更好的产品或服务。过程质量的目标是生产没有缺陷的产品，可以预防性地解决产品的质量问题。

（3）时间——快速交货、交货可靠性和新产品的开发速度。顾客对交付产品或提供服务在时间上的要求，包括快速或按时的交货能力。在同一质量水平下，企业间竞争优势的差异的重要表现就是时间性。据国外资料分析表明：高质量、高功能在国际竞争中的作用逐步下降，而代之以呈上升趋势的是准时或快速交货的竞争能力。

（4）柔性。从战略的观点看待企业的竞争力，柔性是由与企业运营过程设计直接相关的两个方面构成的。一是企业为客户提供多种产品和服务的能力，最大的柔性意味着提供顾客化的产品与服务的能力，以满足独特的需求，这常被称为“大规模定制”。二是企业快速转换工艺生产新产品的能力或者快速转换服务流程提供服务的能力。

（5）服务。在当今的企业环境中，为获取竞争优势，企业开始为客户提供“增值”服务。这不论是对提供产品还是提供服务的企业都是重要的。原因很简单，正如范德墨菲说：“市场力来源于服务，因为服务可以增加客户的价值。”

现在，又出现了两种可能为企业提供竞争优势的趋势：环保工艺和环保产品的运用。消费者对环境越来越敏感，更倾向于购买对环境无害的产品。越来越多的企业意识到绿色制造对提高自身利益的竞争机制的深远意义。

6.2 选址和设施布置

6.2.1 选址规划

1. 选址规划的意义

英国最大的跨国商业零售集团玛莎百货（Marks & Spencer）的老板西夫曾经这样说过：零售业有三件最重要的事情，那就是选址、选址、选址。一个创业项目的运营系统选址和布置对项目来说是一个重要的决策，因为运营系统的选址和布置会影响项目生产能力的布置、战略规划、基建投资、环境保护等问题，并且，运营系统的选址和布置一旦确定，设备一旦购入并安装好，想要改建和迁移是比较困难的事情，所以，运营系统的选址和布置对于项目生产经营全局有重大的影响。

企业的选址是企业运营系统实际投入进入实施阶段所面临的第一个问题。选址正确，可能会使企业节约生产成本、加快产品运输速度、快速响应客户要求、市场信息传递速度加快，同时也能够使得企业各个层次的员工安居乐业。如果选址不正确，即选择在一个交通闭塞、信息传递不通畅、各种生产原材料不易获得、产品运输困难的地方，无疑会给企业带来极大的生产问题，降低企业的竞争力。所以，在考虑企业的选址问题时，必须要注意选址的选择程序、影响因素和方法等问题。

选址通常分两个层次进行。首先是选区，即选定若干个区域（地区），对这些区域进行分析评价。当大区选定以后，其次进行的是定址，就是在已定大区内具体选定工厂的地理位置。

2. 影响制造业选址的主要因素

影响生产有形产品的制造业选址的因素很多，需考虑的主要因素有以下几方面。

（1）劳动力资源的供应条件。不同地区劳动力的受教育的程度和工资水平是不相同的，是否容易获得企业所需的合格劳动力，是选址时要考虑的重要问题。

（2）原材料、燃料、动力的供应条件。出于供应时间和采购成本方面的考虑，对原材料、燃料消耗量大，依赖性强的企业必须认真考虑此项，如大型钢铁厂希望靠近铁矿山，电解铝厂用电量大，宜建在电力供应充足、电费便宜的水电站附近等。

（3）产品销售条件。工厂应尽可能接近产品的目标市场，以便产品就近迅速投放市场和节省运输费用，还便于及时掌握时常动态，从而能更好地适应顾客的需求。

（4）自然资源条件。这里自然资源条件包括土地资源的价格、水资源的供应潜力及水质情况、当地的气候条件等。对于某些用水量大的如造纸、制糖、化工等企业，必须优先考虑该地区的水资源供应的可能性。水质不好对于酿酒的质量有重大影响，所以，酿酒厂必然关心工厂所在地的水质情况。气候条件如温度、湿度、气压、风向等气候因素与产品的制造、库存和工人的工作条件直接相关。许多产品不适合在非常潮湿或寒冷的气候中生产，所以，气候条件也是选址时必须考虑的重要因素之一。

（5）交通运输条件。对于运输量大的企业，应根据原材料和产成品的体积、质量、形态等特点，选择运输方式，确定应靠近铁路、河流，还是安排在主干公路线上。

（6）当地社会的生产协作条件。在工业比较发达的地区建厂，企业容易获得良好的生产协作条件。对于加工装配型机械制造企业和电子产品制造企业，需要由其他企业提供大量的零配件和元器件，因此，对工厂所在地的社会生产协作条件有很高的要求。

（7）法律、法规和政策条件。不同的国家和地区有不同的法律、法规和政策，这是当今跨国公司在全球范围内选址时考虑的重要因素。特别是一些国家吸引外资，对国外企业来本国设厂给予许多优惠待遇，如在我国的经济特区、工业园区和高科技园区内设厂就有很多优惠。

（8）科技依托条件。对于一些技术密集型的企业，尤其是高薪技术企业，应选择在科技文化发达的地区建立企业基地。例如，许多跨国公司都把中国总部建在北京。这其中一个决定性因素就是，北京有较多的知名的大学和科研机构，具有最佳的技术依托条件，有利于企业利用充分的科技人力资源，并且跨国公司还可以与这些大学和科研机构合作研发新产品。

综上所述，在进行“选区”和“定址”工作时，要考虑的因素很多，而且这些影响因素有时是相互矛盾的，往往会顾此失彼。因此，必须综合建厂的具体要求和地区的实际情况，在上述诸多影响因素中分清主次，根据建厂中的主要矛盾，选其中最重要的几项因素，对候选方案进行评价，然后决策。一项全球范围内对许多制造业企业的调查表明，一般认为以下五组因素是进行工厂选址时必须认真考虑的：

① 与目标市场的接近程度；

② 劳动力资源供应条件；

③ 厂区周围的社会环境，员工的工作环境；

④ 与供应商和主要生产资源的接近程度；

⑤ 与本企业有关的其他部门和相关设备协作联系的方便性。

3. 影响服务业选址的主要因素

开店不同于办厂开公司，以零售为主的经营模式决定了其店面选择的重要性，它往往直接决定着创业的成败。那么，如何选择开店的“黄金宝地”呢？

(1)广开渠道寻找商铺。现在有许多创业者喜欢通过报纸广告、房屋中介、房地产交易会、互联网等了解商铺信息。其实，商铺市场有个“2∶8 法则”，即公开出租信息的店铺只占总数的20%，而以私下转让等方式进行隐蔽交易的却占80%。所以，寻找商铺一定要广开渠道，多管齐下。

(2)“客流”就是“钱流”。商铺选址一定要注意周围的人流量、交通状况以及周围居民和单位的情况。对经营商铺的创业者来说，“客流”就是“钱流”，千万不要因为怕竞争而选在偏远地区。其实，商业区店铺比较集中，反而有助于积聚人气，但要注意经营错位问题。

(3)选址要有前瞻性。并不是所有的“黄金市口”都一定赚钱，有时遇到市政规划变动，热闹的地段也有可能变成冷僻之地。因此，创业者在选址时要眼光放远些，多了解该地区将来的发展情况。除了市政规划外，还要注意该地区未来同业竞争的情况。

(4)注意租金的性价比。不同地理环境、交通条件、建筑物结构的店面，租金会有很大出入，有时甚至相差十几倍。对创业者来说，不能仅看表面的价格，而应考虑租金的性价比问题。举例来说，对月收入在 2 万元左右的饮食店，其月租金在 3000 ~ 5000 元比较合适，能保证一定的毛利率。

(5)“团租”方式经济实惠。目前，十几平方米的小商铺很抢手，租金因此水涨船高，而一二百平方米的大商铺却因滞租而身价下跌。在这种情况下，建议几个创业者以团体租赁的方式低价“吃”下大商铺，然后再进行分割，细算下来能节省不少费用。

商铺投资应放眼于区域经济、收入水平、居住区规划、导入人口质量等发展趋势，着眼于商铺拥有的商圈、购买力的质量和数量以及商铺本身的品质，从中选出时间成本不高、增值潜力较大的商铺。通常情况下，繁华商业区商圈范围较广，人流量大，营业额必然较高；人口密度高的大中型居住小区，需求旺盛，而且客源稳固，可保证店铺的稳定性；沿街店铺具有交通要道的地理优势，客流量最多，商铺经营面较广；郊区住宅社区配套商铺则有较大的价格优势和发展潜力。①

链接 1

沃尔玛选址要求

一、对商圈的要求

1. 在项目 1.5 千米范围内人口达到 10 万以上为佳，2 千米范围内常住人口可达到 12 ~15 万人；

2. 须临近城市交通主干道，至少双向四车道，且无绿化带，立交桥，河流，山川等明显阻隔为佳；

3. 商圈内人口年龄结构以中青年为主，收入水平不低于当地平均水平；

4. 项目周边人口畅旺，道路与项目衔接性比较顺畅，车辆可以顺畅地进出停车场；

5. 核心商圈内(距项目 1.5 千米)无经营面积超过 5000 平方米的同类业态为佳。

二、对物业的要求

1. 物业纵深在 50 米以上为佳，原则上不能低于 40 米，临街面不低于 70 米；

2. 层高不低于 5 米。对于期楼的层高要求不低于 6 米，净高在 4.5 米以上(空调排风口至地板的距离)；

3. 楼板承重在 800 千克/平方米以上，对期楼的要求在 1000 千克/平方米以上；

4. 柱距间要求 9 米以上，原则上不能低于 8 米；

5. 正门至少提供 2 个出入口，免费外立面广告至少 3 个；

6. 每层有电动扶梯相连，地下车库与商场之间有竖向交通连接；

7. 商场要求有一定面积的广场。

三、对停车场的要求

1. 至少提供 300 个以上地上或地下的顾客免费停车位；

2. 必须为供应商提供 20 个以上的免费货车停车位；

3. 如商场在社区边缘，需做到社区居民和商场客流分开，同时为商场供货车辆提供物流专用场地，40 尺货柜车转弯半径 18 米。

四、其他

1. 市政电源为双回呼或环网供电或其他当地政府批准的供电方式，总用电量应满足商场营运及司标广告等设备的用电需求，备用电源应满足应急照明、收银台、冷库、冷柜、监控、计算机主机等的用电需求，并提供商场独立使用的高低压配电系统，电表、变压器、备用发电机、强弱电井道及各回路独立开关箱；

2. 配备完善的给排水系统，提供独立给排水接驳口并安装独立水表，给水系统应满足商场及空调系统日常用水量及水压使用要求，满足市政府停水一天的商场用水要求；

3. 安装独立的中央空调系统，空调室内温度要求达到 24℃正负度标准；

物业租赁期限一般为 20 年或 20 年以上，不低于 15 年，并提供一定的免租期。

(资料来源：根据沃尔玛中国官网公开发布的资料整理，有删节)

---

4. 选址评价方法

影响选址的因素很多，通常对于定性分析的因素，可以采用主观打分的方法把定性问

① 大学生创业网. 开店如何选址. http://www.studentboss.com/html/news/2009-08-28/37411.htm

题定量化后，再转为采用定量分析方法进行处理，这种方法称为因素评分法。如其中有些因素可以定量计算，如物流系统的运输量和运输成本等，则可以采用定量分析方法，如重心法。以下将分别介绍这两种方法。

(1)因素评分法。主要步骤：

① 选择有关影响选址的因素；

② 赋予每个因素一个权重，以此显示它与所有其他因素相比的相对重要性。给所有因素确定一个统一的数值范围(0～10 或 0～100)；

③ 给每个待选地点打分；

④ 把每个因素的得分与其权重相乘，再把各因素乘积值相加得到待选地点的总分；

⑤ 选择综合得分最高的地点。

因素评分法选址的示例可参见例题 6-1。

例题 6-1

因素评分法选址

某汽车零部件公司在选址时确定了 4 个候选厂址，选定 8 个影响因素，权重及打分情况如表 6-2 所示。

表 6-2　选址因素评分表

影响因素	权　重	候选厂址			
		A	B	C	D
劳动力资源	7	2	3	4	1
原材料供应	3	4	4	2	4
目标市场	6	4	2	3	4
基础设施	4	1	1	3	4
生活条件	6	1	1	2	4
气候条件	5	3	4	3	2
环境保护	4	2	3	4	1
可扩展余地	1	4	4	2	1
合计(权重×得分)		87	91	106	98

从上表可见，应选择得分高的 C 作为选定的厂址。

(2)重心法。重心法(The centre-of-gravity method)是一种设置单个厂房或仓库的方法，这种方法主要考虑的因素是现有设施之间的距离和要运输的货物量，经常用于中间仓库或分销仓库的选择。商品运输量是影响商品运输费用的主要因素，仓库尽可能接近运量较大的网点，从而使较大的商品运量走相对较短的路程，就是求出本地区实际商品运量的重心所在的位置。

重心法首先要在坐标系中标出各个地点的位置，目的在于确定各点的相对距离。然后，根据各点在坐标系中的横纵坐标值求出成本运输最低的位置坐标 x 和 y，重心法使用的公式是：

$$C_x = \frac{\sum d_{ix} V_i}{\sum V_i}$$

$$C_y = \frac{\sum d_{iy} V_i}{\sum V_i} \tag{6-1}$$

公式中：

C_x——重心的 x 坐标；

C_y——重心的 y 坐标；

d_{ix}——第 i 个地点的 x 坐标；

d_{iy}——第 i 个地点的 y 坐标；

V_i——运到第 i 个地点或从第 i 个地点运出的货物量。

最后，选择求出的重心点坐标值对应的地点作为选址的地点。

重心法选址的示例可参见例题 6-2。

例题 6-2

某连锁经营超市在 3 个卖场(A/B/C)经营，最近公司决定建立仓库 D 为 3 个卖场提供配送业务，各卖场相对位置如图 6-2 所示：

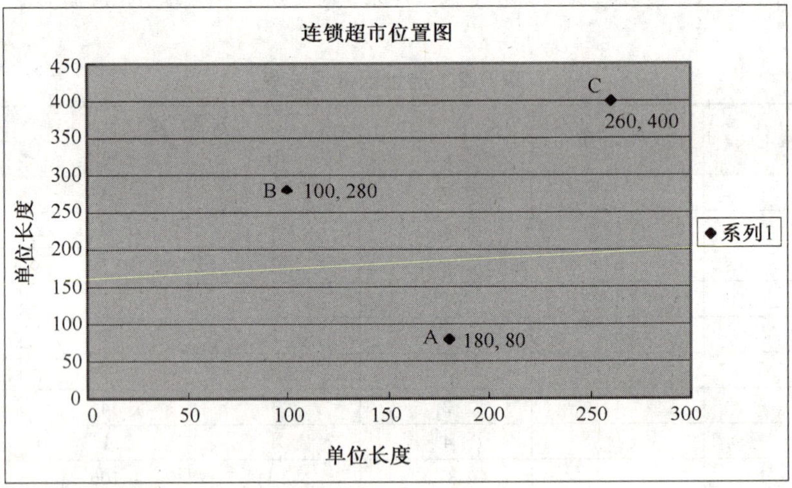

图 6-2　连锁超市相对位置

A 店年需求量：5500 件；B 店年需求量：6500 件；C 店年需求量：8000 件；问在何处建仓库 D 成本最低？

解：

$d_{Ax} = 180; d_{Ay} = 80; V_A = 5500$

$d_{Cx} = 260; d_{Cy} = 400; V_C = 8000$

$d_{Bx} = 100; d_{By} = 280; V_B = 6500$

$$C_x = \frac{\sum d_{ix} V_i}{\sum V_i} = \frac{(180 \times 5500) + (100 \times 6500) + (260 \times 8000)}{5500 + 6500 + 8000} = 186$$

$$C_y = \frac{\sum d_{iy} V_i}{\sum V_i} = \frac{(80 \times 5500) + (280 \times 6500) + (400 \times 8000)}{5500 + 6500 + 8000} = 273$$

由此可知，应在(186,273)的位置建仓库，仓库的位置如图6-3所示：

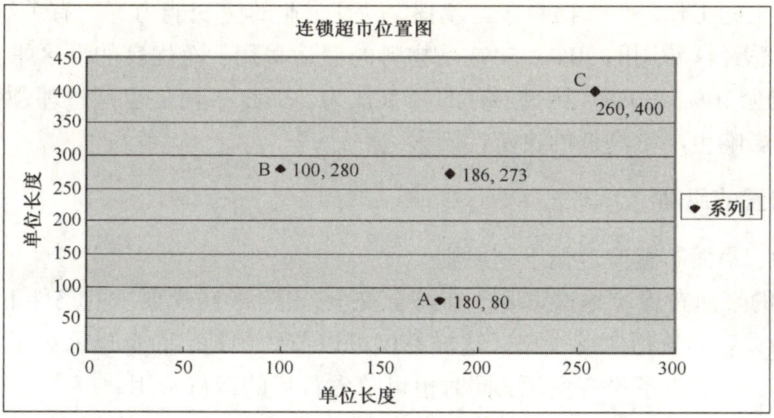

图6-3 新建仓库相对位置

重心法是在理想条件下求出的仓库位置，但模型中的假设条件在现实中会受到一定的限制。重心法计算中简化的假设条件包括以下几方面：①

(1)模型常常假设需求量集中于某一点，而实际上需求来自分散于广阔区域内的多个消费点。

(2)模型没有区分在不同地点建设仓库所需的资本成本，以及与在不同地点经营有关的其他成本的差别，而只计算运输成本。

(3)运输成本在公式中是以线性比例随距离增加的，而运费是不随运距变化的固定的部分和随运距变化的可变部分组成。

(4)模型中仓库与其他网络节点之间的路线通常假定为直线。而应该选用的是实际运输所采用的路线。

(5)模型未考虑未来收入和成本的变化。

从以上假设中可以看出模型存在诸多的限制条件，但这并不意味着模型没有使用价值。重要的是选址模型的结果对事实问题的敏感程度。如果简化假设条件，对模型设施选址的建议影响很小或根本没有影响，那么可以证明简单的模型比复杂的模型更有效。

重心法选址没有考虑计算出的最优位置的实际可得性，其运用也存在其他方面的约束，在实际的选址中，需要综合考虑各种影响选址的因素，而有些因素只能做定性分析，因此，选址的评价方法宜采用定性与定量相结合的方法。

6.2.2 设施布置

设施布置是在企业选定厂址后的重要工作，包括企业平面布置和设施设备布置。

1. 平面布置的概念

平面布置是在厂址选定，生产单位确定之后进行的一项重要的生产过程的空间组织工作。它是根据已选定的厂址的地貌，对组成企业的各个部分确定其平面或空间的位置，并相应地根据物料流程，确定运输方式和运输路线。

---

① 陈心德. 生产运作管理. 北京：清华大学出版社.

平面布置的合理与否对企业的生产经营活动有着十分重要的影响，它影响企业的生产经营成本、员工的工作环境、物料搬运流程，以及企业的应变能力等。有关统计资料表明，在制造业中，总经营费用的20%~50%是物料的搬运费用，而优良的厂区平面布置可使这一费用至少减少10%~30%。因此，有的专家认为，平面布置是运营管理领域最重要的工作之一，也是影响生产率高低的决定性因素之一。

2. 平面布置的原则

一般来说，平面布置应遵循下列原则。

(1)厂区的平面布置应尽量紧凑。在符合安全、卫生、防火要求的条件下，尽量把厂房建筑物和各种设备布置得紧凑一些。这样不仅可以节约用地，而且也缩短了厂区各种管理和线路的长度，既节省了投资费用，同时也可节省日后的运行费用。

(2)厂区的绿化和美化。厂区的布置要符合环保的要求，并要搞好绿化和美化，为员工创造一个良好的工作环境和生活环境。员工有良好的心情和旺盛的士气是企业具有活力和取得成功的基础。

(3)厂区布置要考虑企业的远景发展。在厂区布置时，要根据企业的长远发展规划，在现有的厂区面积上为企业今后可能有的发展预先留出必要的空间。

(4)充分利用外部环境提供的便利条件 。在进行厂区布置时，应充分考虑环境因素给予的各种便利条件，并尽可能予以利用，特别是厂外的公用设备、公路、河道以及城市的居民区、商业区等。生产过程的流向和运输系统的配置，应与厂外提供的运输条件协调、衔接，以保证物资输入和产品输出的顺畅与方便。

(5)厂区布置要与周围环境相协调。企业应牢固树立自己是社会的一员、积极造福于社会的思想。在进行厂区布置时，应使厂区的环境、建筑群的布置和式样与周围的社区环境相协调，尤其是在历史名城或风景区附近。

厂区平面布置只是对工厂的各个组成部分进行了总体安排，确定了相互位置，至于各个组成部分内部如何布置，这就是车间布置的问题了，在车间的各个组成部分中，设备布置是否合理，将影响产品的生产周期和生产成本，影响劳动生产率的提高。因此，在选定工厂平面布置后，必须探讨车间里设施设备布置的类型和选择方法。

链接2

超市的平面布置设计

超级市场以普通工薪阶层为服务对象，商品价位是“百姓价格”，主要供应食品及大众化的日常用品。因此，超级市场的平面布置是其空间组织的最主要部分，它的根本目的是对超级市场的各个部分进行合理安排，包括营业厅入口、出口设计和营业厅内部布置等，把“商场方面的机能”与“顾客方面的机能”有机地结合起来，实现购物的方便、舒适和快捷，提高单位营业面积销售额。

在商场内部确定上述安排对象的位置，使其满足一定的要求，达到一定的目标，就是平面布置所要研究的问题。由于超级市场实行开架售货，顾客自选，因而超级市场平面布置的中心任务是设计顾客流动线。一条好的顾客流动线应该符合以下要求：

1. 充分利用商场空间，合理组织顾客流动与商品配置；

2. 顾客从入口进入，在商场内步行一圈后离店之前必须通过收银台；

3. 避免出现顾客只能止步往回折的死角；

4. 尽可能地拉长顾客的回游时间、在商场内滞留时间，以创造销售机会；

5. 采取适当的通道宽度，以便顾客环顾商场，观察商品；

6. 尽量避免与商品配置流动线交叉。

营业厅的内部布置也很有讲究，首先要根据商品的类别进行区划设计，应使整个一层商场的商品均匀分布，避免东挤西稀或南轻北重。在以食品为主的超级市场，一般在入口处布置日常生活必需的食品以吸引顾客，方便采购，出口处常布置一些口香糖、香烟、杂志等商品，留待顾客排队付款时选购；非食品超级市场则突出主要商品。货架的具体布置和商品陈列要能使顾客均等地接近全部商品。营业厅的内部布置多采取直线型布置，旨在充分利用商场空间和合理组织顾客流动线。根据心理学研究成果，人的纵向视野宽于横向视野，视线上下垂直移动比横向移动方便，在商品陈列上改传统的横向陈列法为纵向陈列法，其布局方法大多为格子式，当然这种格子式布局方法也有另种型式可供选择。可以看出，这种方法的优点是：商品敞开陈列，易于保持清洁，简化安全保卫；顾客熟悉陈列，方便自行选购。它的缺点也非常明显，布置单调缺乏创造力，浏览场所有限，难以留住顾客。

同时，营业厅的内部布置还应考虑自选用手推车大小和商场内通道宽度，通道宽度包括通行区和活动区，它们受到货架的长短与布置方式，陈列商品的销售情况以及营业厅的顾客人数等因素的影响。活动区划分在货架旁边，使购买者可以或蹲或站选购商品，还可以在此装车；通行区要能够使两位推车者并行。此外，超级市场平面布置的其他方面如橱窗布置、节日装饰、pop 广告等，总的来说，应布局合理，消费流向畅通，光线明亮，色调柔和，这样将会吸引更多的顾客。

---

3. 设施布置的概念

设施布置是指合理安排企业或者某组织内部各功能单位（生产或者服务单位）及其相关的辅助设施的相对位置与面积，以确保系统中工作流（客户或者物资）与信息流的畅通。在符合生产工艺过程要求的前提下，使原材料、半成品和成品的运输路线尽可能短，使布置达到时间短、费用低、便于管理的目的。设施布置应使生产流程尽量不存在迂回曲折和平面反复交叉现象，即尽量按生产流程的顺序布置，减少运输费用与时间。设施布置还应考虑长远发展，留有一定发展余地，便于适应今后发展需要，利于进行调整。

设施布置和家居布置问题类似，房屋在设计建造时就要考虑居室的合理结构，厅、卧室、厨房、卫生间、阳台、走廊的相对位置与面积。当居室结构确定之后，各房间的家具和用具还要有一个合理的安置。如果居室结构不合理，进行改造几乎不可能；如果家具和用具位置安置不合理，改变起来也比较困难。在一个居室结构或家具安置不合理的空间里生活是不可能舒适和便利的。

企业设施布置时如果各车间相对位置不合理或车间内设备安置得不合理，也会对生产运作造成很大不便，其结果是成本上升、工作效率下降、工作条件不佳、生产组织困难等种种弊端的存在，且这种存在是长期的和难以改变的。

链接 3

作业布局为匹兹堡国际机场航线提供了竞争优势

正如作业技术能够为工厂、商店、医院的作业布局提供帮助一样，这些技术也能有助于机场作业布局的设计。作业布局的重要标准包括拥挤程度、距离以及延误的可能性。这些标准已经成功地运用于匹兹堡新机场。匹兹堡新机场的布局必然为乘客提供了方便，成本、可扩建性以及传统的生产作业操作效率的标准也得到了满足。

为了给乘客提供方便，设计者独具匠心地将候机楼设计成 X 形状，该候机楼包括一个中心购物商厦，各种不同的自动扶梯和一个耗资 3400 万美元的行李运送系统。这种 X 形状设计，明显地影响着乘客和飞机的运动。自动扶梯，移动人行道，“短程穿梭火车”在大约 11 分钟内将乘客送达 75 个登机门中的任何一处。这种 X 形状的候机楼就作业效率而言也是非常出色的，精心的模拟在设计的早期阶段用以评价航空活动及其对飞机跑道、出租车道和登机门的影响。这种设计为喷气机登机门提供了双重的停机坪跑道，使得飞机在所有位置的起飞和降落变得高效有序。此外，附加的双向出租车道往返于现有的飞机跑道。所有的这些设计减少了飞机的延误并使得起飞更加迅速，效率的提高意味着那些使用匹兹堡机场的航线每年能够节约 1500 万美元的运行费用。

匹兹堡机场通过运用生产作业技术为效率设立了一个新标准。

4. 设施布置的基本问题

(1)各个生产作业单位的位置布置。设施内各个生产作业单位的位置是由产品生产过程形成的物流、人流、能源流、信息流决定的。对于制造企业，生产作业单位的位置决定了整个设施系统物料搬运路线是否合理，是否节省运费与时间，以及通信联络是否便利。生产作业单位的位置也受外部设施的影响及生产作业单位本身性质的影响。例如，将有出入口的作业单位设置于靠近路旁，将精加工车间远离锻造、冲压等产生震动的生产车间。

由于制造企业内的物流比人流、能源流、信息流造成的企业经常性成本比重最大，因此它是决定各个生产作业单位位置布置的主要因素。在一个制造企业中，从原材料投入直至产品产出的整个生产周期中，物料大约只有 5% ~15% 左右的时间是处在加工工位上，其余都处在搬运过程中或库存中，搬运成本可达总生产成本的 25% ~50%，一个好的设施布置，可使物流成本大为减少。

(2)各个生产作业单位的面积。生产作业单位的面积大小的确定也是一个需要综合考虑的问题。生产作业单位的面积太小，可能会影响工作环境，如温度、噪音水平、工作人员的活动、生产的安全性等，还会影响设备维修，在制品的存放；生产作业单位的面积太大，会使设施的初始投资增加，运输距离变长，并使工作人员之间相互隔离，不能有所交流。

决定生产作业单位的面积大小还要考虑企业的长远发展。企业在初期生产作业单位的面积确定时，应该考虑为将来扩大生产能力需购进的设备预留出适当的空间。这样，在对原有的生产能力进行扩充时，就不必再重新进行设备布置，只需把新添设备放置到原有系统中去就行了。预留空间使得生产作业单位的面积增大，是否为将来需购进的设备预留空间，需要在目前预留空间的成本及维持到需用时的费用与将来扩建的费用、平面重新布置费用及若所增空间并不是与已有系统有机地结合，将需支付物料运输成本这一额外费用和可能造成的生产效率下降加以综合比较。

(3)各个生产作业单位内的设备排列。每个生产作业单位的空间大小、形状及设备如何排列实际上是相互关联的。例如，一个生产作业单位应包含几台机器，这几台机器应如何排列，因而占用多大空间。

传统车间内设备布置方式是采用“机群式”布置方式，即把功能相同的机器设备集中布置在一起，如车床群、铣床群、磨床群、钻床群等。这种设备布置方式的最大缺陷是，在制品的流经路线长、流动速度慢、在制品存量多、用人多，而且不便于小批量运输。丰田公司改变了这种传统的设备布置方式，采用了“U”形单元式布置方式，即按零件的加工工艺要求，把功能不同的机器设备集中布置在一起组成一个一个小的加工单元。这种设备布置方式可以简化物流路线，加快物流速度，减少工序之间不必要的在制品储量，减少运输成本。

显然，合理布置设备，可以大大简化运输作业，使得单位时间内在制品运输次数增加，但运输费用并不增加或增加很少，为小批量频繁运输和单件生产、单件传送提供了基础。

(4) 辅助设施布置。以上讨论的设备布置是从基本生产活动考虑的，但是没有辅助设施的必要空间，基本生产是无法正常而平稳进行的。据估计一个工厂或部门，可以有1/3的面积是用于辅助性设施的。因而，设施布置的讨论不能忽略辅助生产活动及其设施。

辅助设施包括：原材料和其他供应物的存货处、工具室或工具柜、检验和质量监控、收货与发货、设备维修、车间办公室、厕所、更衣室、休息室、会议室等。

辅助设施布置的原则是在保证基本生产活动效率的基础上使发生在辅助设施上的间接费用最小化。

5. 设施布置应解决的问题

(1)应包括哪些经济活动单元。这个问题取决于企业的产品、工艺设计要求、企业规模、企业的生产专业化水平与协作化水平等多种因素。反过来，经济活动单元的构成又在很大程度上影响生产率。例如，有些情况下，一个厂集中有一个工具库就可以，但另一些情况下，也许每个车间或每个工段都应有一个工具库。

(2)每个单元需要多大空间。空间太小，可能会影响生产率，影响工作人员的活动，有时甚至会容易引起人身事故；空间太大，是一种浪费，同样会影响生产率，并且使工作人员之间相互隔离，产生不必要的疏远感。

(3)每个单元空间的形状如何。每个单元的空间大小、形状如何，以及应包含哪些单元，这几个问题实际上相互关联。例如，一个加工单元，应包含几台机器，这几台机器应如何排列，因而占用多大空间，需要综合考虑。如空间已限定，只能在限定的空间内考虑是一字排开，还是三角形排列等；若根据加工工艺的需要，必须是一字排开或三角形排列，则必须在此条件下考虑需多大空间以及所需空间的形状。在办公室设计中，办公桌的排列也是类似的问题。

(4)每个单元在设施范围内的位置。这个问题应包括两个含义：单元的绝对位置与相对位置。有时，几个单元的绝对位置变了，但相对位置没变。相对位置的重要意义在于它关系到物料搬运路线是否合理，是否节省运费与时间，以及通信联络是否便利。此外，如内部相对位置影响不大时，还应考虑与外部的联系。例如，将有出入口的单元设置于靠近路旁。

6. 设施布置的类型

设施布置的类型主要有以下四种。

(1)工艺专业化原则布置(Process Layout)。工艺专业化原则布置是按生产工艺特征安排生产单位或设备的布置方式。在这种布置方式下，相似的生产单位或设备被放在一起。例如，机械制造厂将车床、铣床、磨床等设备分别放置，形成车工车间(或工段)、铣车工车间(或工段)、磨工车间(或工段)；医院按提供特定服务功能进行布置，形成内科、外科等部门。这种布置方法对产品品种变换的适应性较强，设备的利用率也较高；但在这种设备布置方式下，产品的物流比较复杂，生产过程连续性差，在制品库存量也较高，整个生产周期较长。因此，它适合于小批量、多品种生产。在这种布置下，主要考虑采用何种方法布置各个不同生产单位或设备，使物流合理，达到预期的目标要求。

(2)对象专业化原则布置(Product Layout)。对象专业化原则布置是按产品(或服务)制造(或提供)的工艺流程安排生产单位或设备的布置方式。在这种布置下，生产单位或设备是按照某一种或某几种(但这几种产品的加工路线基本类似)产品的加工路线或加工顺序顺次排列的。典型的这种设备布置是流水线或生产线。例如，汽车厂的装配线的布置。这种布置方法使产品(或服务)过程在空间上紧密衔接，缩短运输距离，减少了在制品，节约生产面积，易于管理；但对品种变换的适应能力差。它适合于大批量、连续生产。在对象专业化原则布置下，主要考虑如何使每单元的操作时间都大致相等，即考虑装配线或生产线平衡问题，以提高输出效率。

(3)混合布置(Hybrid Layouts)。混合布置是一种常用的设施布置方法。指将两种布局方式结合起来的布局方式。比如，一些工厂总体上是按产品导向布局(包括加工、部装和总装三阶段)，在加工阶段采用工艺导向布局，在部装和总装阶段采用产品导向布局。这种布置方法的主要目的是：在产品产量不足以大到使用生产线的情况下，也尽量根据产品的一定批量、工艺相似性来使产品生产有一定顺序，物流流向有一定秩序，以达到减少中间在制品库存、缩短生产周期的目的。混合布置的方法又包括：一人多机、成组技术等具体应用方法。

(4)定位布置(Fixed-Position Layouts)。定位布置是指产品由于体积或重量庞大停留在一个地方，从而需要生产设备移到要加工的产品处，而不是将产品移到设备处的布局方式。造船厂、建筑工地和电影外景制片场往往都采用这种布局方式。

7. 设施布置的方法

设施布置方案拟订时有定性和定量两类方法，以哪类方法为主，应视设施的性质和对原始资料掌握程度不同的具体情况而定。对于物流为主，流量稳定少变的布置方案拟订尽量采用较精确的定量方法为主。

常用的设施布置方法有：物料运量图表法、作业相关图法、综合法、模型布置法和计算机探索求解法等，由于篇幅和选题限制，本文在此不一一赘述，有需要的读者可自行查阅相关资料。

6.3 采购和供应商管理

6.3.1 采购管理的概念和目标

1. 采购和采购管理的定义

采购是指在市场经济条件下，在商品流通过程中，各企业及个人为获取商品，对获取商品的渠道、方式、质量、价格、时间等进行预测、决策，把货币资金转换为商品的交易过程。

采购管理是指为了达成生产或销售计划，从适当的供应商那里，在确保质量的前提下，在适当的时间，以适当的价格，购入适当数量的商品所采取的一系列的管理活动。

采购在企业运营中地位十分重要，它的影响往往最直接、最明显地反映到成本、质量上，因为购进的零部件和辅助材料一般要占到最终产品销售价值的40%~60%。这意味着，在获得物料方面所做的点滴成本节约对利润产生的影响，要大于企业其他成本—销售领域内相同数量的节约给利润带来的影响。对于工程公司、商贸公司等企业，由于采购、外协的比重大，采购管理的意义就更加重大了。

2. 采购管理的目标①

(1)提供不间断的物料供应和服务，以便使整个组织正常地运转。

(2)使库存投资和损失保持最低限度。

(3)保持并提高质量。

(4)发现或发展有竞争力的供应商。

(5)当条件允许的时候，将所购物资标准化。

(6)以最低的总成本获得所需的物资和服务。

(7)在企业内部和其他职能部门之间建立和谐而富有效率的工作关系。

(8)以可能的最低水平的管理费用来实现采购目标。

(9)提高公司的竞争地位。

6.3.2 采购的流程

采购流程一般包括以下步骤。

1. 确定需求与编制采购计划

需求的确定是采购环节的初始环节，决策者要回答需要什么？需要多少？何时需要？需求的确认过程就是采购部门收到采购申请，制订采购计划的过程。

2. 供应商选择和评价

供应商选择是指搜寻供应源，即对市场上供应商提供的产品进行选择。一个好的供应商的标准，最根本的就是其产品好。而产品好又表现在：一是产品质量好；二是产品价格

---

① 宋玉卿. 采购管理. 中国物资出版社, 2009 年.

合适；三是产品先进、技术含量高、发展前景好；四是产品货源稳定、供应有保障。这样的好产品，只有那些有实力的企业才能够生产出来。供应商评价是指用不同的绩效标准来评价分析供应商，以供应商在产品设计上的表现，质量承诺，管理水平，技术能力，成本控制，送货服务，优化流程和开发产品的技术能力等方面来综合考核，选出合格供应商的管理过程。

3. 竞争性报价和谈判

(1)竞争性报价。买方向意愿合作的供应商发出询问，当采购量足够大时，供应商很清楚细节和要求，有能力准确估计生产所需的成本。在充分竞争的市场环境中，有足够多的合格竞争者，而买方没有优先考虑的供应商。买方向技术合格的供应商发出竞标，而愿意合作的供应商则进行报价。

(2)谈判。谈判是价格确定中最复杂也是成本最高的一种方法，供应商需要做到以下几点才能保证谈判的公平性：

① 以高效率的方式运作。

② 保持价格与成本的相关性。

③ 不利用单一供应商的优势。

④ 对应采购商的要求。

⑤ 能够进行适当合理的调整。

⑥ 愿意考虑采购商的特殊情况。

4. 拟定并发出订单

采购方向供应商发出有关货物的详细信息和指令。

5. 订单跟踪和催单

(1)订单跟踪是对订单所做的例行跟踪，以便确保供应商能够履行其货物发运的承诺。

(2)催单是对供应商施加压力，以便按期履行最初所做出的发运承诺，提前发运货物或是加快已经延误的订单涉及的货物发运。

6. 验货和收货

(1)货物的检验。确定检验时间和地点(与货物的性质有关)。

(2)确定检验部门及人员。

(3)货物检验。检验货物是否符合合同要求，分为合格和不合格(致命缺陷货物，严重缺陷货物和轻微缺陷货物)

(4)不合格货物的处理。致命和严重缺陷的货物要求换货，轻微缺陷的货物多方协商，视生产和销售的紧急程度来确定是否可用。

(5)对采购货物检验完毕后，检验人员要填写采购物品验收报告。

(6)收货。检验合格的物料—与供应商协调送货—与仓库部门协调收货—供应商送货—货物接收入库—处理接收问题—填写货物入库清单。

7. 开票和支付货款

(1)查询入库信息。

(2)准备付款申请单据。付款申请单，合同，物料检验单据，物料入库单据，发票。

(3)付款审批。由专职人员进行，包括单据的匹配性，五份单据的一致性，单据的规范性，单据的真实性。

(4)向供应商付款。

(5)供应商收款。

8. 记录维护

把采购部门与订单有关的文件副本进行汇集归档，并把其想要保存的信息转化为相关的记录。

6.3.3 供应商选择

1. 供应商选择的原则

供应商选择要本着全面、具体、客观的总原则，建立和使用一个全面的供应商综合评价指标体系，对供应商做出全面、具体、客观的评价。综合考虑供应商的业绩、设备管理、人力资源开发、质量控制、成本控制、技术开发、用户满意度、交货协议等方面可能影响供应链合作关系的方面。许多成功企业的实践经验表明，做到目标明确、深入细致的调查研究、全面了解每个候选供应商的情况、综合平衡、择优选用是开发、选择供应商的基本要点。一般来说，供应商选择应遵循以下几个原则。①

(1)目标定位原则。这个原则要求供应商评审人员应当注重对供应商进行考察的广度和深度，应依据所采购商品的品质特征、采购数量和品质保证要求去选择供应商，使建立的采购渠道能够保证品质要求，减少采购风险，并有利于自己的产品打入目标市场，让客户对企业生产的产品充满信心。选择的供应商的规模和层次与采购商相当。而且采购时的购买数量不超过供应商产能的50%，反对全额供货的供应商，最好使同类物料的供应商数量约2~3家，并有主次供应商之分。

(2)优势互补原则。每个企业都有自己的优势和劣势，选择开发的供应商应当在经营方面和技术能力方面符合企业预期的要求水平，供应商在某些领域应具有比采购方更强的优势，在日后的配合中才能在一定程度上优势互补。尤其在建立关键、重要零部件的采购渠道时，更需要对供应商的生产能力、技术水平、优势所在、长期供货能力等方面有一个清楚的把握。要清楚地知道之所以选择这家厂家作为供应商而不是其他厂家，是因为它具有其他厂家没有的某些优势。只有那些在经营理念和技术水平符合或达到规定要求的供应商才能成为企业生产经营和日后发展的忠实和坚强的合作伙伴。

(3)择优录用原则。在选择供应商时，通常先考虑报价、质量以及相应的交货条件，但是在相同的报价及相同的交货承诺下，毫无疑问要选择那些企业形象好，可以给世界驰名企业供货的厂家作为供应商，信誉好的企业更有可能兑现曾许下的承诺。在此，必须提醒的是综合考察、平衡利弊后择优录用。

(4)共同发展原则。如今市场竞争越来越激烈，如果供应商不全力配合企业的发展规划，

---

① 霍红，张玉斌主编. 采购管理实务. 科学出版社,2010.02.

企业在实际运作中必然会受到影响。若供应商能以荣辱与共的精神来支持企业的发展，把双方的利益捆绑在一起，这样就能对市场的风云变幻做出更快、更有效的反应，并能以更具竞争力的价位争夺更大的市场份额。因此，与重要供应商发展供应链战略合作关系也是值得考虑的一种方法。

2. 供应商选择的步骤

步骤1：分析市场竞争环境（需求、必要性）。①

分析的目的在于找到针对哪些产品市场开发供应链采购合作关系才有效，必须知道现在的产品需求是什么，产品的类型和特征是什么，以确认用户的需求，确认是否有建立采购合作关系的必要，如果已建立了采购合作关系，则根据需求的变化确认采购合作关系变化的必要性，从而确认供应商选择的必要性。同时分析现有供应商的现状，分析、总结企业存在的问题。

步骤2：建立供应商选择目标。

企业必须确定供应商评价选择程序如何实施，信息流程如何，谁负责，而且必须建立实质性、实际的目标。其中保证产品质量、降低成本是主要目标之一。

步骤3：建立供应商评价选择标准。

供应商评价选择的指标体系是企业对供应商进行选择的依据和标准。不同行业、企业、产品需求、不同环境下的供应商评价应是不一样的。但一般都涉及供应商的业绩、设备管理、人力资源开发、质量控制、价格、成本控制、技术开发、用户满意度、交货协议等方面可能影响供应链合作关系的方面。

步骤4：建立评价小组。

评价小组组员以来自采购、质量、生产、工程、财务等与采购合作关系密切的部门为主，组员必须有团队合作精神、具有一定的专业技能。评价小组必须同时得到制造商企业和供应商企业最高领导层的支持。

步骤5：供应商参与。

一旦企业决定实施供应商评价，评价小组必须与初步选定的供应商取得联系，以确认他们是否愿意与企业建立采购合作关系，是否有获得更高业绩水平的愿望。

企业应尽可能早地让供应商参与到评价的设计过程中来。但由于企业的力量和资源有限，企业只能与少数的、关键的供应商保持紧密的合作，所以，参与的供应商应是尽量少的。

步骤6：选择供应商。

选择供应商的一个主要工作是调查、收集有关供应商的生产运作等全方面的信息。在收集供应商信息的基础上，就可以利用一定的工具和技术方法进行供应商的评价，并可根据供应商的评价结果，采用一定的技术方法来选择合适的。如果选择成功，则可开始与供应商实施采购合作关系，如果没有合适的供应商可选，则返回步骤2重新开始评价选择。

---

① 郝惠文，段青民主编. 采购主管必读手册. 海天出版社，2007.2.

步骤7：实施采购合作关系。

在实施采购合作关系的过程中，市场需求将不断变化，可以根据实际情况的需要及时修改供应商评价标准，或重新开始供应商评价选择。在重新选择供应商的时候，应给予旧供应商足够的时间适应变化。

6.3.4 供应商管理

1. 供应商的分类

供应商分类是供应商管理的重要部分，一般采用矩阵分类法，从供应市场状况和对企业的重要程度两个方面将供应商进行分类，如图6-4所示：

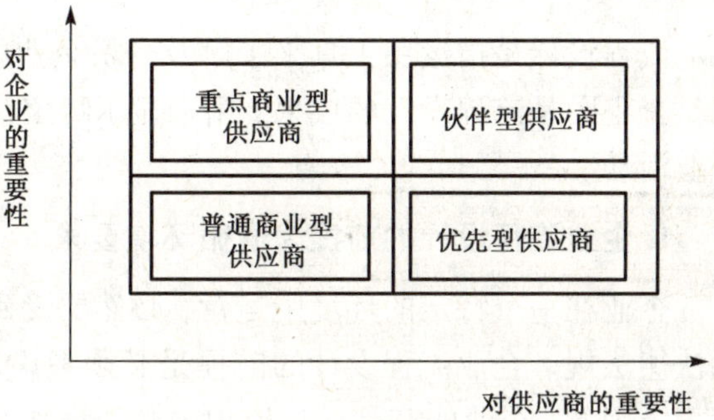

图6-4 供应商矩阵分类法

伙伴型供应商是供需双方之间的业务对彼此都非常重要，这是企业与供应商之间达成的最高层次的合作关系，是企业必须重点发展的目标；对企业很重要，而对供应商来讲无关紧要的称为重点商业型供应商，对这类供应商应注意改进和提高；采购业务对企业不很重要，对供应商非常重要，这类供应商称为优先型供应商，这是对企业有利的，而且对于这样的供应商关系无须大力管理，维持正常的合作即可；对于双方都不重要的，即为普通商业型供应商，一般是零星采购业务、非重要物资采购业务或一次性采购业务，这样的供应商可以随时退出及更换。

2. 供应商合作伙伴关系

(1)建立供应商合作伙伴关系的意义

供应商合作伙伴是指在相互信任的基础上，供需双方为了实现共同的目标而采取的共担风险、共享利益的长期的合作关系。

通过与供应商建立长期合作伙伴关系，可以缩短供应商的供应周期，提高供应的灵活性；可以降低企业的原材料、零部件的质量；可以加强与供应商的沟通，改善订单处理的过程，提高材料需求准确性；可以共享供应商的技术与革新成果，加快产品开发速度，缩短产品开发周期；可以与供应商共享管理经验，推动企业整体水平的提高。

(2)供应商合作伙伴关系的种类

① 战略性原材料联盟；

② 先进技术发展伙伴关系；

③ 供应商早期参与流程设计的技术联盟。

(3)供应商合作伙伴关系的建立。

① 首先，采购部门要在供应市场调研的基础上对有关部门采购的物品进行分析、分类，根据预先设定的伙伴关系型供应商要制定供应商分类模块，确定伙伴型供应商对象。

② 根据对供应商伙伴关系的要求，明确具体的目标及考核指标，制订出达成目标的行

动计划，通过供应商会议，供应商访问等形式对计划实施进行组织和进度跟进，内容包括对质量、交货、降低成本、新产品、新技术开发等方面的跟踪考核，定期检查进度，及时调整行动。

③ 在公司内部，还要通过供应商月度考评、体系审核等机制跟踪供应商的综合表现，及时反馈，并提出改进要求。

6.4 运营流程设计

6.4.1 流程设计

流程设计是指运用工具来了解及分析企业的作业活动，并将了解与分析的结果记录下来。流程图是流程设计的成果，用来显示特定输入项目转换成预期的产出过程中的一系列作业活动。

1. 企业流程设计的前提为遵循环境要求

企业在一个特定的环境中运营，必然要受到环境的约束。企业的主要环境约束为政府的法律法规。企业流程设计的前提是必须考虑政府的法律法规，例如健康、安全、环保等因素。因此，企业的产品设计流程中必须增加健康、安全、环保设计，生产流程中必须考虑环保流程。

2. 企业流程设计的核心原则是以顾客满意为中心

企业流程是企业为实现既定目标而开展的系列活动，要以提高产品和服务满足顾客需要的能力为中心。

6.4.2 流程图的种类和绘制

如前所述，流程图的功用在于显示企业各项活动运作的情形，由于一家公司里有不同层级的人员，不同的功能单位，不同性质的作业活动，要解决的管理问题也不同，因而为了确保流程设计的效果，满足各种使用需求，必须有不同类型的流程图，针对使用者的需求提供不同的信息，考虑到本书的特点，将流程图分成以下三类。

1. 基本流程图

基本流程图是很简单的用方框表示工作，用单向箭线表示工作的前后关系所组成的图形，主要的用途在于表达工作进行的过程，如图 6-5 所示。基本流程图是其他各类型流程图的基础，一旦基本流程图所展开的工作项目不完整，或是所描述的前后逻辑不正确，将造成其他类型流程图的错误，因此，基本流程图是最简单的流程图，却也是最重要的流程图。

2. 跨功能作业互动图

跨功能作业互动图，主要也是由“起点”、“终点”、“决策判断点”、“工作项目”组成，另外加了一个“转接点”。与基本流程图不一样的地方，在于作业项目在呈现时，依据各单位的职责予以划分，跨功能作业互动图的主要功用，在于针对某特定流程，制定各单位的权责，此流程图清楚说明每个单位应完成的作业活动，以及这些作业活动如何在部门之间往来的情形。某公司物料发放流程如图 6-6 所示。

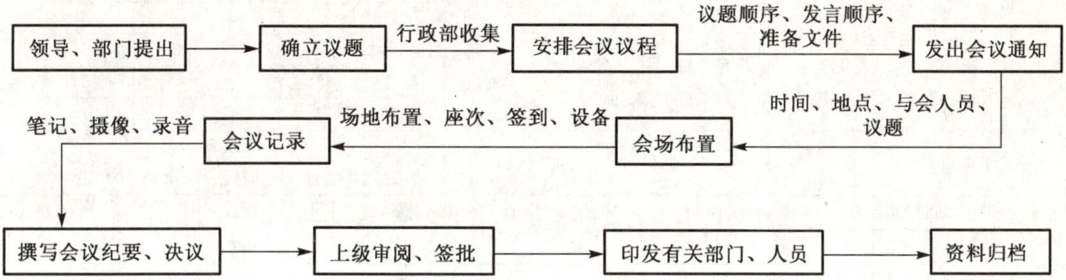

图 6-5　某公司内部办公会议流程

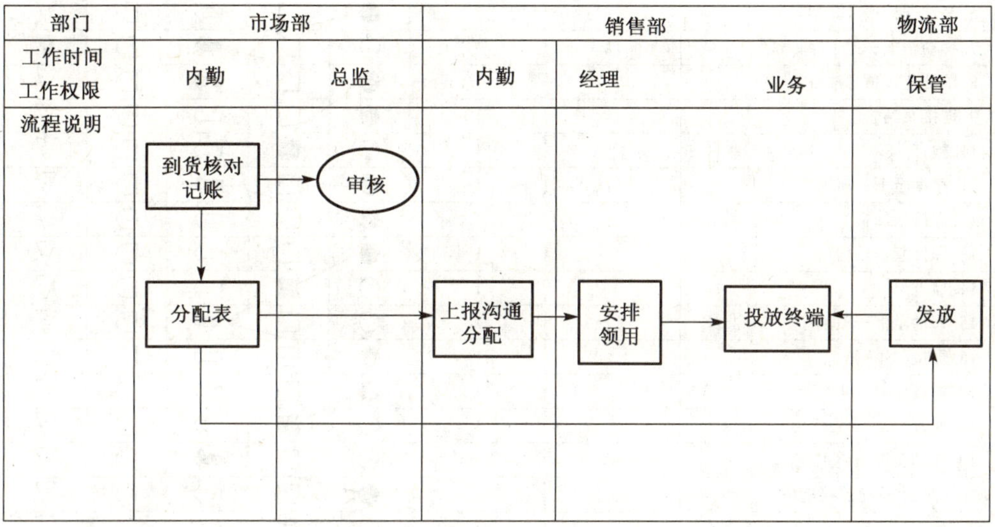

图 6-6　某公司物料发放流程

3. 工艺流程图

工艺流程图是更加专业的流程图，适宜用来描绘生产工艺流程或者复杂的管理业务流程。美国工业工程标准词汇做了以下定义："工艺流程图是用图表符号形式，表达产品通过工艺过程中的部分或全部阶段所完成的工作。典型的流程图中包括的资料有数量、移动距离、所做工作的类别以及所用的设备，也可以包括工时。"

工艺流程图的绘制一般均采用国际通用的记录图形符号来代表生产实际中的各种活动和动作，用图形符号表明工艺流程所使用的机械设备及其相互联系的系统图。其中本文用到的符号表示分别有：○表示对生产对象进行加工、装配、合成、分解、包装、处理等动作；⇨表示对生产对象进行搬运、运输、输送等；▽表示生产对象在报关场地进行有计划地存放，□表示对生产对象进行数量检查；◇表示对生产对象进行质量检查；D表示对生产对象在工作地附近进行临时停放，具体编制如表 6-3 所示：

表6-3　某产品生产工艺流程

工作名称：	编号：	统计			
		项别	次数	距离/m	人数
开　始：		加工○	10		10
结　束：		检查□	5		5
方　法：现行方法		搬运⇨	6	72	6
研究者：　日期：　年　月　日		等待D	1		0
审阅者：　日期：　年　月　日		储存▽	1		1

工作说明	距离/m	人数	工序系列				
			加工	检查	搬运	等待	储存
1. 焊接基础结构		1	●	□	⇨	D	▽
2. 移动至下一道工序	12	1	○	□	➡	D	▽
3. 螺栓连接回转机构和基础结		1	●	□	⇨	D	▽
4. 检查		1	○	■	○	D	▽
5. 移动至下一道工序	12	1	○	□	➡	D	▽
6. 销轴连接顶升套架		1	●	□	⇨	D	▽
7. 移动至下一道工序	12	1	○	□	➡	D	▼
8. 销轴连接顶升油缸		1	●	□	⇨	D	▽
9. 铆接泵站		1	●	□	⇨	D	▽
10. 检查		1	○	■	⇨	D	▽
11. 移动至下一道工序	12	1	○	□	➡	D	▽
12. 焊接平衡臂		1	●	□	⇨	D	▽
13. 焊接起身机构		1	●	□	⇨	D	▽
14. 检查		1	○	■	⇨	D	▽
15. 移动至下一道工序	12	1	○	□	➡	D	▽
16. 焊接起重臂		1	●	□	⇨	D	▽
17. 焊接变幅机构		1	●	□	⇨	D	▽
18. 检查		1	○	■	⇨	D	▽
19. 移动至下一道工序	12	1	○	□	➡	D	▽
20. 焊接、螺栓连接塔帽		1	●	□	⇨	D	▽
21. 检查		1	○	■	⇨	D	▽
22. 暂时放置		0	○	□	⇨	◗	▽
23. 保管		1	○	□	⇨	D	▼

6.5 质量控制

6.5.1 质量属性与标准

质量、价格和服务是顾客选择产品时考虑的几个基本问题。而质量更是居首位的要素，是企业参与市场竞争的必备条件。质量低劣的产品，价格再低也无人问津。而只有真正拥有了高质量，产品才能真正满足顾客要求。才能真正在市场上实现其价值，才可能有真正的高效率和高效益。因此，正确地理解产品质量，加强质量管理是企业提高竞争力的真正源泉。

我国国家标准GB/T19000：2008(等同于国际标准ISO 90001:2008)对质量定义为："一

组固有特性满足要求的程度。”该定义中，固有特性是指满足顾客和其他相关方的要求的特性，并由其满足要求的程度加以表征。固有特征是通过产品、过程或体系设计和开发及其后的实现过程形成的属性。如物质特性（机械、电气、化学、生物特性）、感官特性（嗅觉、触觉、味觉、视觉等感觉控制的特性）、行为特性（礼貌、诚实、正直）、时间特性（准时性、可靠性、可用性）、人体工效特性（语言、生理特性、人身安全特性）、功能特性（飞机的航程、手表显示时间的准确性）等。这些固有特性的要求大多是可测量的。赋予的特性（如某一产品的价格），并非是产品、体系或过程的固有特性。满足要求就是应满足明示的（如明确规定的）、通常隐含的（如组织的惯例、一般习惯）或必须履行的（如法律法规、行业规则）的需要和期望。只有全面满足这些要求才能评定为好的质量。顾客和其他相关方对产品、体系或过程的质量要求是动态的、发展的和相对的，是随着时间、地点、环境的变化而变化的。所以应定期对质量进行评审，按照变化的需要和期望，相应地改进产品体系或过程的质量，才能确保持续地满足顾客和其他相关方的要求。

6.5.2 质量控制方法

1. 全面质量管理

全面质量管理（Total Quality Management，简称 TQM），是指在全社会的推动下，企业的所有组织、所有部门和全体人员都以产品质量为核心，把专业技术、管理技术和数理统计结合起来，建立起一套科学、严密、高效的质量保证体系，控制生产全过程影响质量的因素，以优质的工作、最经济的办法，提供满足用户需要的产品（服务）的全部活动。简言之，就是全社会推动下的、企业全体人员参加的，用全面质量去保证生产全过程的质量活动，其核心就在“全面”二字上。

2. PDCA 循环

PDCA 循环又称为戴明环，是全面质量管理的主要工具之一，P（Plan）是计划阶段，D（Do）是执行阶段，C（Check）是检查阶段，A（Action）是处理阶段。在具体工作中，PDCA 工作方法的四个阶段又进一步细化为以下八个步骤：

第 1 步，调查研究，分析现状，找出存在的质量问题。

第 2 步，根据存在问题，分析产生质量问题的各种影响因素，并对逐个因素加以分析。

第 3 步，找出影响质量的主要因素，并从主要影响因素中着手解决质量问题。

第 4 步，针对影响质量的主要因素，制订计划和活动措施。计划和措施应尽量做到明确具体。

以上四个步骤就是 P 阶段的具体化。

第 5 步，按照既定计划执行。即 D 阶段。

第 6 步，根据计划的要求，检查实际执行结果。即 C 阶段。

第 7 步，根据检查结果进行总结，把成功的经验和失败的教训总结出来，对原有的制度、标准进行修正，巩固已取得的成绩，同时防止重蹈覆辙。

第 8 步，提出这一次循环尚未解决的遗留问题，并将其转到下一次 PDCA 循环中去。第 7、8 步即 A 阶段的细化。

3. 六西格玛管理

六西格玛管理法是一种统计评估法，核心是追求零缺陷生产，防范产品责任风险，降低成本，提高生产率和市场占有率，提高顾客满意度和忠诚度。六西格玛管理既着眼于产品、服务质量，又关注过程的改进。“δ”是希腊文的一个字母，在统计学上用来表示标准偏差值，用以描述总体中的个体离均值的偏离程度，测量出的 δ 表征着诸如单位缺陷、百万缺陷或错误的概率性，δ 值越小，缺陷或错误就越少。六西格玛是一个目标，这个质量水平意味的是所有的过程和结果中，99.99966%是无缺陷的，也就是说，做100万件事情，其中只有3-4件是有缺陷的，这几乎趋近到人类能够达到的最为完美的境界。六西格玛管理关注过程，特别是企业为市场和顾客提供价值的核心过程。因为过程能力用 δ 来度量后，δ 越小，过程的波动越小，过程以最低的成本损失、最短的时间周期、满足顾客要求的能力就越强。六西格玛理论认为，大多数企业在 $3\sigma \sim 4\sigma$ 间运转，也就是说每百万次操作失误在6210～66800之间，这些缺陷要求经营者以销售额在15%～30%的资金进行事后的弥补或修正，而如果做到六西格玛，事后弥补的资金将降低到约为销售额的5%。

为了达到六西格玛，首先要制定标准，在管理中随时跟踪考核操作与标准的偏差，不断改进，最终达到六西格玛。现已形成一套使每个环节不断改进的简单的流程模式：界定、测量、分析、改进、控制。

(1)界定：确定需要改进的目标及其进度，企业高层领导就是确定企业的策略目标，中层营运目标可能是提高制造部门的生产量，项目层的目标可能是减少次品和提高效率。界定前，需要辨析并绘制出流程。

(2)测量：以灵活有效的衡量标准测量和权衡现存的系统与数据，了解现有质量水平。

(3)分析：利用统计学工具对整个系统进行分析，找到影响质量的少数几个关键因素。

(4)改进：运用项目管理和其他管理工具，针对关键因素确立最佳改进方案。

(5)控制：监控新的系统流程，采取措施以维持改进的结果，以期整个流程充分发挥功效。

6.5.3 ISO 质量管理体系①

1. ISO 质量管理体系概念

ISO9000质量管理体系是国际标准化组织(ISO)制定的国际标准之一，在1994年提出的概念，是指“由ISO/TC176(国际标准化组织质量管理和质量保证技术委员会)制定的所有国际标准”。该标准可帮助组织实施并有效运行质量管理体系，是质量管理体系通用的要求和指南。我国在20世纪90年代将ISO 9000系列标准转化为国家标准，随后，各行业也将ISO 9000系列标准转化为行业标准。

2. ISO 质量管理体系内容

随着国际贸易发展的需要和标准实施中出现的问题，特别是服务业在世界经济的比重

① ISO9001质量体系认证网

所占的比例越来越大，ISO/TC176 分别于 1994 年、2000 年对 ISO 9000 质量管理标准进行了两次全面的修订。由于该标准吸收国际上先进的质量管理理念，采用 PDCA 循环的质量哲学思想，对于产品和服务的供需双方具有很强的实践性和指导性。所以，标准一经问世，立即得到世界各国普遍欢迎，到目前为止，世界已有 70 多个国家直接采用或等同转为相应国家标准，有 50 多个国家建立质量体系认证/注册机构，形成了世界范围内的贯标和认证“热”。全球已有几十万家工厂企业、政府机构、服务组织及其他各类组织导入 ISO 9000 并获得第三方认证，在中国截至 2004 年底，已有超过 13 万家单位通过 ISO 9000 认证。ISO 组织最新颁布的 ISO 9000:2000 系列标准，现在最新标准为 2008 年执行标准，有四个核心标准：

(1) ISO 9000:2008 质量管理体系基础和术语；

(2) ISO 9001:2008 质量管理体系要求；

(3) ISO 9004:2008 质量管理体系业绩改进指南；

(4) ISO 19011:2002 质量和(或)环境管理体系审核指南。

其中《ISO 9001:2008 质量管理体系要求》是认证机构审核的依据标准，也是想进行认证的企业需要满足的标准。

应用与训练

(1) 什么是运营计划？通常所指的运营计划和创业计划书中的运营计划有什么不同？

(2) 选址对企业有多重要？

(3) 在创业计划书中，试编制一个因素评分表来做选址决策。

(4) 采购的流程有哪些步骤？

(5) 流程图有什么作用？试绘制三种不同种类的流程图。

(6) 什么是国标定义的质量？提高质量水平对于企业有何意义？

(7) 什么是全面质量管理？PDCA 循环是如何工作的？

拓展阅读

范文：××商业计划书生产运营计划(有删节)

(本范文为编者作品，仅供读者参考)

1 产品生产方式：……(略)

2 资源及原材料供应：

产品的原材料除原药为化学合成外，所需其他主要原料均为常见的农作物。四川作为农业大省，在原材料供应上可以享有比较优势，缩短渠道，简化手续，能保证原材料的正常供应。

序号	材料名称	产地
1	原药	本地
2	…(略)	省内
3	…(略)	省内
4	…(略)	省内
5	…(略)	省内
6	…(略)	进口

3. 工艺技术方案：

(1)方案选择指导思想。

采用目前国内外普遍认同的先进、成熟的技术，利用公司享有独立知识产权的“专有技术”加以融合和提升，实现低成本、高质量的生产，提高产品的市场竞争力。

(2)工艺技术路线——“拌合剂压式”流水线生产。

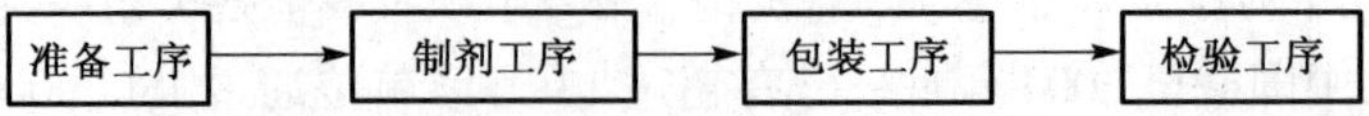

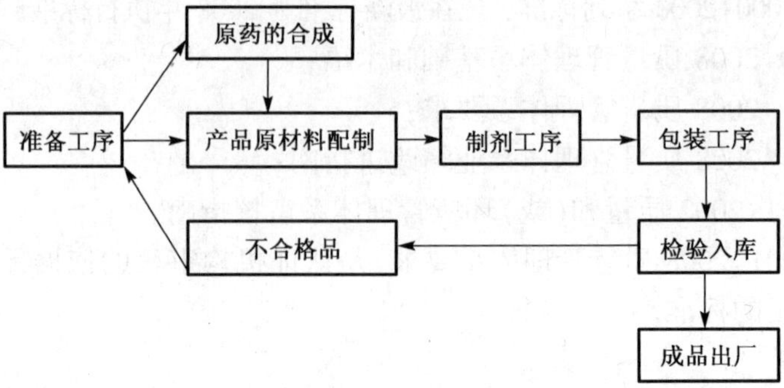

4. 工艺流程

在创业的初期使用半自动化作业，分为四大工序：准备、制剂、包装、入库。

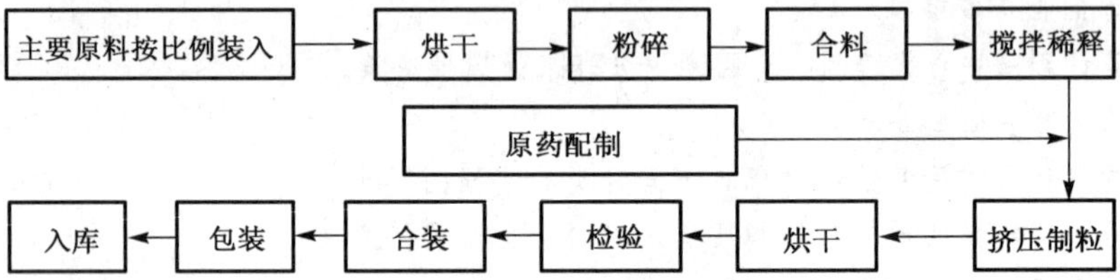

5. 质量管理

(1)质量管理部的设置和职责

① 质量管理部的设置。根据卫生部颁布的药品生产质量规范，本公司设立了质量管理部，直属公司总经理领导，其在组织上的地位与生产计划部和销售市场部平行。质量管理部负责产品生产、销售全过程的质量管理和检验。为保证任务的执行，相应配备一定数量的质量管理和检验人员，并有与产品生产规模、品种、检验要求相适应的场所、仪器、设备。

② 质量管理部的职责。……(略)

(2)产品生产质量管理

① 自控和分析检测。本公司自建试验室，分析化验采用以自检为主送检为辅相结合的方式。项目投产初期由于自建质保系统尚未取得资格认证，先采取以自检指标为参照，送检指标为出厂依据，待取得资格认证后，直接以自检指标为填写合格证的依据。

② 主要的分析检测为原材料入厂分析(主料)和产品主要指标分析。……(略)进行测试。

③ 建立生产和质量管理的文件管理制度。……(略)

(3)产品销售与收回。……(略)

6. 包装与储运

产品包装流程：

(1)装袋(将制剂装入装袋机的料斗)；

(2)称重分装(按规定调好每袋的装入量，开始分装)；

(3)检验包装是否合格(检验合格证、生产日期封印的情况等)；

(4)打包入库(将包装合格的产品按规格进行包装成一定的数量、规格的大包装，转运入库房，将不合格的产品运回，准备工序返工)。

参考文献

[1] 陈心德. 生产运作管理. 北京：清华大学出版社,2009.

[2] 刘丽文. 生产运作管理. 北京：清华大学出版社,2011.

[3] 任建标. 生产与运作管理. 北京：机械工业出版社，2010.

[4] 史蒂文森. 运营管理. 北京：机械工业出版社，2012.

[5] 宋玉卿. 采购管理. 北京：中国物资出版社，2009.

第7章

组织与人力资源

7.1 创业团队
7.2 新创企业组织设计
7.3 新创企业人力资源管理
7.4 新创企业文化建设

案例导入

优秀团队造就新东方辉煌

俞敏洪，1980 年考入北京大学西语系，毕业后留校担任北京大学外语系教师，1991 年 9 月，俞敏洪从北大辞职，开始自己的创业生涯。

1993 年，俞敏洪创办了新东方培训学校，凭借不怕困难、勇于克服困难的精神，新东方不断发展壮大。

一、聚集人才

要新东方做大做强，俞敏洪认识到英语培训行业必须要具备一流的师资。俞敏洪需要找到更多的合作伙伴，帮他控制住英语培训各个环节的质量。而这样的人，不仅要有过硬的专业知识和能力，更要和俞敏洪本人有共同的办学理念。这时他遇到了一个和他有着共同梦想的朋友——杜子华。1995 年，俞敏洪来到加拿大温哥华，找到曾在北大共事的朋友徐小平，随后又来到美国，找到当时已经进入贝尔实验室工作的同学王强。从 1994 ~2000 年，杜子华、徐小平、王强、胡敏、包凡一、何庆权、钱永强、江博、周成刚等人陆续被俞敏洪网罗到了新东方的门下。

二、构建团队

俞敏洪的成功之处是为新东方组建了一支年轻而又充满激情和智慧的团队。俞敏洪的温厚，王强的爽直，徐小平的激情，杜子华的洒脱，包凡一的稳重，五个人的鲜明个性让新东方总是处在一种不甘平庸的氛围当中。

新东方的创业团队有些类似于唐僧的取经团队。徐小平曾是俞敏洪在北大时的老师，王强、包凡一同是俞敏洪北京大学西语系80级的同班同学。这些人个个都是能人、牛人。所以，新东方最初的创业成员，个个都是“孙悟空”，每个人都很有才华，而个性却都很独立。俞敏洪曾坦承：论学问，王强出自书香门第，家里藏书超过5万册；论思想，包凡一擅长冷笑话；论特长，徐小平梦想用他沙哑的嗓音做校园民谣，他们都比我厉害。

俞敏洪敢于选择这帮牛人作为创业伙伴，并且真的在一起做成了大事，成就了一个新东方传奇。

案例思考

1. 俞敏洪是一个成功的创业团队领导者吗？

2. 俞敏洪的创业团队有什么样的特征？

学习目标

1. 了解创业团队的组成规则及组建过程；
2. 掌握新创企业人力资源管理的基本特点；
3. 掌握新创企业员工管理流程；
4. 了解新创企业文化建设。

解决问题

1. 有效组建创业团队；
2. 正确选择新创企业组织架构；
3. 有效进行新创企业人力资源管理；
4. 建立新创企业文化。

7.1 创业团队

无论是在传统的制造业、服务业，还是在现代的高科技产业中，由团队创业的企业要比个人创业的企业多很多。特别是在当前高速发展的高科技产业中，创业所要求的能力涵盖管理、技术、营销、财务等各个方面，远不是单个创业者自己能力所及的。因此，为了成功地创办一个企业，并使其健康成长，团队创业就显得非常必要。

7.1.1 创业团队及其构成

1. 什么是创业团队

不同的学者从不同的角度界定了团队（Team）的定义。路易士（Lewis，1993）认为①，团队是由一群认同并致力于去达成一共同目标的人所组成，这一群人相处愉快并乐于工作在一起，共同为达成高品质的结果而努力。在这个定义中，路易士强调了三个重点：共同目标、工作相处愉快和高品质的结果。盖兹贝克和史密斯（Katezenbach and Smith，1993）认为一个团队是由少数具有“技能互补”的人所组成，他们认同于一个共同目标和一个能使他们彼此担负责任的程序。盖兹贝克和史密斯也提到了共同目标，并提到了成员“技能互补”和分担责任的观点，同时还指出团队是个少数人的集合，保证相互交流的障碍较少，比较容易达成一致，也比较容易形成凝聚力、忠诚感和相互信赖感。但是，团队必定是以达到一个既定结果为最终目标，共同的目标是团队区别于群体的重要特征。

因此，团队可以定义为是由少数具有技能互补的人组成，他们认同于一个共同目标和一个能使他们彼此担负责任的程序，并相处愉快，乐于一起工作，共同为达成高品质的结果而努力。团队就是合理利用每个成员的知识和技能协同工作，解决问题，达到共同的目标的共同体。而创业团队，就是由少数具有技能互补的创业者组成，他们为了实现共同的创业目标和一个能使他们彼此担负责任的程序，共同为达成高品质的结果而努力的共同体。

因此，创业团队需具备五个重要的团队组成要素，称为5P，如图7-1所示。

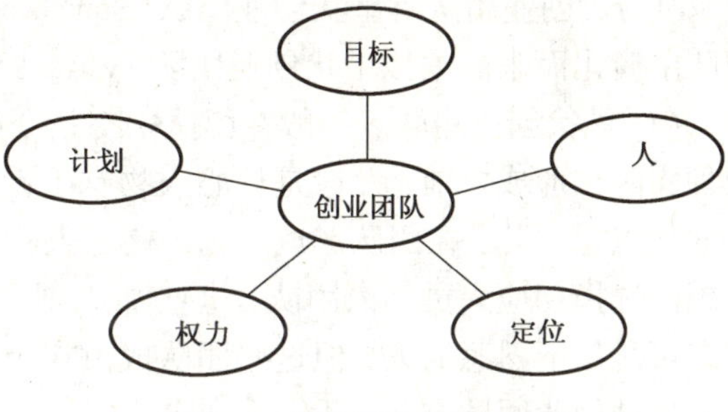

图7-1　创业团队的5P模型

（1）目标（Purpose）。创业团队应该有一个既定的共同目标，为团队成员导航，知道要向何处去，没有目标，这个团队就没有存在的价值。目标在创业企业的管理中以创业企业的远景、战略的形式体现。

（2）人（People）。人是构成创业团队最核心的力量。三个及三个以上的人就形成一个群体，当群体有共同奋斗的目标就形成了团队。在一个创业团队中，人力资

① 卢翠翠. 高绩效团队特质及其组建模型. 中国人力资源网，2005-02-25

源是所有创业资源中最活跃、最重要的资源，应充分调动创业者的各种资源和能力，将人力资源进一步转化为人力资本。

目标是通过人员来实现的，所以人员的选择是创业团队中非常重要的一个部分。在一个团队中可能需要有人出主意，有人订计划，有人实施，有人协调不同的人一起去工作，还有人去监督创业团队工作的进展，评价创业团队最终的贡献，不同的人通过分工来共同完成创业团队的目标。在人员选择方面要考虑人员的能力如何，技能是否互补，人员的经验如何。下面将对利用角色定位的理论对团队成员各自承担的任务所起的作用进一步讨论。

(3)创业团队的定位(Place)。创业团队的定位包含两层意思：第一、创业团队的定位。创业团队在企业中处于什么位置，由谁选择和决定团队的成员，创业团队最终应对谁负责，创业团队采取什么方式激励下属。第二、个体(创业者)的定位。作为成员在创业团队中扮演什么角色，是制订计划还是具体实施或评估。是大家共同出资，委派某个人参与管理；还是大家共同出资，共同参与管理；或是共同出资，聘请第三方(职业经理人)管理。这体现在创业实体的组织形式上，是合伙企业或是公司制企业。

(4)权力(Power)。创业团队当中领导人的权力大小与其团队的发展阶段和创业实体所在行业相关。一般来说，创业团队越成熟，领导者所拥有的权力相应越小，在创业团队发展的初期阶段，领导权相对比较集中。高科技实体多数是实行民主的管理方式。

(5)计划(Plan)。计划的两层含义：第一、目标最终的实现，需要一系列具体的行动方案，可以把计划理解成达到目标的具体工作程序。第二、按计划进行可以保证创业团队的顺利进度。只有在计划的操作下创业团队才会一步一步地贴近目标，从而最终实现目标。

创业并非个人的行为表现，没有团队的企业也许并不注定会失败，但要建立一个没有团队而具有高潜力的企业却极其困难。一个喜欢单打独斗的创业者固然可以谋生，然而一个团队的营造者却能够创建出一个组织或公司——能够创造价值并有多种收获选择的公司。

2. 创业团队的类型

从不同的角度、层次和结构，可以划分不同类型的创业团队，而依据创业团队的组成者来划分，创业团队有星状创业团队(Star Team)、网状创业团队(Net Team)和从网状创业团队中演化而来的虚拟星状创业团队(Virtual Star Team)。

(1)星状创业团队。一般在团队中有一个核心人物(Core Leader)，充当了领队的角色。这种团队在形成之前，一般是核心人物有了创业的想法，然后根据自己的设想进行创业团队的组织。因此，在团队形成之前，核心人物已经就团队组成进行过仔细思考，根据自己的想法选择相应人员加入团队，这些加入创业团队的成员也许是核心人物以前熟悉的人，也有可能是不熟悉的人，但这些团队成员在企业中更多时候是支持者角色(Supporter)。

这种创业团队有几个明显的特点：

① 组织结构紧密，向心力强，主导人物在组织中的行为对其他个体影响巨大。

② 决策程序相对简单，组织效率较高。

③ 容易形成权力过分集中的局面，从而使决策失误的风险加大。

④ 当其他团队成员和主导人物发生冲突时，因为核心主导人物的特殊权威，使其他团

队成员在冲突发生时往往处于被动地位，在冲突较严重时，一般都会选择离开团队，因而对组织的影响较大。

这种组织的典型例子，如太阳微系统公司(Sun Microsystem)创业当初就是由维诺德·科尔斯勒(Vinod KhMla)确立了多用途开放工作站的概念，接着他找了乔(Joy)和本其托斯民(Bechtolsheim)两位分别在软件和硬件方面的专家，和一位具有实际制造经验和人际技巧的麦克尼里(Mc Neary)，于是，组成了Sun的创业团队。

(2)网状创业团队。这种创业团队的成员一般在创业之前都有密切的关系，比如同学、亲友、同事、朋友等。一般都是在交往过程中，共同认可某一创业想法，并就创业达成了共识以后，开始共同进行创业。在创业团队组成时，没有明确的核心人物，大家根据各自的特点进行自发地组织角色定位。因此，在企业初创时期，各位成员基本上扮演的是协作者或者伙伴角色(Partner)。

这种创业团队的特点是：团队没有明显的核心，整体结构较为松散；组织决策时，一般采取集体决策的方式，通过大量的沟通和讨论达成一致意见，因此组织的决策效率相对较低；由于团队成员在团队中的地位相似，因此容易在组织中形成多头领导的局面；当团队成员之间发生冲突时，一般都采取平等协商、积极解决的态度消除冲突，团队成员不会轻易离开。但是一旦团队成员间的冲突升级，使某些团队成员撤出团队，就容易导致整个团队的涣散。

这种创业团队的典型是微软的比尔·盖茨和童年玩伴保罗·艾伦，惠普的戴维·帕卡德和他在斯坦福大学的同学比尔·体利特等。多家知名企业的创建多是先由于关系和结识，基于一些互动激发出创业点子，然后合伙创业，此类例子比比皆是。

(3)虚拟星状创业团队。这种创业团队是由网状创业团队演化而来，基本上是前两种的中间形态。在团队中，有一个核心成员，但是该核心成员地位的确立是团队成员协商的结果，因此核心人物从某种意义上说是整个团队的代言人，而不是主导型人物，其在团队中的行为必须充分考虑其他团队成员的意见，不如星状创业团队中的核心主导人物那样有权威。

7.1.2 创业团队组建

1. 创业团队的组建特征

通过对大量团队形成方式的调查，不难发现这些千变万化的组成方式中蕴含着一些共同的地方，可以将创业团队的组建特征总结为以下三点。

(1)补缺性。补缺性是指团队成员在性格、能力和背景上的互补。团队成员之间可以有一定的交叉，但又要尽量避免过多的重叠。一般意义上讲，一个新创企业的团队是由它的创始人组织的。而创始人不可能也没有必要对企业经营中所有的方面都精通，他可能在某些方面存在不足之处，比如营销或财务，那就有必要利用其他团队成员或是外部资源来弥补。故如果团队成员能为创始人起到补充和平衡的作用，并且相互之间也能互补协调，则这样的团队对企业才会做出很大的贡献。

(2)渐进性。并不是所有的新创企业创立之时都要配备完整的团队，团队的组建不一定要一步到位，而是可以按照“按需组建、试用磨合”的方式创建。在正式吸收新成员之前，各团队成员之间最好留有相当一段时间来相互了解和磨合。在发展过程中，创业团队应该清晰企业需要有哪些专业技术、技能和特长；需要进行哪些关键工作，采取何种行动；成功的必要条件是什么；公司的竞争力突出表现在哪里；需要有哪些什么样的外部资源；企业现有的空缺大小及其严重程度如何；企业能负担的极限是多少；企业能否通过增加新董事或寻找外部咨询顾问来获得所需的专业技能。这些问题决定了在创业的不同阶段面临不同的任务，而对完成任务的团队成员各方面的才能也有不同需求，可以逐渐地补充团队成员并日益完善。

(3)动态性。一开始就拥有一支成功、不变的创业团队是每个创业企业的梦想，然而这种可能性微乎其微，即使新创企业成功地存活下来，其团队成员在前几年的流动率也会非常高。在创业企业发展过程中，由于团队成员有更好的发展机会，或者团队成员能力已经不能满足企业需求，团队成员也需要主动或被动调整。在团队组建的时候就应该预见到这种可能的变动，并制订大家一致认同的团队成员流动规则。这种规则首先应该体现公司利益至上的原则，每个团队成员都认可这样的观点：当自己能力不再能支撑公司发展需求的时候，可以让位于更适合的人才。此外，这种原则也应体现公平性，充分肯定原团队成员的贡献。承认其股份、任命有相应级别的“虚职”以及合理的经济补偿都是安置团队成员退出的有效方式。团队组建的时候应该有较为明晰的股权分配制度，而且应该尽可能地预留一些股份，一部分用来在一定时间内(如1年或3年)，根据团队成员的贡献大小再次分配；另外一部分预留给外来的团队成员和重要的员工。

2. 组建创业团队的基本条件

组建一个健康、有战斗力的创业团队应具备以下条件。

(1)树立正确的团队理念

① 凝聚力。拥有正确团队理念的成员相信他们处在一个命运共同体中，共享收益，共担风险。团队工作，即作为一个团队而不是靠个别的“英雄”工作，每个人的工作相互依赖和支持，依靠事业成功来激励每个人。

② 诚实正直。这是有利于顾客、公司和价值创造的行为准则。它排斥纯粹的实用主义或利己主义，拒绝狭隘的个人利益和部门利益。

③ 为长远着想。拥有正确团队理念的成员相信他们正在为企业的长远利益工作，正在成就一番事业，而不是把企业当作是一个快速致富的工具。没有人打算现在加入进来，而在困境出现之前或出现时退出而获利，他们追求的是最终的资本回报及带来的成就感，而不是当前的收入水平、地位和待遇。

④ 承诺价值创造。即拥有正确团队理念的成员承诺为了每个人而使“蛋糕”更大，包括为顾客增加价值，使供应商随着团队成功而获益，为团队的所有支持者和各种利益相关者谋利。

(2)确立明确的团队发展目标

目标在团队组建过程中具有特殊的价值。首先，目标是一种有效的激励因素。如果一个人看清了团队的未来发展目标，并认为随着团队目标的实现，自己可以从中分享到很多的利益，那么他就会把这个目标当成是自己的目标，并为实现这个目标而奋斗。从这个意义上讲，共同的未来目标是创业团队克服困难，取得胜利的动力。其次，目标是一种有效的协调因素。

团队中各种角色的个性、能力有所不同，但是“步调一致才能得胜利”。孙子曰：“上下同欲者，胜。”只有真正目标一致、齐心协力的创业团队才会得到最终的胜利与成功。

(3) 建立责、权、利统一的团队管理机制

① 创业团队内部需要妥善处理各种权力和利益关系。妥善处理创业团队内部的权力关系。在创业团队运行过程中，团队要确定谁适合于从事何种关键任务和谁对关键任务承担什么责任，以使能力和责任的重复最小化。

妥善处理创业团队内部的利益关系。这与新创企业的报酬体系有关。一个新创企业的报酬体系不仅包括诸如股权、工资、奖金等金钱报酬，而且包括个人成长机会和提高相关技能等方面的因素。每个团队成员所看重的并不一致，这取决于其个人的价值观、奋斗目标和抱负。有些人追求的是长远的资本收益，而另一些人不想考虑那么远，只关心短期收入和职业安全。

由于新创企业的报酬体系十分重要，而且在创业早期阶段财力有限，因此要认真研究和设计整个企业生命周期的报酬体系，以使之具有吸引力，并且使报酬水平不受贡献水平的变化和人员增加的限制，即能够保证按贡献付酬和不因人员增加而降低报酬水平。

② 制定创业团队的管理规则。要处理好团队成员之间的权力和利益关系，创业团队必须制定相关的管理规则。团队创业管理规则的制定，要有前瞻性和可操作性，要遵循先粗后细、由近及远、逐步细化、逐次到位的原则。这样有利于维持管理规则的相对稳定，而规则的稳定有利于团队的稳定。

企业的管理规则大致可以分为三个方面：

治理层面的规则，主要解决剩余索取权和剩余控制权问题。治理层面的规则大致可以分为合伙关系与雇佣关系。在合伙关系下大家都是老板，大家说了算；而在雇佣关系下只有一个老板，一个人说了算。除了利益分配机制和争端解决机制，还必须建立进入机制和退出机制。没有出入口的游戏规则是不完整的，因此要约定以后创业者退出的条件和约束，以及股权的转让、增股等问题。

文化层面的管理规则，主要解决企业的价值认同问题。企业章程和用工合同解决的是经济契约问题，但作为管理规则它们还是很不完备的。经济契约不完备的地方要由文化契约来弥补。它包括很多内容，但也可以用“公理”和“天条”这两个词简要地概括。所谓“公理”，就是团队内部不证自明的东西，它构成团队成员共同的终极行为依据。所谓“天条”，就是团队内部任何人都碰不得的东西，它对所有团队成员都构成一种约束。

管理层面的规则，主要解决指挥管理权问题。管理层面的规则最基本的有三条：①平等原则，制度面前人人平等，不能有例外现象；③ 服从原则，下级服从上级，行动要听指挥；③等级原则，不能随意越级指挥，也不能随意越级请示。这三条原则是秩序的源泉，而秩序是效率的源泉。当然，仅有这三条原则是不够的，但它们是最基本的，是建立其他管理制度的基础。

3. 组建创业团队的程序和方法

创业者在有了创业点子后，可以采用以下方法组建创业团队。

(1) 撰写创业计划书。通过撰写出创业计划书，进一步使自己的思路清晰，也为后来的合作伙伴的寻找奠定基础。

(2)优劣势分析。认真分析自我，发掘自己的特长，找出自己的不足。创业者首先要对自己正在或即将从事的创业活动有足够清醒的认识，并使用SWOT(优劣势)法分析自己的优点、缺点，自己的性格特征，能力特征，拥有的知识、人际关系以及资金等方面的情况。

(3)确定合作形式。通过第二步的分析，创业者可以根据自己的情况，选择有利于实现创业计划的合作方式，通常是寻找那些能与自己形成优势互补的创业合作者。

(4)寻求创业合作伙伴。创业者可以通过媒体广告、亲戚朋友介绍、各种招商洽谈会、互联网等形式寻找自己的创业合作伙伴。

(5)沟通交流，达成创业协议。通过第四步，找到有创业意愿的创业者后，双方还需要就创业计划、股权分配等具体合作事宜进行深层次、多方位的全面沟通。只有前期的充分沟通和交流，才不会导致正式创业后，迅速出现创业团队因沟通不够引起的解体。

(6)落实谈判，确定责权利。在双方充分交流达成一致意见后，创业团队还需对合伙条款进行谈判。

链接1

给创业者和创办人的建议(柯林斯)

1.发展宗教似的文化(保持核心)：使你的公司仅仅成为那些接受核心理念的人的理想工作场所；拒绝那些不适应这种理念的人。

2.本土化的管理(保持核心)：来自内部的保护，确信你的高级管理者都完全赞同公司的理念。

3.令人震惊的大胆目标(促进发展)：对挑战和大胆目标的承诺以及促进发展的计划。

4.进行多种尝试，并使行之有效的得以保留(促进发展)：高水平的行动和实验常常是无计划和指导的，产生新的、未预计到的进展。

5.没有最好，只有更好(促进发展)：确定一个持续的、无序的自我改进计划，目标是越来越好，直到永远。

资料来源：[美]柯林斯.基业长青.北京：中信出版社，2009.

链接2

比尔盖茨想和什么样的人合作

曾经有人采访比尔·盖茨成功的秘诀。比尔·盖茨说：因为有更多的成功人士在为我工作。我最喜欢合作的人应该有以下几个特点：

1.不甘心。21世纪，最大的危机是没有危机感，最大的陷阱是满足。人要学会用望远镜看世界，而不是用近视镜看世界。顺境时要想着为自己找个退路，逆境时要懂得为自己找出路。

2.学习能力强。懂得从任何细节、所有人身上学习和领悟。而且要懂得举一反三，很多的时候，学习是一种态度，只有谦卑的人，才真正学到东西，大海之所以成为大海，是因为它比所有的河流都低。

3.行动力强。只有行动才会有结果，行动不一样结果不一样。知道不去做等于不知道，做了没有结果，等于没有做。不犯错误，一定会错，因为不犯错误的人一定没有尝试。错了不要紧，一定要善于总结，然后再做，一直到正确结果出来为止。

4. 要懂付出。要想杰出，一定先付出。斤斤计较的人，一生只得两斤。没有点奉献精神，是不能创业的。要先用行动让别人知道，你有超过所得的价值，别人才会开更高的价。

5. 有强烈的沟通意识。沟通无极限，这更是一种态度，而非一种技巧。

6. 诚恳大方。每个人都有不同的立场，不可能要求利益都一致。关键是大家要开诚布公谈清楚，不要委屈求全，相信诚信才是合作的最好基石。

7. 有基本的道德观。

（资料来源：于成龙. 比尔盖茨全传. 新世界出版社，2005.6）

7.2 新创企业组织设计

不管创业者所要开创的公司规模如何，它都算是一个全新的生命，它应该具有正常生命体的全部生理机能，生产、销售、研究开发、售后服务、信息管理、财务控制等功能都是公司所应具有的。可能在创业之初，公司某些部门只有一两个人，或者会有一人身兼数职的情况，但这些功能却是不可能少的。为了公司今后的发展，创业者必须进行组织设计，选定适合的组织结构，组建起公司的整体大厦。

企业组织机构指企业内部根据其目标和规模而采取的组织管理形式，即根据分工、层次职能与目标确定需要，而采取的与之相应的管理体制，形象地讲就是规定公司内各种分工协作关系的基本框架，这一框架便如人体的骨骼一样，支撑着公司的生理活动形态。这种固定了责权分配、管理范围、联络路径的基本框架非常重要。

所以，创业者的新创公司根据分工的原则，也要把公司按工作和业务的需要划分为不同部门。各个部门隶属一个经理来掌管、控制、协调或计划。大的部门可以再细分为子部门，形成多个阶层。企业组织是最为关键的竞争优势，要在明天激烈的竞争环境中获得成功，企业必须围绕产品和顾客，搞好企业组织的设计和管理。

7.2.1 组织设计的基本知识

1. 组织设计的含义与内容

组织设计是对组织活动和组织结构的设计过程，主要是对组织结构的设计。组织设计体现在以下三个方面。

① 管理者在一定组织中建立起来的最有效的相互关系，是一种合理化及习惯性的工作关系。

② 组织设计的结果是组织架构形式。

③ 确定组织架构内容。工作职务的专业化；部门划分；确定直线指挥系统与职能参谋系统的相互关系等方面的工作任务组合；建立职权、指挥系统、控制幅度，集权与分权等人和人相互影响的机制；建立最有效的协调手段。

2. 组织设计的原则

(1)精简原则。根据业务需要设置机构或部门，突出“精”字，以精求简、精干高效。

(2)任务与目标原则。设置组织机构的根本目标，是为了使企业管理科学化、高效化。企业不同组织机构担负着不同任务，离开了目标和任务，机构设置就会陷入盲目性，导致机构设置不足或臃肿。

(3)分工协作原则。分工协作是要根据管理的专业化要求，按不同的管理方式设置不同的管理机构。为了达到精简、高效的目标，要把目标、任务进行分类，达到分工粗细适宜，相互协调。

(4)责权对等原则。所谓责权对等，就是指权力和责任相适应。不能有权无责，也不能有责无权，或者权大责小，责大权小。组织给每个部门、每个人分配任务，要求他们对自己的工作负责，就必须授予他们与责任相应的权力，使他们在履行职责过程中，在自己责任范围内能够处理和解决问题。

(5)统一指挥原则。任何组织机构都应分层设置，实行统一计划，下级必须服从上级指挥。统一指挥要求避免越级指挥、多头指挥、职责不清的现象。

(6)合理幅度原则。管理的幅度是指一个管理人员直接管理的下属有多少，也是他直接控制的幅度。研究表明，在组织机构的高层领导中，通常是4～8人；在机构低层领导中为8～15人。在实际操作中，具体需要分析每个管理者的管理幅度的影响因素。随着知识经济的到来，知识更新和技术创新的速度越来越快，企业组织结构扁平化、开放化、层次减少、柔性化以及网络化等趋向于较宽的管理幅度的企业组织机构的创新也已出现。

(7)弹性原则。根据客观情况的变化实行动态管理。

3. 组织设计的程序

一般来说，组织设计的基本程序为以下几项。

(1)对管理工作过程的总设计。围绕创业目标的完成进行管理过程的总体设计。在管理方案中，要选择过程时间短、岗位设置少、费用低的管理过程，并能够实现管理的四个衔接：工作目标衔接、岗位衔接、实物衔接、信息衔接，从而达到管理过程的最优化。

(2)设计管理岗位。管理岗位是组织结构的基本单位。岗位设置要适度，既要考虑管理工作过程的需要，又要考虑管理的方便。

(3)规定岗位的输入、输出与转换。要对岗位进行工作分析，规定输入与输出业务的名称、时间、数量、表格、实物、信息等，并找出该岗位最优化的管理程序，用工作规范将其固定下来。

(4)给岗位定员定编定质。按工作量需要确定人员编制，按岗位分析，确定人员素质。

(5)规定岗位人员的考评制度与薪资制度。

(6)设置控制的组织机构。

7.2.2 组织结构的设计与选择

1. 组织结构的主要形式

传统的组织结构通常有以下几种形式。

(1)直线管理制结构。直线管理制结构的基本框架是将企业内部划分为几个垂直管理的层次，从最高管理层到最低管理层按垂直体系进行管理。各管理层负责人直接行使对下属统一的指挥与管理职能，不专门成立职能机构，一个下属单位只接受一个上级负责人的指令。直线性结构具有机构简单、责权分明、决策迅速、指挥及时、工作效率高等优点。但也有缺少专业分工、要求负责人是"全能式"人物、领导者管理负担过重等缺点。从其运行模式看，各个层次在权力、地位方面的等级区别是十分鲜明的，企业内部运行机制主要反映为一种纵向的控制与协调关系。其具体表现为：一是总部是整个企业的最高行政部门，负责企业生产经营决策和生产经营计划的指挥、实施；二是指令从上到下按照纵向等级关系层层下达，总部通过层层监督、层层负责的形式，对具体指令的执行状况进行控制。直线制结构一般适用于组织处于初创阶段、员工人数较少、产品单一、生产工艺简单的小型企业。直线管理制的结构如图 7-2 所示。

(2)职能管理制结构。职能管理制的基本框架是企业内部按照横向专业分工的原则，设立若干个专门从事一定专业领域内对上参谋、对下管理的职能管理部门。大多数企业中，基本的职能机构至少包括科研开发、生产运作、市场营销、财务、技术与质量保障、人力资源、思想政治工作等部门，或者至少应当承担上述这些职能。从其运行模式看，职能管理制的最大特点是各级职能机构对下一级单位均有权根据本职能部门的要求下达指令，并监督、控制具体的执行过程。这种结构使企业各级之间的业务联系更为直接和具体，有利于专业或职能管理工作的正规化和及时化。但它也存在容易引起多头领导的指令冲突、控制和协调系统紊乱等缺点。职能制结构适用于规模较大、所处环境复杂且稳定、生产技术难度大同时又要求全面实行标推化的企业组织。职能管理制的结构如图 7-3 所示。

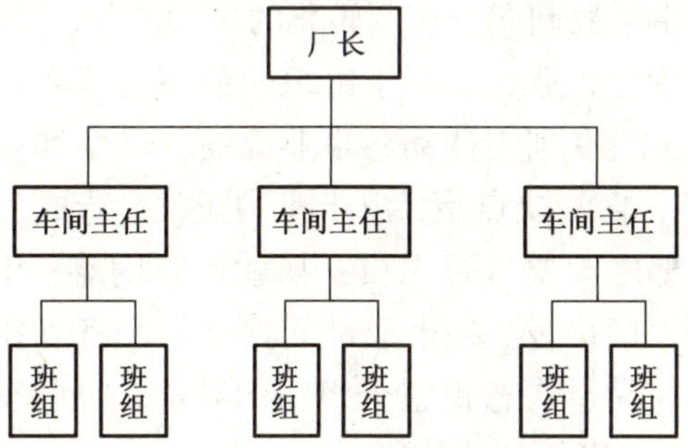

图 7-2　直线型组织结构示意图

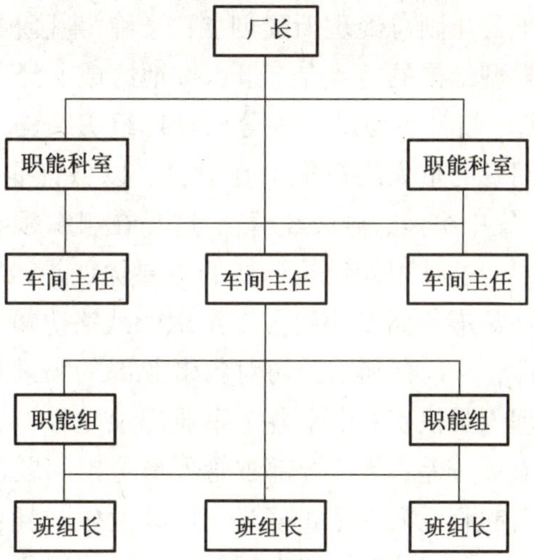

图 7-3　职能型组织结构示意图

(3)直线职能制结构。直线职能制是现代较为常见的一种企业结构形式。从职能机构设置上，这种形式包括以下几种基本类型：顾问性的直线职能制、控制性的直线职能制、服务性的直线职能制、协调性的直线职能制。从其运行模式上看，各级负责人对下属单位具有全面指挥和领导的权力，对所属范围内的工作负有全权处理的责任，职能机构对下一级组织在行政上，没有领导关系，也不拥有发布指令进行指挥的权力，但在各有关专业事务上，则负有对下进行指导的责任，并在职责范围内可以对下提出业务要求和实施监督控制。

直线职能制结构主要适用于简单稳定的环境、可按标推化技术进行常规型大批量生产的企业。这样的企业往往规模较大，但只生产少数种类的产品。这种结构还常被处于发展成熟阶段的组织所采用。直线职能制的结构如图 7-4 所示。

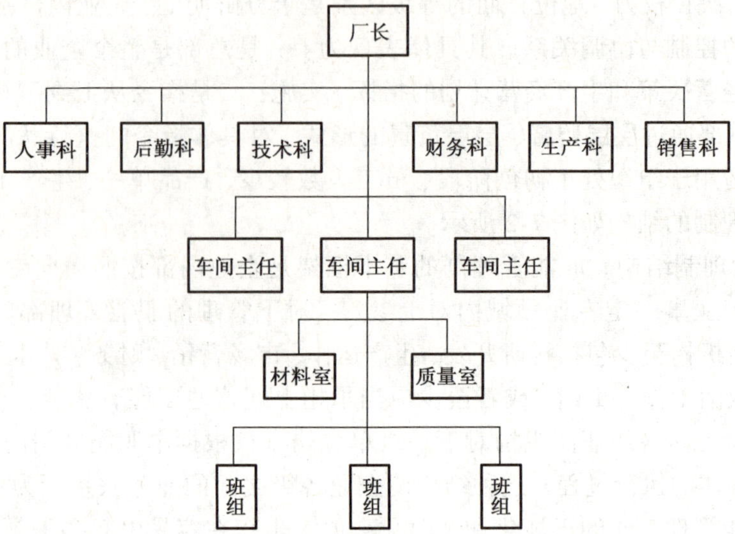

图 7-4　直线职能型组织结构示意图

(4)事业部制结构。事业部制组织结构首创于 19 世纪 20 年代，最初是由美国通用汽车公司副总经理斯隆创立，又称“斯隆模型”。它是在产品部门化基础上建立起来的。这种类型结构的特点是，组织按地区或所经营的各种产品和事业来划分部门，各事业部独立核算，自计盈亏的一种分权管理组织结构。同时，事关大政方针、长远目标，以及一些全局性问题的重大决策集中在总部，以保证企业的统一性。这种组织结构形式最突出的特点是“集中决策，分散经营”，这是在组织领导方式上由集权制向分权制转化的一种改革。

这种组织结构形式的主要优点是，适应性和稳定性强，有利于组织的最高管理者摆脱日常事务而专心致力于组织的战略决策和长期规划，有利于调动各事业部的积极性和主动性，并且有利于公司对各事业部的绩效进行考评。它的缺点是，由于机构重复，造成了管理人员浪费；由于各个事业部独立经营，各事业部之间要进行人员互换就比较困难，相互支援较差；各事业部主管人员考虑问题往往从本部门出发，各事业部间独立的经济利益会引起相互间激烈的竞争，可能发生内耗；由于分权易造成忽视整个组织的利益、协调较困难的情况，也可能出现架空领导的现象，从而减弱对事业部的控制。

这种组织结构形式适用于产品多样化和从事多元化经营的组织，也适用于面临市场环境复杂多变或所处地理位置分散的大型企业和巨型企业。事业部制组织的结构如图 7-5 所示。

(5)其他组织结构类型

① 矩阵型组织结构。这是一种把按职能划分的部门同按产品、服务或工程项目划分的部门结合起来的组织形式。在这种组织中，每个成员既要接受垂直部门的领导，又要在执行某项任务时接受项目负责人的指挥。可以说，矩阵结构是对统一指挥原则的一种有意识的违背。这种结构的主要优点是：灵活性和适应性较强，有利于加强各职能部门之间的协

作和配合，并且有利于开发新技术、新产品和激发组织成员的创造性。其主要缺陷是：组织结构稳定性较差，双重职权关系容易引起冲突，同时还可能导致项目经理过多、机构臃肿的弊端。这种组织结构主要适用于科研、设计、规划项目等创新性较强的工作或者单位。这种组织形式如图 7-6 所示。

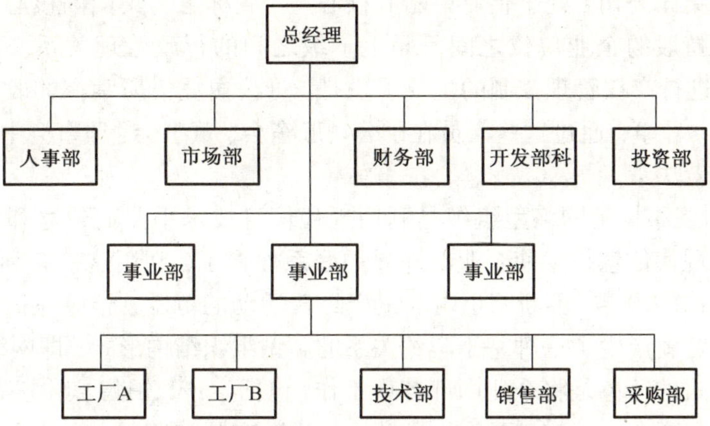

图 7-5　事业部制组织结构示意图

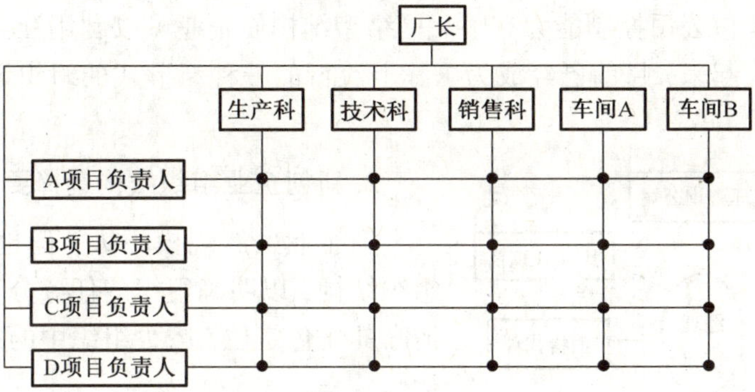

图 7-6　矩阵型组织结构示意图

② 多维立体型组织结构。这种组织结构是矩阵组织结构形式和事业部制组织结构形式的综合发展。这种结构形式由三方面的管理系统组成：第一种，按产品(项目或服务)划分的部门(事业部)，是产品利润中心；第二种，按职能如市场研究、生产、技术、质量管理等划分的专业参谋机构，是职能利润中心；第三种，按地区划分的管理机构，是地区利润中心。在这种组织结构形式下，每个系统都不能单独做出决策，而必须由三方代表，通过共同协调才能采取行动。因此，多维立体型组织结构能够促使每个部门都能从整个组织的全局来考虑问题，从而减少产品、职能、地区各部门之间的矛盾。即使三者之间有摩擦，也比较容易统一和协调。这种类型的组织结构形式最适用于跨国公司或规模巨大的跨地区公司。

③ 控股型组织结构。控股型结构，是在非相关领域开展多元化经营的企业所常用的一种组织结构形式。由于经营业务的非相关或弱相关，大公司不对这些业务经营单位进行直接的管理和控制，而代之以持股控制。这样，大公司便成为一个持股公司，受其持股的单位不但对具体业务有自主经营权，而且保留独立的法人地位。

控股型结构是建立在企业间资本参与关系的基础上。由于资本参与关系的存在，一个企业就对另一个企业持有股权。基于这种持股关系，对那些企业单位持有股权的大公司便成了母公司，被母公司控制和影响的各企业单位则成为子公司或关联公司。子公司、关联公司和母公司一道构成了以母公司为核心的企业集团。

母公司亦称集团公司，处于企业集团的核心层，故称之为集团的核心企业。集团公司或母公司与它所持股的企业单位之间不是上下级之间的行政管理关系。母公司作为大股东，对持股单位进行产权管理控制的主要手段是：母公司凭借所掌握的股权向子公司派遣产权代表和董事、监事，通过这些人员在子公司股东会、董事会、监事会中发挥积极作用而影响子公司的经营决策。

④ 网络型组织结构。网络型组织是利用现代信息技术手段而建立和发展起来的一种新型组织结构。现代信息技术使企业与外界的联系加强了，利用这一有利条件，企业可以重新考虑自身机构的边界，不断缩小内部生产经营活动的范围，相应地扩大与外部单位之间的分工协作。这就产生了一种基于契约关系的新型组织结构形式，即网络型组织。

这种组织形式的特色是将企业内部各项工作(包括生产、销售、财务等)，通过承包合同交给不同的专门企业去承担，而总公司只保留为数有限的职员，它的主要工作是制订政策及协调各承包公司的关系。这种结构可使企业减少行政开支，具有较强的应变能力。缺点是总公司对各承包公司控制能力有限。网络型结构使企业可以利用社会上现有的资源使自己快速发展壮大起来，目前已经成为国际上流行的一种新形式的组织设计。其组织结构形式如图 7-7 所示。

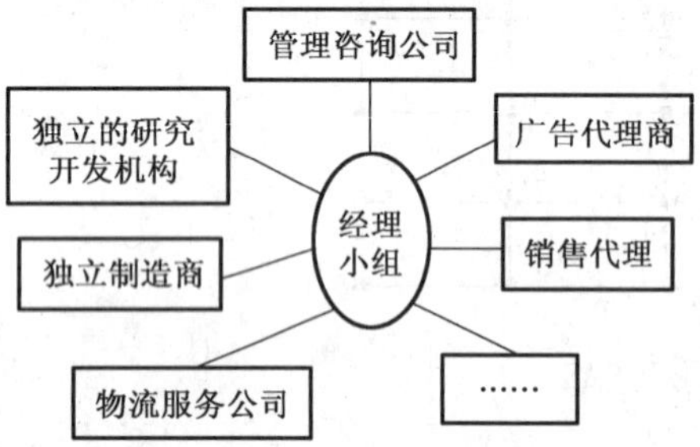

图 7-7　网络型组织结构示意图

2. 新创企业组织结构选择要点

新企业虽然规模不大，但也需要一个正式的组织结构，以明确组织的任务分工，使每个员工有清晰的角色定位，减少组织中的冲突，提高组织的运行效率。

(1)新创企业的组织结构特征。对于新创企业的组织与管理，与成熟企业的组织结构和管理方式是不完全一样的。对于小企业的创业者，在创业初期，需要设计的组织结构，一般来说比较简单为好。但是，也有很多创业者，创业启动资金、技术、市场规模等起步之平台较高，因此创业管理的平台也相对较高，从一开始就设计成事业部制的组织结构。而一般的小企业，开始可以设计成直线结构，随着企业的成长，再逐渐向事业部转化。

新创企业组织结构呈现以下特征：结构扁平化，大多只有 1 ~ 2 个层级；高度适应性和灵活性；结构呈连环状而非阶梯状；以客户和关键任务为中心，类似于项目管理；以学习能力、贡献和影响力，而非职位权力去影响和管理人；初期的管理风格是以工作为中心的领导，以任务为导向的行为。这种领导风格的行为特征体现在：确认目标、计划与分配资源、决策、控制进度、审查与评估。

小企业在创业初期，组织结构比较简单。在经理与员工之间不设置组织结构的障碍，创业者或经理不仅对部门负责人，而且和部门负责人一起面对企业的全体员工及其岗位；

创业者或核心管理者通常又是技术或市场等业务员。一般来说，对于制造业，创业初期大致分为几个部门：第一，技术部门。技术支持、新产品开发等；第二，营销部门。市场开拓与产品销售，以及营销策划、营销广告、营销公关等；第三，生产部门。原材料采购、产品生产、产品包装、库管、生产计划等；第四，财务及行政部门。财务管理、人事管理、办公室等。

对于创业初期的企业管理，常常是处于一个层次，即总经理与各部门中间没有层次障碍。创业者可以直接深入一线，普通员工可以直接与创业者对话，这是创业初期的必要，这样容易控制，但也会产生一些漏洞。创业者在创业初期，需要考虑人力成本，常常一人多职，但有些职位是不能兼顾的。比如，出纳与采购或销售人员不能由一人担任、出纳与库管不能由一人担任、出纳与会计不能由一人担任、创业者不宜担任出纳。随着企业的成长，组织结构需要随着企业的发展而变化。创业家需要使组织创新与技术创新、市场创新、管理创新等相一致、相融合而协调发展，才不至于使新企业过早地老化以致创业失败。

(2)企业组织结构的演变。创业企业的组织结构以适应公司战略为目标，可以进行以下几个阶段的演变。

① 简单结构。在公司创建的早期阶段，组织的边界会因创业者和其他少数关系密切的合作者而开始和终结。这样一个新企业的高层管理团队所采取的战略是为了增加销售量。这个简单结构是组织结构生命周期的早期阶段。

② 部门化。随着公司规模逐渐变大，创业者发现自己从事着原来越多的行政管理工作，承担越来越少的创业者的职责。当业务量增长到一定的程度，创业者自己就不能再做出高层的执行决策，而这些决策又是必需的，因此他们就会雇用管理人员：生产经理、市场经理、销售经理、工程和设计经理、人事经理。这些经理监督者被归为各个部门的、从事某一种相似活动的群体。

③ 分支机构。在某一地点，销售量只能增长到一定程度。存在这样一些约束：工厂的生产能力、运输成本、后勤保障问题以及市场本身的限制，这意味着如果公司想要继续发展，就不得不向其他地方扩张。创业者采取的下一个战略就是地理位置的扩张。最初，公司企图既想管理最初的地点，又想管理新的地点。但是随着扩张地点以及分支机构和销路的增加，这就变得不太可能了。因此，公司不得不改变结构以满足新战略的需要。新结构要求对同一地理区域的单位进行整合，形成区域性的分支。把这种新结构增加到功能性划分的结构中去，就是现在被清楚描述的部门。它们都向公司总部报告。

④ 多元化分支机构。单一产品的未来增长，就和单一地点的情况一样，也是一种有限的战略：对产品的需求会饱和、会失去来自相关产品和市场的机会。多元化对原有的分支机构提出了新的要求，带来了压力和紧张以及无效率的现象。最后，新的结构产生了，这就是多元化分支机构。同样，也会把相似的产品和活动划分为一组，这样雇员就不会受到其他产品和服务的负面影响，达到他们的最高生产率。

⑤ 集团公司。这是最后一种结构，是源于战略从相关多元化到非相关多元化的改变。当公司介入完全不同于原先从事过的任何业务的领域，原来的结构也会瓦解。原来部门的行政主管人员不了解新业务，他们和新的管理人员的观点也不会相同。没有理由使得这些

不相关的部门组合在一起，因为它们并不共享市场、产品和技术。实际上，最好是让它们保持独立，以便独立衡量它们各自的业绩。集团公司正式来自这种战略的改变，也被称为控股公司。

链接 3

基于"结构服从战略"理论，商业组织按照产品和生产的复杂性来进化

简单结构：
- 这种结构设计是为了使那些小而新的公司增加销售额；
- 平等的等级制度（2 级）；
- 雇员不是非常的专业化。

部门化：
- 适用于那些成长中的公司；
- 按照职能来区分管理等级。

分支机构：
- 适用于那些不只有一个地点的公司；
- 按照地点和职能来区分管理等级。

多元化分支机构：
- 适用于那些不只有一种产品的公司；
- 按照产品、地点和职能来区分管理等级。

集团公司：
- 适用于非相关产品的公司；
- 按照产品的种类、产品、地点和职能来区分管理等级。

资料来源：[美] 马克 · J · 多林格. 创业学——战略与资源（第 3 版）. 北京：中国人民大学出版社，2006. 2.

7.3 新创企业人力资源管理

是否拥有优秀的人才是企业能否创业成功的关键因素之一。但企业在创立之初，具有资源极为有限，工作千头万绪，经营业务不稳定，内外部环境变化较快等特点，给人力资源管理带来较大难题，而创立初期的人力资源风险容易导致企业的经营管理与创业目标相偏离，甚至会导致创业失败。因此，新创企业的人力资源管理具有明显的特殊性，研究这一特定时期的人力资源管理方法，对提高创业成功率、促进创业企业成长具有重要的现实意义。

7.3.1 新创企业人力资源管理的内涵

在创业研究中，一直以来，学者们所关注的主要是创业者以及创业团队的角色。虽然他们对于创业活动的作用是不可替代的，但是如果仅仅将目光锁定在这些人群身上，就忽略了企业内部其他的雇员对于创业活动的重要性。随着新创企业的成长，员工人数也在上升。然而，很少有研究关注新创企业如何招募、培训、考核、激励员工的。虽然在成熟企业的人力资源管理研究中，这些问题的讨论已经非常丰富，但是新创企业的很多情况与大企业非常不同，一些传统的人力资源管理方案可能并不适用于新创企业。这就需要我们首先对于新创企业人力资源管理的独特环境有所认识。

1. 新创企业人力资源管理的特点

（1）企业外部市场环境具有较大的不确定性。新创企业的产品可能尚未推出，或者刚刚走向市场，潜在的需求能否被开发出来没有明确的答案，因此企业战略方向不明确，战略失误的风险非常大。即使企业能够在最初的创业活动中获得较好的收益，但是，如果成型的大企业跟进创业者开拓的市场，创业者也可能面临竞争的巨大压力，从而使得企业面临失败。企业高度不确定性的市场环境对于新创企业的战略规划和实施过程要求非常高。因此，新创企业的成长过程往往要求高层具有战略规划能力，员工能够良好地实施战略，这些要求需要在制度上有相应的措施予以保障。

(2)组织层次较少。新创企业由于规模小，资金薄弱，缺乏知名度，机构一般趋于扁平，决策权往往集中在创业者手中，决策与执行程序相对简单，使新创企业可以高效决策、快速执行，有利于其迅速进行调整以适应市场的变化。

(3)用人机制较灵活。新创企业的业务具有短、平、快的特点，对人员的要求相对比较灵活。一方面，新创企业并不一味追求学历等硬性指标，更看重具有相似工作经历，能够迅速胜任岗位的业务熟手。另一方面，企业在创立之初分工不明确，急需一专多能的“多面手”员工，具有较高灵活性、创造性、适应性以及吃苦耐劳的员工容易在新创企业中受到重用。

(4)家族制管理占主导。新创企业由于制度不完善，个人主义管理色彩比较浓，创业者与骨干员工之间多存在血缘、乡缘、学缘等关系，使企业带有浓厚的“家族”色彩，人情味较重，感情管理大于制度管理。但家族制管理在企业创立之初的确具有竞争优势，这是因为企业在创业初期必须尽快进行原始积累，家族制管理体制在白手起家、共同创业的阶段无疑是适合的。家族制企业的所有权与经营权合二为一，家族利益的一致性以及建立在血缘或亲缘等关系下的信任感，可以将监督成本降到最低。甚至在企业困难的时候，员工可以不计报酬地为企业工作，从而最大限度地降低了激励成本。

(5)企业的发展需要管理团队的共同努力。在创业中，单一的创业者很少见，大部分高速成长的企业通常围绕一个团队，因此，在创业中，创业者往往愿意吸纳不同教育背景或者不同实践经验的团队成员来共同创业。与管理团队相关的另一个问题是由于企业的高速成长，新创企业往往在成长阶段需要吸收新的管理团队成员参与到企业经营中。基于此，对于高层管理团队的管理成为新创企业人力资源管理的重要组成部分。

2. 新创企业人力资源管理的风险

企业在创立之初，以业务为战略核心是生存所必须，因此企业将主要精力集中于开拓市场、发展业务，而人力资源管理处于起步阶段，基础薄弱、经验缺乏，尚未建立起规范的管理体系。

(1)个人目标与企业目标偏离。新创企业在业务方向、管理流程、岗位分工及工作环境等方面，时常会面临变化与调整，创业者往往着眼于短期的业务目标，而忽略了对企业战略的规划和共同愿景的建立。员工在缺乏共同目标的情况下，只能单纯地完成工作，无法将自己的职业生涯规划与企业的发展联系起来，缺乏长期的激励因素。员工个人为达到短期目标的利己行为，不仅不能形成新创企业发展的合力，反而会产生背道而驰的阻力，动摇处于创业初期的企业根基。

(2)组织架构及岗位分工混乱。企业初创期往往缺乏专业的人力资源管理知识和人员，由创业者直接承担主要的人事工作，人力资源管理被置于非职业化与边缘化的位置，企业组织架构的建设不完整，岗位分工的设计不清晰。人力资源管理水平的低下，导致员工不了解企业整体的运作架构，对自身的岗位职责以及与其他成员的分工协作关系认识模糊，容易出现某些工作多人重复劳动、某些工作无人问津的现象。员工在日常工作中主动性受到抑制，通常只能被动地等待接收指令，并疲于应付紧急任务和处理琐碎繁杂的事务。

(3)员工流动频率过快。新创企业成立时间短，与成熟的大中型企业相比，具有薪酬待遇较差、员工归属感不强，以及发展前景不确定等劣势，导致其员工将新创企业当成获得经验的跳板，流动十分迅速，破坏了员工队伍的稳定性。特别是拥有专门技术、掌握核心业务、控制关键资源、具有特殊经营才能等关键员工的离职，容易造成核心技术和商业机密的外泄，客户资源的流失，企业日常运作的停滞等严重损失，极大削弱企业的核心竞争力。

(4)缺乏系统的员工培训体系。新创企业在用人上以“功利性”为导向，倾向于招聘“业务熟手型”员工。创业者不愿将有限的资金分配到对员工的培训中，并没有将培训作为投资来看待。即使有员工培训，大多也是应急或被动式的技能培训，而省略了对共同愿景、道德精神、团队合作等综合素质方面的培养，不仅无法建立员工对企业的归属感，更无法形成企业向心力和凝聚力，导致人力资源成为企业进一步成长的短板。

(5)对员工绩效考核的主观性较强。新创企业对员工绩效考核的方法不成熟，一方面，与创业者有亲戚、朋友、同学等关系的员工占一定比例，创业者在管理中受感情支配较多，个人色彩较浓，往往缺乏制度观念，对下属的业绩评价具有主观性和随意性；另一方面，新创企业以业绩目标为重心，在考核员工绩效时，通常单纯将业务量或销售额作为考核标准，考核内容不全面，员工对企业目标的认同、职业道德修养以及自我学习能力等都容易被忽略，不能从考核指标中体现出企业长期发展的导向。

3. 新创企业人力资源管理的构成

新创企业人力资源管理参考了通行的人力资源管理框架，这一框架中通常包括以下内容。

(1)建立管理制度。新创企业需要加强内部管理以保证创业目标的实现，而内部管理的基础是管理制度的建设和执行。

(2)工作分析。这是人力资源工作的起点和基础，只有做好了工作分析，才能据此完成企业人力资源规划、绩效评估、职业生涯设计、薪酬设计管理、招聘、甄选、录用等工作。

(3)员工招募。为了寻找合适的雇员，企业必须做好甄别工作，从应聘者中挑选出具备必要知识和技能以及工作经历等特征的人。

(4)培训。培训是企业人力资源管理的重要职能之一，为了使得员工能够满足企业发展的需要,需要对招募的员工进行培训。

(5)绩效考核。绩效考核是企业对员工在工作过程中展现的工作数量、质量、能力、态度和效益等方面进行综合评价，以判断员工与其岗位的要求是否相称。

(6)薪酬制度。薪酬制度是对员工的激励工作，这一制度是企业能否吸引那些极具创造力的人才的关键问题。

(7)激励机制。激励机制是人力资源管理的一个重要环节。创业者可以花钱去买到员工的时间和付出，但却不一定能得到员工的忠诚，因此需要激励系统抓住员工的心，保持企业可持续发展。

7.3.2 新创企业人力资源管理实务

1. 建立管理制度

对于新创企业来说，涉及日常运营的事务，可通过建立规范化的制度和流程进行管理。

新创办公司的管理制度以简单适用为原则。创业期企业主要是抓好人和财两个方面。人事管理方面，制订考勤制度、奖惩条例、薪资方案等制度。财务方面，制定报销制度，现金流量，制订预算、核算和控制成本等制度。另外，还包括行政管理制度，如请假制度、会议制度、汇报制度；公司的销售制度、员工行为手册等。如果是生产制造型企业，还应该制订安全生产作业制度等。

2. 工作分析

工作分析是人力资源管理工作的起点，它通过对企业内部的工作岗位进行全面的评价，使得创业者对于企业内部的工作流程可以全面地把握，在此基础上，无论是后续的人力资源工作，还是企业的其他战略活动，都将有所依据。

在创业之初，为了在市场中生存下来，企业员工也比较少，此时工作分析并没有太大的必要，只有到了企业初步获得发展，需要进一步吸收新的员工，企业内部需要为之建立规范的管理制度的时候，工作分析就必不可少了。此时，工作分析也为企业规范化管理提供了一个良好的开端。

一般来说，工作分析是一个较为烦琐的过程，需要遵照以下几个步骤进行。

(1) 收集与工作分析相关的资料。这是了解工作性质和后续分析的一手资料，相关的工作分析资料包括现有的公司章程、组织结构、生产状况、工作流程、办事细则等。很多时候，新创企业已有的资料往往非常粗糙，或者根本谈不上有什么成型的书面材料。因此，创业者可以借助这一机会，帮助工作分析人员进行有效的职位调查，对组织的各个职位进行全方面的了解。在收集资料过程中，需要注意的是，创业者必须对于企业内部重要的工作岗位，例如，高科技企业内部的技术研发岗位，或者市场开拓部门的岗位倾注更多的精力，因为这些岗位对于企业战略的支持作用更为显著，创业者应当把对相应的岗位分析做得更精细些。

(2) 整理和分析相关信息。基于所收集的资料和信息，分析人员需要对于各个岗位的特征和员工素质要求做出全面说明。信息整理结果也应当及时反馈给在职人员以及主管人员进行核对，一方面减少可能出现的偏差，同时也有助于获得员工对工作分析结果的理解和接受。

(3) 撰写工作说明书。这是将相关信息整理归纳后得到的正式岗位分析结果。工作说明书需要指出具体岗位的任职资格、工作范围、工作条件、权限以及任职者所应具备的知识技能。正式的工作说明书将直接用于员工的招募、聘用、培训、绩效考核等工作中。因此，工作说明书应当撰写规范，以便于在未来的工作中参考。

3. 员工招聘

根据岗位分析的结果，创业者对企业内部哪些岗位需要增添新的员工，哪些工作流程需要增设岗位都有了确定的认识，为了填补空缺职位，企业就需要招募合适的员工。员工招募和雇佣的同时也是企业自身展示人力资源竞争优势的机会，这对于创业型企业来说尤为重要，能够招募到优秀的员工也意味着企业在市场上具有良好的组织形象和优良的成长性。

在员工招募方面，存在的一个讨论是企业应当从企业招募还是从外部招募来填补空缺。事实上，在创业成长的过程中，很多情况下，创业者会发现企业所要完成的工作越来越多，所需要的人也越来越多，这样从内部进行招募往往难以满足企业发展需要，外部招募就成为一种必要的员工招聘手段。通常，创业者可以选择的外部招募渠道包括：广告招聘、人才招聘会、校园招聘、就业服务机构招聘、网络招聘、推荐和自荐。

当前网络招聘对于新创企业来讲不失为一种好的选择。和报纸杂志广告、招聘洽谈会、人才猎取相比，网上招聘具有覆盖面广、无地域性限制、针对性强、宣传沟通方便、省时且费用较低、可以不断使用、适用面广等特点，这些正好适合新创企业自身的特点。

此外，对于新创企业来讲，在自身实力有限的情况下，一定要慎重选择自己的招聘方法。如情景模拟技术，包括无领导小组讨论、公文包测试、工作样本、演讲和商业游戏等，一般用于中高级经理人员的选拔，费时且成本高，对评价者要求较高，一般不适合新创企业。

4. 员工培训

企业招募员工后，为了使得员工能够适应岗位的要求，常常需要通过一定的方式来培养员工的工作能力。在成熟的大企业中，员工培训是人力资源管理部门的重要工作内容。通常人力资源管理部门需要制订周密可行的计划，组织较有规模的正规培训，并进行培训效果评估。显然，这一类型的培训对于新创企业来说不具有很强的实用性。一方面，新创企业的成长速度很快，市场环境也更为复杂，有很多复杂的管理事务急需人手来处理，如果招募的员工必须经过一定的时间才能够上岗，将会影响企业的工作进程；另一方面，这种规范的培训制度所需成本也较高，新创企业往往不愿意承担。因此，在新创企业中，员工的培训往往是通过灵活机动的方式来实施。

在新创企业吸收新的员工之后，创业者或者人事主管往往会让新员工在一些老员工的带领下进行工作，通过老员工的指引，新员工可以较快掌握工作中所需要的技巧，同时也可以较快融入企业的文化氛围。这种培训方式有时候也被称为非制度化的培训。这类培训的成本会远远低于一般正式的培训讲座，但缺点在于不够规范，有时候会过于随意，不利于培养员工严格的工作作风。因此，随着企业的成长壮大，应当及时引入规范化的培训。

5. 绩效考核

在创业初期，对于员工的绩效管理可能并非很严格，创业者或者高层管理团队成员可能根据自身的主观感受，对员工的绩效状况进行考评。随着企业的进一步发展，员工的管理也必须走上正轨。如何正确地评价员工成为员工考核、激励的重要依据，也是影响企业内在凝聚力的重要因素。对于新创企业来说，创业者应当思考，在现阶段的发展中，企业需要什么程度的绩效考核，是否有必要进行复杂、太过正式的绩效考核。人员绩效考核可以分为定性分析和定量分析两个方面，在企业创建初期，对于管理和决策人员主要应当以定性的方法进行考评，可以从德、能、勤、绩四个方面进行，对于生产、销售人员，主要以定量的方法进行考评，以定性方法为辅，用与绩效(或成果)相联系的数量指标对各人员进行考评。

对于创业初期的企业，员工的考评结果主要作为任职与奖励的依据，最主要的是作为发放薪酬的依据，考评结果需要反馈给被考评者。对于业绩突出者，应当公开奖励。但对于特殊岗位或特殊人，创业者需要采取一定程度的差别灵活对待，比如，才能高，但业绩不好者需要认真分析原因。

6. 薪酬制度

薪酬管理是人力资源管理中最难的一个环节。一方面，员工都希望自己获得企业的认可，得到较高的收入；另一方面企业需要降低成本，追求最大人力资本回报。如果企业在薪酬制度中能充分体现这两方面的因素，将有利于提高员工的工作积极性，促进企业进入期望发展的良性循环。

总的来看，初创企业的薪酬设计采取如下原则：①高工资、低福利的原则；②简明、实用原则；③增加激励力度；④建立绩效工资制度。

企业内部岗位可以分为技术高度密集型和一般经营、服务型两类。两者在工薪制度上将有所区别：技术高度密集型岗位，企业对所招募的员工有比较强的依赖性，所以为了招募到技术人才，在工薪设计上必须考虑企业的长远发展目标和相对的稳定性。为此，应采取灵活的组合方式，如直接给股份、高薪加高福利等。

对于一般经营、服务型部门和岗位，应采用岗位、级别的等级工薪制度。该项制度建立得越早越好。根据企业的岗位需求和实际能力，以及员工的实际能力和水平，有目的地定岗、定员和定级、定薪。员工能进入企业有明确的个人定位及发展目标，岗位的变化与薪水具有必然的联系。

企业管理者要对做出杰出贡献的员工给予激励，不能采用在原岗位直接加薪的简单方法；而应采用一次性奖励或升职加薪的方法。

同时薪酬设计要注意两个方面的问题：①避免差距过大。差距过大是指优秀员工与普通员工之间的报酬差异大于工作本身的差异，也有可能是干同等工作的员工之间存在着较大的差异。前者的差异过大有助于稳定优秀员工，后者的差异过大会造成员工的不满。②避免差距过小。差距过小是指优秀员工与普通员工之间的报酬差异小于工作本身的差异，它会引起优秀员工的不满。在薪酬制度的完善中，要有一个公平的评估体系。如果没有公平的评估体系，薪酬制度也就成了形同虚设。在公司制订薪酬、报酬制定时，所遵循的原则是“论功定酬”，也就是员工有机会通过不断提高业绩水平及对公司的贡献而获得加薪。在“论功定酬”中，对员工进行公平、公开、公正的绩效评核至关重要。同时评估也要因人而异，真正做到“以人为本”。

7. 激励机制

(1) 目标激励和精神激励。对于初创企业来说，由于企业对资金的需求巨大，创业者们多数是由共同的理想追求和价值观而走到一起开始创业的，所以在激励制度中，目标激励和精神激励的比重要大于物质激励的比重。

新创企业的人才，特别是高科技人才往往有强烈的事业心和成就动机，希望在自己专业的方面有所建树，对他们来说，提升专业领域里的成就、名声以及相应的学术地位，很可能比物质利益需求更高。因此，对这些人才的精神激励特别是事业激励，就是要创造一切机会和条件保证他们能施展才华。同时，创业初期的企业还要正确运用情感激励，培养企业人才对企业的忠诚和信任，包括对人才的尊重、理解和支持、信任与宽容、关心与体贴。在新创企业中，由于对人才的运用通常是跨部门、综合性的，因此，企业要充分认识并承认人才的价值，充分承认他们的劳动。

(2)薪酬激励。新创企业一般具有较大的风险，因此可以在物质激励中引入风险机制，主要可以采用股权、期权激励机制。

企业收益分配中除了货币收入形式外，还可以实行股权、期权分配机制，其具体做法有：第一，收入股份化，在考核的基础上，企业经营者将自己的部分收益转化为企业股份；第二，设置管理股，让经营者以企业股份的形式享受企业经营收益；第三，设置股份期权，使企业员工享有在未来某一时期，按照确定价格购买企业一定股份的权利；第四，技术人才的技术专利、专有技术可以作为出资的一种形式入股，采用这种方式还可以保证创业企业的资金处于比较充足的状态。

链接 4

雷军：小米团队管理的创新

案例背景：小米公司(北京小米科技有限责任公司)正式成立于 2010 年 4 月，是一家专注于智能手机自主研发的移动互联网公司，定位于高性能发烧手机。3 年时间，销售收入突破百亿；不花钱，竟打造了一个三线城市都熟知的品牌；开创了新品类“互联网手机”，刷新中国互联网公司的成长速度；通过“发烧友手机”的定位，实现去山寨化，成为“中国版苹果”，并列于一线厂商。

1. 花 80%时间找人

小米团队是小米成功的核心原因。和一群聪明人一起共事，为了挖到聪明人不惜一切代价。所以当初雷军决定组建超强的团队，前半年花了至少 80% 时间找人，幸运地找到了 7 个牛人合伙，全是有技术背景，经验极其丰富，平均年龄 42 岁。3 个本地人士加 5 个海归人士，来自金山、谷歌、摩托罗拉、微软等，土洋结合，理念一致，大都管理过超过几百人的团队，充满创业热情。

2. 少做事，管理扁平化

扁平化是基于小米相信优秀的人本身就有很强的驱动力和自我管理的能力。小米的组织架构没有层级，基本上是三级：7 个核心创始人—部门 leader—员工。而且不会让团队太大，稍微大一点就拆分成小团队。从小米的办公布局就能看出这种组织结构，一层产品、一层营销、一层硬件、一层电商，每层由一名创始人坐镇，能一竿子插到底的执行。大家互不干涉，都希望能够在各自分管的领域给力，一起把这个事情做好。

除 7 个创始人有职位，其他人都没有职位，都是工程师，晋升的唯一奖励就是涨薪。不需要你考虑太多杂事和杂念，没有什么团队利益，一心在事情上。这样的管理制度减少了层级之间互相汇报浪费的时间。

3. 强调责任感，不设 KPI

全员 6 ×12 小时工作，小米坚持了将近 3 年。维系这样的工作，从来没有实行过打卡制度，而且也没有施行公司范围内的 KPI 考核制度。

小米强调你要把别人的事当成第一件事，强调责任感。比如我的代码写完了，一定要别的工程师检查一下，别的工程师再忙，也必须第一时间先检查我的代码，然后再做你自己的事情。其他公司可能有一个晋升制度，大家都会为了晋升做事情，会导致价值的扭曲，为了创新而创新，不一定是为用户创新。其他公司对工程师强调的是把技术做好，在小米不一样，它要求工程师把这个事情做好，工程师必须要对用户价值负责。

4. 透明的利益分享机制

小米公司有一个理念，就是要和员工一起分享利益，尽可能多地分享利益。小米公司刚成立的时候，就推行了全员持股、全员投资的计划。小米最初的 56 个员工，自掏腰包总共投资了 1100 万美元——均摊下来每人投资约 20 万美元。

我们给了足够的回报，一是工资上我们是主流；第二是在期权上真的是有很大的上升空间，而且每年我们公司还有一些内部回购；第三是团队做事确实有时候压力很大，但他会觉得有很强的满足感，很多用户会极力追捧他，比如说某个工程师万岁。

5. 与米粉交朋友

做朋友的心理就是，如果你这个问题是你的朋友来找你解决的话，你会怎么做？那当然是你能解决就给他立刻解决了，解决不了也要想办法帮他解决。

小米学习的是海底捞。就是把它变成一种文化，变成一种全员行为，给一线赋予权力。比如，用户投诉或不爽的时候，客服有权根据自己的判断，赠送贴膜或其他小配件。又如，曾有用户打来电话说，自己买小米是为了送客户，客户拿到手机还要去自己贴膜，这太麻烦了。于是在配送之前，小米的客服在订单上加注了送贴膜一个，这位用户很快感受到了小米的贴心。

再如，小米在微博客服上有个规定：15 分钟快速响应。还专门开发了一个客服平台。不管是用户的建议还是吐槽，很快就有小米的人员进行回复和解答。

为了让工程师拥有产品经理思维，我们从一开始就要求所有员工，在朋友使用小米手机过程中遇到任何问题，无论硬件还是软件，无论是使用方法或技巧的问题，还是产品本身出现了漏洞，都要以解决问题的思路去帮助朋友。甚至要求所有工程师通过论坛、微博和 QQ 等渠道和用户直接取得联系。

我们还让工程师们直面每段代码成果在用户面前的反馈，当一项新开发的功能发布后，工程师们马上就会看到用户的反馈。小米甚至要求工程师参加和粉丝聚会的线下活动。这样的活动让工程师知道他做的东西在服务谁，他感受到了用户不仅仅是一个数字，还是一张张脸，是一个实实在在的人物，有女用户、女粉丝非常热情地拉他们签名、合影。这些宅男工程师就觉得他写程序不是为了小米公司写，是为了他的粉丝在做一件工作的时候，这种价值实现是很重要的。

资料来源：鲍倩倩，雷军. 小米的管理创新. 游戏创业，2013.9.

7.4 新创企业文化建设

美国《幸福》杂志曾说，没有强大的企业文化，就没有卓越的企业价值观、企业精神和企业哲学信仰，再高明的企业经营战略也无法成功。当一个企业的企业文化形成以后，其企业文化就是企业发展的润滑剂，推动企业长期稳定的发展；企业文化对该企业的道德、规范以及习俗等就会产生长远而深刻的影响；同时，企业文化也能够加强企业的无形资产，推动公司品牌的提升。国际很多的知名公司的品牌无不来自其背后具有辐射性企业文化的支持，如轩尼诗的爱情文化，劳斯·莱斯的贵族文化，万宝路的牛仔文化等。企业文化是随企业最初的创立而产生，企业自诞生之日起就同时有企业文化的存在。但是，企业文化的形成需要一定时间的积淀。良好的企业文化不但能促进企业良性健康的发展，同时还能为企业带来更持续的竞争力。

7.4.1 企业文化概述

1. 企业文化的概念

企业文化是企业为解决生存和发展的问题而树立形成的，被组织成员认为有效而共享，并共同遵循的基本信念和认知。

2. 新创企业文化建设的误区

新创企业应该进行企业文化建设，也能够成功地进行企业文化建设，这应该是没有异议的。但是，新创企业的企业文化建设也容易陷入一些误区，使这些企业不仅不能从企业文化建设中获益，还要受到损失。

(1)企业目标非企业化。什么是企业目标或要办成一个什么样的企业，对创办企业的人来讲应该是一个最基本、最简单不过的问题了。然而，许许多多的企业之所以失败，就是因为没有把这个问题解决好。许多企业由于办企业的目标不明确或不正确，所培育的企业文化也就表现出种种问题。

企业文化的培育在很大程度上取决于企业主要领导者的价值观和职业素质，在社会价值取向日趋多元的今天，如果企业主要领导者没有承担风险、贡献才智、创办一流企业的强烈责任感，忽而想从政，忽而想经商，忽而想著书立说作名流，忽而想谋个高薪职位吃安稳饭，那么，企业就不会有长远的值得全体员工共同奋斗去实现的目标。因此，对于新创企业而言，尽管企业规模不同，行业各异，若想建设好自己的企业文化，领导者至少要在守法经营、产业报国等这些基本问题上“思无邪”，方能不陷入偏离企业目标的种种误区。

(2)企业精神缺少个性化。企业精神是企业文化的精髓，能够根据本企业的特点，概括、提炼出本企业所特有的企业精神，不但能对内激励员工的工作热情，对外也能提升企业形象，有利于企业的长远发展。

现在，关于企业文化的理论不断推出，而我们却看到为数不少的企业提不出自己的企业精神，或者勉强提出几条，也是套话、空话，诸如什么“团结”、“奋进”、“拼搏”、“进取”之类的豪言壮语，千厂一面，让人看不出企业的个性。像这样口号式的企业精神，不仅对内起不到激励职工的作用，还暴露了管理层的肤浅、懒惰、不求甚解或附庸风雅的消极面。

什么样的企业精神具有个性化特点呢？同仁堂是驰名国内外的中药生产、开发、经销企业，是有数百年历史的中华老字号，该企业中有着悬挂数百年的警言，“炮制虽繁必不敢省人工，品味虽贵必不敢省物力”、“修合无人见，存心有天知”。这两幅对联，不仅对仗工整，有神韵，有正气，具有传统文化色彩，而且极符合中药配制中的行业特点，几百年来，对同仁堂天下闻名的质量至上意识的形成起了重要作用。尽管当时还没有关于企业文化的理论，但谁能不认为这是提炼企业精神的成功案例呢？

对于一个企业来说，能不能及时形成积极向上的有特色的企业精神，取决于两方面的努力：一是领导层能否认真研究企业文化，及时总结出本企业的企业精神；二是员工能否认同这种企业精神，并体现在行动中。在这方面，新创企业容易陷入的误区就是自己提出的企业精神缺少特色，或是说非个性化。

(3)形象设计形式化。企业形象是企业文化的外在表现。良好的企业形象可以使企业在社会上迅速获得声誉，对开拓市场、搞活经营大有裨益。国外专家还形成了进行企业形象系统设计的理论，即CIS系统设计理论。按照这个理论，企业形象可按理念识别、行为识别和视觉识别这三大系统去进行设计。麦当劳连锁经营店，以其独特的店面风格、员工服务内容和产品加工营销体系，从美国一家普通的快餐店发展成知名度极高的跨国公司，成为被人津津乐道的CIS系统设计的经典案例。

但是，是否每个企业，特别是新创企业都应该像麦当劳这样从里到外地进行彻底包装呢？显然不是。进行企业形象设计，必须根据企业的行业要求、区域文化、企业实力、时代特点等决定设计的总体方案，在这里，切忌不顾企业自身情况，陷入形式化的误区。

现实生活中，企业想靠包装、炒作求发展而最终失败的例子很多，即便少数企业一时炒作成功，如秦池酒、爱多VCD等，但由于没有真正的有竞争力的产品做后盾，也会迅速陨落。一些企业以企业形象策划、设计为业，会有意无意夸大形象设计的作用，但企业一定要头脑清醒，特别是新创企业，一般承受不了太大的冲击，万不可在企业形象设计上陷入形式化的误区，以免求虚名而受实害。

7.4.2 新创企业文化建设要点

企业家对新创企业的企业文化自公司成立就已经产生深远的影响和作用，是否就表示企业一开始就必须重视企业文化了呢？回答是肯定的，企业家重视企业文化其实就是重视自己的思维和理念是否适合企业的发展的目标。但是，是不是在企业的初创阶段就能够把自己的理念作为企业既定企业文化来确定和推广呢？从目前所存在的企业现状，我们可以看到很少有新创企业能够把企业文化以理性的层面概括提出来，并作为企业发展战略的一环来进一步操作。那么对于目前大部分存在的新创企业来说，什么样的企业文化才是适合他们的呢？我们站在中小企业的企业文化建设的角度上来研究，认为从四个方面来着手建立新创企业的企业文化。

1. 要让员工有归属感

从企业与员工的劳动合同、养老保险、工伤保险等社会保险理顺其关系，为心理默契文化创立条件。

一般中小企业与员工的劳动关系处理得非常不规范，在对员工的社会待遇上没有足够“到位”，因此，中小企业必须把员工的劳动合同和社会保险这“两个利益机制”建立健全，使员工对你的企业在一定程度上形成“归属感”。老板必须将他对企业未来的发展思路和员工进行充分沟通，也就是我们通常说的构筑共同愿景，且让他们感觉也是企业当中的一份子，这种激励是用金钱不能够替代的，而这个时候有效沟通比大型企业更重要。企业在创业时期往往有很多不确定因素左右企业发展，如果老板能够经常和员工交流，使员工知道企业的发展方向，员工也能够很快明白老板的思路，没有太多形式上的条条框框，很容易引起员工的共鸣。

2. 核心价值观的确定

企业文化分为三个层次，即物质层、制度层、核心层。其中核心层是最主要的，中小企业应该花大力气进行核心层的建设。有了核心层进一步就有了制度层，从而就会有物质层。一个只关心物质层和制度层的企业，其企业文化的建设必定要失败。

3. 将核心价值观无时无刻地体现在行动当中

作为老板要身体力行，不断跟员工沟通，形式不要太多，内容简单明了，最基本的核心内容要通过行动去体现，以后有必要可以增加一些形式上的内容，例如公司的刊物、公司的歌曲等。

4. 制度管人

中小企业普遍不重视制度建设，一提到制度化问题，许多老板就搞不清楚本企业应该建立和完善什么制度。或者，仅是涉及其中某一两项而已，而且还支离破碎。企业制度是企业文化的重要内容之一，甚至重于企业文化的"硬件"建设。因此，一般中小企业至少要建立"奖惩制度"和"考核制度"，精确的考核和公正的奖励是很必要的。现在越来越多的中小企业采用期权奖励制度，把经理人和所有人紧紧地联系在一起。而且仅是建立了制度还不够,还要严格执行，奖惩兑现，切忌不要怕麻烦。

新创企业文化建设要经过几个阶段，首先是自发形成阶段，其次是塑造阶段、培育阶段、巩固阶段和创新阶段，最后又回到培育和巩固阶段。自发形成阶段一般时间较长，因为这段时间一般是企业的创业时期，大部分企业家只顾着赚钱，忽略了文化建设的重要性。所以，如果企业一开始就高瞻远瞩，重视企业文化建设，塑造一种强势和个性的企业文化，那文化自发形成的阶段就会大大缩短，从而促进企业的快速健康发展。这就是为什么有的企业不仅能够生存下去，而且能够成为卓越公司，而有的企业却只是昙花一现的最好理由。

链接 5

硅谷的创业文化

《硅谷成功之路》的作者杰弗里·詹姆斯认为，硅谷独一无二的企业文化是该地众多高科技公司取得成功的原因。

硅谷的老总们把企业视为共同体，而不是一台机器或一个军事机构。他们不会婆婆妈妈地告诉雇员们应该做什么，而是提供一种环境，这种环境可以鼓励雇员们实现自己的愿望，同时又能满足公司的需要，他们运用最新技术去发展生产率，同时他们对待雇员像同僚而不是下属，从而承认雇员的价值。为了进一步了解目前划时代的新企业文化，詹姆斯对 15 家最负盛名的高技术公司进行了深入的访谈，并提炼总结成 8 条，合起来成为一种强有力的带有灵活性的团体文化。

(1) 交易是一种经济方式，而不是一场斗争。在这里独树一帜的公司最有可能繁荣发展。

(2) 公司是一个共同体，而不是机器。在硅谷，公司被视为共同体，共存共荣，目的是让每个员工实现自己的理想。

(3) 管理是一种服务，而不是控制。在硅谷，经理们只是确定方向、拥有资产，这样可以让每个员工自由地完成工作。

(4) 员工是创业者的同事，而不是子民。创业家视员工为同仁，平等、相互尊重，能够人尽其才。

(5) 以理想为动力，而不是用恐惧作动

力。在硅谷的高技术创业公司的动力：实现宏伟目标以后，可以获得丰厚的经济上的报酬。

(6)变革是发展的形式，而不是对人的折磨。变革在硅谷的创业公司是一种乐意接受的过程，借此可以适应新的市场环境。

(7)计算机是奴隶，不是主人。在硅谷的创业公司中，计算机被当作有用的奴隶，以此来避免重复、枯燥的劳动。

(8)让工作使人产生兴趣。

资料来源：陈德智. 创业管理(第2版). 北京:清华大学出版社，2007.7.

应用与训练

1. 设计训练

(1)为一个创业企业或你的商业计划，设计一个“理想的”高层管理团队。

(2)角色扮演练习：从一家大公司中招募高层管理团队成员，说服这些人加入你的团队。

(3)为你的商业计划设计一个组织图。图中所表示的人们的责任、职责，以及他们之间的报告关系是怎样的？

2. 思考与练习

(1)为组建团队，创业者需要进行哪些方面的准备？

(2)新创企业的组织结构设计应该考虑哪些问题？

(3)新创企业为什么要进行企业文化建设？

(4)你将如何设计新创企业的考核与薪酬制度？

(5)你认为新创企业怎样进行组织设计？怎样才能招到优秀的人才？

拓展阅读

链接1：创业团队不健全的十个特征

(1)开会变成企业的一个例行公式，而没有什么实质性的内容。

企业的领导人如果经常和其他团队成员在一起开会，首先要分清是真正的开会，还是假装的开会。真正一起开会，形式并不重要，而是真正有信息的分享和脑力的激荡，真正在讨论问题和解决问题。假装在一起开会，就是走个开会的过场而已。

(2)团队成员不能沟通彼此的目标，而是相互给对方压力，并且不伸出援助之手。

企业的领导人要了解团队其他成员的目标、压力和需要。如果团队成员不在一起开会沟通，而是各行其是，缺乏联系，那么企业的各种信息必然不能很好地传达，甚至企业团队之间还会出现误会。

(3)团队的领导人与成员之间没有明确的责、权、利的划分。

企业团队的领导人和其他团队成员之间如果没有明确的责、权、利的划分，那么在实际中出现的一些问题，彼此之间就会互相推卸责任。因此，在企业的章程内，要明确团队领导人与成员的责任、权力和利益的分配，同时这也是建设团队的第一步。为什么三个和尚没水吃？因为他们之间没有明确的分工。

(4)如果团队成员之间缺乏互补的能力，就不会是一个高效的组织。

首先，企业的领导人要看其他团队成员能否给自己提供有效的帮助。团队，正如这个名字一样，成员之间要能够互相帮助，团队合作的力量才会更大，正如“十根筷子难折断”。而且在现实生活中，我们也常说“1+1>2”。

(5)企业团队没有明确的合作流程，各个环节运作相互脱节。

企业领导人与团队成员之间怎样配合，是否具有明确的工作，这是关乎工作流程能否完成的关键。如果不能彼此配合，而是自己做自己的事，那么最后组建起来的工作成果就会是一个“四不像”。因此要求团队成员之间要彼此配合，而且应该有明确的(不一定是书面的)工作流程。

(6)团队成员不认同团队流程和制度，这将会严重影响工作效率。

如果团队的领导人与团队成员不能认同团队的工作流程和制度，那么其工作的积极性就会减小，这样直接导致预期的目标不能完成。其实许多团队有流程，但是这些流程和其他制度一样，往往只是写在纸上，或者只是停留在团队领导者的嘴上，或者是由公司强迫执行，不被团队成员认同。

(7)团队成员不能参与团队的重大决策，这样团队的决策力就很差。

如果团队的重大决策不征求团队成员的意见，那么团队流程和制度就不会被团队成员接受。即使企业制定的整个流程或是其他的决定，不能获得企业团体的全部成员的认同，但是至少要传达到每个部门的领导那里。

(8)团队合作缺乏激励与惩罚的机制，这样，企业的工作热情就会受挫。

团队精神是培养而不是命令出来的，而培养的一个重要手段就是薪酬和奖励制度。如果不考核团队合作，不奖励团队合作，在绝大多数情况下就不会有团队合作。

(9)团队成员不能分享团队成果。

团队的全部成员能够为企业取得重大成果而庆祝，即使一些人并没有做出直接贡献。这样的团队就会更加有凝聚力，其融合度也就越高。

(10)如果团队成员不信任团队领导者，那么就很可能发生有令不从的情况。

如果团队领导者不能以身作则，不能遵守自己的承诺，一定得不到员工的信任。

链接2：创业团队决策要考虑的七个原则

第一原则——先冷静，再决策

从理论上讲，决策应该是一个理性的过程，但遗憾的是，我们大多数人都无法做到。而非正常情绪下的决策，大多数都会导致失误。

第二原则——鱼和熊掌无法兼得

每个人都有追求完美的欲望，尤其是那些自信的人，更容易患有“完美强迫症”。但一家创业公司很难有足够的资源和基础追求完美，在决策时往往面临难以取舍的无奈，这种无奈是大多数创业者“焦虑”的根源，也是决策过程中的障碍。

第三原则——真实的未必是正确的

人是很奇怪的动物，对任何事只要看一眼，就会形成映像。这种映像很真实，但这种真实有最大的欺骗性。每个人都是根据自己的感觉和经验来决策，不过我们在很多情况下不可能了解事情的全貌。在多个人开会决策时，最常犯的错误就是每个人都坚持自己的意见，而这些意见都是各自的真实感受。寓言“盲人摸象”的情形其实每天都在上演。

第四原则——设定好合适的最终拍板人

团体决策其实是最难的事情，几个不同背景的人去讨论一件事，其中大多数人具有决策权力却没有决策的背景知识(在创业公司的高管中，有的是营销背景，有的是技术背景，有的是财务背景)。如果今天讨论营销问题，而同时技术负责人和财务负责人具有同样的话语权，结果将非常不幸。在决策讨论时，一定要设一个最终拍板人，让知识背景与决策话题最接近的人做决策拍板人，其他人可以建议，但要一致尊重最终拍板人的决定。

第五原则——绝不相互埋怨

“这事我该怎么决定?”我经常被其他创业者问这样的问题。他犹豫了，为什么犹豫？是因为以前他曾经做过错误的决策，被埋怨过。创业过程充满了很多不确定性，没有人能确保不犯错误，甚至错误的决策要比正确的决策次数多得多。相互埋怨会摧毁决策者的信心和感觉，会让结果更糟。

第六原则——不要对投资人隐瞒任何信息

“我们的投资人非常讨厌，不了解情况，却指手划脚。”也有很多创业者这么向我抱怨，投资人几个月才到公司一次，对情况不够了解，却参加公司最重大问题的决策。而作为投资人怎么想？他们每天见很多人，对行业的宏观局面非常了解，也会看到很多成败的案例，当然希望将经验和教训告诉自己所投资的公司。既然公司的治理结构赋予创业者和投资人对公司重大事务的决策权力，双方就必须进行良好的合作才能成功。为了让投资人支持创业者的决策，就必须尽量让他们多了解公司的情况(这一点，很多创业者做不到，经常报喜不报忧)。

第七条原则——不要替创业者决策

这条原则是要求投资人的。作为投资人，也必须有一种心理准备：无论你多么有经验，只能提建议，不要替创业者决策。宁愿创业者犯错误(错误犯在创业者身上，对公司今后的成长有利，而错误犯在投资人身上，对公司基本没什么意义)。

资料来源：宋爱会. 创业必读创业案例. 合肥：黄山书社，2009. 7.

参考文献

[1] 宋爱会. 创业必读创业案例. 合肥：黄山书社，2009.

[2] 龚荒. 创业管理——过程 · 理论 · 实务. 北京：北京交通大学出版社，2011.

[3] 张玉利. 创业管理. 北京：机械工业出版社，2013.

[4] (美)马里奥蒂等著，彭代武，陈昀译. 创业管理：创立并运营小企业(第2版). 电子工业出版社，2012.

[5] 夏清华. 创业管理. 武昌：武汉大学出版社，2007.

[6] 陈德智. 创业管理(第2版). 北京：清华大学出版社，2007.

[7] 石建勋等. 职业规划与创业管理. 北京：机械工业出版社，2006.

[8] [美]马克 · J · 多林格. 创业学——战略与资源(第3版). 北京：中国人民大学出版社，2006.

[9] 陶莉. 创业企业组织设计和人力资源管理. 北京：清华大学出版社，2005.

第8章
财务计划

8.1 企业财务与税收相关概念
8.2 启动资金预算
8.3 创业企业资金筹措
8.4 财务预算
8.5 财务可行性评价
8.6 盈亏平衡分析
8.7 财务分析
8.8 风险资本退出方式

案例导入

史玉柱的第一桶金

巨人集团创始人史玉柱，1986 年毕业于浙江大学数学系，之后进入深圳大学攻读软科学管理硕士研究生。1989 年初毕业后被分配到安徽省统计局工作。同年 7 月回到深圳，以身上仅有的借来的 4000 元和自己开发的 M-6401 桌面排版印刷系统开始了创业。1989 年 8 月，史玉柱和三个伙伴将这仅有的 4000 元钱承包了天津大学深圳科技工贸发展公司电脑部。他觉得 M-6401 此时已能推向市场，在手头上资金有限的情况下，史玉柱“赌”了一把，利用《计算机世界》先打广告后付款的时间差，做了一个 8400 元的广告。广告打出后 13 天，即 8 月 15 日，史玉柱的银行账户第一次收到三笔汇款共 15 820 元。4 个月后，M-6401 的销售额一举突破百万大关，从而奠定了巨人创业的基石。

——节选自《巨人集团的兴衰史》

案例思考

1. 创业时，除了借款筹资以外，还有哪些筹资渠道与方式？
2. 创业企业现金预算的重要性？

学习目标

1. 了解启动资金的构成，并掌握启动资金预算的编制；
2. 了解创业企业资金筹集的渠道与方式、创业企业筹资风险控制；
3. 掌握销售收入、销售成本、现金预算及预计报表等的编制方法；
4. 理解创业企业项目评价依据，掌握项目评价指标的计算及其应用；
5. 掌握盈亏平衡点及安全边际的计算；
6. 了解财务分析的基本内容及方法。

解决问题

1. 创业企业如何做出合理的启动资金预算；
2. 创业企业从何处筹集资金，以及如何对资本结构和股本结构进行决策；
3. 如何对项目进行财务可行性评价；
4. 如何对企业进行财务分析。

创业者在捕捉到创业机会后，在分析其市场环境等条件的基础上形成目标项目，接下来就要对目标项目进行可行性分析，在财务计划这一部分，我们将分析目标项目的财务可行性，这主要是通过编制财务计划的方式实现的。

财务计划编制的目的就是对项目实施需要的财务资源进行预测和计划，结合市场等其他分析，对项目实施后的收入、成本费用和现金等进行预测、分析，最终形成项目的预计报表(包括预计资产负债表、预计利润表和预计现金流量表)，以此为基础，对项目的财务可行性进行分析和评价。另外，资金紧张是创业企业的共同问题，创业企业通过财务计划的编制，也可以提高资金的使用效率。最后，编制财务计划也为投资人和债权人提供了决策的重要依据。

8.1 企业财务与税收相关概念

由于这一章涉及不少财务会计与税收方面的知识，在开始讲解财务计划之前，我们首先熟悉一下企业财务与税收相关概念。

8.1.1 常用财务术语

1. 资产负债表类

(1)资产。资产是指企业过去的交易或者事项形成的、由企业拥有或者控制的、预期会给企业带来经济利益的资源。资产能够直接或间接地给企业带来经济利益，如商品、机器设备，是企业的资产。

(2)流动资产。流动资产是指可以在1年或者超过1年的一个营业周期内变现或者耗用的资产，主要包括现金、银行存款、短期投资、应收及预付款项、存货、待摊费用等。

(3)存货。存货是指企业在日常活动中持有以备出售的产成品或商品、处在生产过程中的在产品、在生产过程或提供劳务过程中耗用的材料和物料等。

(4)应收账款。应收账款是指企业因销售商品、产品、提供劳务等经营活动应收取的款项。

(5)固定资产。固定资产指使用年限在1年以上、单位价值在规定标准以上，并在使用过程中保持原有物质形态的资产，包括房屋建筑物、机器设备、运输设备、工具器具等。

(6)固定资产折旧。固定资产折旧是指在固定资产使用寿命内，按照确定的方法对应计折旧额进行系统分摊。

(7)无形资产。无形资产是指企业拥有或者控制的没有实物形态的可辨认非货币性资产，包括专利权、非专利技术、商标权、著作权、土地使用权和特许权等。

(8)负债。负债是指由于过去的交易或事项所引起的公司、企业的现时义务，这种义务需要公司、企业在将来以转移资产或提供劳务加以清偿，从而引起未来经济利益的流出。

(9)流动负债。流动负债是指将在1年(含1年)或者超过1年的一个营业周期内偿还的负债，包括短期借款、应付票据、应付账款、预收账款、应付工资、应付福利费、应付股利、应交税金、其他暂收应付款项、预提费用和1年内到期的长期借款等。

(10)应付账款。应付账款是指因购买材料、商品或者接受劳务供应等而发生的债务。

(11)长期借款。长期借款是指企业向银行或其他金融机构借入的期限在1年以上(不含1年)或超过1年的一个营业周期以上的各项借款。

(12)应缴税费。应缴税费是指企业根据在一定时期内取得的营业收入、实现的利润等，按照现行税法规定，采用一定的计税方法计提的应缴纳的各种税费。应缴税费包括企业依法缴纳的增值税、消费税、营业税、所得税、资源税、土地增值税、城市维护建设税、房产税、土地使用税、车船税、教育费附加、矿产资源补偿费等税费，以及在上缴国家之前，由企业代收代缴的个人所得税等。

(13)所有者权益。所有者权益是指公司、企业投资人对公司、企业净资产的所有权，是公司、企业全部资产减去全部负债后的余额。包括：实收资本(有限责任公司)、股本(股份有限公司)、资本公积、盈余公积和未分配利润。

2. 损益类

(1)收入。收入是指企业在日常活动中形成的、会导致所有者权益增加的、与所有者投入资本无关的经济利益的总流入。收入包括销售商品收入、提供劳务收入和让渡资产使用权收入。按收入的主次可以将收入分为主营业务收入和其他业务收入。

(2)成本。成本是指企业为生产产品、提供劳务而发生的各项耗费，如材料耗费、薪金支出、折旧费用等；成本通常分为产品成本和劳务成本。

(3)费用。费用是指企业为销售商品、提供劳务等日常活动所发生的经济利益的流出，通常可分为营业成本和期间费用，期间费用又分为管理费用、财务费用和销售费用。

(4)营业税金及附加。营业税金及附加是指企业经营主要业务应负担的营业税、消费税、城市维护建设税、资源税、土地增值税和教育费附加。

(5)销售费用。销售费用是指企业在销售商品过程中发生的费用；比如销售人员的工资以及销售过程中发生的运输费、包装费、保险费以及广告费等。

(6)管理费用。管理费用是指企业为组织和管理企业生产经营所发生的费用，包括企业在筹建期间内发生的开办费、董事会和行政管理部门在企业的经营管理中发生的或者应由企业统一负担的公司经费、工会经费、董事会费、诉讼费、业务招待费等。

(7)财务费用。财务费用是指企业为筹集生产经营所需资金等而发生的费用，包括应当作为期间费用的利息支出(减利息收入)、汇兑损失(减汇兑收益)以及相关的手续费等。

(8)所得税费用。所得税费用是指企业经营利润应交纳的所得税。所得税费用，核算企业负担的所得税，是损益类科目。

8.1.2　会计处理相关概念、等式

1. 权责发生制

权责发生制是指企业应按收入的权利和支出的义务是否属于本期来确认收入、费用的入账时间，而不是按款项的收支是否在本期发生。权责发生制下，凡是本期实现的收益和发生的费用，不论款项是否收付都应作为本期的收益和费用入账；凡不属本期的收益和费用，即使款项已在本期收付，也不应作为本期的收益和费用入账。

2. 收付实现制

收付实现制是以现金收到或付出为标准，来记录收入的实现和费用的发生。按照收付实现制，收入和费用的归属期间将与现金收支行为的发生与否，紧密地联系在一起。也就是，现金收支行为在其发生的期间全部记作收入和费用，而不考虑与现金收支行为相连的经济业务实质上是否发生。

3. 财务会计报告

财务会计报告是企业和其他单位向有关各方面及国家有关部门提供财务状况和经营成果的书面文件。根据《企业会计制度》的规定，企业的财务会计报告由会计报表、会计报表附注和财务情况说明书组成。

4. 会计报表

会计报表是财务会计报告的主要组成部分。它是根据会计账簿记录和有关资料，按照规定的报表格式，总括反映一定期间的经济活动和财务收支情况及其结果的一种报告文件。会计报表主要包括资产负债表、利润表、现金流量表、股东权益变动表及各种附表。

5. 会计恒等式

所谓会计的恒等式，也有人称之为会计方程、会计平衡公式。它表现了会计要素之间的数量关系，是会计方法的出发点和基础。常用的会计恒等式如下。

会计等式之一：资产 = 负债 + 所有者权益

这是会计记账和核算的基础，更是编资产负债表的基础。它表明了股东与债权人二者在企业的资产中到底占了多大份额。

会计等式之二：收入 - 费用 = 利润(或亏损)

这一会计等式，称为财务成果等式，它反映了收入、费用和利润三个会计要素的关系，揭示了企业在某一特定期间的经营成果。

8.1.3 企业常见税种介绍

税收，是指以国家为主体，为实现国家职能，凭借政治权力，按照法定标准，无偿取得财政收入的一种特定分配方式。它体现了国家与纳税人在征税、纳税的利益分配上的一种特殊关系，是一定社会制度下的一种特定分配关系。

按征税对象分类，可将全部税收划分为流转税类、所得税类、财产税类、资源税类和行为税类五种类型。(1)流转税类——以流转额为征税对象(如增值税、消费税、营业税和关税等)。(2)所得税类(收益税)——以各种所得额为课税对象(如企业所得税、个人所得税)。(3)财产税类——以纳税人所拥有的财产数量或财产价值为征税对象(如房产税、车船税、船舶吨税等)。(4)资源税类——以自然资源和某些社会资源为征税对象(如资源税等)。(5)行为税类——以纳税人的某些特定行为为课税对象(如印花税、车辆购置税、城市维护建设税等)。

1. 增值税

增值税是对在我国境内销售货物或者提供加工、修理修配劳务以及进口货物的企业和个人，就其货物销售或提供劳务的增值额和货物进口金额为计税依据而课征的一种流转税。

根据纳税人的经营规模以及会计核算的健全程度不同分为一般纳税人和小规模纳税人。小规模纳税人是指年应税销售额在规定标准[①]以下，并且会计核算不健全，不能按规定报送有关税务资料的增值税纳税人；一般纳税人是指年应征增值税销售额超过小规模纳税人标准或符合税法规定情形的企业和企业性单位。除国家税务总局另有规定外，纳税人一经认定为一般纳税人后，不得转为小规模纳税人。

对增值税一般纳税人，当期应纳增值税额 = 当期销项税额 - 当期进项税额；对小规模纳税人，当期应纳增值税额 =（销售额/1.03）×0.03。

2. 消费税

消费税是指对特定的消费品和特定的消费行为在特定的征收环节征收的一种流转税（属于特别消费税）。我国现行消费税是对我国境内从事生产、委托加工和进口应税消费品的单位和个人，就其应税消费品的销售额或销售数量或二者结合征收的一种流转税。

消费税的计税方法主要有：从价定率、从量定额和复合计征三种方式。从价定率方式下，应纳税额 = 销售额 × 税率；从量定额方式下，应纳税额 = 应税消费品的销售数量 × 单位税额；复合计征方式下，应纳税额 = 销售额 × 比例税率 + 销售数量 × 定额税率。卷烟、白酒采用从量定额与从价定率相结合复合计税。

3. 营业税

营业税是在我国境内提供应税劳务、转让无形资产和销售不动产的单位和个人，就其取得的营业额为征税对象征收的一种流转税。

营业税税目包括：交通运输业、建筑业、金融保险业、邮电通信业、文化体育业、娱乐业、服务业、转让无形资产和销售不动产。对应的营业税税率为：①交通运输业、建筑业、邮电通信业、文化体育业的税率为 3%；②服务业、转让无形资产、销售不动产、金融保险业的税率为 5%；③娱乐业的税率为 5%～20%。

4. 城市维护建设税

城市维护建设税，简称城建税，是我国为了加强城市的维护建设，扩大和稳定城市维护建设资金的来源，对有经营收入的单位和个人征收的一个税种。

城市维护建设税是以纳税人实际缴纳的流通转税额为计税依据征收的一种税，纳税环节确定在纳税人缴纳的增值税、消费税、营业税的环节上，从商品生产到消费流转过程中只要发生增值税、消费税、营业税的当中一种税的纳税行为，就要以这种税为依据计算缴纳城市维护建设税。

应纳税额 =（增值税 + 消费税 + 营业税）× 适用税率

税率按纳税人所在地分别规定为：市区 7%，县城和镇 5%，乡村 1%。大中型工矿企业所在地不在城市市区、县城、建制镇的，税率为 1%。

---

① 认定标准：①从事货物生产或提供应税劳务的纳税人以及以从事货物生产或提供应税劳务为主，并兼营货物批发或零售的纳税人，年应税销售额在 50 万元以下的；②其他纳税人，年应税销售额在 80 万元以下的；③特殊情况，小规模纳税人会计核算健全，能够提供准确税务资料的，可以向主管税务机关申请资格认定，不作为小规模纳税人，依法计算增值税应纳税额（仅指生产型）；年应税销售额超过小规模纳税人标准的其他个人"按"小规模纳税人标准纳税；年应税销售额超过小规模纳税人标准的非企业性单位、不经常发生应税行为的企业，"可选择"按小规模纳税人纳税。

5. 教育费附加

教育费附加是对缴纳增值税、消费税、营业税的单位和个人征收的一种附加费。教育费附加是发展地方性教育事业，扩大地方教育经费的资金来源。

应纳税额 = (增值税 + 消费税 + 营业税) × 征收率

教育费附加的征收率为 3%。

6. 企业所得税

企业所得税，是对我国境内的企业和其他取得收入的组织的生产经营所得和其他所得征收的一种税。企业所得税采用比例税率，其中，基本税率为 25%，适用于居民企业和在中国境内设有机构、场所且所得与机构场所有关联的非居民企业。低税率为 20%，适用于在中国境内未设立机构、场所的，或者虽设立机构、场所但取得的所得与其所设机构、场所没有实际联系的非居民企业。实际征税时适用 10% 的优惠税率。优惠税率为 15%，适用于高新技术企业。

企业应交所得税 = 应纳税所得额 × 所得税税率

应纳税所得额 = 收入总额 − 不征税收入 − 免税收入 − 各项扣除 − 以前年度亏损。

8.2 启动资金预算

8.2.1 启动资金的概念

当创业者根据自己的创业构想，形成企业创办的一些具体方案后，一个企业蓝图由此产生，但如果要将这个纸面上的企业变为现实，我们还需要启动资金。

启动资金是创业企业为使项目达到设计的生产能力，开展正常经营而需投入的全部资金。包括支付场地(土地和建筑)、办公家具、机器设备、原材料和库存商品、营业执照和许可证、开业前广告和促销、工资以及水电费和电话费等费用的资金。

8.2.2 启动资金的内容

总的来说，启动资金包括建设投资和流动资金投资两项内容，如图 8-1 所示。

(1) 建设投资。建设投资是指在建设期内按一定生产经营规模和建设内容进行的投资，具体包括固定资产投资、无形资产投资和其他资产投资三项内容。

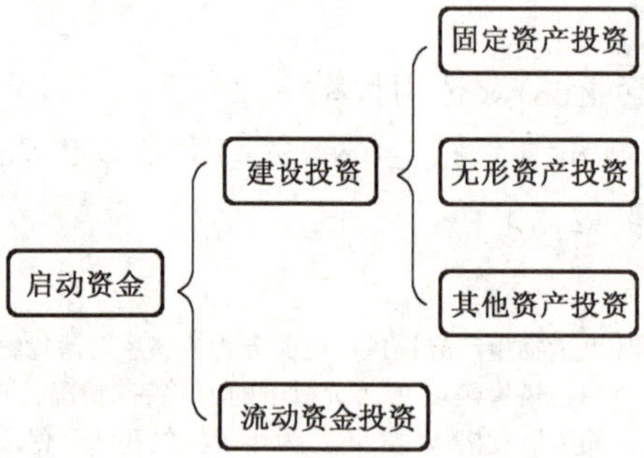

图 8-1　启动资金内容

① 固定资产投资。固定资产投产是指项目用于购置或安装固定资产应当发生的投资。固定资产原值与固定资产投资之间的关系为：

固定资产原值 = 固定资产投资 + 建设期资本化利息

② 无形资产投资。无形资产投资是指项目用于取得无形资产应当发生的投资。

③ 其他资产投资。其他资产投资是指建设投资中除固定资产投资和无形资产投资以外的投资，包括生产准备和开办费。

(2)流动资金投资。流动资金投资是指创业企业投产前后分次或者一次性投放于流动资产项目的投资增加额，又称为垫支流动资金或者营运资金投资。

8.2.3 项目计算期

项目计算期是指项目从投资建设开始到最终清理结束整个过程的全部时间，包括建设期和运营期(具体又包括投产期和达产期)。

其中，建设期是指项目资金正式投入开始至项目建成投产为止所需要的时间，建设期的第一年称为建设起点，建设期的最后一年末称为投产日，从投产日到终结点之间的时间间隔称为营运期。

一般而言，项目计算期越长，其所面临的不确定性因素越多，从而风险也越大，投资者要求的报酬可能会越高。具体关系如图 8-2 所示。

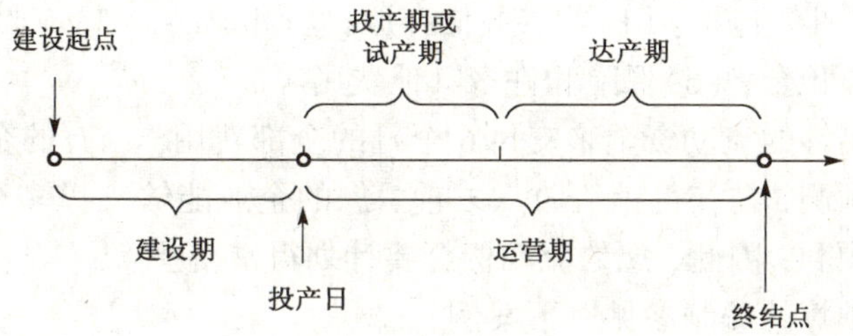

图 8-2　项目计算期

8.2.4 启动资金预算

在了解了启动资金的含义及内容后，我们现在接着研究创业企业如何编制启动资金预算。编制启动资金预算比较复杂的是固定资产预算和流动资金预算。固定资产预算包括：企业用地和建筑、办公家具和机器设备等；流动资金预算包括：原材料和成品库存、促销、工资、租金、保险和其他费用。下面分别说明这两种预算的编制。

1. 企业用地和建筑

根据新修订《公司法》第 23 条规定，设立有限责任公司，应当具备的条件之一是“有公司住所”。也就是办企业或者开公司，都需要有适用的场地和建筑。也许是用来开工厂的整个建筑，也许只是一个小工作间，也许只需要租一个铺面。创业者根据自己要创办企业的特性，就可以确定需要什么样的场地和建筑时，一般来说选择有如下三个：(1)新建建筑；(2)买现成的建筑；(3)租一栋楼或者其中一部分。

三种方式各有优缺点，具体如表 8-1 所示。

表 8-1　各类场地及其优缺点

场地选择	优点与缺点
新建建筑	如果你的企业对场地和建筑有特殊要求，最好建造新的房子，但这需要大量的资金和时间
买房	如果你能在优越的地点找到合适的建筑，则买现成的建筑既简便又快捷。但现成的房子往往需要经过改造才能适合企业的需要，而且需要花大量的资金
租房	租房比造房和买房所需启动资金要少，这样做也更灵活。如果是租房，当您需要改变企业地点时，就会容易得多。不过租房不像自己有房那么安稳，而且你也得花钱进行装修才能使用

2. 机器设备

机器设备是指您的企业需要的所有机器、工具、工作设施、车辆、办公家具等。对于制造商和一些服务行业，在机器设备上的投资往往金额巨大，所以选择正确的设备类型就显得非常重要，创业者要慎重考虑需要哪些设备，并把它们编入启动资金预算。

3. 流动资金垫支预测

一般来说，企业开张后要运转一段时间才能有销售收入，比如制造商在销售之前必须先把产品生产出来形成产成品；服务企业在开始提供服务之前要购买原材料及其他用品；零售商或者批发商在销售之前必须先进货。另外，创业企业在揽来顾客之前还必须采用各种方式进行广告宣传和促销。创业者必须明白，在你获得第一笔收入之前，你必须在很多方面垫支流动资金，具体包括：(1)购买并储存原材料和成品；(2)应收账款或者票据；(3)促销；(4)工资；(5)租金；(6)保险和许多其他费用等。

有的企业需要足够的流动资金来支付6个月的全部费用，也有的企业只需要支付3个月的费用。您必须预测，在获得销售收入之前，您的企业能够支撑多久。一般而言，刚开始的时候销售并不顺利，因此，您的流动资金要计划得富裕些。

关于启动资金预算的编制参见以下案例。

湖南台的《爸爸去哪儿》的热播将公众的视线聚焦到了亲子教育上面，李明认为，随着人们生活水平的提高，家长们会将更多的时间与资金在亲子教育上，因而他决定成立一个"亲亲宝贝公司"，通过组织一些特别的活动，为每个有小孩的家庭创造一个亲子教育的机会与舞台，每个参与家庭只要交一定的费用，便可以亲身体验平民版的《爸爸去哪儿》，公司也因此赢取一定的利润。公司提供的亲子教育活动主要有"家有宝贝活动"和"幸福蓝天活动"。项目启动资金预算如表8-2所示。

表8-2 "亲亲宝贝公司"启动资金预算表

类别	项　目	数　量	单　价	金　额	说　明
固定投资	店面装修	1间	10 000	10 000	按2年摊销
	电脑	3台	4000	12 000	按3年计算折旧
	办公桌椅	3套	500	1500	按5年计算折旧
	DV机	4部	4000	16 000	按3年计算折旧
	电话	2部	150	300	按3年计算折旧
	饮水机	1台	200	200	按5年计算折旧
	文件柜	6个	300	1800	按5年计算折旧
	挂式空调	1台	3000	3000	按5年计算折旧
	其他			1000	
	小计			45 800	
企业开办费	登记注册和营业执照费			3500	作为待摊费用在5年内摊销
	小计			3500	

续表

类别	项目	数量	单价	金额	说明
流动资金	店面租金	3 个月	15 000	15 000	包括水电费
	保险费	12 个月	2400	2400	
	备用金	1 个月	2000	2000	
	广告宣传费	3 个月	50 000	50 000	预计需要 3 个月时间企业才能达到收支平衡
	人员工资	3 个月	120 000	120 000	
	办公费	3 个月	1800	1800	
	其他	3 个月	6300	6300	
	小计			197 500	
合计				246 800	

备注：为了使企业在资金上保留一定的富裕度，公司启动资金预算为 25 万元，主用于第一阶段的固定资产投资、开办费用和流动资金等。

8.3 创业企业资金筹措

在编制了启动资金预算后，接下来就是如何筹措这些资金，这涉及三个问题：筹资渠道与方式如何选择？筹资风险如何控制？股权结构如何决策？

8.3.1 筹资的渠道与方式

企业筹措资金的方式与企业的组织形式有关，通常来讲，公司制企业有两种组织形式：有限责任公司和股份有限公司。无论什么样的公司，其资金来源按大类分为权益资金筹集与债务资金筹资两种。权益资金筹措的方式主要有吸收直接投资（适用于有限责任公司）、发行股票（适用于股份有限公司）、留存收益融资、吸收风险投资、技术创新基金。债务资金筹集的主要方式有：银行借款、发行公司债券、融资租赁、商业信用等。

下面对这几种资金筹集方式做一个简要介绍。

1. 吸收直接投资

吸收直接投资指企业以协议等形式吸收国家、其他企业、个人和外商等直接投入资本。不以股票为媒介，适用于有限责任公司。

2. 发行股票

发行股票是指股份有限公司发行普通股筹集资金的一种筹资方式。普通股是股份有限公司为筹措股权资本而发行的有价证券，是持股人拥有公司股份的凭证，代表着对发行公司净资产的所有权。

3. 留存收益融资

留存收益融资是指企业通过提取盈余公积金（有指定用途的留存净利润）和未分配利润（无指定用途的留存净利润）两种方式筹措资金的行为。盈余公积金主要用于企业未来的经营发展，经投资者审计后也可以用于转增股本（或者实收资本）和弥补以前年度经营亏损，但不得用于以后年度的对外利润分配。未分配利润主要用于企业未来的经营发展，经投资者审计后也可以用于转增股本(或者实收资本)、弥补以前年度经营亏损及以后年度的对外利润分配。

4. 银行借款

银行借款是指企业按照借款合同从银行等金融机构贷款而获得债务资金的一种筹资方式。分为长期银行借款和短期银行借款。

5. 发行公司债券

发行公司债券是指企业按照债券发行协议通过发售公司债券直接筹资，形成企业债务资金的一种筹资方式。公司债券是公司直接向社会借债筹措资金时，向投资者发行，承诺按一定利率支付利息并按约定条件偿还本金的债权债务凭证。

6. 融资租赁

融资租赁又称资本租赁，是由出租人按照承租人的要求购买设备，并在契约或者合同规定的较长时间内提供给承租企业使用的信用性业务。融资租赁具有融资融物双重功能。

7. 商业信用

商业信用是指企业通过赊购商品、预售货款等商品交易行为获得债务资金的一种筹资方式。

8. 吸收风险投资

风险投资是指专业性或者非专业性投资人为具有一定增长潜力、可以快速成长成为经济增长重要贡献者和增长点的新兴企业提供一定期限的股权性资金支持，并通过经营管理服务对所投资企业进行全方位培育和辅导，在企业发育相对成熟后通过上市、转让等手段退出投资企业，以实现资本增值，然后开始新一轮的投资活动。

9. 技术创新基金

技术创新基金是一种引导性资金，通过吸引地方、企业和科技创新投资机构和金融机构对中小企业技术创新的投资。它不以盈利为目的，通过对中小企业技术创新项目的支持，增强其创新能力。

8.3.2 创业企业筹资风险控制

筹资风险，又称财务风险，它是指企业因借入资金而产生的丧失偿债能力的可能性和企业利润(股东收益)的可变性。企业承担风险程度因负债方式、期限及资金使用方式等不同，面临的偿债压力也有所不同。因此，筹资决策除了规划资金需要数量，并以合适的方式筹措到所需资金以外，还必须正确权衡不同筹资方式下的风险程度，并提出规避和防范风险的措施。

为控制风险，创业企业在开展筹资活动时应遵循以下原则。

1. 稳定性原则

稳定性原则，即创业企业借入的资金能保持一定的稳定性，因为借入资金要到期还本付息，如果到期偿还时，企业资金不能收回，就不能按期偿还，将破坏企业的信誉，因此，借款期限要长一些，在安排使用时可以有一定的余地。

2. 适合性原则

即企业筹集的资金一定要适合企业对资金的需要，包括筹资的时机、筹资的期限、筹资的方式要适当。

3. 渠道多元化原则

创业企业在不同的发展阶段要开拓筹资渠道，优化筹资方式。筹资渠道不应仅仅依赖业主投入资金和借款，根据企业的资金状况和经营规模的变化，采用多种筹资方式，与银行等金融机构建立良好合作关系的基础，还应不断开拓更多的筹资渠道，如利用国家优惠政策获取资金、利用国际资金等；企业也可适时引入新的投资者，壮大自有资本，以增强抵御财务风险的能力。

4. 适度负债经营的原则

对创业企业来讲，由于自身的经营风险比较大，所以一定要将财务风险控制在较低的水平；统计数据显示，我国创业版上市的公司的资产负债率平均在30%以下，所以，我们建议，创业企业最好将资产负债率控制在30%以下。

8.3.3 创业企业股权结构决策

创业者在注册成立公司之前必须要做的一件事就是确定公司的权益、分配股权。常规的股权分配(也可以说是原始的方法)是按出资比例来确定，说白了就是谁出钱多谁是大股东。这种貌似公平的分配法，站在投资银行的角度或者以风险投资的眼光来看却是不合理的。

在风险投资还没有进来之前，原始的创业股东们确定自己的股份，一方面可以由出资多少决定股份的多少，另一方面更应考虑每个人的能力、作用来相应决定所持股权的比例。要坚持一个公司里必须有一个核心的人物，坚持贡献多的人就应该理所当然多拿些股份，贡献少能力差些的，就相应少拿些。比如说可以把50%的公司股份按照出资比例来确定，另外50%按照创始人的能力贡献差异性地分配。创业公司的股权要尽可能合理化地分配，创业者们应该开诚布公，关键的问题大家先说好，这样才能保持团队长期合作的公平性，不留任何后患。

从投行的角度看，创业公司的价值不是看砸了多少钱进去，而是创业者的努力使得公司的价值不断放大，因此不管创业者投没投钱、投多投少，也值得让他们拿公司股权的大头。这样可以让他们看到自己的价值，会有足够的动力去拼命为创业公司的业绩增长而苦战。这就是风险投资投进创业公司里一大笔钱，通常只会去占公司的一小部分股份的道理。

还是以“亲亲宝贝公司”为例，我们来看看他的资金筹集方案。

“亲亲宝贝公司”拟采用发起人权益投资、风险投资和负债融资(长期借款融资)来筹集启动资金，其筹资结构如下：

(1)由发起人投资5万元人民币，占全部股权的40%；(2)由团队另外5位投资，各投资1万元人民币，每位成员持股5%，合计各占全部股权的25%；(3)引入风险投资10万元，占全部股权的35%；(4)向中国工商银行借款5万元人民币中长期贷款(为期2年)。具体如表8-3所示。

表8-3 "亲亲宝贝公司"筹资结构表

资金来源 \ 资金规模	权益融资(20万元)			债务融资(5万元)
	发起人杨明	5位团队成员	风险投资	
金额(万元)	5	5	10	5
持股比例	40%	25%	35%	

链接1

京东商城的创始人股权激励

消息称将在本周上市的京东商城，于美国当地时间2014年5月19日更新了招股书文件。显示第一季度净亏损为37.95亿元，不按照美国会计师准则，调整后净亏损8100万元。归属股东的净亏损为人民币52.89亿元，去年同期为净亏损人民币9.52亿元。

不过，京东大幅亏损并非是业务本身造成。招股书显示，京东2014年第一季度计入一笔36.7亿元，约合6.06亿美元股权支出，这笔股权主要是京东董事会授予给京东CEO刘强东9378万股限制股。

达晨创投一位人士向华西都市报记者分析，这可能是对赌协议所致，刘强东在约定的时间内将京东运作上市，赢了对赌，所以获得股权。"对赌协议是不能写进招股书的，只能是以股权激励的形式体现。"

对于刘强东获36.7亿元的股权，众筹乐钱网创始人王炜不认可是对赌的结果："因为这是限制性股票，而不是正常股份。"这意味着在京东上市两到三年后，刘强东才能将这部分股权售出套现。

王炜认为："刘强东是公司创始人，经过多轮融资后，或者因为占股比例小，需要获得一定的股权补偿激励。""一般董事会授予管理层股权激励支出，要么价格远低于上市后的市场价，要么免费赠与，与市场价差价所产生的价值，会作为管理费用成本计入公司财报。"中信建行证券投行人士宋延涛告诉本报记者，股权激励支出以限售股的形式，就是给管理层更大的动力投入公司运营，业绩好公司股价高，几年后获准售出收益才大。

(资料来源：老板分走36亿　京东首季巨亏37亿(http://wccdaily.scol.com.cn/shtml/hxdsb/20140521/211662.shtml 华西都市报)

8.4 财务预算

财务预算是一系列专门反映企业未来一定预算期内预计财务状况和经营成果以及现金收支等价值指标的各种预算的总称。财务预算包括：现金预算、预计利润表、预计资产负债表和预计现金流量表。财务预算的结果将是创业者进行项目的财务可行性分析、盈亏平衡点分析、财务报表分析等的重要依据。但要进行财务预算，首先要进行销售收入和销售成本预算、销售费用和管理费用预算、现金预算等业务预算。

在创业阶段预测销售收入和成本与其说是一门学问，不如说是一种艺术。许多创业者抱怨：建立具有任何准确度的预测都会花费大量时间，这些时间原可以用于销售。但是，作为创业者您必须明白：如果您不能提供一套严密的预测的话，很少会有投资者投钱给您；更重要的是，合理的财务预测会帮助您制订和运行各种计划，有助于公司的成功。

8.4.1 销售收入、成本及税金预算

销售预算是关于预算期销售数量、销售价格和销售收入的预算。销售预算在创业计划书的产品(服务)计划和营销计划中已经说明了价格与成本以及销售预测。

一般来说，应立足于市场研究、行业销售情况以及一些试销经验，可以利用诸如通过国民经济发展预测、市场预测和本企业销售成绩动态预测等方法取得，以及运用购买动机调查、销售人员意见汇总、专家咨询、时间序列分析等多种预测技巧。对新创企业来说，总要经过一段时间的经营，销售收入才能达到一定的规模，这一点并不奇怪。有的月份，推动销售收入增长所付出的成本可能不成比例地升高，这是由特定时间的特定环境决定的。

创业企业在实际编制销售预算时，应分别按产品的名称、数量、金额、销售地区和销售对象等项目加以编制，如表 8-4 所示，目的是便于掌握原理。

表 8-4 销售收入及销售成本预算

月　份	1	2	3	4	5	6	7	8	9	10	11	12	全年
预计销售量													
单位售价													
销售收入													
单位产品成本													
销售成本													
毛利率													
营业税金及附加													

注解：

1. 对于生产型创业企业来讲，单位产品成本预算是直接材料预算、直接人工预算、制造费用预算的汇总。单位产品的有关数据，来自直接材料预算、直接人工预算和制造费用预算。

2. 营业税金及附加包括：营业税、消费税、资源税、城市维护建设税、教育费附加、地方教育费附加①。

8.4.2 采购或者生产预算

采购或者生产预算是在预算期产品销售数量、期末存量和生产数量的预算。依据“以销定产”的原则，采购或者生产预算是在销售预算的基础上编制的，其主要内容有销售量、期初和期末存货、生产量。实际工作中，企业应根据各种产品预计的销售量分别编制各种产品的采购或者生产预算。由于企业的采购或者生产和销售不能做到“同步同量”，必须设

① 地方教育费附加 = (增值税 + 营业税 + 消费税) ×0.02

置一定的存货，以保证均衡生产。因此，预算期间必须具备有充足的产品以供销售外，还应考虑预算期初存货和期末存货等因素。

产品的采购或者生产量与销售量之间的关系，可按下式计算：

预计采购量(或者生产量) = 预计销售量 + 预计期末存货 - 预计期初存货

根据销售预算确定的预计销售量，结合产成品的期初结存量和预计期末结存量编制采购或者生产预算，如表8-5所示。

表8-5 采购或者生产预算表

月 度	1	2	3	4	5	6	7	8	9	10	11	12	全年
预计销售量													
加：预计期末存货													
合计													
减：预计期初存货													
预计采购(或者生产)量													

8.4.3 销售费用及管理费用预算

销售费用预算，是指为了实现销售预算所需支付的费用预算。它以销售预算为基础，分析销售收入、销售利润和销售费用的关系，力求实现销售费用的最有效使用。管理费用预算是企业一般费用的预算。在编制管理费用预算时，要分析企业的业务成绩和一般经济状况，务必做到费用合理化。

预测成本时应该遵循以下几条：(1)由于广告和营销成本总是超出预期，应该加倍进行预计；(2)由于法律/保险/许可费用没有经验可参考，而且总是超出预期，可用3倍进行预计；(3)对第1年的全部成本费用应按月进行预算，每笔支出都不可遗漏，必须仔细加以评估，以保证将增长的支出记录在恰当的月份。例如，应当想到，随着业务的拓展，企业新增的销售人员或者业务代表，诸如交通费、委托费、销售应酬费等销售支出就会有所增加。起步阶段，甚至销售的成本费用占销售收入的百分比也会增加，因为多一份订单，也许要更多的销售电话促成，当企业尚不为人所知时更是如此。

一般来说，销售费用包括：销售人员工资、广告费、包装运输费、折旧费、保管费、通信费、交通费等；具体的销售费用预算表如表8-6所示。

表8-6 销售及管理费用预算表

项 目	1	2	3	4	5	6	7	8	9	10	11	12	全年
1. 销售人员工资													
2. 广告费													
3. 包装运输费													
4. 折旧费													
5. 保管费													
6. 通信费													
7. 交通费													
合计													

管理费用包括：折旧费、管理人员薪酬、福利费、保险费、办公费、租金、公共费用支出(水电煤气费)、电话费/通信费、法律/保险/许可费等。具体的管理费用预算表如表 8-7 所示。

表 8-7 管理费用预算表

项　目	1	2	3	4	5	6	7	8	9	10	11	12	全年
1. 折旧费													
2. 管理人员薪酬													
3. 福利费													
4. 保险费													
5. 办公费													
6. 租金													
7. 公共费用支出(水电煤气费)													
8. 电话费/通信费													
9. 法律/保险/许可费													
合计													

对于固定资产比较多的企业，最好编制固定资产折旧明细表，对生产用、管理用和销售用固定资产分类进行计算和统计，如表 8-8 所示。这三类固定资产折旧对应的费用为制造费用(构成产品生产成本)、管理费用和销售费用。

表 8-8 固定资产折旧明细表

类　型	1	2	3	4	5	6	7	8	9	10	11	12	全年
工具和设备													
机动车辆													
办公家具													
店铺													
工厂建筑													
电子设备													
土地													
合计													

在计算固定资产折旧时，折旧年限的确定很关键，我国税法对该类固定资产的最低折旧年限做了具体规定，如表 8-9 所示。

表 8-9 固定资产折旧的最低年限

固定资产类型	最低年限
房屋、建筑物	20 年
飞机、火车、轮船、机器、机械和其他生产设备	10 年
与生产经营有关的器具、工具、家具等	5 年
飞机、火车、轮船以外的运输工具	4 年
电子设备	3 年

8.4.4 现金预算

现金预算以各项营业预算和资本预算为基础，反映各预算期的收入款项和支出款项，并做对比说明。编制现金预算的目的在于：当资金不足时筹措资金，资金多余时及时处理现金余额，并且提供现金收支的控制限额，发挥现金管理的作用。现金预算的内容包括：现金收入、现金支出、现金多余或不足、资金的筹集和运用。现金预算表如表8-10所示。

表8-10 现金预算表

月 度	1	2	3	4	5	6	7	8	9	10	11	12	全年
期初现金余额													
加：销货现金收入													
可供使用的现金													
减：各项支出													
直接材料													
直接人工													
制造费用													
销售及管理费用													
所得税													
购买设备													
股利													
支出合计													
现金多余或不足													
向银行借款													
还银行借款													
短期借款利息													
长期借款利息													
期末现金余额													

编制说明：

（1）“现金收入”：包括期初现金余额和预算期现金收入。期初“现金余额”，是在编制预算时预计的；“销货现金收入”的数据来自销售预算；“可供使用现金”是期初余额与本期现金收入之和。

（2）“现金支出”：包括预算期的各项现金支出。“直接材料”、“直接人工”、“制造费用”、“销售及管理费用”的数据来源于直接材料预算、直接人工预算、制造费用预算和销售及管理费用。此外，还包括所得税、购置设备、股利分配等现金支出，有关的数据分别来自另行编制的专门预算。

（3）“现金多余或不足”：列示现金收入合计与现金支出合计的差额。差额为正，说明收大于支，现金有多余，可用于偿还过去向银行取得的借款，或者用于短期投资；差额为负，说明支大于收，现金不足，要向银行取得新的借款。

（4）借款额 = 最低现金余额 + 现金不足额。一般按“每期期初借入，每期期末归还”来预计利息。还款后，仍须保持最低现金余额，否则，只能部分归还借款。

8.4.5 预计利润表

预计利润表是整个预算过程的一个重要环节，是反映企业预算期内全部生产经营活动的财务状况和最终成果的预算。又可以称为“预计损益表”，是总预算中的一张关键表。

通过预计利润表的编制，一方面创业者可以通过预计利润表来检查经营方面的盈利性，在不同的经营计划中进行取舍；另一方面，创业者应根据预计利润表制定经营目标，保持对经营活动的控制。同时，预计利润表也是投资者判断创业项目是否可行，决定是否投资的重要依据。

预计利润表的基本格式如下表 8-11 所示，其编制依据主要是销售预算，产品成本预算等前述各预算，具体见表中说明。

表 8-11　预计利润表

编制单位：　　　　　　　　　　　　　年　　月　　　　　　　　　　　　　单位：元

项　　目	行　次	本　月　数	本年累计数
一、营业收入	1		数据来自于销售预算
减：营业成本	2		数据来自于产品成本预算
营业税金及附加	3		数据来自于销售收入、成本及税金预算
销售费用	4		数据来自于销售及管理费用预算
管理费用	5		数据来自于销售及管理费用预算
财务费用	6		数据来自于现金预算
资产减值损失	7		数据来自于公司预计值
加：公允价值变动净收益	8		数据来自于公司预计值
投资收益	9		数据来自于公司预计值
二、营业利润	11		
营业外收入	12		数据来自于公司预计值
减：营业外支出	13		数据来自于公司预计值
其中：非流动资产处置净损失	14		数据来自于公司预计值
三、利润总额	15		
减：所得税（税率 25%）	16		数据来自于现金预算
四、净利润	17		
五、每股收益	18		股份有限公司填列
基本每股收益	19		股份有限公司填列
稀释每股收益	20		股份有限公司填列

编制说明：

（1）第一年的预计利润表要按月编制。

（2）除了编制第 1 年的预计利润表外，还要对第 2～5 年的预计利润表进行评估。

一般来说，投资者要求看到企业经营前 3 年的盈利规划。除了编制第 1 年度按月统计的预计利润表外，还要对第 2 年、第 3 年的损益进行评估；另外，为了便于之后的项目财务可行性评估，我们建议对 5 年营运期的利润表进行评估。第 1 年的表中项目数量可以由以上方法估算，同时对于第 1 年，还可以计算每个项目与销售额的百分比，这些百分比可以用来估算第 2、3、4、5 年度的收入、成本费用等（销售百分比法）。有时候，可能会遇到一些新创企业直到第 2 年度或者第 3 年度才开始盈利的情况，这往往是由于业务的性质以及企业启动成本所决定的。例如，服务型企业，用较短的时间就可以进入盈利阶段，而高科技企业以及需要对产品及设备大量投入的企业，则可能需要较长的时间才能盈利。在制订原始计划的过程中，坚持谨慎性原则最为重要。计算估计的经营成本时，保守的估计，赢得理性的收益，将为新创企业的成功奠定信用基础。

8.4.6 预计资产负债表

创业企业也应编制预计的资产负债表，描述新创企业在首年经营后的年末状况。为了使其中的数据合理，预计资产负债表的制作必须利用预计利润表和预计现金流量表，并与他们保持一致。

预计资产负债表是依据当前的实际资产负债表和全面预算中的其他预算所提供的资料编制而成的，反映企业预算期末财务状况的总括性预算，预计资产负债表的格式见表8-12 所示。

表 8-12 预计资产负债表

编制单位： 年 月 单位：元

资 产	年 初 数	期末数（数据来源）
货币资金		现金预算
应收账款		销售预算
减：坏帐准备		
应收账款净额		
存货		生产或采购预算
其中：原材料		生产或采购预算
产成品		生产或采购预算
包装物		生产或采购预算
待摊费用		启动资金预算
流动资产合计		
固定资产原值		启动资金预算
减：累计折旧		销售及管理费用预算
固定资产净值		
在建工程		
固定资产合计		
资产总计		
负债及所有者权益		
短期借款		现金预算表
应付账款		采购或者生产预算
应交税金		销售预算
应付工资		组织与人力资源
应付福利费		组织与人力资源
一年内到期长期负债		
流动负债合计		
长期借款		现金预算表、资金筹集表
长期应付款		
长期负债合计		
负债合计		
实收资本（或者股本）		资金筹集表
资本公积		
盈余公积		预计利润表及分配表
未分配利润		预计利润表
所有者权益合计		
负债及所有者权益合计		

编制说明：

（1）第 1 年的预计资产负债表要按月编制。

（2）除了编制第 1 年的预计资产负债表外，还要对第 2 ~ 5 年的资产负债表进行评估。

预计资产负债表可以为企业管理当局提供会计期末企业预期财务状况的信息，它有助于管理当局预测未来期间的经营状况，并采取适当的改进措施。

8.3.7 预计现金流量表

创业者应当明了，利润并不等于现金流量。利润是从销售收入中扣除支出后的余额，而现金流量则是真实的现金流入与现金流出的差额。只有当真实的偿付行为发生时，才会有现金数额的增减。销售收入不等于现金，因为销售收入可能只是应计收入，一个月之内可能还拿不到实实在在的现金，况且并不是每张费用票据都需要立刻的现金支出。所以，如果现金流量出现明显的亏空，仅用利润这个指标来评估新创企业是否成功，就可能导致错误的结论。

所以，对创业者来讲，对现金流量像对利润一样进行逐月评估是非常重要的，因为一个盈利的企业也会由于现金的短缺而破产。这也就要编制预计现金流量表，见表8-13所示。

表8-13 预计现金流量表

编制单位： 年 月 单位：万元

项 目	行	上年度	本年度(数据来源)
一、经营活动产生的现金流量			
销售商品、提供劳务收到的现金			销售收入、成本及税金预算
收到的税费返还			公司预估值
收到其他与经营活动有关的现金			公司预估值
经营活动现金流入小计			
购买商品、接受劳务支付的现金			销售收入、成本及税金预算
支付给职工以及为职工支付的现金			
支付的各项税费			销售收入、成本及税金预算
支付其他与经营活动有关的现金			公司预估值
经营活动现金流出小计			
经营活动产生的现金流量净额			
二、投资活动产生的现金流量			
收回投资收到的现金			公司预估值
取得投资收益收到的现金			公司预估值
处置固定资产、无形资产和其他长期资产收回的现金净额			公司预估值
收到其他与投资活动有关的现金			公司预估值
投资活动现金流入小计			
购建固定资产、无形资产和其他长期资产支付的现金			启动资金预算与现金预算
投资支付的现金			启动资金预算与现金预算
支付其他与投资活动有关的现金			公司预估值
投资活动现金流出小计			
投资活动产生的现金流量净额			
三、筹资活动产生的现金流量			
吸收投资收到的现金			启动资金预算与现金预算
取得借款收到的现金			启动资金预算与现金预算

续表

项　　目	行	上年度	本年度(数据来源)
收到其他与筹资活动有关的现金			公司预估值
筹资活动现金流入小计			
偿还债务支付的现金			现金预算
分配股利、利润或偿付利息支付的现金			现金预算
支付其他与筹资活动有关的现金			公司预估值
筹资活动现金流出小计			
筹资活动产生的现金流量净额			
四、汇率变动对现金及现金等价物的影响			公司预估值
五、现金及现金等价物净增加额			预计资产负债表
加：期初现金及现金等价物余额			预计资产负债表
五、期末现金及现金等价物余额			预计资产负债表

编制说明：

(1)第1年的预计现金流量表要按月编制。

(2)除了编制第1年的预计现金流量表外，还要对第2～5年的预计现金流量表进行评估。

现金流量预计表中的数据大部分来自于预计利润表，但要根据现金可能变化的时间进行适当的调整。在创业初期，经营活动和投资产生的现金流入量小于流出量，导致经营和投资活动产生的现金净流量为负，创业者就需要借入现金，或者保证银行账户中有足够的现金来冲销高出的支出额，这个时候现金流量的状况是：经营活动产生的现金净流量为负，投资活动产生的现金净流量为负，筹资活动产生的现金净流量为正。创业企业进入正轨，达到稳定增长阶段的时候，经营活动产生的现金净流量为正，这个时候就可以考虑进行扩大投资，或者归还一部分银行借款，这个时候的现金流量表现为：经营活动产生的现金净流量为正，投资活动产生的现金净流量为负，筹资活动产生的现金净流量为负。

8.5 财务可行性评价

8.5.1 评价依据

项目投资采用收付实现制计算的现金流入、现金流出和净现金流量作为项目决策的依据，而不是以权责发生制计算的收入和成本作为项目投资决策的依据。之所以采用现金流量对项目进行评价，主要是基于如下原因：(1)现金流量可以确切地反映项目的经济收益和成本。(2)采用现金流量可以避免利润计算中的含糊性和随意性。(3)在投资决策中，现金流量状况比盈余状况更重要。

现金流量是指投资项目产生的现金流入与现金流出的统称。这里的现金指的是项目发生的所有货币资金和项目所要投入企业拥有的非货币资源的变现价值。

对完整的工业项目而言，其现金流入与流出量的具体内容如表8-14所示。

表 8-14 现金流量的内容

名 称	现金流入量	现金流出量
完整工业投资项目	1. 营业收入 2. 补贴收入 3. 回收固定资产余值 4. 回收流动资金	1. 建设资金 2. 流动资金投资 3. 经营成本 4. 营业税金及附加 5. 维持运营投资 6. 调整所得税

项目评价的关键是计算每年的净现金流量，每年的净现金流量等于每年的现金流入减去现金流出的差额，可以采用如下的化简公式计算每年的净现金流量(NCF)。

(1)建设期某年的 NCF = −(该年建设投资 − 旧固定资产变价收入)

(2)建设期末的 NCF = 因旧固定资产提前报废发生净损失而抵减的所得税税额

(3)营运期各年所得税后 NCF = EBIT × (1 − T) + 折旧或摊销 + 该年回收新固定资产净残值超过假定继续使用的旧固定资产净残值之差额(其中 EBIT 为息税前利润)。

为了便于项目评价，创业企业一般需要将建设期和营运期每年预计的净现金流量计算出来，如表 8-15 所示。

表 8-15 项目投资现金净流量计算表

项 目	建设期	第一年	第二年	第三年	第四年	第五年
1. 固定资产投入						
2. 无形资产投入						
3. 流动资金垫支						
4. 其他投资						
5. 销售收入						
减：销售成本						
6. 税前利润						
减：所得税						
7. 净利润						
加：折旧						
无形资产摊销						
8. 净现金流量						

需要说明的是，表中假定建设期为 1 年，营运期为 5 年，不同的创业企业，时间可能有变动；另外，表中数据可以详见预计利润表；最后，所得税税率为 25%，如创业企业有免税情况，应酌情加以考虑。

8.5.2 评价指标

计算了项目的净现金流量之后，为了对项目的财务可行性进行评价，还要使用项目评价指标，所谓评价指标，是指用于衡量和比较投资项目可行性，以便据以进行方案决策的定量化标准与尺度，它是由一系列综合反映投资效益、投入产出关系的量化指标构成。项目投资决策评价指标较多，主要有：投资收益率、投资回收期、净现值、净现值率、现值指

表 8-16　项目评价指标

指标类型	指　标
主要指标	净现值 净现值率 现值指数 内含报酬率
次要指标和辅助指标	投资回收期（含建设期） 投资回收期（不含建设期） 投资收益率

数和内含报酬率等指标。按照在决策中所处的地位，可以将这些指标分为：主要指标、次要指标和辅助指标。具体分类如表 8-16 所示。

1. 投资回收期

静态投资回收期（Pay Back Period，简称 PP 法）是指以投资项目经营净现金流量抵偿原始投资所需要的全部时间。其计算方法有两种：

（1）公式法。每年营业净现金流量 NCF 相等，则

PP（不包括建设期）= 初始投资额/年现金净流量

PP（包括建设期）= 不包括建设期 PP + 建设期

（2）列表法。每年营业现金流量 NCF 不等时，则先将各年营业现金流量累加，然后再计算 PP。

$$P_t = T - 1 + \frac{\text{第}(T-1)\text{年的累计净现金流量的绝对值}}{\text{第}\,T\,\text{年的净现金流量}} \qquad \text{（式 8-1）}$$

式中：T 为项目各年累计净现金流量为正值的年份。

2. 投资收益率

投资收益率（Return Of Investment，ROI）又称为投资报酬率，指生产期正常年份的年息税前利润或运营期年均息税前利润占项目总投资的百分比。计算公式如下：

$$ROI = \frac{\text{年息税前利润或者年均息税前利润}}{\text{项目总投资}} \times 100\% \qquad \text{（式 8-2）}$$

式中：项目总投资等于原始投资加上资本化利息。

3. 净现值

净现值（Net Present Value，NPV）是指在项目计算期内，按投资者要求的必要报酬率或者资本成本率作为贴现率计算的各年净现金流量现值的代数和。其实质为投资项目全部现金流入量现值之和与全部现金流出量现值的差额。

净现值法所依据的原理是：假设预计的现金流入在年末肯定可以实现，并把原始投资看成是按预定贴现率借入的，当净现值为正数时偿还本息后该项目仍有剩余的收益（即为企业价值的增加额），当净现值为零时偿还本息后一无所获，当净现值为负数时该项目收益不足以偿还本息（即为企业价值的减少额）。

其计算公式为：

$$NPV = \sum_{t=0}^{n}\left[\frac{I_t - O_t}{(1+r)^t}\right] = \sum_{t=0}^{n}\frac{NCF_t}{(1+r)^t} \qquad \text{（式 8-3）}$$

式中：n 代表项目计算期（包括建设期和营运期）；NCF_t 为项目在第 t 年的净现金流量；r 为预定的贴现率。

4. 净现值率

净现值率是投资项目的净现值占原始投资现值总额的百分比。计算公式为：

$$净现值率 = \frac{净现值}{投资现值} \times 100\% \quad （式 8-4）$$

5. 现值指数

现值指数（Present Index，PI）也叫获利能力指数，是指在整个项目计算期内的现金净流量的现值之和与初始投资现值总额之比，其实质是每元初始投资所能获取的未来收益的现值额。其计算公式如下：

$$现值指数\ PI = \frac{\sum_{t=0}^{n}\left[\frac{I_t}{(1+r)^t}\right]}{\sum_{t=0}^{n}\left[\frac{O_t}{(1+r)^t}\right]} \quad （式 8-5）$$

式中：n 代表项目计算期（包括建设期和营运期）；I_t为项目在第 t 年的现金流入量；O_t为项目在第 t 年的现金流入量；r 为预定的贴现率。

6. 内含报酬率

内含报酬率（Internal Rate of Return，IRR）又称内部收益率，是指项目投资实际可望达到的收益率。实质上，它是能使项目的净现值等于零时的折现率。内含报酬率反映了投资项目的实际报酬率。其计算公式如下：

$$\sum_{t=0}^{n}\frac{I_t}{(1+IRR)^t} = \sum_{t=0}^{n}\frac{O_t}{(1+IRR)^t} \quad （式 8-6）$$

式中：n 代表项目计算期（包括建设期和营运期）；I_t为项目在第 t 年的现金流入量；O_t为项目在第 t 年的现金流入量；IRR 为内含报酬率。

8.5.3 财务可行性评价及投资决策

要判断某一方案是否具备财务可行性。不同的指标评价结果可能不一致，这样就会出现评价财务可行性的差异。根据差异的程度，方案的财务可行性有四种情况：完全具备财务可行性、基本具备财务可行性、基本不具备财务可行性和完全不具备财务可行性。具体判断标准表 8-17 所示。

表 8-17 项目财务可行性条件及分类

情　形	条　件
完全具备财务可行性	主要指标、次要指标和辅助指标均满足
基本具备财务可行性	主要指标满足、次要指标和辅助指标不满足
基本不具备财务可行性	主要指标不、次要指标和辅助指标均满足
完全不具备财务可行性	主要指标、次要指标和辅助指标均不满足

以完全具备财务可行性为例，其判断标准为：

（1）NPV≥0，NPVR≥0，PI≥0，IRR≥资金成本率（或期望报酬率）；

（2）静态投资回收期（含建设期）PP≤n/2（即项目计算期的一半）；

（3）静态投资回收期（不含建设期）PP’≤P/2（即营运期的一半）；

（4）投资收益率 ROI≥基准投资收益率。

说明：

(1)次要或者辅助指标与主要指标发生矛盾时，应以主要指标为准；

(2)利用动态指标对同一个投资项目进行评价和决策，会得出完全相同的结论，即对于一个独立项目，IRR、NPV 和 PI 一般会得出相同的结论。

8.6 盈亏平衡分析

8.6.1 盈亏平衡分析的内涵及其基本假定

盈亏平衡分析(Break-Even Analysis)，又称损益平衡分析，它是通过盈亏平衡点(Break Even Point，BEP)分析项目的成本与收益的平衡关系的一种方法，也是在项目的不确定性分析中常用的一种方法。如图 8-3 所示。

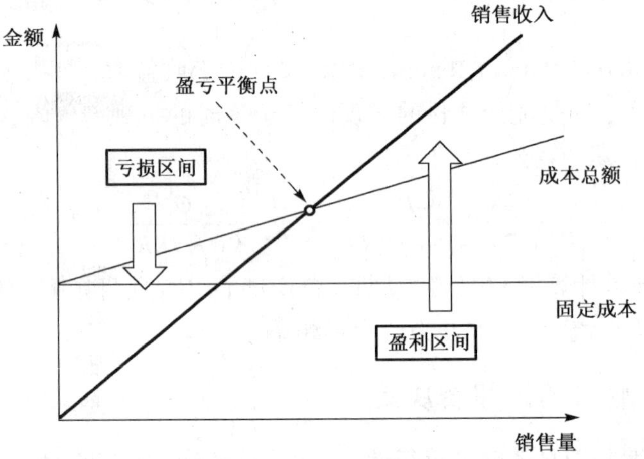

图 8-3 盈亏平衡分析图

投资项目的经济效果，会受到许多因素的影响，当这些因素发生变化时，可能会导致原来盈利的项目变为亏损项目。盈亏平衡分析的目的就是找出这种由盈利到亏损的临界点，据此判断项目风险的大小以及对风险的承受能力，为投资决策提供科学依据。

盈亏平衡分析是建立在一系列基本假定基础上的，了解这些基本假定，可以十分便利地使用简单的数学模型或者图形来揭示成本、业务量和利润等诸因素之间内在联系。盈亏平衡分析的基本假定包括：

(1)成本性态分析的假定。成本性态分析假定是假定成本性态分析工作已经完成，全部成本已经区分为固定成本和变动成本两部分。

(2)相关范围及线性假定。相关范围假定是假定在一定的时期和一定的产销量范围内，固定成本和变动成本保持其成本特性，前者固定不变，后者正比例变动；另外假定单价水平不因产销量的变化而改变。

(3)产销平衡和品种结构稳定的假定。该假定就是假设企业在生产一种产品的条件下，生产出来的产品总能找到市场，可以实现产销平衡；对于多产品生产的企业，假定在以价值形式表现的产销总量发生变化时，原来的各种产品的产销额在全部产品产销总额中，所占的比重并不发生变化。

(4)变动成本法的假定。该假定就是假设产品成本是按变动成本法计算的，也就是说产品成本中只包括变动生产成本，而所有的固定成本(包括固定性制造费用在内)均作为期间成本处理，并按贡献式损益确定程序来确定营业利润。

(5)目标利润的假定。该假定就是假设在本量利分析中所涉及的以自变量形式出现的利润指标均为已知数。

8.6.2 成本性态的划分

成本性态是指成本总额与特定业务量之间在数量方面的依存关系，又称为成本习性。全部成本按其性态分类可分为固定成本、变动成本和混合成本三大类。

固定成本是指在一定条件下，其总额不随业务量发生任何数额变化的那部分成本。固定成本一般包括下列内容：房屋设备租赁费、保险费、广告费、不动产税捐、管理人员薪金和按使用年限法计提的固定资产折旧费等。

变动成本是指在一定条件下，其总额随业务量成正比例变化的那部分成本，又称可变成本。我国包括与产量成正比的原材料、燃料及动力、外部加工费、外购半成品、按产量法计提的折旧费和单纯计件工资形式下的生产工人工资等。

混合成本是指介于固定成本和变动成本之间，既随业务量变动又不成正比例的那部分成本。混合成本一般可以采用一定的方法分解为固定成本和变动成本。

我们可以利用财务预算的资料，根据成本习性的定义及分类，把创业企业的成本做一个划分，如表 8-18 所示。这将有助于我们后面进行盈亏平衡分析和创业者日常经营决策。

表 8-18 固定成本与变动成本的划分

项　　目	变动部分	固定部分
1. 原材料	√	
2. 燃料及动力	√	
3. 外部加工费	√	
4. 外购半成品	√	
5. 计件工资	√	
6. 房屋设备租赁费		√
7. 保险费		√
8. 广告费		√
9. 不动产税捐		√
10. 管理人员薪金		√
11. 销售人员及生产人员基本工资		√
12. 按使用年限法计提的固定资产折旧费		√
合计		

8.6.3 盈亏平衡点的计算及分析

如果创业企业生产的是单一产品，盈亏平衡点可以用销售量，也可以用销售额来表示，具体的计算公式如下：

$$盈亏平衡点销售量 = \frac{固定成本}{产品单价 - 单位变动成本} = \frac{固定成本}{单位产品边际贡献} \quad (式 8\text{-}7)$$

$$盈亏平衡点销售额 = \frac{固定成本}{产品单价 - 单位变动成本} \times 单价 = \frac{固定成本}{边际贡献率} \quad (式 8\text{-}8)$$

有时候，创业企业生产多种产品，由于各种产品的计量单位可能不一样，不同品种的产品销量无法直接相加减，因此只能根据多品种产品的盈亏平衡点销售额来进行分析，其算法如下：

$$综合盈亏平衡点销售额 = \frac{固定成本}{综合边际贡献率}$$

$$综合边际贡献率 = \sum (某产品的边际贡献率 \times 该产品的销售比重) \quad (式 8\text{-}9)$$

$$某产品的边际贡献率 = \frac{产品售价 - 单位变动成本}{产品售价}$$

盈亏平衡点越低，说明项目盈利的可能性越大，亏损的可能性越小，因而项目有较大的抗经营风险能力。

许多企业在计算盈亏平衡点的基础上，还要考虑企业经营的安全程度，安全边际就是反映经营安全程度的一个指标。安全边际是指预计或实际销售量(额)与盈亏平衡点销售量(额)之间的差额。其计算公式如下：

安全边际量 = 现有或预计销售量 - 保本销售量 (式 8-10)

安全边际额 = 现有或预计销售额 - 保本销售额 = 单价 × 安全边际量 (式 8-11)

安全边际量或安全边际额越大，表明企业的经营越安全，反之亏损的可能性越大，因此安全边际实际反映了企业生产经营的安全程度，为了更好地判断企业生产经营的安全程度可用安全边际的相对量，即安全边际率来反映。

$$安全边际率 = \frac{安全边际量(额)}{现有销售量(额)或预计销售量(额)} \quad (式 8\text{-}12)$$

西方一般用安全边际率来评价企业经营安全程度，表 8-19 是评价企业经营安全程度的一般标准：

表 8-19　安全边际率与安全程度

安全边际率	10%以下	10%～20%	20%～30%	30%～40%	40%以上
安全程度	危险	值得注意	较安全	安全	很安全

8.6.4 敏感性分析

由于盈亏平衡分析的许多因素都可能发生变动，影响着企业经营计划的实现和目标利润的完成，因此，需要了解每个因素的变动范围以及它们对利润的影响程度，以便采取措施，控制各因素的变化。这一般是通过敏感分析来实现的。

单价、单位变动成本、销售量和固定成本的变动都会引起利润的变动，但他们对利润的影响程度却不同。有的因素只要有较小的变动，就会导致利润较大程度的变动，这类因素称为强敏感性因素；有的因素虽有较大的变动，但对利润的影响程度却不大，这类因素称为弱敏感性因素。衡量因素敏感程度强弱的指标称为敏感系数，其计算公式为：

$$敏感系数 = \frac{目标值变动百分比}{因素值变动百分比} \quad (式8\text{-}13)$$

目标值指利润，因素值指单价、单位变动成本、销售量和固定成本等。计算结果可以列表，如表8-20所示。

表8-20 敏感系数表

年度 / 项目	敏感系数				
	第1年	第2年	第3年	第4年	第5年
单价的敏感系数					
单位变动成本的敏感系数					
销售量的敏感系数					
固定成本的敏感系数					

敏感系数为正，表明该变量与利润呈同方向变动；敏感系数为负，表明该变量与利润呈反方向变动。

8.7 财务分析

财务分析是以财务报表和其他资料为依据，运用专门的方法，系统分析和评价企业过去和现在的经营成果、财务状况及其变动，目的是了解过去、评价现在、预测未来，帮助有利益关系的集团改善决策。

不同的报表使用者基于不同的目的进行财务分析，创业企业在对预计报表进行分析的目的，主要是判断创业企业的财务状况、经营成果和现金流量是否令人满意，找出存在的问题及时加以解决。

财务分析的内容可归纳为：(1)偿债能力分析；(2)营运能力分析；(3)盈利能力分析。

8.7.1 偿债能力分析

偿债能力是指企业偿还各种到期债务的能力。偿债能力分析通常被分为短期偿债能力分析和长期偿债能力分析。

1. 短期偿债能力分析

短期偿债能力是企业以流动资产支付流动负债的能力，一般又称为支付能力。衡量短期偿债能力的指标主要包括：流动比率、速动比率、现金流动比率、现金到期债务比率等。

(1)流动比率

流动比率反映的是流动资产与流动负债之间的比率关系，计算公式如下：

$$流动比率 = \frac{流动资产}{流动负债} \quad (式8\text{-}14)$$

一般认为，这一比率在正常情况下，应大于等于 2 比较合适，表明企业具备偿还到期短期债务的能力。

(2)速动比率

由于流动资产中的存货、待摊费用等流动资产的变现的能力比较差，进而影响企业的短期偿债能力分析，为了更为准确地评价企业的短期偿债能力，很多企业还比较关注速动比率。

速动比率是指企业的速动资产与流动负债之间的比率关系。速动资产是具有高度变现性的流动资产，包括现金、短期有价证券和应收账款余额，计算公式如下：

$$速动比率 = \frac{速动资产}{流动负债} \tag{式 8-15}$$

一般认为，这一比率应该大于等于 1 比较好，表明企业具有按期偿还短期负债的能力。

(3)现金流动比率

现金流动比率反映的是企业具有立即或随时支付和偿付的能力。计算公式如下：

$$现金流动比率 = \frac{现金}{流动负债} \tag{式 8-16}$$

由于现金不是盈利性的资产，这一比率过高将会给企业带来不利影响，容易造成巨大的机会损失。

2. 长期偿债能力分析

长期偿债能力是企业偿还长期负债的能力，或者指在企业长期债务到期时，以企业盈利或者资产偿还长期负债的能力。反映长期偿债能力的指标主要包括：资产负债率、已获利息倍数等。长期偿债能力分析不同于短期偿债能力分析，前者更加重视资本结构和盈利能力，而后者注重企业的支付能力。

(1)资产负债率

该指标反映了负债在资产总额中的比重，对企业产生双重影响：财务杠杆收益和财务杠杆风险。计算公式如下：

$$资产负债率 = \frac{总负债}{总资产} \tag{式 8-17}$$

资产负债率也反映了债权人权益受保护的程度，以及企业将来筹措新资金的能力，这一指标若为 50%，说明举债适度，负债处于比较合理的水平，财务风险小；若举债比重过大，处于 70% 以上，则财务风险较大。只有在产品的市场前景看好，产品较长时间处于供不应求的态势下，而且企业又擅长于经营管理，才可以使资产负债率保持在 70% 左右。如果产品供过于求，市场竞争激烈，企业的资产负债率必须控制在 50% 以下。

(2)已获利息倍数

已获利息倍数反映的是息税前利润(EBIT)与利息费用之间的比率关系，又称为利息保障倍数。

$$已获利息倍数 = \frac{息税前利润}{利息费用} \tag{式 8-18}$$

如果企业一直保持按时付息的信誉，则长期负债可以延续，举借新债也比较容易。利息保障倍数越大，利息支付越有保障。如果利息支付尚且缺乏保障，归还本金就很难指望。因此，利息保障倍数可以反映长期偿债能力。

8.7.2 营运能力分析

营运能力也称为资产管理能力。营运能力分析主要用来分析企业资产管理的水平。在实务中，营运能力分析主要是通过计算应收账款周转率、存货周转率、固定资产周转率和总资产周转率四个指标进行分析。

1. 应收账款周转率

应收账款周转率反映应收账款的流动程度，是赊销收入净额与平均应收账款余额的比率。在企业的信用政策不变的情况下，应收账款周转率高，说明企业应收账款回收速度快，坏账损失少，收账成本小，其计算公式如下：

$$\text{应收账款周转率}=\frac{\text{赊销收入净额}}{\text{平均应收账款}}（\text{次/年}）\qquad（\text{式 8-19}）$$

$$\text{赊销收入净额}=\text{销售收入}-\text{现销收入}-\text{销售退回、折让折扣}$$

$$\text{平均应收账款余额}=\frac{\text{期初应收账款}+\text{期末应收账款}}{2}$$

2. 存货周转率

存货周转率是销售成本与平均存货的比值；反映了企业存货经过销售环节转换为现金或者应收账款的速度快慢，即企业存货转换为产品销售出去的速度的快慢，说明了企业的销售效率。存货周转越快，利润就越大，营运能力就越强，营运资金用于存货的金额就越少，企业的经营状况就越好。计算公式为：

$$\text{存货周转率}=\frac{\text{销售成本}}{\text{平均存货}}\quad（\text{次/年}）\qquad（\text{式 8-20}）$$

$$\text{平均存货}=\frac{\text{期初存货}+\text{期末存货}}{2}$$

3. 固定资产周转率

固定资产周转率也称为固定资产利用率，是企业销售收入与固定资产净额的比率，这个比率主要衡量企业对厂房、设备等固定资产的利用水平。比率高，说明固定资产利用效率高，固定资产管理水平高；反之，利用效率低，会影响企业的获利能力。计算公式如下：

$$\text{固定资产周转率}=\frac{\text{销售收入}}{\text{平均固定资产}}\quad（\text{次/年}）\qquad（\text{式 8-21}）$$

$$\text{平均固定资产}=\frac{\text{期初固定资产}+\text{期末固定资产}}{2}$$

4. 总资产周转率

总资产周转率是销售收入与平均资产总额的比值。反映了企业销售收入与资产占用的关系，可用来分析企业全部资产的使用效率，是反映企业经营者工作绩效的重要指标。

$$总资产周转率 = \frac{销售收入}{平均总资产}（次/年） \quad （式8-22）$$

$$平均总资产 = \frac{期初总资产 + 期末总资产}{2}$$

8.7.3 盈利能力分析

从企业投资者的角度来看，特别关心企业的盈利能力。所谓盈利能力是指企业获取利润的能力。企业的盈利能力反映着企业的财务状况和经营绩效，是企业偿债能力和营运能力的综合体现。一般企业通常使用销售净利率、销售毛利率、资产净利率、净资产收益率等指标。

1. 销售净利率

销售净利率是指净利与销售收入的百分比，计算公式如下：

$$销售净利率 = \frac{净利润}{销售收入} \quad （式8-23）$$

该指标反映一元销售收入带来的净利润是多少，表示销售收入的收益水平。企业在增加销售收入的同时，必须相应地获得更多的净利润，才能使销售净利率保持不变或者有所提高。

通过分析销售净利率的升降变动，可以促使企业在扩大销售的同时，注意改善经营管理，提高盈利水平。

2. 销售毛利率

销售毛利率是毛利占销售收入的百分比，其中，毛利是销售收入与销售成本的差。计算公式如下：

$$销售毛利率 = \frac{销售收入 - 销售成本}{销售收入} \quad （式8-24）$$

销售毛利率表示一元销售收入扣除成本后，还有多少剩余可以用于各项期间费用和形成盈利，它不仅是企业经营效率的集中体现，而且也揭示了企业的定价政策。该指标还有助于找出经营中存在的具体问题。如销售毛利率下降，则表明销售成本比重加大，可能是销售价格下降，也可能是制造成本上升造成的。

3. 资产净利率

资产净利率是企业净利润与平均资产总额的百分比，计算公式如下：

$$资产净利率 = \frac{净利润}{平均总资产} \quad （式8-25）$$

资产净利率主要用来衡量企业利用资产获取净利润的能力，它反映了企业资产的利用效率。该指标越大，表明企业的盈利能力越强，企业资产的利用效率越高，说明企业在节约资金增加收入等方面取得了良好的效果，否则相反。

4. 净资产收益率

净资产收益率是净利润与平均净资产的百分比，也叫权益净利率或者权益报酬率，计算公式如下：

$$\text{净资产收益率} = \frac{\text{净利润}}{\text{平均净资产}} \quad \text{（式 8-26）}$$

净资产收益率反映了企业自有资本的获利能力，是反映企业盈利能力的核心指标。因为企业的根本目标是所有者权益或者股东财富最大化，而净资产收益率既可以直接反映资本的增值能力，又影响着企业股东财富的大小。该指标越大，说明资本带来的利润越多。

此外，净资产收益率还是企业决定是否举债的一个标准，只有当净资产收益率高于银行利息率时，适当举债可以提高净资产收益率，对投资者才是有利的。

8.8 风险资本退出方式

在风险投资退出中，主要涉及三方利益：风险企业、风险资本和新进入的第三方投资者，而退出方式主要有五种类型。

1. IPO 退出方式

通过将企业的股份首次向社会公众公开发行退出。这种情况下，风险资本一般会持有风险企业的股份直到公开发行，实现利润锁定，并且再将其投资所获得的利润分配给风险资本的投资者。

2. 并购退出方式

在并购退出方式下，风险资本所持风险企业的股份将随企业的股份整体出售给第三方投资者。这里的第三方投资者通常为战略并购者，它与企业的生产活动在同一个或者相似领域，例如一个和风险企业有着相同和相似业务的企业，或竞争对手、供应商或销售商等，期望通过并购方式将风险企业的产品和技术纳入自己的产品链中，实现自身产品的快速升级或规模的快速扩张。

3. 转售退出方式

这种退出方式是指风险资本单独将其所持有的风险企业股份出售给第三方投资者，这里的第三方投资者通常为战略投资者或其他风险资本。转售方式不同于并购退出方式，在转售方式下，只有风险资本会将其所持有的企业股份出售给第三方，其他企业股东保持不变。第三方投资者购买股份的目的通常是为了能够获得该企业的技术，或者为了将来能够对企业进行进一步的收购重组。

4. 回购退出方式

回购退出方式是指风险资本将其所持有的风险企业股份回售给风险企业，企业的管理人员利用借贷资本或者股权或者其他产权收购该部分股份的退出方式。

5. 清算

当风险投资企业认为风险企业失去了发展前景，或者成长太慢、资金回收期较长，达不到预期投资目的，就会选择从项目中撤出，寻找新的投资项目。当企业在风险资本退出后难以吸引到新的投资者时，企业就不可避免要选择破产清算。清算也意味着风险投资的投资失败。

应用与训练

练习一：财务预算的编制

例：假定ABC公司只产销甲产品，其单位售价为200元/件。根据销售合同和市场预测，预算年度(2014年度)销售量为100件，其中一季度为630件，二季度为150件，三季度为200件，四季度为180件。在每季度销售收入中，本季度收到现金60%，另外40%要到下季度才能收到。上年度(2013年)应收账款在本年度第一季度收回现金。根据上述资料，试完成下面的销售预算表。

季　度		一	二	三	四	全　年
预计销售量		100	150	200	180	630
预计单位售价		200	200	200	200	200
销售收入						
预计现金收入	上年度应收账款	6200				
	第一季度					
	第二季度					
	第三季度					
	第四季度					
	现金收入合计					

根据销售预算确定的预计销售量，结合产成品的期初结存量和预计期末结存量编制采购预算。产品的生产量与销售量之间的关系，可按下式计算：

预计生产量＝预计销售量＋预计期末存货－预计期初存货

根据以上公式，结合销售预算，完成下面的采购预算表。

季　度	一	二	三	四	全　年
预计销售量					
加：预计期末存货	15	20	18	20	20
合计					
减：预计期初存货	10	15	20	10	10
预计采购量					

假定企业需要保留的现金余额为6000元，不足此数时需向银行借款(假定按每期期初借入，每期期末归还预计利息)。假设银行借款的金额要求是1000元的倍数；另外假定银行借款利息为10%。根据以上信息，完成下表。

季　度	一	二	三	四	全　年
期初现金余额	8000				
加：销货现金收入					
可供使用的现金					
减：各项支出					
直接材料	5000	67 400	8960	9510	30 210
直接人工	2100	3100	3960	3640	12 800
制造费用	1900	2300	2300	2300	8800

续表

季　度	一	二	三	四	全　年
销售及管理费用	5000	5000	5000	5000	20 000
所得税	4000	4000	4000	4000	16 000
购买设备		10 000			10 000
股利		8000		8000	16 000
支出合计					
现金多余或不足					
向银行借款					
还银行借款					
短期借款利息					
长期借款利息				1080	1080
期末现金余额	8200	6060	6290	10 360	10 360

练习二：财务可行性评价

某工业项目需要原始投资1250万元，其中固定资产投资1000万元，开办费投资50万元，流动资金投资200万元。建设期为1年，建设期发生与购建固定资产有关的资本化利息为100万元。固定资产投资和开办费投资于建设期起点投入、流动资金于完工时即第一年年末投入。该项目寿命期为10年，固定资产投资按直线法折旧，期满有100万净残值，开办费于投产后一次摊销完毕；流动资金于终结点一次收回。投产后每年获得息税前利润(EBIT)分别为120万元、220万元、270万元、320万元、260万元、300万元、350万元、400万元、450万元和500万元。

假定项目要求的投资报酬率是10%，试计算：

(1)计算项目各年的所得税后净现金流量；

(2)计算项目的投资回收期、投资收益率、净现值、净现值率、现值指数和内涵报酬率；

(3)判断项目的财务可行性。

练习三：盈亏平衡点分析

已知：甲企业组织三种产品的生产经营，20×7年全厂预计发生固定成本300 000万元，各种产品的预计销量、单价、单位变动成本等的计划资料如下表所示，假定目标利润为150 000万元。

项目 / 品种	销量	单价	单位变动成本	销售收入	边际贡献	边际贡献率
(甲)栏	①	②	③	④=①×②	⑤=①×(②-③)	⑥=⑤÷④
A	100 000件	10	8.5	1 000 000	150 000	15%
B	25 000台	20	16	500 000	100 000	20%
C	10 000套	50	25	500 000	250 000	50%

要求：

(1)按加权平均法计算综合边际贡献率；

(2)计算综合盈亏平衡点销售额；

(3)计算每种产品的保本额和保本量。

参考答案

练习一：财务预算的编制

销售预算表如下表：

季　　度		一	二	三	四	全　　年
预计销售量		100	150	200	180	630
预计单位售价		200	200	200	200	200
销售收入		20 000	30 000	40 000	36 000	12 600
预计现金收入	上年度应收账款	6200				
	第一季度	12 000	8000			
	第二季度		18 000	12 000		
	第三季度			24 000	16 000	
	第四季度				21 600	21 600
	现金收入合计	18 200	26 000	36 000	37 600	117 800

采购预算表如下表：

季　　度	一	二	三	四	全　　年
预计销售量	100	150	200	180	630
加：预计期末存货	15	20	18	20	20
合计	115	170	218	200	650
减：预计期初存货	10	15	20	10	10
预计生产量	105	155	198	190	640

现金预算表如下表：

季　　度	一	二	三	四	全　　年
期初现金余额	8000	8200	6060	6290	8000
加：销货现金收入	18 200	26 000	36 000	37 600	11 780
可供使用的现金	**26 200**	**34 200**	**42 060**	**42 890**	**125 800**
减：各项支出					
直接材料	5000	67 400	8960	9510	30 210
直接人工	2100	3100	3960	3640	12 800
制造费用	1900	2300	2300	2300	8800
销售及管理费用	5000	5000	5000	5000	20 000
所得税	4000	4000	4000	4000	16 000
购买设备		10 000			10 000
股利		8000		8000	16 000
支出合计	**18 000**	**39 140**	**24 220**	**32 450**	**113 810**
现金多余或不足	8200	（4940）	17 840	11 440	11 990
向银行借款		11 000			11 000
还银行借款			11 000		11 000
短期借款利息			550		550
长期借款利息				1080	1080
期末现金余额	8200	6060	6290	10 360	10 360

练习二：财务可行性评价

解答：

(1)项目计算期 n = 1 + 10 = 11 年

固定资产原值 = 1000 + 100 = 1100 万元

固定资产折旧 = (1100 - 100)/10 = 100 万元

建设期净现金流量：

$NCF_0 = -(1000+50) = -1050$ 万元

$NCF_1 = -200$ 万元

$NCF_2 = 120 \times (1-25\%) + 100 + 50 = 240$ 万元

$NCF_3 = 220 \times (1-25\%) + 100 = 265$ 万元

$NCF_4 = 270 \times (1-25\%) + 100 = 302.5$ 万元

$NCF_5 = 320 \times (1-25\%) + 100 = 340$ 万元

$NCF_6 = 260 \times (1-25\%) + 100 = 295$ 万元

$NCF_7 = 300 \times (1-25\%) + 100 = 325$ 万元

$NCF_8 = 350 \times (1-25\%) + 100 = 362.5$ 万元

$NCF_9 = 400 \times (1-25\%) + 100 = 400$ 万元

$NCF_{10} = 450 \times (1-25\%) + 100 = 437.5$ 万元

$NCF_{11} = 500 \times (1-25\%) + 100 + (100+200) = 775$ 万元

(2)

投资回收期(不含建设期)

年限	0	1	2	3	4	5	6	7	8	9	10	11
NCF	-1050	-200	240	265	302.5	340	295	325	362.5	400	437.5	775
累计 NCF	-1050	-1250	-1010	-745	-442.5	-102.5	192.5	517.5	880	1280	1717.5	2492.5

$$P_t = T - 1 + \frac{\text{第}(T-1)\text{年的累计净现金流量的绝对值}}{\text{第}T\text{年的净现金流量}}$$

$$= 6 - 1 + \frac{102.5}{295}$$

$$= 5.35 \text{ 年}$$

不含建设期的投资回收期 4.35 年；

$$ROI = \frac{\text{年息税前利润或者年均息税前利润}}{\text{项目总投资}} \times 100\%$$

$$= \frac{374.25}{1250} \times 100\%$$

$$= 29.94\%$$

$$NPV = \sum_{t=0}^{n} \frac{NCF_t}{(1+r)^t} = 660.20 \text{ 万元}$$

年限	0	1	2	3	4	5	6	7	8	9	10	11
NCF	-1050	-200	240	265	302.5	340	295	325	362.5	400	437.5	775
现值系数	1	0.9091	0.8264	0.7513	0.6830	0.6209	0.5645	0.5132	0.4665	0.4241	0.385	0.305
现值	-1050	-181.82	198.34	199.09	206.61	211.11	166.53	166.79	169.11	169.64	168.44	236.38

$$净现值率 = \frac{净现值}{投资现值} \times 100\% = \frac{660.20}{1050 + 181.82} \times 100\% = 53.60\%$$

$$现值指数\ PI = \frac{\sum_{t=0}^{n} \left[\frac{I_t}{(1+r)^t} \right]}{\sum_{t=0}^{n} \left[\frac{O_t}{(1+r)^t} \right]} = \frac{1892.02}{1231.82} = 1.54$$

内涵报酬率计算如下：

$$\sum_{t=0}^{n} \frac{I_t}{(1+IRR)^t} = \sum_{t=0}^{n} \frac{O_t}{(1+IRR)^t}$$

用试误法算得 IRR = 18.43%。

(3) 由于：

① NPV = 660.20≥0，NPVR = 53.60% ≥0，PI = 1.54≥0，IRR = 18.43% ≥必要报酬率(10%)

② 静态投资回收期(含建设期)PP = 5.35≤n/2(即项目计算期的一半，本题中为5.5)

③ 静态投资回收期(不含建设期)PP′ = 4.35≤P/2(即营运期的一半，本题中为5)

④ 投资收益率 ROI = 29.94% ≥基准投资收益率10%

由于主要指标、次要指标和辅助指标均满足，所以，项目完全具备财务可行性。

练习三：盈亏平衡点分析

计算每种产品的保本额和保本量。

解：

(1) 从表第⑥栏中可查得三种产品的边际贡献率分别为15%、20%和50%。

A 产品的销售比重 = 50%

B 产品的销售比重 = 25%

C 产品的销售比重 = 25%

综合边际贡献率 = 15% ×50% +20% ×25% +50% ×25%

= 7.5% +5% +12.5% = 25%

(2) 综合盈亏平衡点销售额 = 300 000/25% = 1 200 000 元

(3) A 产品保本额 = 1 200 000 × 50% = 600 000(万元)

B 产品保本额 = 1 200 000 × 25% = 300 000(万元)

C 产品保本额 = 1 200 000 × 25% = 300 000(万元)

A 产品保本量 = 600 000 ÷ 10 = 60 000(件)

B 产品保本量 = 300 000 ÷ 20 = 15 000(台)

C 产品保本量 = 300 000 ÷ 50 = 6 000(套)

拓展阅读

[1] http://www.xinhuanet.com/fortune/(财经_新华网).

[2] http://www.caijing.com.cn/(财经杂志).

[2] http://finance.sina.com.cn/(新浪网财经频道).

[3] http://www.cninfo.com.cn(巨潮咨询网).

[4] http://cn.wsj.com/gb/(华尔街日报中文版).
[5] http://www.cnlist.com(中国上市公司).

参考文献

[1] 佟筱枫. 管理会计[M]. 北京: 中国原子能出版社, 2012.
[2] 郝德鸿. 新编财务管理[M]. 北京: 现代教育出版社, 2013.
[3] 国际劳工局. 创办你的企业——创业计划培训手册[M]. 北京: 中国劳动社会保障出版社, 2013.
[4] 唐果. 大学生创业基础课程[M]. 北京: 电子工业出版社, 2011.
[5] 中国会计学会编写组. 财经法规与职业道德[M]. 北京: 经济科学出版社, 2009.
[6] 会计从业资格考试辅导教材编写组. 会计基础[M]. 北京: 经济科学出版社, 2010.

第 9 章

企业创立和管理

案例导入

职业经理人的创业之路

王向荣，职业经理人，从事医药行业运作近10年，经朋友介绍，加盟北京康仁医药公司（以下简称康仁公司），被任命为负责医药项目的总经理。经过3个月的市场磨合，王向荣率领的团队在半年之后，就成为医药市场的一匹黑马，业内侧目。

然后逐渐地，职业经理人与老板之间的矛盾开始凸显，王向荣离开了公司，出去创立了自己的公司——北京康达医药公司（以下简称康达公司）。康达公司的公司机制与康仁公司很是雷同。各大部门主管与行政人员，有的是从康仁公司带过来的，有的是市场另行聘用的。

康达公司的策略基本上就是复制康仁公司的成功之路。康达公司的营销策略都是在康仁公司的基础上有针对性的予以改进，如建立省级代理商方面，康达公司的在全国以省级为单位，设立各大省级区域经理，下辖各市县级代理经销商，康仁公司只能省代负责，省代对市县代负责。产品选择上，康达公司在市场上寻找康仁公司现在正在操作的品种如法炮制，在原来客情关系的基础上，加大广告支持的力度。通路上，康达公司按原来王向荣的操作手法，在占有一线城市市场的同时，通路向全国二三级市场与第三终端倾斜，可轻松实现盈利。

各种市场营销策略都制定并顺利实施，1个月过去了，全国市场铺货率达30%，回款额500万；2个月过去了，全国市场铺货率达50%，回款额800万；6个月过去了，全国市场铺货率停滞不前，回款额也低于500万。康达公司在半年之内，几乎倾其所有，回款仍不足以支持公司全国的运营费用，利润率更是免谈。

王向荣每天忙于公司宏观层面的事情，对于微观的市场操作，没有及时地跟进监督，因此，对于目前的现状一时也难以把握其命脉。

王向荣决定改革，撤掉一些办事不力的大区域经理，更换一些代理经销商，对基层业务一线人员进行清理后另行再聘。在改革的两个月时间里，原来开辟的市场逐渐萎缩，市场回款额每况愈下，随着资金链的断裂，康达公司起家时的一些信用债务也陆续出现危机，财务吃紧，人心涣散，康达公司陷入举步维艰的地步。

看来，只有宣布倒闭了。为什么会出现这种难堪的局面，王向荣到现在也没有弄明白。

（资料来源：阿里巴巴商人社区.创业失败案例分析.2013.01.）

案例思考

1. 康达公司走向倒闭的原因有哪些？
2. 新创业企业如何进行科学管理？
3. 创业企业如何持续成长？

学习目标

1. 了解新创企业的创办流程；
2. 学习新创企业的管理方法；
3. 掌握新创企业的成长管理。

解决问题

1. 新创企业的创办；
2. 新创企业的管理；
3. 新创企业的成长。

创办企业并不是创业者的必由之路，但由于它是最典型的一种创业方式，对创业者具有普遍的指导意义。所以，本书以创办企业为样板，来演绎创业的过程。创办企业有法定程序，有行政法规，有相关部门成文规定，企业登记注册核准，由于逐步向国际通用的“一审一核”登记注册制过渡，最快只需两天。看起来似乎很容易，但创业者真正开始这项活动时，就会品尝到“万事开头难”的滋味。当创业者走完了企业创办这段艰难的路程，对当家做主就会有深刻的体会。

9.1 新创企业的创办

9.1.1 选择企业法律形式

一个新创公司可以选择不同的法律形式，可以由一个自然人创办单一业主制企业，可以由几个人创办合伙制企业，或者成立法人制公司企业。不同的法律形式有其不同的优缺点，但无论选择什么样的法律形式，都应当根据国家法律法规的要求和新创企业的实际，科学地衡量各种组织形式的利弊，从而决定组织恰当的法律形式。

创业者新创办的企业一般都是小型企业，从工商部门的统计数据来看，合伙企业、有限责任公司、个人独资企业、个体工商户四种法律形式是我国当前创办企业最常见的企业法律形式。对于大学生创业，登记注册的企业法律形式基本上也是以上四种。

1. 合伙企业

合伙企业是指依照《中华人民共和国合伙企业法》在中国境内设立的，由各合伙人订立合伙协议，共同出资、合伙经营、共享收益、共担风险，并对合伙企业债务承担无限连带责任的营利性组织。

合伙企业是一种古老而富有生命力的共同经营方式，它以自身的特点和优势大量存在于世界许多国家的诸多行业之中，有许多国际知名的大企业在创业阶段甚至已经成长为大规模企业后都采用了合伙企业的组织形式。合伙制企业的数量不如个人独资企业和公司制企业多，一般在广告、商标、咨询、会计师事务所、法律事务所、股票经纪人、零售商业等行业较为常见。

(1)合伙企业的主要特征。

合伙企业以合伙协议为成立的法律基础。合伙协议是调整合伙关系、规范合伙人相互权利义务、处理合伙纠纷的基本法律依据，对全体合伙人具有约束力，是合伙得以成立的法律基础；

合伙企业须由全体合伙人共同出资，合伙经营。出资是合伙人的基本义务，也是其取得合伙人资格的前提条件。合伙人必须合伙参与经营活动，从事具有经济利益的营业行为；

合伙人共负盈亏，共担风险，对外承担无限连带责任。合伙人既可以按其对合伙企业的出资比例分享合伙盈利，也可按合伙人其他办法来分配合伙盈利。当合伙企业财产不足以清偿合伙债务时，合伙人还需要以其他个人财产清偿债务，即承担无限责任，而且任何一个合伙人都有义务清偿全部合伙债务，即承担连带责任。

合伙制公司一般在内部用合伙协议的规定来做决定的权限以及投资资金的份额、利润和现金的分配比例等，通常的日常决定由多数表决，但一些重大决定如改变公司性质、出让转移股权等，要一致表决通过。有些合伙制公司的表决权和合伙人的股份成正比。另一些合伙制公司则成立执行委员会，并授权委员会来做决定。在没有明确合伙协议的情况下，则按照政府的统一合伙法来办理。

合伙制公司对外的关系，一般是按有关代理人的法律规定来执行。每个合伙人在企业均被看作是企业的，也是其他合伙人的代理人，其在任何正常业务范围内做的决定也同时对公司和其他合伙人有约束力。

当某个合伙人做了错误的决定时，只要该决定和企业的正常业务有关，则其他合伙人也难辞其咎。当然超出正常经营范围，或个别合伙人的犯法行为就不一定会延祸于其他合伙人。合伙制公司这种法律的责任是相当大的，甚至在某个合伙人已退出合伙企业，但没有广泛通知外界(如银行等)，而外界有可能认为他仍是公司的合伙人之一的话，他仍然可能被追诉以前所属合伙制公司的法律责任，而不能摆脱干系。另一方面，合伙人之间不得相互竞争来损害企业的整体利益，对企业要承担义务，如在财务上要清白诚实，不能营私等。

(2)合伙企业的设立条件

① 有两个以上的合伙人，并且都是依法承担无限责任者。人数上限没有限定。合伙人只能是自然人，且应当具有完全民事行为能力，不能是法人。

② 有书面合伙协议。合伙协议应当载明的事项有：合伙企业的名称和主要经营场所的地点；合伙目的及合伙企业的经营范围；合伙人的姓名及其住所；合伙人出资的方式、数额和缴付出资的期限；合伙企业的解散与清算；违约责任。

③ 有各合伙人认缴或实际缴付的出资。可以是货币、实物、土地使用权、知识产权或其他财产权利出资，甚至可以用劳务出资。对出资的评估作价可以由合伙人协商确定，无需验资。

④ 有合伙企业名称和生产经营场所。合伙企业在其名称中不得使用“有限”或者“有限责任”字样。

⑤ 法律、行政法规规定的其他条件。

2. 有限责任公司

有限责任公司是指股东以其出资额为限对公司承担责任，公司以其全部资产对公司的债务承担责任的企业法人。

股份有限公司由于注册资本要求较高，且需经省级政府部门的批准，不为一般的创业者所采用。合伙或个人独资公司因创业者须承担无限责任，选择这两种企业形式的也较少。有限责任公司内部的法律关系界定得比较清楚，规范起来也相对容易，企业以注册资本对外承担责任，投资者不负连带责任。因此，有限责任公司是绝大多数创业者所乐于采用的组织形式。表 9-1 列出了不同形式的公司比较，供参考。

表 9-1 不同形式的公司比较

内　容	有限责任公司	合伙企业	个人独资企业
法律依据	公司法	合伙企业法	个人独资企业法
法律基础	公司章程	合伙协议	非法人经营主体
法律地位	企业法人	非法人营利性组织	非法人经营主体
责任形式	有限责任	无限连带责任	无限责任
投资者	无特别要求，自然人皆可	完全民事行为能力的自然人，法律、行政法规禁止从事盈利活动的人除外	完全民事行为能力的自然人，法律、行政法规禁止从事盈利活动的人除外
注册资本	投资者申报	协议约定	投资者申报
出资方式	法定：货币、实物、工业产权、非专利技术、土地使用权	约定：货币、实物、土地使用权、知识产权或其他财产权利、劳务	投资者申报
出资评估	必须委托评估机构	可协商确定或评估	投资者决定
财产权性质	法人财产权	合伙人共同共有	投资者个人所有
出资转让	股东过半数同意	一致同意	可继承
经营主体	股东不一定参加经营	合伙人共同经营	投资者或其委托人
事务决定权	股东会	全体合伙人或从约定	投资者个人
事务执行	公司机关、一般股东无权代表	合伙人权利同等	投资者或其委托人
利亏分担	投资比例	约定，未约定则均分	投资者个人
解散程序	注销并公告	注销	注销
解散后义务	无	五年内承担责任	五年内承担责任

有限责任公司的组织机构要素有以下几个。

(1)股东会。有限责任公司股东会由全体股东组成，股东会是公司的权力机构。

股东会行使下列职权：决定公司的经营方针和投资计划；选举和更换董事、决定有关董事的报酬事项；选举和更换由股东代表出任的监事，决定有关监事的报酬事项；审议批准董事会的报告；审议批准监事会或监事的报告；审议批准公司的年度财务预算方案、决算方案；审议批准公司的利润分配方案和弥补亏损方案；对公司增加或减少注册资本做出决议；对发行公司债券做出决议；对公司向股东以外的人转让出资做出决议；对公司合并、分立、变更公司形式、解散和清算等事项做出决议；修改公司章程。

一般股东的投票权有严格的规定与限制。

第一，公司股票分为许多种，各自代表不同的投票权。优先股不同于普通股，是没有投票权的。即便是普通股也可以不一样，虽然其取得分红的权利可能一样，但也有一部分普通股可能是没有选举权的。例如，创业者在发行股票时赠送若干股以激励主要干部时，可预先确定这部分股票是无选举权的，以此保证创业者对企业的控制不至于旁落。

第二，股票的选举权是可以积累的，是一股一票，并非一人一票。在大多数情况下，股东的投票权可以让渡给其他人使用，只要签署授权证书就行。更有甚者，投票权可以合并使用，如有三个董事席位在竞选，每股有投票权的股票可以投三票。这三票可以递加在一起投给第一个候选人。这些安排，使大股东能够有效地控制董事会的选举，从而控制公司，因为公司的主要干部都是由董事会指派任命的。尤其是大公司，股权相当分散，只要能操纵5%～10%的股票，就能基本掌握一个公司的大部分权利。

规模较小的公司如果股东相当少，则不必开形式上的股东大会，对提案做书面表决即可。一般来说，这种表决需要全票通过才能生效。这样小股东就受到某种保护，不会任由大股东摆布。

(2)董事会。有限责任公司设立董事会。董事会是股东会的执行机构，由3～13名董事组成。董事会设董事长1人，可以设副董事长1～2人，董事长为公司的法定代表人。股东人数较少和公司规模较小的有限责任公司可以只设一名执行董事，不设董事会。

股东会会议由董事会召集，董事长主持，董事长因特殊原因不能履行职务时，由董事长指定的副董事长或其他董事主持。

董事会对股东会负责，行使下列职权：负责召集股东会，并向股东会报告工作；执行股东会的决议；决定公司的经营计划和投资方案；制订公司的年度财务预算方案、决算方案；制订公司的利润分配方案和弥补亏损方案；制订公司增加或减少注册资本的方案；拟订公司合并、分立、变更公司形式、解散的方案；决定公司内部管理机构的设置；聘任或解聘公司经理(总经理)；根据经理的提名，聘任或解聘公司的副经理、财务负责人，决定其报酬事项；制定公司的基本管理制度。

一般情况下，理想的董事会应该能够向创业者提供最有利的支持。无论在企业形象、方针制定、战略决策、资金筹措、难题解决、关系的开拓，乃至日常的运作，都使创业者能有所依托。

这种支持的基础就是互信，或至少是经由开诚布公双向沟通达成的共识。

董事会作为企业的一个核心组织，其组成及董事职责的明确对公司的发展具有重大影响。小公司组成董事会时常有摆样子的倾向，只是为了应付法规的要求，而忽视了董事会最基本的职能是主导公司的管理，并监督经理们的日常运作以及制定公司的政策和发展方向。为了不受羁绊地快速决策，创业者会倾向于成立一个惟命是从的董事会，把亲朋好友塞进董事会以便于控制。这样的董事会既无专业知识来帮助企业管理，也无法提供远见卓识去开拓市场，而且，由于没有制约和讨论、批评等良性互动的环境，企业经营的问题不容易被发觉，也难以纠正和克服。有时甚至会酿成大错，导致企业的失败。

董事会最好是由那些有不同背景和受过不同训练的人组成，这样才能使董事会胜任多方面的工作。若是过于集中在某一领域，如工程或销售等，决策时难免有所偏误，顾此而失彼。董事会还要适当聘请社会公众人事参与，这除了有助于提高企业的正面形象外，更重要的是，有助于公司建立和社会沟通的渠道，并在经营规范和道德方面接受公众的监督。

规模较小的公司不妨建立顾问委员会，起咨询顾问的作用。除了拉一些有头面的人物充场面之外，起码要让其中一部分人能顾能问，真正收到实际的效果。小企业未成气候之前，往往难免倾向于急功近利，甚至会有犯规违法的做法，一旦习以为常，就可能断送前程。无论从法律或是市场的眼光都是得不偿失的。有了公众人士入董事会，使企业有所警惕，能收到自戒的效果。

董事会也是一个公司最重要的机构，就像是人的大脑一样。经理由其任命并向其报告。因为万一经营失败，其法律责任常常要有董事会来代表公司承担。但毕竟大多数董事们不宜直接参加管理，每年只要定期开会、审核报告而已。怎样酬劳董事会，也是公司要考虑的一个问题。

(3)监事会。有限责任公司经营规模较大的，可以设立监事会，其成员不得少于3人。监事会应在其组成人员中推选1名召集人。

监事会由股东代表和适当比例的公司职工代表组成，具体比例由公司章程规定。监事会中的职工代表由公司职工民主选举产生。有限责任公司股东人数较少和规模较小的，可以设1~2名监事。

董事、经理及财务负责人不得兼任监事。

监事会或监事行使下列职权：检查公司财务；对董事、经理执行公司职务时违反法律、法规或公司章程的行为进行监督；当董事和经理的行为损害公司的利益时，要求董事和经理予以纠正；提议召开临时股东会；公司章程规定的其他职权。

(4)经理。有限责任公司设经理，由董事会聘任或解聘。经理对董事会负责，行使下列职权：主持公司的生产经营管理工作，组织实施董事会决议；组织实施公司年度经营计划和投资方案；拟定公司内部管理机构设置方案；拟订公司的基本管理制度；制定公司的具体规章；提请聘任或解聘公司副经理、财务负责人；聘任或解聘除应由董事会聘任或解聘以外的管理人员；公司章程和董事会授予的其他职权。经理列席董事会会议。

3. 个人独资企业

《中华人民共和国个人独资企业法》规定，个人独资企业是指由一个自然人投资，财产为投资人个人所有，投资人以其个人财产对企业债务承担无限责任的经营实体。公司的创办人独自所有的无限责任公司，在公司管理控制权上最简单明了，独自拥有公司，独自做决定，独自承担决定的后果。

(1)个人独资企业设立的条件。设立个人独资企业应该具备下列条件：

① 投资人为一个自然人，而且只能是中国公民；

② 有合法的企业名称，个人独资企业不能使用“有限”、“有限责任”或“公司”字样，个人独资企业的名称可以是厂、店、部、中心、工作室等；

③ 有投资人申报的出资，设立个人独资企业，投资人可以用货币出资，也可以用实物、土地使用权、知识产权或其他财产权利出资。以家庭共同财产作为个人出资的，投资人应当在设立登记申请时予以说明；

④ 有固定的生产经营场所和必要的生产经营条件；

⑤ 有必要的从业人员。

(2)个人独资企业的法律特征。

① 在组织结构形式上，个人独资企业是由个人创办的独资企业，其投资者是一个自然人。国家机关、国家授权投资机构或国家授权的部门、企业、事业单位等都不能作为个人独资企业的设立人；

② 在责任形态上，投资者个人以其个人财产对企业债务承担无限责任。投资人若以家庭共同财产作为个人投资的，以家庭共有财产对企业债务承担无限责任。这是个人独资企业区别于有限责任公司和股份有限公司等企业形式的基本特征；

③ 从性质上看，个人独资企业是非法人企业。个人独资企业没有独立的资产，企业的财产就是投资人的财产，企业的责任就是投资人的责任。因此，个人独资企业无独立承担

民事责任的能力。个人独资企业虽然不具备法人资格，但其是独立民事的主体，能够以自己的名义从事民事活动。

(3)个人独资企业的经营方式。个人独资企业是指经登记机关核准登记的个人独资企业经营活动所采用的方式或方法。一般有：自产自销、代购代销、来料加工、来样加工、来件装配、零售、批发、批零兼营、客运服务、货运服务、代客储运、装卸、修理服务、咨询服务等。代理销售、连锁经营是新产生的经营方式。国家允许个体工商户和私营企业采取的经营方式，个人独资企业均可以采用。

(4)个人独资企业可以从事的业务行业。个人独资企业是私营企业，凡是个体工商户和私营企业可以从事的行业，个人独资企业均可从事；凡是国家禁止个体工商户和私营企业从事的行业、经营的商品，个人独资企业也不得从事和经营。个体工商户和私营企业可以从事的行业有工业、商业、交通运输业、建筑业、饮食服务业、修理业、科技咨询以及文化娱乐业等，个人独资企业也可以从事这些行业。国家有关法律、行政法规规定，个体工商户和私营企业不得从事下列行业：军工业、邮电通信业、铁路运输业、金融保险业等，个人独资企业也不可以从事这些行业。

(5)个人独资企业对投资人的限制。根据《个人独资企业法》规定，法官、检察官、警察、公务员、现役军人不能作为个人独资企业投资人。

(6)个人独资企业对投资人出资的规定。个人独资企业是无限责任形式的企业，企业投资人不仅要以其出资对企业承担责任，还要以个人的其他财产承担无限责任。《个人独资企业法》规定，设立个人独资企业应当有投资人申报的出资即可。个人独资企业的出资额由投资人自愿申报，投资人不必向登记机关出具验资证明，登记机关也不审核投资人的出资是否实际缴付。个人独资企业投资人应当在申请设立时明确是以个人财产出资还是以其家庭财产作为个人出资。

(7)申请应准备的材料。申请设立个人独资企业，应当由投资人或其委托的代理人向个人独资企业所在地的登记机关提交设立申请书、投资人身份证明、生产经营场所使用证明等文件。委托代理人申请设立登记时，需要出具投资人的委托书和代理人的合法证明。

申请设立个人独资企业，设立申请书应当载明下列事项：第一，企业的名称和住所。企业的名称应与其责任形式及从事的营业相符合；第二，投资人的姓名和居所；第三，投资人的出资额和出资方式；第四，经营范围。

4. 个体工商户

公民在法律允许的范围内，依法经核准登记，从事工商业活动的为个体工商户。个体工商户是一种简单的创业组织形式，比设立企业的条件低，如对投资额没有限制，不需要会计师验资；经营者可以是个人，也可以是家庭；个体工商户对债务承担无限责任，个人经营的，以个人全部财产对债务承担责任；家庭经营的，以家庭全部财产对债务承担责任。

(1)个体工商户的设立条件。《城乡个体工商户条例》规定，有经营能力的国内城乡居民以及国家政策允许的其他人员，如中国香港、澳门居民可以申请从事个体工商业经营，依法经核准登记后为个体工商户。

个体工商户的字号名称在申请登记管辖机关范围内同一行业中不得重名。个体工商户的字号名称一般应体现所属行业，字号名称前冠以区县地点，直接冠市名的须经市级工商行政管理部门核准后方可使用。个体工商户可以个人经营，也可以家庭经营。个人经营的，以个人全部财产承担民事责任；家庭经营的，以家庭全部财产承担民事责任。除以上形式外，个体工商户也可以个人合伙形式经营，即由两个以上公民自愿组成，共同出资，共同劳动经营，但从业人数不得超过8人。

(2)个体工商户的经营范围。个体工商户可以经营工业、手工业、建筑业、交通运输业、商业、饮食业、服务业、修理业及其他行业。

一些省份公布禁止个体工商户和私营企业从事的行业及生产经营的部分商品有：金融业；军工业及军、警、执法机关的制服、标志；金、银；宝石；金属材料中的稀有金属；石油；企业、报废汽车；军队退役报废装备；生产性废金属；爆破器材；猎枪、气枪；仿真手枪式电器；剧毒化学危险品；麻醉药品、精神药品和医疗用毒性药品；文物。

9.1.2 企业注册登记

创业者在各种条件准备就绪后，要向工商行政机关登记注册，然后方可开业。

1. 开业登记有两个基本要求

(1)开业者要符合国家规定的开业条件。根据《工商企业登记管理条例施行细则》规定，工商企业申请登记时，应符合下列基本条件：

① 有固定的生产经营场所和必要的设施；

② 有固定人员；

③ 有必要的资金；

④ 常年生产经营或季节性生产经营在3个月以上；

⑤ 有明确的生产经营范围并符合国家相关政策法令。

(2)要备齐以下法律文件：

① 公司筹建人签署的申请登记书；

② 政府部门或主管部门的批文；

③ 公司章程；

④ 公司主要负责人的名单和身份证明(并附照片)。

链接1

新《公司法》对公司注册的相关新规定

2013年12月28日，十二届全国人大常委会第六次会议审议并通过《中华人民共和国公司法》修正案。修正案自2014年3月1日起施行。业界和法律界普遍认为这一次修改意在降低创业门槛，刺激市场活力。这次《公司法》修改主要涉及三方面：

第一，将注册资本实缴登记制改为认缴登记制。取消公司股东(发起人)应当自公司成立之日起两年内缴足出资，投资公司可以在五年内缴足出资的规定；取消一人有限责任公司股东应当一次足额缴纳出资的规定。公司股东(发起人)自主约定认缴出资额、出资方式、出资期限等，并记载于公司章程。

第二，放宽注册资本登记条件。取消有限责任公司最低注册资本3万元、一人有限责任公司最低注册资本10万元、股份有限公司最低注册资本500万元的限制；不再限制公司设立时股东（发起人）的首次出资比例；不再限制股东（发起人）的货币出资比例。

第三，简化登记事项和登记文件。有限责任公司股东认缴出资额、公司实收资本不再作为公司登记事项。公司登记时，不需要提交验资报告。

按照国家工商总局的说法，这次修法进一步降低了公司设立门槛，减轻了投资者负担，便利了公司准入，为推进公司注册资本登记制度改革提供了法制保障。

2. 企业开业登记的基本程序

（1）企业名称预先核准，创办者到工商局查询后确认公司的名称。

（2）企业住所证明，需要公司住所的产权证明或租房合同，出租方必须出示相应的产权证明，工商所进行现场调查。

（3）特种行业审批，若企业从事的行业属于特种经营，如医药等，必须到各行业主管部门办理行业审批。

（4）办理企业注册资金，实行认缴登记制度，除募集设立股份有限公司外，无需提交验资报告。

（5）申请企业开业注册。向工商局提交相应的文件，如企业设立登记申请书、公司章程、股东名录、企业法定代表人任职文件和身份证明与上述要求的文件等。上述文件范本、须填表格等可到工商局获取。工商局将通过受理、审查、核准等程序，最后颁发《企业法人营业执照》和《营业执照》，并由工商局统一组织发布企业法人登记公告。

（6）企业领取营业执照后，首先要刻制印章，如公章、财务章、合同章等，刻章前要先去公安局特行科审批。

（7）办理企业法人代码。

（8）开立银行基本账户。

（9）办理税务登记。

（10）办理工资保险和统计登记。

需要向创业者指出的是，企业一旦经核准登记，发给营业执照后，即产生了以下法律效力。

① 取得合法地位；

② 取得企业名称的专用权；

③ 取得进入生产经营的活动权和承担的义务；

④ 接受登记主管机关的监督检查。

如果企业未核准登记，一律不准开业，不得私刻公章、签订合同、注册商标、刊登广告，也不能在银行以企业名义设立账户。

上面所述只是基本的企业登记程序。创业主体不同，开办的企业性质也就不会相同。其开业登记时的要求也就不会一样。具体要求创业者可到工商行政管理局和其他行政主管机关政务中心获取相关资料，本书不再赘述。

3. 公司注册后必须办理的四项手续

（1）如何办理公章。参股股东中包括法人股的，应持其中一家法人单位介绍信、营业执照副本原件、章样一式两份进行办理；参股股东中无法人股，即全部为自然人参股的应由法人代表办理，携带本人身份证原件、复印件各一份，营业执照副本原件、复印件各一份，章样一式两份。到公安局制定的刻章社刻公章和财务专用章，费用一般为120~180元。

(2)如何办代码。凭营业执照到技术监督局办理组织机构代码证。

(3)如何进行税务登记。带上工商执照、个人身份证、经营场所的房产证或租赁协议就可以去办理。如果是销售商品的公司，国税、地税都要办税务登记；提供服务的公司，只办地税，不需要办国税。

(4)如何进行银行开户。所属地任一具有对公业务的银行网点均可办理对公账户。需提供的资料：开户证明，企业的营业执照，组织机构代码证，法人身份证复印件，国地税的税务登记证，盖一套单位的印鉴卡(一式三份，由银行提供)，开立单位银行结算账户的申请书(一式三份，需加盖单位公章，法人签名)，法人(或负责人)授权委托证明书一份、代理人身份证复印件等，银行需提供的其他资料。

4. 企业登记注册基本常识

(1)名称登记。企业名称即企业的名字、字号，是企业区别于其他企业或社会组织，被社会识别的标志。名称一般由四部分组成：行政区划+字号+行业特点+组织形式，比如成都市(行政区划)锦城(字号)商贸(行业特点)有限公司(组织形式)。

工商行政管理机关对企业名称实行分级登记管理。国家工商行政管理局的管辖范围包括：冠以“中国”、“中华”、“全国”、“国家”、“国际”字样的企业名称；名称中间使用“中国”、“中华”、“全国”、“国家”等字样的；不含行政区划的；冠以省市行政区划的名称相应由省市工商行政管理局管辖，对企业经营范围、组织形式、注册资本也有相关的归口；上述机构管辖范围之外其他企业、内资企业分支机构、个体工商户的名称则由区县工商分局根据市局复核意见进行核准。

(2)法人、企业法人及法定代表人。法人是指具有民事权利能力和民事行为能力，依法独立享有民事权利和承担民事义务的组织。根据我国《民法通则》的规定，法人必须具备四项条件：

① 依法成立；

② 有必要的财产或者经费；

③ 有自己的名称、组织机构和场所；

④ 能够独立承担民事责任。从法人的设立性质上讲，法人通常包括企业法人、事业法人、机关法人等。

法定代表人是依照法律或法人组织章程的规定，代表法人行使职权的负责人。法定代表人必须是法人组织的负责人，能够代表法人行使职权，可以由厂长、经理担任，也可以由董事长、理事长担任。法定代表人的权力是由法人赋予的，法人对法定代表人的正常活动承担民事责任，但代表人的行为超出法人授予的权利范围，法人也可能为其承担责任。

(3)注册资本和注册资金。注册资本是公司的登记注册事项之一，是投资人对企业的永久性投资，是经国家确认的公司独立财产的货币形态，包括流动资金和固定资产以及无形资产，也叫法定资本。

注册资金是国家授予企业法人经营管理的财产或者企业法人自有财产的数额体现。

注册资本与注册资金的概念有较大差异。注册资金反映的是企业经营管理权；注册资本反映的是公司法人的财产权，所有股东投入的资本一律不得抽回，由公司行使财产权。注册资金是企业实有资产的总和，注册资本是出资人实缴的出资额的总和。注册资金随实有资金的增减而增减，即当企业实有资金比注册资金增加或减少20%以上时，要进行变更登记。而注册资本非经法定程序，不得随意增减。

(4)验资证明与股东出资方式。验资证明是会计师事务所或者审计师事务所及其他有验资资格的机构出具的证明资金真实性的文件。根据《公司法》规定，公司的注册资本必须经过法定验资机构出具验资证明。

有限责任公司股东发起人的出资方式有以下几种：货币、实物、工业产权、非专利技术、土地使用权等。其中工业产权是一个内容非常广泛的概念，包括发明、实用新型、外观设计、商标服务标记、厂商名号(商号)、货源标记或原产地名称、制止不正当竞争等可用于工业领域(确切地说是各种生产经营行为)领域，能够提高企业市场竞争力并能创造利润的智力成果，但严格来说，只有那些经过法定程序被依法授予的、并在一定时间和地域内所独占的法律保护的财产权利，才能被视为有效的工业产权。在我国主要指专利权(包括发明、实用新型和外观设计的专利权)和注册商标专用权(包括商品商标和服务商标的专用权)。工业产权属于无形资产。

所有非货币出资应提交法定评估机构出具评估报告，并办理财产转移手续。其中新建或新购入的实物作为出资的，可以不经过评估，但要有合理作价证明，建筑物以工程决算书为依据，新购实物以发票上的金额为出资额。

(5)公司章程。公司章程是关于公司组织和行为的基本规范。公司章程不仅是公司的自治法规，也是国家管理公司的重要依据。它是公司设立的最主要条件和最重要的文件，是确定公司权利、义务关系的基本法律文件，是公司对外进行经营交往的基本法律依据，对企业非常重要，所以公司股东和发起人必须考虑周全，制定明确详细、理解上没有歧义的公司章程。

链接2

2014年大学生创业优惠政策

一、企业注册登记方面

1. 程序更简化

凡高校毕业生(毕业后2年内，下同)申请从事个体经营或申办私营企业的，可通过各级工商部门注册大厅“绿色通道”优先登记注册。其经营范围除国家明令禁止的行业和商品外，一律放开核准经营。对限制性、专项性经营项目，允许其边申请边补办专项审批手续。对在科技园区、高新技术园区、经济技术开发区等经济特区申请设立个私企业的，特事特办，除了涉及必须前置审批的项目外，实行“承诺登记制”。申请人提交登记申请书、验资报告等主要登记材料，可先予颁发营业执照，让其在3个月内按规定补齐相关材料。凡申请设立有限责任公司，以高校毕业生的人力资本、智力成果、工业产权、非专利技术等无形资产作为投资的，允许抵充40%的注册资本。

2. 减免各类费用

除国家限制的行业外，工商部门自批准其经营之日起1年内免收其个体工商户登记费(包括注册登记、变更登记、补照费)、个体工商户管理费和各种证书费。对参加个私协会的，免收其1年会员费。对高校毕业生申办高新技术企业（含有限责任公司）的，其注册资本最低限额为10万元，如资金确有困难，允许其分期到位；申请的名称可以“高新技术”、“新技术”、“高科技”作为行业予以核准。高校毕业生从事社区服务等活动的，经居委会报所在地工商行政管理机关备案后，1年内免予办理工商注册登记，免收各项工商管理费用。

二、金融贷款方面

1. 优先贷款支持、适当发放信用贷款

加大高校毕业生自主创业贷款支持力度，对于能提供有效资产抵（质）押或优质客户担保的，金融机构优先给予信贷支持。对高校毕业生创业贷款，可由高校毕业生为借款主体，担保方可由其家庭或直系亲属家庭成员的稳定收入或有效资产提供相应的联合担保。对于资信良好、还款有保障的，在风险可控的基础上适当发放信用贷款。

2. 简化贷款手续

通过简化贷款手续，合理确定授信贷款额度，一定期限内周转使用。

3. 利率优惠

对创业贷款给予一定的优惠利率扶持，视贷款风险度不同，在法定贷款利率基础上可适当下浮或少上浮。

三、税收缴纳方面

凡高校毕业生从事个体经营，自工商部门批准其经营之日起1年内免交税务登记证工本费。新办的城镇劳动就业服务企业（国家限制的行业除外），当年安置待业人员（含已办理失业登记的高校毕业生，下同）超过企业从业人员总数60%的，经主管税务机关批准，可免纳所得税3年。劳动就业服务企业免税期满后，当年新安置待业人员占企业原从业人员总数30%以上的，经主管税务机关批准，可减半缴纳所得税2年。

四、企业运营方面

1. 员工聘请和培训享受减免费优惠

对大学毕业生自主创办的企业，自工商部门批准其经营之日起1年内，可在政府人事、劳动保障行政部门所属的人才中介服务机构和公共职业介绍机构的网站免费查询人才、劳动力供求信息，免费发布招聘广告等；参加政府人事、劳动保障行政部门所属的人才中介服务机构和公共职业介绍机构举办的人才集市或人才、劳务交流活动给予适当减免交费；政府人事部门所属的人才中介服务机构免费为创办企业的毕业生、优惠为创办企业的员工提供一次培训、测评服务。

2. 人事档案管理免两年费用

对自主创业的高校毕业生，政府人事行政部门所属的人才中介服务机构免费为其保管人事档案（包括代办社保、职称、档案工资等有关手续）2年。

3. 社会保险参保有单独渠道

高校毕业生从事自主创业的，可在各级社会保险经办机构设立的个人缴费窗口办理社会保险参保手续。

---

5. 新创企业注册地址的选择

(1)注册地址选择。新创企业在成立时，要重视注册地的选择，这不但关系新创企业的战略决策，还涉及新创企业的成本以及定位。新创企业在选择注册地址时应着重考虑的因素有以下几点。

① 税收。对于新创企业而言，税收是一项关键成本，有策略地选择公司注册地址，可以帮助企业在税收上节省成本。不同的省市地区对创业型企业的税收要求及优惠条件略有差异，但各地对于大学生创业都有相应的税收优惠政策，优惠幅度上各有不同。笔者经过大量的调研发现，大学生创业企业的注册地址选择在各地经政府规划的大学生创业园区内，可获得税收减免或优惠，这对于大学生创业而言是不错的选择。

② 优惠政策。新创企业选择注册地址时，还可考虑相应的优惠政策。如有的地区为吸引创业企业注册，会有减免租金、提供配套服务、注册流程简化、获得贷款资金等优惠政策，对于万事开头难的创业企业而言，无疑是节约成本的首要选择。因此，创业者在选择注册地址时，可搜寻各地区的创业扶持优惠政策，以获得最大的政策支持，减少成本。

③ 品牌效应。注册地址的选择还要充分考虑品牌效应，作为一个新创企业，品牌力相较而言较弱，为了借助圈层的影响力，可以考虑选择在同行业大品牌聚集的区域进行注册，借力行业领先者的品牌效应，迅速建立新创企业的知名度和可信度，实现快速成长。

链接 3

成都龙潭总部经济城大学生创业园优惠政策

成都龙潭总部经济城大学生创业园为支持有创业梦想、有创业项目的大学毕业生在成都创业，执行了一系列创业优惠政策。

1. 大学生创业办理工商税务登记，免收各类行政事业性收费。

2. 设立 1000 万元小额担保贷款基金。对大学生创业小额贷款予以贴息。

3. 设立 1000 万元大学生就业创业专项资金。通过政府投入、高校筹集、企业赞助等多种渠道筹集，专项用于大学生就业创业政策性扶持、表彰奖励等。

4. 建大学生就业创业公寓。首批推出 10 000 平方米大学生廉租公寓，对入住大学生住房租金实行第一年 100% 补贴，第二年 50% 补贴。

5. 建立大学生创业中心。首期在龙潭都市工业集中发展区提供 3 万平方米的创业场地，对大学生创业人员场地租金实行第一年 100% 补贴，第二年 50% 补贴。

6. 大学生创业公司所缴税收的区级地方所得部分增值税、营业税、企业所得税、房产税前 3 年按 100% 扶持补助，后 2 年按 50% 扶持补助。

7. 创业项目获得省、市部门立项的，或涉及科技创新经省、市部门认定的，将按项目所争取资金或融资总额的 10% 以内进行奖励（单个项目不超过 50 万元）。

8. 对创业受挫大学生和困难家庭大学生实施就业援助，实行一对一帮扶推荐就业。

（2）经营地址选择。新创企业的经营地址选择时同样要考虑成本、交通等多方面的因素，不可盲目选址。如生产型企业选择经营地址时，要考虑租金或土地成本、交通的便利性、物流、环境的配套等因素；有店铺经营的企业经营地址除了要考虑成本和交通外，还要考虑人流量、商圈、竞争等要素；提供解决方案的服务型企业，如培训咨询类企业，经营地址可选择在成本相对低廉的地段或楼层以节约成本。

9.2 新创企业的管理

新创企业成立之后，即将面临的首要问题便是内部管理。新创企业管理有些什么样的特点呢？新创企业要持续发展，又面临着一些什么样的管理难题？这些都是新创企业管理者必须解决的问题。

9.2.1 新创企业管理的特点

新创企业在成立初期，生存当之无愧是企业的首要目标，因此大多数新创企业在创业初期通常都是重业务轻管理。创业期的企业管理通常有如下特点。

1. 企业主集权

新创企业的企业主由于全身心投入创立事业的激情中，往往容易陷入凡事亲力亲为的状态，公司大小事务均需获得企业主授权才可进行，于是公司既定的组织结构未能发挥效用，员工整天围着企业主转，大量内耗，最后企业主自己也苦不堪言。小公司发展过程中15人是个坎，50人是个坎，200人又是个坎，管理方法不改进，一般无法进一步发展。企业主事事亲力亲为的公司，很难超过15人，毕竟一个人的管理能力再强，精力也是有限的。

2. 管理制度朝令夕改

新创企业的管理者现在都有了科学管理的意识，因此，在公司创立初期便会制定一系列的管理制度，尽管有的制度还比较粗糙，一般的公司执行下来也能应付公司的日常管理。但是，一旦公司逐步成长，管理制度的漏洞就会开始凸显。这个时候，新创企业的管理者们便会着急修改制度，有时候往往是看到别的公司有一项好的管理制度，不经过深思熟虑就匆忙照抄照搬，一段时间发现效果不好又改回原样，导致公司制度朝令夕改，令员工缺乏稳定感。

3. 人事管理太随意

新创企业最常出现的管理问题就是人事管理，通常体现为几个方面：一是盲目招聘“最好的”员工，结果发现根本留不住人才；二是撇不下面子录用亲戚朋友，导致管理难度增大；三是薪酬体系、绩效考核不完善，引发员工随意提出加薪要求，人员流失严重；四是没有规范的考勤考核机制，导致员工吃大锅饭，抹杀工作积极性。

4. 财务制度不完善

制定完善明晰的财务制度是新创企业务必要重视的管理问题，但研究发现，大量的新创企业都没有意识到这一管理问题的重要性，在企业创立初期，往往因为省钱甚至连财务岗位设置都不完整，财务制度也有严重漏洞，存在财务往来记录不全，财务审批制度不严格等问题，不少的新创企业都因此吃过亏，公司明明赚到钱，结果一到账上却所剩无几，连企业主自己也不清楚每笔资金的具体流向。

5. 重结果轻过程

新创企业都是以业绩为导向的，因此在管理过程中往往只重视结果而忽略对过程的管理。这就导致员工也是结果导向型的，公司对过程的监控也几乎没有，因此员工在过程中做了哪些努力，出现了什么样的偏差，管理者都无从得知，最后对结果也只能被动地接受，导致原本可以控制的小问题演变成大问题，原本可以更好的业绩最后却结果平平。

9.2.2 新创企业管理内容

鉴于新创企业的管理特点，以及在初期成长过程的种种管理风险，新创企业必须在成长期逐步实现管理的规范化，以使企业稳步发展，获取长远的竞争优势。新创企业的主要管理内容有业务管理、制度管理、骨干员工管理、财务管理和劳动关系管理等。

1. 业务管理

对于新创企业而言，业务管理无疑是管理者关注的焦点，因为这是初创企业生存的根本。新创企业要对自己的业务线和业务模式有清晰的认识和设计，并有专门的部门或组织体系来执行、管理和监督，以确保业务的顺利开展，并掌握详尽的客户数据库和交易信息，做到所有来往业务都清晰可查。

2. 制度管理

无规矩不成方圆，新创企业在成长的过程中必须逐渐摸索出一套适合自己企业的管理制度，包括财务制度、人事制度、规章制度、考核制度等，用组织的机制来保障公司各项业务的正常运行，适当的授权以发挥各组织结构的管理职能，使公司高效率、有序化地运转。没有制度，新创企业一旦进入正轨之后，就会出现各种状况，使得企业无章可循，管理混乱，进而影响公司的正常经营。当然，新创企业的制度建设必须循序渐进，否则将会出现前文所述风险，朝令夕改，让员工没有安全感，导致大量流失。

3. 骨干员工管理

新创企业创立初期，最担忧的就是员工流失，尤其是骨干员工流失，这对刚起步的公司无疑将是巨大的损失，因此，想办法留住骨干员工是公司管理的重要任务。不同的公司采取的方法不一样，有的采取发展骨干员工入股，让其成为主人翁，有的用逐年提升的薪酬稳定骨干员工，不论采取什么样的方法，企业都得抓住骨干员工的心，尽可能将其稳定在创业团队之中不流失，以保障公司的长远发展。

4. 财务管理

新创企业最容易出现的问题就是财务混乱，账目不清，导致企业主对企业的经营状况没有准确的财务数据，难以清晰评估企业现状，导致错误的决策，引起严重后果。因此，财务管理是新创企业管理的核心内容之一。新创企业的财务管理最基础的要求是，入账要有清晰的流程、票据、责任人和记录；出账要有经办人、依据、审批和登记，必须要有严格的财务管理制度，做到账务有审批，有依据，有监督，可查询，这样方可防止出现财务问题。

5. 劳动关系管理

劳动关系管理也是新创企业管理的重要内容，这是确保公司稳定，同时也是保障员工基本利益的前提。新创企业须遵照《劳动法》的基本要求，与员工签订正式劳动合同，为员工缴纳相应保险，按时发放工资。很多创业企业为了省钱，想尽办法节约用人成本，比如找临时工，不交保险，或者一遇到资金周转困难就拖欠员工工资，长此以往，员工对公司和老板的信任将荡然无存。调查表明，员工对于公司最无法容忍的就是拖欠工资，这也经常是某些企业人员流动的最主要因素。

新创企业的管理规范化还涉及很多内部管理的制度，需要在公司成长过程中逐步规范。

9.3 新创企业的成长

新创企业走上了正轨之后，要面临的一个问题就是企业的成长。管理大师彼得·德鲁克曾说，成长是企业生存所必须的。那么，新创企业如何把握在企业的生命周期不同的阶段采取什么样的策略呢？新创企业又如何保持其核心竞争力呢？本节将解开这些难题。

9.3.1 企业成长生命周期

最简明的企业生命周期理论认为每个新创企业诞生后，一般都要经过培育期、成长期、成熟期和衰退期四个阶段。处于培育期的企业称为初创企业，或者说是初创阶段的企业；企业能经过培育期存活下来，一般会较快地转入成长期；企业坚持过了成长期，就会进入成长速度放缓、但利润率提高的收获季节，称为成熟企业；成熟期的企业如果不能成功地进行蜕变的话，就会沦为衰退企业。

企业生命周期的每个阶段管理方式都不一样，因为面临的问题大不相同，管理者应该根据每个阶段的特点来不断调整管理方式。同时，根据葛雷纳的企业成长模型，新创企业每个成长阶段所关注的重点都有所不同，因此因时制宜是每个新创企业都必须把握的法则。

1. 培育期

在创业的初期，企业有个非常明显的特点，就是更多地依靠创业者的个人创造性和英雄主义。此阶段重点是搞清楚自己的核心产品和业务，并把握主要的市场，亲力亲为，研究怎么把新产品迅速销售出去，企业才能迅速成长，因此不需要太复杂的管理和战略，透过创业者本人就可以控制整个团队。在此阶段，企业通过创造而成长。关键的挑战在于市场是否能够接受新企业的产品或者服务。在这个阶段，不断地进行尝试和市场测试是非常必要的。

2. 成长期

经过1~3年的发展，随着员工日益增加，企业出现剧烈振荡。企业可能进入一个危险期，即领导危机。企业也更需要一个职业化的领导来进行科学的指导和管理控制，所以这个时候要么是创业者成长为职业化的领导，要么他找到一个更职业化的经理人，委派其进行控制。这时比较困难的是，需要我们的创业者自我变革、有足够的勇气放弃很多东西。同时他会发现，要继续监控发展这个企业，还需要掌握更多的信息，并且有必要制定可行的发展战略。企业再发展到一定程度，又会出现一次振荡，即自立危机。主要原因是员工需要获得自主权，中、基层经理希望增加自主权。由于指导作用和员工的具体实践使其工作经验和水平不断提升，企业规模扩大、管理层次增加，都会刺激员工对自主权的渴求，从而导致企业发展出现新的鸿沟，此时就需要授权，并建立一个更为规范的管理体系。

3. 成熟期

该阶段的重点就是授权，通过分权而成长。这时大多数企业高速成长，产品转向更为广泛的主流市场。随着员工人数迅速膨胀，部门快速分拆，销售地域和网络越来越分散，此时需要更多的授权。但企业经过1～3年的高速发展后，同样又会遇到新的问题，被新的危机所困扰，即控制危机。这个危机需要通过加强控制来解决，但依靠过去传统的控制手段不能解决危机，那用什么样的方法呢？授权过多就会导致自作主张，出现本位主义，控制过多就会出现不协调、合作困难的现象，因此协调是跨越发展鸿沟的主要手段。到了企业成熟的鼎盛时期，企业需要通过更规范、更全面的管理体系和管理流程，或者说是更多、更先进的管理信息系统来支撑，通过协调而成长。但官僚主义的出现又会引发新的危机，即繁琐公事程序危机。管理层次过多，决策周期拉长，人员冗余，因此，企业在面对新的鸿沟时，需要加强合作，这时要更多采用项目管理的手段，建立很多团队，通过按产品、地域设立适宜的部门和团队来增强市场竞争的快速应变能力。

4. 衰退期

衰退是每个新创企业都不可避免要面临的险境。当企业已经感觉到了进入衰退期的讯号，企业的领导者必须有新的战略来力挽狂澜，以适应不断变革的市场环境。

9.3.2 企业核心竞争力打造

当一个新企业创建好之后，随着公司运营走上正轨，管理者应该进一步考虑的问题是如何识别企业的优势，打造新创企业的核心竞争力，以在激烈的市场竞争中能够脱颖而出，占据一席之地，并形成长期的竞争优势。核心竞争力是群体或团队中根深蒂固的，且能够互补的一系列技能和知识的组合，借助该能力，能够按高于竞争的水平实施一到多项核心的战略及业务流程。企业核心竞争力就是企业长期形成的，蕴涵于企业内质中的，企业独具的，支撑企业过去、现在和未来竞争优势，并使企业在竞争环境中能够长时间取得主动的核心能力。

新创企业如果不能够及时地打造出自己的核心竞争力，在残酷的市场竞争中可能被迅速淹没或者替代，那么创业者辛苦创立起来的新企业将失去战斗力，过去的努力也付之一炬，也浪费掉了一个极具发展潜力的商业机会，这对于任何一个创业者来说，都是不想面临的结局。因此，打造企业的核心竞争力，成为新创企业持续经营的首要条件。

1. 核心业务的确立与延伸

在创业成为一种趋势的近些年，出现了许多昙花一现的新创企业，这些企业失败的最根本原因就在于不懂得如何培育核心能力，不清楚什么是自己的核心竞争力，盲目地进行业务扩张而导致局面失控。殊不知，企业的核心能力要得到市场承认，必须通过企业的产品反映出来。企业是一种或几种核心能力的组合，通过它企业虽然可以衍生出许多的业务单元，也可以跨越传统的市场界限和产品界限，但企业的核心能力最终仍需通过核心产品及其组合，也就是企业的核心业务表现出来。如果把企业比喻成一棵大树，核心能力就是树干，核心业务便是果实。如果企业的核心业务能依托核心能力形成一种对内兼容、对外排他的技术壁垒，那么，就能在纷繁复杂的市场中保持应有的竞争优势。简单而言，就是新创企业首先要问自己“我主要是做什么的”。

因此，要想让自己的新创企业基业长青，保持持续的增长，在经营战略和领域的选择上，应首先确定自己的核心主营业务，只投资在一个行业，并在这个行业里逐步培养自身的核心竞争力，以此为基础再逐步考虑多元化经营。

(1)核心业务与非核心业务的取舍与确立。很多创业者在挖掘到了市场的第一桶金之后，尤其是当这一桶金比想象中来得容易时，年轻的创业者就开始盲目乐观，以为创业其实很简单，认为自己的企业无所不能，于是开始分散注意力或者试图把握住企业成长过程中出现的每个机会，甚至去挑战自己的企业并不擅长的领域。每个新创企业在成长的过程中都面临着各种各样可以赚钱的机会诱惑，如果不能够确立自己的核心竞争优势，学会去识别各种机会，有所取舍，那么将很容易导致企业走向失败。新创企业应集中优势专注于最擅长的领域，在自身价值链中培育强大的核心能力并打造独特的核心业务，即形成企业发展的核心竞争力。

(2)核心业务的延伸

① 依靠内部开发。内部开发主要是通过企业现有资源的整合来扩张核心业务。内部开发的具体形式一般包括：垂直链裂变，垂直一体化企业将其价值链环节中的某些环节面向市场，为市场提供不同于最终产品的诸多产品；独资新建企业和工厂；技术副产品的充分利用，研究与开发有时会产生技术副产品，可独立出来生产不同于企业现有产品的产品；充分利用人才，企业有时拥有能涉足其他经营领域的人才，可以这类人才为核心，组织资源从事新业务的开发。有了新的观点再到形成产品需要较长的时间，内部开发要求企业拥有较强的资源和能力。内部开发的优点在于便于控制和比较，但内部开发也有其局限性，它妨碍企业获得外部资源和新观念的产生，因此内部开发适合规模大、技术领先的企业。

② 战略性并购以及重组资产和债务。世界前100强的企业，没有一家是仅靠利润积累发展起来的，都要靠组织和协调社会资源来扩充实力。正如诺贝尔经济学奖获得者、美国著名经济学家乔治·斯蒂格勒所指出的：没有一个美国大公司不是通过某种程度、某种方式的兼并而成长起来的，也几乎没有一个大公司是主要靠内部扩展成长起来的。事实上，世界大企业的并购行为在当今确有越演越烈之势，一是“强强联合”，组成更庞大的公司，营造垄断地位；二是“延伸触角”，尽可能占据更大的市场份额。

成功的兼并应当考虑能否加强一家公司的全盘战略优势和核心能力，并且能使公司处在一种比由其自身来经营时所不能达到的优势地位中。企业在运用资本运营使其规模迅速扩张之前，在产品经营和技术创新方面，都应有卓越领先或相对领先的表现，而离开产品经营和技术创新盲目扩张规模，甚至靠行政手段来拼凑企业集团，最后终免不了被市场淘汰的命运。

③ 建立战略联盟。战略联盟是指两个企业为了实现特定的目标而采取的任何股权或非股权投资的共担风险、共享利益的联合行动。战略联盟的具体形式有三类：一是松散关系，包括网络组织，机会性联盟等；二是契约关系，包括分包经营、许可证经营和特许经营等；三是正式的所有关系，包括联营、合资、合作企业等。

采用战略联盟途径来扩张核心业务可以弥补企业自身在进入新行业时的资源不足，通过合作也可以获得乘数效应和可持续竞争优势。但战略联盟也存在不少问题，主要是联盟各方的动机并不相同，追求的利益不尽一致，更重要的是有时缺乏信任。此外，联盟有时还可能培育出比自己更强大的对手。

2. 新创企业优势资源分析

为准确界定新创企业的优势，Jay B，Barneey 以 VRIO 模型对企业的优势或潜在的竞争优势进行分析和评价，认为企业能否形成竞争能力需要回答四个方面的问题：价值性、稀缺性、不易复制性、利用性。

(1)企业现有资源分析。资源是企业为顾客提供有价值的产品与服务的要素，企业资源分为有形资产、无形资产和组织能力三大类。有形资产是企业运营过程中必要的资源，是唯一可以在企业的资产负债表中清楚体现的资源，包括房地产、生产设备、原材料等；无形资产包括企业的声誉、品牌、文化、专利和商标、知识和技术等，这些无形资产经常是企业竞争优势的来源；组织能力是所有资产、人员与组织投入产出过程的一种复杂的结合，包含了一种反映效率和效果的能力。组织能力也是企业获得竞争优势的来源之一。一个企业只有在充分了解自己的资源和对资源的使用及控制能力的基础上，与竞争对手进行比较，明确本身的优势和劣势，才能构建竞争优势。

资源的基本特征是：价值性、稀缺性、异质性和不可完全转移性。

① 价值性。价值性是指能够使企业增加消费者价值，同时可以提高其经营绩效的属性。如果企业拥有与缺失某种资源相比，能够减少成本或增加收益，那么这种资源就具有价值。

② 稀缺性。企业竞争优势将会随着价值性和稀缺性资源的增长而强化，然而，我们也不能忽视普遍性资源的重要性或效能。相反，那些有价值的普遍性资源能够在产业内创造“竞争优势”，从而维持企业的生存。

③ 异质性。企业战略资源的异质性具体表现为两种性质，即不可完全模仿性和不可等效替代性。不可完全模仿性是资源价值创造的核心，因为它能够限制市场竞争。企业资源的不可完全模仿性主要基于市场模仿障碍的存在。模仿障碍一般分为两类：一个是有形障碍，包括法律或政策限制、获取投入要素的优越途径、赢得消费者的优越途径、市场容量和规模经济等；另一个是无形障碍，包括来由性模糊、路径依赖性和社会复杂性。不可等效替代性是指战略资源不能被既不稀缺又可以被完全模仿的其他价值性资源所等效替代。

④ 不可完全转移性。资源的不可完全转移性主要来源于要素或资源市场的不完全竞争性。要素市场的不完全性来自于多种因素，它们可以被归结为四个方面：地理性固定、不完全信息性、专用性、组织能力的附着性。

(2)企业现有资源分析步骤。有价值的资源是企业竞争优势的来源，对新创企业的现有资源进行分析时，可遵从以下步骤。

① 分析现有资源。分析中既包括对有形资源的分析，也包括对无形资源的分析。经过分析，列出企业目前拥有和可能获得的资源清单。资源清单包括以下内容：管理者和管理组织资源、企业员工资源、市场和营销资源、财务资源、生产资源、设备和设施资源、组织资源、企业形象资源。

② 分析资源的利用情况。分析资源利用情况，原则上是运用产出与资源投入的比率来进行。分析资源利用情况还可以运用比较法。

③ 分析资源的应变力。资源应变力分析的目的是要确定一旦战略环境发生变化，企业资源对环境变化的适应程度。特别是对那些处于多变环境的企业来说，更应做好资源的应变力分析，这是建立高度适应环境变化的资源基础的出发点。

④ 进行资源的平衡分析。业务平衡分析，即对企业各项业务的经营现状、发展趋势进行分析，以确定企业在各项业务上的资源分配是否合理。

现金平衡分析，分析内容主要是企业是否拥有必要的现金储备或拥有应付战略期内现金需要的资金来源。

高级管理者资源平衡分析，主要分析企业高级管理者资源的数量、质量、管理风格、管理模式等与制定、实施战略所需人力资源的适应程度。

战略平衡分析，主要分析企业现时拥有的资源和战略期内可能获得的资源，对企业战略目标、战略方向的保证程度，即要确定企业资源是否符合实现战略目标的要求。

总之，通过上述步骤进行企业资源分析，关键是要确定企业的资源强势和弱势。资源强势指的是企业所特有的能提高企业竞争力的资源，资源强势是形成企业核心能力的重要基础。资源弱势指的是某种企业缺少或做得不好，使企业在竞争中处于劣势的资源，资源弱势制约企业竞争优势的形成，限制企业的战略发展空间。

3. 新创企业核心竞争力的构建

(1) 制订获取核心竞争能力的计划。在新创企业初期，企业必须高瞻远瞩，从战略层面上重视对企业核心竞争力的构建。根据前面对企业优势资源的分析，判断出自身有价值的资源并进行资源组合，制订出获取核心竞争力的详细计划，如表 9-2 所示：

表 9-2　培养竞争能力矩阵图

核心竞争力 ＼ 产品／服务范畴	现有的	新的
新的	**象限 2　10 年后领先** ● 为了保持或者扩大市场份额，需要哪些核心竞争力	**象限 4　大商机** ● 参与未来最诱人的市场，需要哪些新的核心竞争力
现有的	**象限 1　填补空白** ● 通过利用现有的核心竞争力，提高我们在现有市场中地位的机会是什么	**象限 3　空白区域** ● 通过创造性地重新部署，或者重新组合现有的核心竞争力，我们能够创造的新产品或新服务是什么

(2) 企业核心竞争力的构建与执行。企业核心竞争力的构建要将注意力集中在能发挥核心竞争能力作用和增强核心竞争能力上来，在可以充分利用企业已有核心竞争能力的新领域或新产品范围上，根据具体情况，可以分别采取收购、合资、内部开发等不同方式增加相应的产品和服务，并促进核心竞争能力的内部扩散。本书认为，企业核心竞争力是决策力、支持力和执行力相互作用形成的结果。

企业决策力是企业组织辨别市场机遇和陷阱的能力。它是企业组织有机体的脑力。只有当企业具有强大的决策力时，才能保证企业与时俱进，把握住外部环境的种种变化，哪怕是细小的变化，并且能对这种变化做出快速的反应。不仅如此，这种反应还必须体现这种变化的趋势。

支持力是企业的资源支持能力。它是企业组织有机体的财力。它表现为企业所积累的资源规模和质量状况，是能为企业抓住市场机遇提供支持的能力。只有当企业具有强大的支持力时，决策选择的余地才广阔，面对市场机遇才不会仅仅是嗟叹。即使天降甘露，也只有早备好了能收集甘露的瓢盆缸罐才有意义。

执行力则是保证决策贯彻实施的能力。它是企业组织有机体的体力。只有当企业具有强大的执行力时，机遇才能最终变为现实。瘫子要有一个瞎子背着才能走出密林。执行力也就是这能背着瘫子走出密林的瞎子。

没有决策力以辨别发展的陷阱，把握发展的机遇，执行力就只能是所谓刀枪不入的义和团团员的莽撞。没有支持力提供资源基础，瘫子背着瞎子也难以走出密林。一个沟，一个坎，就会把他们困死。支持力也就是瘫子背着瞎子得以跨过沟沟坎坎的工具。

那么，核心竞争力从哪里来？只有一条途径，就是全面实施企业管理规范化。企业核心竞争力，就是企业整合内、外部资源的能力。而只有当企业管理全面实现了规范化，企业组织才具有决策力、支持力和执行力，企业组织的八大利益关联主体——投资人、经营决策人员、管理实施人员、现场操作人员、产品客户、合作伙伴、社会公众、国家政府——才能全面认同企业的行事方式，企业才具有对内、对外整合资源的能力。

我们说企业核心竞争力的形成，依赖于企业管理规范化的实施，也就是对应于企业核心竞争力的十大具体构成部分，包括对决策管理、组织架构设计管理、岗位角色管理、运行流程管理、企业文化建设管理、品牌管理、渠道管理、成本管理、伙伴关系管理和创新管理，都应实施规范化。

(3)企业核心竞争力的具体体现。企业核心竞争力，从其具体体现形式分析，可大体分解为10个内容。我们姑且称之为十大竞争力。

① 决策竞争力。这种竞争力，是企业辨别发展陷阱和市场机会，对环境变化做出及时有效反应的能力。不具有这一竞争力，核心竞争力也就成了一具腐尸。决策竞争力与企业决策力是一种同一关系。决策频频失误的企业，肯定没有决策竞争力。没有决策竞争力的企业，也就是企业决策力薄弱。

② 组织竞争力。企业市场竞争，最终得通过企业组织来实施。也只有当保证企业组织目标的实现必须完成的事务工作，事事有人做，并且知道做好的标准时，才能保证由决策竞争力所形成的优势不落空。并且，企业决策力和执行力也必须以它为基础的。没有强有力的组织明确而恰当地界定企业组织成员相互之间的关系，保障决策力和执行力的活动，没有恰当的人承担并完成，企业的决策力和执行力从何而来？

③ 员工竞争力。企业组织的大小事务，必须有人来承担。也只有当员工的能力充分强，做好工作的意愿充分高，并且具有耐心和牺牲精神时，才能保证事事都做到位。否则，企业的决策力和执行力也就成了无源之水的空话。保障企业决策力和执行力的活动要有效率和效益，也就是保证活动的主体——员工具备与之相适应的能力、意愿、耐心和牺牲精神。

④流程竞争力。流程就是企业组织各个机构和岗位角色个人做事方式的总和。它直接制约着企业组织运行的效率和效益。企业组织各个机构和岗位角色个人做事方式没有效率和效益，企业组织的运行也就不会有效率和效益，也就是企业组织运行没有效率和效益，企业便没有执行力。

⑤ 文化竞争力。文化竞争力就是由共同的价值观念、共同的思维方式和共同的行事方式构成的一种整合力，它直接起着协调企业组织的运行，整合其内、外部资源的作用。蒙牛的 25 个法则，之所以能够成为蒙牛的核心竞争力，其原因就在于这 25 个法则都变成了蒙牛人的共同的价值观念、共同的思维方式和共同的行为准则。因而企业的决策力和执行力也都必然直接受制于它。共同的价值观念、共同的思维方式和共同的行事方式，能够促使整个企业具有强大的凝聚力，从而提高工作效率和效益。

⑥ 品牌竞争力。品牌需要以质量为基础，但仅有质量却不能构成品牌。它是强势企业文化在社会公众心目中的折射体现。因而它也直接构成企业整合内、外部资源的一种能力。没有品牌竞争力，企业组织内部和外部都不认同企业的做事方式和行事结果，企业也就谈不上有什么竞争力，更谈不上有核心竞争力。品牌一旦形成，又是一种资源，因而它是构成企业支持力的一个重要内容。

⑦ 渠道竞争力。企业要赚钱、盈利、发展，就必须有充分多的客户接受它的产品和服务。如果没有宽阔有效的渠道，沟通企业与客户之间的关系，企业与客户隔离，也就必然会惨败无疑。因而，渠道也是一种资源，渠道竞争力也是直接构成企业支持力的一个内容。

⑧ 价格竞争力。性价比是客户寻求的关注点之一，没有不关注价格的客户。在质量和品牌影响力同等的情况下，价格优势就是竞争力。没有价格优势，最终都会被消费者淘汰。因而这一竞争力也就直接构成企业支持力的一个内容。

⑨ 伙伴竞争力。人类社会发展到今天，万事不求人包打天下的日子，已成为过去，要为客户提供全面超值的服务和价值满足，也就必须建立广泛的战略联盟。如果一个企业失去了合作伙伴的支持，也就无法适应客户价值满足集中化的要求，也就必然在残酷的市场竞争中处于不利地位。因而，它的增强，也影响着企业支持力和执行力的提升。

⑩ 创新竞争力。一招先，吃遍天，这是市场竞争中的不二法门。要一招先就必须有不断的创新。谁能不断地创造出这一招先来，谁就能在这市场竞争中立于不败之地。所以，它既是企业支持力的一个重要内容，又是企业执行力的一个重要内容。

这十大竞争力，作为一个整体，就体现为企业核心竞争力。从整合企业资源的能力的角度进行分析，这十个方面的竞争力，任何一个方面的缺乏或降低，又都会直接导致这种能力的下降，即企业核心竞争力的降低。但这十种竞争力又各自相对独立。任何一个企业，拥有了这其中任何一种竞争力，也都是市场竞争一个制高点的占领。

4. 新创企业核心竞争力的保持

(1)核心竞争能力丧失的原因。新创企业核心竞争能力丧失的原因可能有核心竞争能力携带者的流失，如核心技术人员的离职；随着企业经营业务的增多，精力分散也有可能导致核心竞争能力丧失；核心竞争能力不断地被竞争对手模仿，逐渐成为行业中普遍具备的能力，核心竞争能力地位自然也会不保；核心竞争能力还有可能随着技术的更新而自然丧失。

(2)保持核心竞争能力的措施。企业要想保持一开始便具备的核心竞争能力，需加强对核心竞争能力携带者的管理和控制，适当地应用激励机制，如邀请其技术入股或者分红；自行设计和生产核心产品，将最核心的技术和资源牢牢掌握在自己手中；对于公司经营的多项业务要定期做评估，防止精力分散，核心竞争能力流失；加强对企业核心技术的保密措施与管理制度，申请专利或者知识产权保护；在现有核心技术或技能融合模式基础上，不断对其进行改良与改进，确保与其他先进技术同步甚至走在前列；随时关注市场动向，研究竞争对手的技术革新和经营动向，确保在竞争中掌握敏锐的信息，持续保持核心竞争能力。

9.3.3 二次创业

1. 二次创业的时机

二次创业，就是企业在取得高速增长之后，为了谋求进一步的发展而进行的内部变革过程。其实质是企业发展到一定阶段所进行的一次战略转型，是企业发展过程中的一次革命性的转变。企业在发展的过程中，随着环境的不断变化，有时候进行二次创业是必须的选择，在企业已有的基础上，进行管理的科学化，不断挖掘内部潜力，以求得进一步的发展。根据前面对企业所面临的问题的分析，可以看到，二次创业首先要解决的是抛弃过去的曾经使企业取得一次创业成功的做法，推陈出新，用新的商业模式替代旧的模式。进行二次创业的企业要想获得成功，关键是要告别过去凭借个人素质来赢得并把握机会的时代，重新建立起一个依靠企业整体运行系统来实现持续发展的管理体系，这场变革对企业每个人来说都是一个脱胎换骨的过程。那么，创业者和企业通常都在什么样的时机下进行二次创业呢？

(1)外部环境发生巨大变化，企业面临市场挑战。外部环境的剧变是引发二次创业的首要因素，市场环境瞬息万变，技术飞速发展，当市场需求发生了急剧的变化，企业原有的竞争优势不在，并且已没有能力去抵挡这种改变趋势，市场挑战过于迫切时，企业通常会考虑通过转向等方式进行过渡，实现二次创业。

(2)内部管理跟不上，创业者遭遇管理瓶颈。企业进入成熟期，固化的思维模式及管理机制，往往会导致企业创新变得极其困难，决策缓慢，企业发展遭遇瓶颈。而作为全身心投入其中的企业家，更会达到管理的极限水平，找不到新的发展思路，从而可能会导致企业在巅峰状态止步不前，这个时候，大胆的放弃，让更适合的企业或管理者接手，无疑是最佳选择。此时，创业者便可有充沛的精力重新投入二次创业，实现自己的商业梦想。

2. 二次创业的条件

二次创业一般是一种由企业领导者认识到，并发起的自上而下的企业变革活动。其核心内容是，企业领导者要求企业成员的工作状态调整到当初创业之时的工作状态。此外，企业领导者一般会为自己企业制定一个宏伟的中期目标，并希望企业成员能像当初创业者从无到有那样，将企业建设得更强。当然，二次创业需要创业者有再次创业的激情和勇气，同时也要具备充分的条件。对于企业领导者而言，二次创业需要具备以下条件。

（1）要有坚定的信念和百折不挠的勇气。众多的成功二次创业者，都在不断地探索和学习中坚定着自己独具眼光的判断，即使遇到了一时的困难和挫折，依然有闯荡的勇气。从卓越网到小米科技的雷军，从校内网到美团的王兴，他们都在二次创业的路上徘徊过，但因为他们的坚定信念，都走向了第二次成功。

（2）要有丰富的商业实践，能够抓得住市场变化的大势。二次创业需要创业者有敏锐的眼光，这当然要跟其过去的商业实践息息相关，只有经过了商业实战洗礼的创业者，才有机会能够抓住市场变化的大势。王兴的美团成功时，王兴已经不是那个2003年刚回国的愣头青，而是有着丰富的经验，甚至他在线下O2O的经验也比一般的互联网创业者丰富，这是因为在做校内的时候，王兴就跟线下的商家合作过。雷军就不用说了，多年金山的高管经历，做卓越网成功卖给亚马逊，多年的天使投资人资历更使得他对行业的洞察力超出一般人，这些都是他能做成功小米的基础。

（3）要有更为成熟的商业思维和创业心态。放弃第一次创业的辉煌需要巨大的勇气，而重新走上创业之路则需要更好的心态。二次创业是对首次创业遗憾的弥补，需要创业者有更为成熟的商业视角，更为平和的心态，才能选择到最适合自己的二次创业平台，获得更大的成功。

而对于企业而言，要走向二次创业的道路，除了领导人需要有进行改革的坚定信念之外，还需要绝大多数员工，特别是中高层管理者的支持和理解，因为创业是一个艰辛的过程，改革也是一个需要付出巨大成本的举措。同时，二次创业的企业要具有良好的发展态势，才能为二次创业提供资源和资金保障，当然，一定程度的外部力量支持和帮助也是必不可少的。此外，有研究表明，有二次创业需求的企业都有着一些共同的特征，如企业寿命平均在10年以上；企业中高层管理团队已经趋于稳定；企业在既有市场中已经获得一定份额，但距离领先者的差距仍然很大，这个差距正是企业领导者的梦想所在；企业领导者坚信自己的实力，认为企业的未来仍然需要自己的指引；企业都有精彩的从无到有的创业史；企业具有强烈的个人色彩的企业文化。

综上所述，企业要进行二次创业，从企业领导人到企业内部都必须符合一系列的条件和特征，才能慎重地走出二次创业这一战略性的一步。

链接4

苏泊尔的二次创业

20世纪80年代初，当年40出头的苏增福是浙江台州玉环县一家农机厂的业务员，后成为农机厂厂长。1989年，苏增福用300万元引进了一条压力锅生产线，转型生产压力锅。1994年，苏增福成立了自己的公司苏泊尔。10年后，苏泊尔炊具业务（Zhejiang Supor Co.，Ltd）上市。但2006年起，苏增福却将自己持有的上市公司——浙江苏泊尔股份有限公司的股权分批转让给了法国SEB公司，逐步退出了一手辛苦打拼的炊具业务。之所以这么做，他认为苏泊尔炊具和SEB公司一起发展，能够提高企业的生命周期；民众也能以实惠的价格买到优质产品。

苏增福高价套现了数十亿后，投资到了卫浴行业，在2010年注册成立浙江苏泊尔卫浴有限公司，进行二次创业，苏增福在其投巨资研发的生产线上大规模引进机器人，实现自动化生产。苏增福说：这是我第二轮创业，意识与第一次农民创业完全不同。首先，我很明确，产品在质量、技术方面肯定要过硬，领先同行，产品质量好是基础。其次，大规模量产的时候，我会请国内外同行的管理层、技术人员来参观，带动同行业一起向不锈钢方向前进，一起做大行业，我们凭技术、质量优势争取占据较大的市场份额。

苏增福将前期主要的销售目标定位在国内市场，今后会是全球市场，尤其是美国市场。而且在国内市场会利用苏泊尔原来的炊具渠道、建材市场、超市大举进入，他对自己的二次创业充满了信心。

3. 二次创业的步骤及难点

(1)二次创业的步骤。企业进行二次创业，须先建立危机感，经过慎重的市场评估，并勾画出企业的发展蓝图，做出二次创业决策；然后借用企业内外部资源，建立变革工作小组；其次，经过充分的市场调研和诊断，并在团队内部进行充分的沟通，设计二次创业方案；紧接着按照计划实施二次创业方案，在实施的过程中要不断克服变革中的阻力和困难；最后，及时地进行阶段性的总结，不断巩固已有的成果，使新的模式和机制实现顺利过渡，再现造血功能。

(2)二次创业的难点。二次创业的难点在于怎样将过去曾经使企业成功的因素抛弃掉，并建立起一个新的管理机制和系统，因为，首次创业导致成功的因素，往往都会成为阻碍二次创业成功的最主要因素。环境发生变化，需求逐渐个性化，过去经验的适用范围便变得窄小，需要创业企业审慎抉择，大胆改革，才能实现二次创业的顺利转型，带领企业走向另一段辉煌。

应用与训练

(1) 新创企业的管理特点有哪些？

(2) 新创企业应如何预防走入管理危机？

(3) 成长中的新创企业如何打造核心竞争力？

拓展阅读

“小龙女”的二次创业

年仅36岁的世纪佳缘创始人、人称“小龙女”的龚海燕，原本可以享享清福。但她却选择辞去世纪佳缘CEO，开启另一段创业征程。这次，外表看似柔弱娇小的她，为了创业又做出了一个果敢的决定：卖房。

一、谈出走：职业瓶颈难克服

2012年12月24日晚，平安夜的欢乐气氛弥漫在京城的大街小巷，国内婚恋网站世纪佳缘创始人龚海燕对外宣布她将卸任公司CEO职位，告别长达近10年的婚恋网站创业生涯。

龚海燕的继任者是吴琳光，他曾是空中网副总裁，在移动互联网有着10年的经验，2012年3月在投资人的安排下出任世纪佳缘联席CEO。于是，有人猜测龚海燕因世纪佳缘上市后业绩不振被投资人逼宫。

记者见到了龚海燕，龚海燕否认被投资人逼宫。她说，她最大的贡献是引导很多人开始上网找对象，掀起了一场婚恋革命。现阶段世纪佳缘考虑增加营收，每个季度都要想如何把财报做漂亮，后面更多是精细化运营，需要逻辑更细致的人，“而我本质不是商人，我是大刀阔斧型的，没路时能辟出一条路，有路后要开拓成高速公路，而这不是我擅长的”。

龚海燕深深地意识到了自己的职业瓶颈，选择退出。“在婚恋交友领域，我已经做到了巅峰，于我自己而言，很难再上一层楼了。我开始讨厌自己变得平庸和无所作为，这种反思让我做出了放下的决定。”

二、新梦想：卖别墅瞄准在线口语

生于湖南的龚海燕有着南方女性的果敢，离开世纪佳缘后，她便从身边寻找再创业机会。她说最初她想过开一家整形医院，让女孩子不因容貌丢掉好的工作机会。不过，天使投资人徐小平的一句话打消了她的这个念头，“要开整形医院你就先把自己整成范冰冰那样。”

龚海燕突然又想到自己带领世纪佳缘去美国 IPO 时候的尴尬。当时，不管是和投资人见面还是在饭店点菜，高考英语考了 136 分的龚海燕不敢开口讲一句英语，全程依赖 CFO 的翻译。回北京后，她很不服气地报了一个英语培训班，一口气买了 100 多节课，花了 58 000 块钱，最终却没能坚持，钱也打了水漂。

龚海燕发现，线下的口语培训班，由于北京这样的大城市交通成本太高，大部分都无法坚持下去，而假如采取线上的方式既能降低课时费，还能节约时间。经过一番市场调查，雷厉风行的龚海燕注册了 91 外教网，办公室租在五道口的华联商厦。

这家网站采用互联网远程教学方式，让注册用户在通过水平测试和付费后选择外教和课程。

91 外教初期的几百万资金都是龚海燕自己投的，为了成本考虑，她准备退掉五道口的办公室，寻找更便宜的地点。同时，为了给创业准备充分的资金，她决定卖掉自己在顺义区的大别墅，自己租房子住。

“我是个不注重外在形式的人，我的婚礼都没办，直接扯的证。”龚海燕如此解释自己卖房创业的行为。

事实上，龚海燕至今持有世纪佳缘 19% 股份，按说套现可以缓解她目前的资金压力，但是她宁愿选择卖房。“手心手背都是肉。佳缘目前股价低估，不是套现的合适时机，而且我不想因为个人的行为让佳缘伤筋动骨。”龚海燕说。

三、诉心路：失败了也不会跳楼

龚海燕在微博上高调宣布了自己的再创业计划，引起了很多圈内好友的转发和祝福。不过，也有人觉得她过于高调了，应该悄悄地做就行了，以免引来竞争对手的模仿。

“我喜欢高调做事，低调做人。对手学就学，很多人就是要被打败的，要被殉葬的，我第二次创业的自信和以前是不一样的。”龚海燕脸上滑过一丝不屑的笑意。

龚海燕说，第二次创业和第一次不一样，现在是在享受这个过程。“第一次确实很苦，小心谨慎，如履薄冰，压力很大，第二次驾轻就熟，游刃有余，管理也会了，相对轻松了。弯路错误可以绕过去，但第二次全世界都看着你，外界压力大。但我不怕压力，这对我就是动力。”

她计算发现，中国互联网创业成功的概率只有六万分之一，但创业成功的人再创业成功的概率高达 20%。

“如果第二次成功，人家会说你真的很能干，但如果失败了，人家肯定会说第一次成功可能是运气，呵呵，”龚海燕早就料到了外界的说法，“我知道大家会那么说，但也没关系，真正失败了也不会从楼上跳下去”。

（资料来源：陶冉.“小龙女”卖房再创业. 京华时报，2013.3.11.）

案例思考

1. 小龙女的二次创业动机何在？

2. 企业在什么样的时机适合二次创业？

参考文献

[1] 杨鼎新主编. 市场营销学. 兰州大学出版社，2007.2.

[2] 吴波，钱玉民编著，自主创业(定位策略与风险). 电子工业出版社，2006.5.

[3] 贺尊编著. 创业学概论. 中国人民大学出版社，2011.3.

[4] 吴健安主编. 市场营销学. 高等教育出版社，2011.6.

第 10 章

创业计划书编制

10.1　创业计划书的定义和作用

10.2　创业计划书编制原则和框架

10.3　创业计划书编制的内容体系

10.4　创业计划书评价

案例导入

创业计划书范本示例——医用×××缝合线创业计划书

（本范文为“挑战杯”创业计划竞赛金奖作品，为避免篇幅过长，编者对部分内容作了删减。其中采用的文本结构、分析方法与本书有所差异，编者未做修改。）

1. 公司

×××材料研究开发有限责任公司是一个筹办中的公司，它拥有×××纤维制备的专利技术，提倡科技为本的绿色生活新理念，为人类提供尽善尽美的天然生物产品。

我国医用缝合线每年约有15亿人民币的市场需求，其中可吸收缝合线约有7.5亿。公司成立初期生产医用×××可吸收缝合线，以满足迅速发展的可吸收缝合线市场的需求，使用投资建厂解决方案，针对解决PGA（Polyglycolic Acid 聚乙二醇酸）类可吸收缝合线大部分依赖进口、价格昂贵、影响提高人们医疗水平的问题。

公司注重短期目标与长远战略的结合，中长期目标将逐步拓宽产品领域，涉足×××医用抗菌材料、药物缓释材料、人造器官、化妆品、保健食品、保健服装面料、新型环保包装材料、快餐用具等，形成以×××材料为核心的多元化经营集团公司。

2. 市场

医用缝合线市场是集团市场，购买过程属集团购买行为。

目前，我国大量使用的医用缝合线主要有丝线、羊肠线和PGA类可吸收线。羊肠线材料本身有缺陷，PGA类缝合线生产成本居高不下，使用范围均受到影响。医用×××缝合线将就这一切入点进入市场。

医用×××缝合线采用竞争定价策略进入市场。产品生产成本约2.1元/根，是PGA类缝合线的1/10；平均定价30元/根（据调查，市场可接受价格为30~40元/根），大约是PGA类缝合线平均市场价格的1/2，而且降价空间较大。

公司将在全国设立七个区域分销中心，与代理商、经销商一起建立健全的营销网络。

产品进入市场的过程中将大量赠送产品让医生试用作为促销手段和提高市场占有率的手段，第一年赠送90万根，第二年赠送160万根，第三年以后每年赠送80万根。

国际领先的×××纤维制备专利技术是制备医用×××缝合线的关键。公司将建立ISO 9000质量管理体系，力争获得国际ISO 9000质量管理认证。

3. 投资与财务

公司设在上海张江高新技术园区，享受“三免三减半”的税收优惠政策。

公司成立初期共需资金1100万元。其中风险投资700万元，东华大学投入资金100万元，短期借款300万元。其中用于固定资产投资602万元，流动资金498万元。另外，天纯生物材料有限公司设备入股100万元。

股本规模及结构暂定为：公司注册资本1200万元。外来风险投资入股700万(58.33%)；东华大学(原中国纺织大学)专利技术入股300万元(25%)，资金入股100万元(8.33%)；上海天纯生物材料有限公司设备入股100万元(8.33%)。

第二年估计盈利1000万元人民币，以后每年销售利润率45%左右，第二年资产报酬率为75.39%，投资回收期为两年零一个月。

风险资金最好在第3～5年撤出，采用收购方式比较适合本公司。

4. 组织与人力资源

公司性质是有限责任公司，初期组织结构采取直线制。公司所有权与经营权分离，实行总经理负责制。总经理下设营销副总经理、技术副总经理、财务副总经理。

案例思考

1. 什么是创业计划书？
2. 为什么创业者需要撰写创业计划书？
3. 创业计划书能对创业体现多大的价值？
4. 创业计划书应包括哪些内容？

(资料来源：IT经理世界，第360期)

学习指引

学习目标

1. 理解创业计划书的种类和用途；
2. 掌握创业计划书的结构和编制原则；
3. 理解创业计划书的评价标准；
5. 理解创业计划书编制中易出现的缺陷。

解决问题

1. 能够编写结构规范的创业计划书；
2. 能够评价创业计划书的优劣。

10.1 创业计划书的定义和作用

10.1.1 创业计划书的定义

创业计划书，又称商业计划书，最初出现在美国，当时被当作从私人投资者和风险投资家那里获取资金的一种手段。这些投资者会成为公司的股东之一，并提供保证金。在目前以及将来的国内外投融资市场上，不管面对何种类型的投资方，创业计划书已经成为针对各类潜在的投资者而一开始就需要准备的一项最重要的书面材料。

创业计划书是公司、企业或项目单位、创业团队为了达到招商融资和其他发展目标为目的，在经过前期对项目科学地调研、分析、搜集与整理有关资料的基础上，根据一定的格式和内容的具体要求而编辑整理的一个向读者全面展示公司和项目目前状况、未来发展潜力的书面材料，它包括企业融资、企业战略规划与执行等一切经营活动的蓝图与指南，也是企业的行动纲领和执行方案，其目的在于为投资者提供一份创业的项目介绍，向他们展现创业的潜力和价值，并说服他们对项目进行投资。

创业计划书是一份全方位的项目计划，其主要意图是递交给投资商，以便于他们能对企业或项目做出评判，从而使企业获得融资。创业计划书有相对固定的格式，它几乎包括反映投资商所有感兴趣的内容，从企业成长经历、产品服务、市场营销、管理团队、股权结构、组织人事、财务、运营到融资方案。只有内容详实、数据丰富、体系完整、装订精致的创业计划书才能吸引投资商，让他们看懂项目的商业运作计划，才能使项目的融资需求成为现实，商业计划书的质量对项目的融资至关重要。

项目要获得投资商的青睐，良好的融资策划和财务包装，是融资过程中必不可少的环节，其中最重要的是应做好符合国际惯例的高质量的创业计划书(商业计划书)。目前中国企业在国际上融资成功率不高，不是项目本身不好，也不是项目投资回报不高，而是项目方商业计划书编写的草率与策划能力让投资商感到失望。商业计划书的起草与创业本身一样是一个复杂的系统工程，不但要对行业、市场进行充分的研究，而且还要有很好的文字功底。对于一个发展中的企业，专业的商业计划书既是寻找投资的必备材料，也是企业对自身的现状及未来发展战略全面思索和重新定位的过程。

“拥有创业计划书的企业平均比没有创业计划书的企业融资成功率高出100%”。这是Arthur Andersen公司在2002年所做的一个调查结论，根据该调查，仅30%被调查的企业有书面创业计划书，这是国外的情况。在中国，根据中财金源研究院在2003年所做的一个同样性质的调查，结论比国外更悲观，仅8%被调查的企业有书面创业计划书。

10.1.2 创业计划书的用途

1. 创业计划书是实现创业构想的指南

创业计划书是创业者根据已知数据和在此基础上的科学分析做出的对创业过程的总体选择，体现了创业者对创业构想的能动性选择。

“凡事预则立，不预则废”。创业计划书无论是对于新创企业、创业团队还是已经形成规模的企业来说，都具有现实的指导意义。在一项新业务起步的时候，会面临大量繁杂的工作与各种各样的问题，一份科学而完备的创业计划书应该对构想进行科学的分析与安排，让你知道你的设想能否实现，能从这个项目中到底获得多少回报，其市场有多大，会有什么损失与风险，风险的防范是否可行等。它就如一部功能超强的电脑，帮助创业者记录许多创业的内容、创业的构想。在客观环境与预先判断相吻合的前提下，创业计划书具有指南作用，可以让创业者排除不确定因素的干扰，按计划实现创业构想。

2. 创业计划书是获得经营资源的工具

美国的一位著名风险投资家曾说过："风险企业邀人投资或加盟，就像向离过婚的女人求婚，而不像和女孩子初恋。双方各有打算，仅靠空口许诺是无济于事的。"对于正在寻求资金的风险企业来说，创业计划书就是企业的电话通话卡片。创业计划书的好坏，往往决定了经营资源获取的成败。对初创的风险企业来说，创业计划书的作用尤为重要。一个酝酿中的项目，往往很模糊，通过制订创业计划书，把正反理由都书写下来，然后再逐条推敲、说明，这样投资者或合作者就能对这一项目的利弊有更清晰的认识，使这个项目易于获得资金、人员、市场等各方面条件的支持。

(1)获得外部资金。创业者能否成功编写创业计划书，不仅是能力的表现，也决定着创业者能否有机会顺利掘到第一桶金。只有拥有一份完整的创业计划书才能使融资需要成为现实。对于投资人来说，创业计划书绝非是一叠纸，而是对一个企业或项目是否真正有投资或经营价值的评价。投资人以此为依据来考察创业者是否能清晰分析和把握企业所将面临的方方面面的问题，创业者是否拥有与创业成功相关的知识、能力、经验，所提供的产品或服务是否具有市场竞争力和良好的市场前景，并且考虑能否获得预期的回报。

(2)获得员工支持。员工是创业需要的重要的人力资源。员工要将其人力资本投资到新创企业，旨在获得个人利益和成长。创业计划书能描绘出企业的发展前景和成长潜力，使员工对其充满信心，同时明确从事的项目和活动、充当的角色。

(3)获得重要顾客。创业是要为市场提供新的产品或服务。创业能否成功取决于顾客对新产品的接受程度。顾客更换供应商要付出成本。如果新产品提供的收益大于付出成本，则顾客是愿意接受的。创业计划书能为客户提供充分的新产品信息，使其对新产品充满信任，并购买或承诺建立长期稳定的合作关系。

(4)获得重要供应商的支持。重要的供应商为企业提供原材料、零部件、机器设备等物质资源。供应商是否愿意向企业提供资源及以何种方式提供(现金、入股、赊销等)取决于对企业前景的信任和信心。一份好的创业计划书就能为供应商提供详细的信息，使其充满信心。

3. 创业计划书是实施创业管理的依据

创业方案记录了创业者在创业实践之前根据哪些数据、运用何种方法和工具对未来做出预测、判断和选择。这一系列的思考过程就是实施创业管理的依据，通过事前判断与事后结果的比较，找出决策的失误，做出针对性的改正。

由此可以得出结论：创业计划书关乎整个创业活动的成败，创业的过程就是对创业计划书实现——改进的循环过程。

10.2 创业计划书编制原则和框架

10.2.1 创业计划书编制原则

创业计划书不是学术论文，它可能面对的是非技术背景但对计划有兴趣的人，比如可能的创业团队成员，可能的投资人和合作伙伴、供应商、顾客、政策机构等。因此，一份好创业计划书应该遵循以下编制原则。

1. 呈现竞争优势与投资回报

创业计划不仅要将资料完整陈列出来，更重要的是整份计划书要呈现出具体的竞争优势，并明确指出投资者的回报所在，显示经营者创造利润的强烈企图，而不仅是追求企业发展而已。

2. 市场导向

企业利润是来自于市场的需求，没有依据明确的市场需求分析，所撰写的创业计划书将会是空泛的。因此创业计划书应按照市场导向的观点来撰写，并充分显示对于市场现况掌握与未来发展预测的能力与具体成就。

3. 内容全面

创业计划书是一份综合性的正式文件，要集中阐述自己独特的战略、目标、规划、行动，而且要使用非技术专家、非知识分子和一切感兴趣人士都能阅读和理解的文字。

4. 创意实在

创业计划书不能是空泛构想，更不能夸夸其谈。要由整个团队根据市场状况和技术发展实实在在地集体讨论撰写，避免个人包揽，也不允许外聘咨询公司代笔。

5. 突出重点

首先创业计划书要突出产品与业务，这是创业企业存在的基础，如果读者连创业企业到底要提供什么样的产品与业务都未能理解，其他所有的内容都是连篇废话；其次要突出创业计划中最有吸引力的部分，也许是市场机遇特别好，也许是产品具有独创性，也许是技术的领先，也许是营销上的独辟蹊径，也许是盈利能力超强，也许是管理上的创新，确定创业方案最大的卖点，用更多的笔墨讲深讲透；此外，对创业方案中最难以让读者理解的部分也应该重点阐述。

6. 明确简练

优秀的创业计划书一定要用词精炼，明确表达观点或结论，切忌长篇大论却没有明确观点。如果读者不得不费尽心思去归纳总结整个方案或每个部分所要表达的意图，他就不会有兴趣读下去，甚至会对创业者的能力产生怀疑。首先，一份逻辑清楚、一目了然的目录必不可少，方便读者了解整体思路并轻松检索具体内容；同时，创业方案第一部分执行摘要要做到高度总结、明确清晰，同时在每个部分、每个段落的首尾都要有明确简练的表达观点的概括性语句。

7. 逻辑严明

一份优秀的计划书可以让读者轻松读完并能轻松理解，这就要求方案撰写必须体现出严密而清楚地逻辑性。方案整体必须有一个清晰的逻辑架构，各部分顺理成章、转接自然；方案的每个部分甚至每个段落同样要有各自的逻辑结构，切不可简单堆砌素材和结论。当然，计划书可以有不同的逻辑体系，可以是先提出问题和需求，然后提供解决方案，再论证可行性，也可以是先提供解决方案，然后解释方案所针对的问题与需求，再论证可行性。但不管采用什么逻辑思路，必须做到清晰流畅。

8. 言之有据

商业构想的表达非常注重事实基础(Fact Base)和数据基础(Data Base)，空洞苍白的道理和口号不但不能达到煽情的效果，反而无助于读者真正理解方案的具体内容，甚至会招致读者的反感。只有事实和数据才具有说服力，所有撰写方案应尽可能用事实和数据说话。

链接 1

言之有据的表述

不明确的、空洞的描述	明确的、量化的描述
近年来，××市场呈现了强劲的增长，那些投入大量广告的公司收益颇丰。我们也准备增加广告费用，以扩大市场份额。	近三年来，××市场年均增长22%，该行业市场份额前三强企业的广告投入占其营业收入的比重达到17%。 在未来三年内，我们计划投入300万元在三种时尚杂志上发布广告，来刺激网上的直接销售。 经过今年3月和4月的模拟广告测试，我们预计年销售额将保持6%的增速。

10.2.2 创业计划书编制的逻辑

既然创业计划书最主要的作用是说服投资人和生意伙伴，创业计划书的基本逻辑结构应该是一个说服的逻辑或者论证的逻辑。创业计划的编制者必须牢记这一点，在整个创业计划的编制和演示的过程中，将说服力作为主要的考量目标。

从整体逻辑来看，创业计划书应遵循这样一个基本逻辑：创业者要干什么，即创业者的方案、目标和计划；为什么可行，即通过分析和论证说明其可行性。

两个部分的基本内容如表10-1所示。

表10-1 创业计划书的基本逻辑

创业者要干什么	为什么可行	创业者要干什么	为什么可行
1. 成立一个什么样的公司	1. 法律和政策的可行性	4. 预期收入与收益	4. 财务的可行性
2. 提供什么产品和服务	2. 市场机会的可行性	5. 融资需求和方法，投资人回报	5. 经营管理的可行性
3. 目标市场是什么	3. 技术的可行性	6. 管理团队	6. 风险控制的可行性

10.2.3 创业计划书编制的框架

最为常见的创业计划书的结构是从简短的概述发展到更为详细的解释。因此，计划书的开始部分——计划书概要和项目描述——都是简要地介绍这个项目。创业计划书的正文包括对这个项目基本要素和问题的深入阐述——这个项目由谁参与、如何开展、经营对象以及经营地点等。创业计划书的附件包括了细节的资料——财务数据、管理人员的个人履历等。创业计划书典型的结构如表 10-2 所示。

表 10-2 创业计划书的典型框架结构

1	封面、标题及目录	7	运营计划
2	创业计划概要	8	组织和人力资源计划
3	创业企业和创业团队简介	9	投资计划
4	产品和服务	10	财务计划和财务评价
5	市场分析	11	风险评价和对策
6	营销计划	12	附件

需要注意的是：并非所有的创业计划书都严格遵守这样的格式，一些创业计划书可能会将几个部分结合起来，也可能会增加新的章节或删除一些章节。但所有的创业计划书都必须能回答三个基本问题，即项目是什么？项目有好的商业模式吗？项目的可行性有多强？

10.3 创业计划书编制的内容体系

10.3.1 封面、标题及目录

封面上应该有醒目的项目名称，同时要有公司名称或团队名称、地址、电话。封面页之后应有与正文内容和页码匹配的目录，目录是读者阅读的首要指南，也是体现创业者思路和能力的第一印象，目录中除了列出每部分的大标题外，还应列出较深层次的小标题。当然也可在目录之前增加一页，写明方案的目的、保密提示、方案版本、编撰日期、关键观点与资金需求等内容。

一份干净、整洁、清晰的计划书封面，既让人赏心悦目，又让人迫不急待地想去翻开它。为便于打印和制作方便，创业计划书的封面忌讳“花花草草”的装饰，商业原本就是一种简单，装饰将会给投资商或其他人以幼稚的感觉。封面不仅仅包括指封面，有些也包括打开以后的第一页及第二页，要进行合理的布局。封面是以最简洁的形式表达，要放置公司的标志、公司名称、创业计划书字样，加上一个文档编号和条形码，会让人感觉更加专业，封面上可以列入简单的联络信息，以及完稿时间，“注意保密”字样，不要试图在封面上放置更多的内容，封面越简洁的商业计划书，越能让人感觉到你的头脑清晰；头脑简单的人，往往会把这些搞得很复杂，没有条理。翻开后的第一页，是扉页，可以列入一句公司的企业精神、信念，或者致谢语，如“谨以此献给为伟大梦想而追逐的人们”，这将给阅读者传递一种坚强的信念，也将展现公司的抱负，令人耳目一新。第三页，放入公司管理团队名单和联络方式，如总裁、副总裁、财务总监、秘书等，而且需要指定一至两名联络人，用来提醒阅读者，如果有意向、问题或疑惑，需要与谁联络，谁来接收和解决这份商业计划书中所列问题。①

10.3.2 创业计划概要

1. 创业计划概要的编制要求

概要是整个创业计划的第一部分，相当于对整个创业计划的浓缩，是整个创业计划的精华所在。举例说明：创业计划书的作者们一般都把它作为提供给风险投资家的一个简洁的计划介绍来看待，目的是为了激起风险投资家们的兴趣。由于风险投资家的时间和精力都有限，不可能把所有到手的创业计划都逐个仔细研究。通常，他们都是先阅览计划书的概要部分，通过从概要部分获取的信息来判断是否有继续读下去的必要。也就是说，如果你的概要部分不能激发风险投资家的兴趣，那么，计划书的后面部分就很有可能无缘与风险投资家见面了——即使写得再好也无济于事！于是，概要部分的重要性也就不言而喻了。

创业计划概要主要说明资金需求的目的，摘要说明整份计划书的重点，目的是为吸引投资者进一步评估的兴趣。撰写时应力求精炼，列出结论并不做阐述，应使用数据来向投资者呈现项目的市场机会和市场价值。篇幅应尽量控制在两页以内。

2. 创业计划概要的内容

(1)公司名称与经营团队介绍；

(2)主要产品与业务、盈利模式、市场潜力、技术和资源保障；

(3)公司主要发展战略、公司的现状与发展规划；

(4)关键市场机遇和竞争环境；

(5)主要财务数据，包括投资预算额及五年的营业收入预测、资产负债预测、损益预测；

(6)申请融资的金额、形式、股权比例及价格；

(7)资金需求的时机与运用方式；

(8)未来融资需求及时机；

(9)投资者可望获得的投资报酬。

链接 2

概要编制：要用数据呈现竞争的优势

描述模糊的概要

最近几年，国内的高档健身营养品市场得到了很大发展，预计仍将高速发展。这为公司进入市场提供了机会。AA 公司准备进入这个市场，通过进口、分销海外制造中心的产品，为消费者提供高质量的健身营养品。

描述准确的概要

过去三年内，国内的高档健身营养品市场年增长率达 25%，预计未来三年内仍将高速发展，这为新公司进入市场提供了机会。

---

① 朱则荣. 完美商业计划书的核心要素，创业邦，2011 年 1 月.

AA 公司年销售额为 5500 万美元。主要为欧洲的健身中心提供高档的健身营养品。

在这个去年增长了 30% 的市场中，AA 公司将通过股权融资，筹集 2000 万美元资金在国内生产新型高档健身营养品，预计在三年内销售额将增加一倍。

在未来三年内，AA 公司预计将为投资者带来 10%~18% 的年回报。

10.3.3 创业企业简介

这部分的目的是让投资者了解创业者要成立一个什么样的公司，不但了解公司的过去和现状，更能看到一个充满希望的未来。主要内容如下：

(1)公司成立时间、法律形式与创立者；

(2)公司股东结构，包括股东背景资料、股权结构；

(3)公司发展简史，包括现状；

(4)公司业务范围；

(5)公司宗旨与公司战略；

(6)公司未来五年的发展规划及更长远的设想。

通常只需要一页或两页，尽可能保证在一页以内，这是对公司的简要概述，之前的业务记录、客户数量、对产品特点以及市场情况、下一步的市场拓展计划、主业务的实施、投资资金的需求和资金退出方式的摘要性说明。需要注意的是，这是对你自己公司的市场特征整体描述，而不是什么产品未来趋势，纵然该类产品的市场前景是 1000 亿人民币，那跟你也没有任何关系，对市场的选型是非常准确，不管是大的市场还是小的专业级市场，都只有一个目标：市场领导地位。比如，我们开一家园艺公司，专门服务于别墅的庭院布景和除雪服务，这将使你进入一个无人竞争的专业级市场，并可以轻松地垄断这个市场。朱则荣特别提醒，不要试图在一个公司、一个品牌之下经营多种产品，你的名下最终可以出现八家、十家公司，每家公司经营一个特定的专业市场，向纵深领域发掘，当他们都能占据不同的市场领导地位，这才是你经营的成就，也将使你的思路放开，向更大规模扩张。①

10.3.4 产品和服务

1. 产品和服务编制的要求

投资人最关心的问题之一就是产品、技术或服务能否以及在多大程度上解决现实生活中的问题，或者产品(服务)能否帮助顾客节约开支、增加收入，这就是客户价值。

此部分主要是阐述提供的产品或服务的概念、性能、技术特点、市场竞争力、典型客户、产品的研究和开发过程、产品的品牌和专利、产品的市场前景预测，以及未来产品研发计划和成本分析。在定义产品和服务时，应从客户的需要和利益的角度进行考虑，同时投资人本质上是极为看重收益和回报的商人，他们更加认同市场对于产品的反映。所以，在这部分需讲清楚公司的产品体系，向投资人展示公司产品线的完整和可持续发展能力，表

---

① 朱则荣. 完美商业计划书的核心要素，创业邦，2011 年 1 月.

述要准确，通俗易懂，即使非专业人员的投资者也能够理解。一般情况下，产品介绍都要附上产品原型、照片或其他介绍。

这一部分是创业计划中的核心内容，需要较大篇幅论述。

2. 产品和服务编制的内容

主要内容和针对的问题如表 10-3 所示。

表 10-3 产品和服务的内容和针对的问题

内 容	针对的问题
产品/服务简介	产品/服务设计的背景是什么 产品/服务有哪些？如何设置和分类 产品/服务如何组合成为业务模式 产品执行的技术标准是什么
产品/服务的特性	目标顾客是谁 产品/服务的主要特点、用途、应用范围 产品/服务的技术原理是什么？技术水平如何 产品/服务与市场上现有产品/服务相比的优势在哪里
研发计划及进度表	研究与开发的目的、投入、研发力量、研发决策机制 未来产品/服务规划
知识产权策略	现有或正在申请的无形资产情况(知识产权/专利/商标等)

10.3.5 市场分析

1. 市场分析编制的要求

市场分析通过对宏观和微观市场环境的分析，说明市场机会在哪里？有多大？为什么创业企业及其产品(服务)具有可行性？为什么公司的战略和营销策略是可行的？为什么公司及业务可以持续发展？这一部分是创业计划中的重要内容，在本计划中具有承上启下的作用，需要较大篇幅论述。

2. 市场分析的主要内容

一般而言，市场分析包含以下内容。

(1)宏观环境分析。创业者应该对创业企业所处宏观环境对创业计划提供了何种机遇或帮助，或者对特定计划产生的阻碍必须有清楚的认识。同时，还应当说明宏观环境的变化如何影响企业，企业如何应对。宏观环境分析常用的工具有 PEST 分析法等，由于本书第 2 章已经专门谈到宏观环境分析，这里不再赘述。

(2)行业分析。行业分析的主要内容如图 10-1 所示。

① 行业基本状况分析。这部分包括行业概述、行业发展的历史回顾、行业发展的现状与格局分析、行业的分类、行业的市场容量、销售增长率现状及趋势预测、行业的毛利率、净资产收益率现状及发展趋势预测等。

② 行业特征分析。这部分包括行业的市场类型、行业的经济周期、行业发展趋势和发展前景，以及行业竞争的焦点是什么？采取什么样的战略？进入该行业的障碍是什么？如何克服？

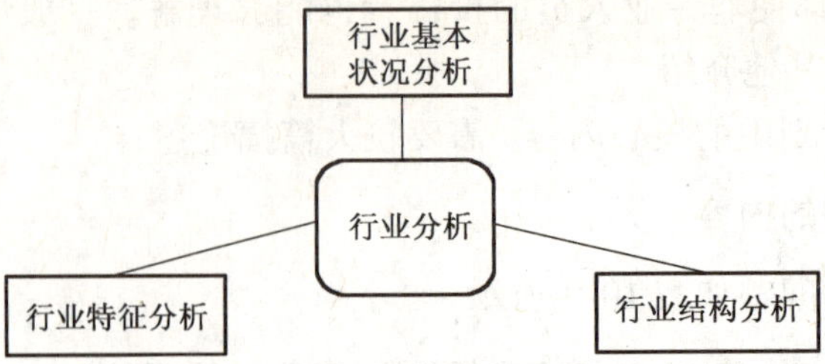

图 10-1　行业分析的主要内容

③ 行业结构分析。这部分分析的目的是识别行业的各细分市场的变化情况，以揭示在变化中所蕴含的机会与威胁。分析内容主要包括：各产品的容量及结构变化、各地区的容量及结构变化、各消费群的容量及结构变化。常用的分析工具主要有波特五力模型分析法和 STP 分析法等。

(3) 目标市场分析(顾客分析)。目标顾客是谁？他们的需求是什么？他们在哪里？他们有多大规模？他们的购买欲望和购买力如何？目标市场的现在市场购买总量多大？发展趋势如何？创业企业的目标市场份额和目标营业收入多大？

(4) 竞争分析。了解竞争者应如同了解自己的公司，对竞争者的产品、市场份额和营销策略都应了如指掌。本部分需解决以下问题：

创业企业目前的竞争对手是谁？他们控制了什么资源？他们产品(服务)的质量和价格如何？他们如何分销产品(服务)？他们的地址和设备如何？他们的员工素质如何？他们做广告吗？他们有什么特别的营销手段？他们的优势和劣势是什么？他们对于新企业进入该行业的决策有什么反应？创业企业如何应对竞争对手的反应？谁还有可能发现并利用相同的机遇？有没有办法通过结盟或其他形式将潜在的和实际的竞争对手争取过来？

在此基础上可以阐述企业的竞争对策，主要从产品或服务、战略、价格结构、营销手段、销售对象、人事政策等方面，回答如何在竞争中做到与众不同。

(5) 企业内部环境分析

① 企业内部环境或条件分析目的在于掌握企业历史和目前的状况，明确企业所具有的优势和劣势。它有助于企业制定有针对性的战略，有效地利用自身资源，发挥企业的优势；同时，避免企业的劣势，或采取积极的态度改进企业劣势。

② 企业内部环境分析的内容包括很多方面，如组织结构、企业文化、资源企业组织结构条件、价值链、核心能力分析等。按企业的成长过程，企业内部环境分析又分为企业成长阶段分析、企业历史分析和企业现状分析等。

(6) 企业所在地环境分析。在以上论述中，要特别注意分析本地环境。除了目标顾客和竞争情况外，还要针对相关的成本开支情况(房租、费用、税收等)、基本建设情况(交通设施、公用设施、商用设施等)、员工素质(来源和素质)、地方政府政策和规定等进行分析。

(7) 市场分析结论。对创业企业的宏观环境和微观环境进行梳理之后，必须得出明确的结论，提出市场机会，确定企业的发展战略和竞争战略，一般用 SWOT 分析法来进行总结。市场分析各部分的逻辑结构如图 10-2 所示。

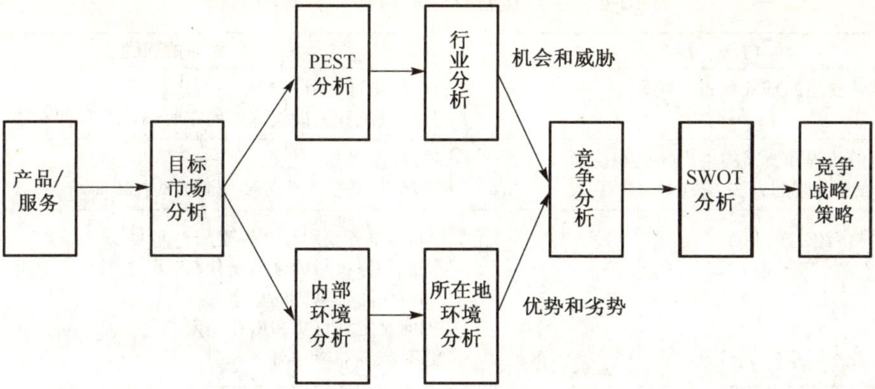

图 10-2　市场分析各部分的逻辑结构

10.3.6　营销计划

在了解公司、产品和市场后，接下来要解决的问题是，如何把产品或服务销售给目标顾客，从而实现公司的经营目标和财务指标，回报投资者，这就需要一个可行的营销计划。制订营销计划的一种方法是从市场营销的 4P 着手，4P 指市场营销的四个方面，即产品(Product)、价格(Price)、地点(Place)、促销(Promotion)。市场营销计划主要包含与 4P 相应的产品策略、价格策略、渠道策略、广告与促销策略，以及营销目标(预测)及营销管理方面的计划。

10.3.7　运营计划

1. 运营计划编制要求

如果新创企业是属于制造业的，则有必要制订一个生产制造计划。这个计划应该描述完整的制造过程。产品的制作过程可能包括许多工序，有的企业自己完成所有的制造工序，但也有的企业可能会将制造过程中的一些工序分包给其他企业去完成，视何种方式的成本较低来定。如果新创企业准备将某些甚至所有制造工序分包给其他企业，则应该在生产计划中对分包商加以说明，包括地点、选择该分包商的原因、成本，以及该分包商完成过的合同情况等；对于创业者自己将要实施的全部或部分制造工序，也需要描述厂房的布局、制造运营过程中所需要的机器设备、所需原材料及供应商的名称、地址、供货条件、制造成本，以及任何资本设备的将来的需求等。对制造营运中的这些条款的讨论，对于潜在的投资者评估资金的需求很重要。

如果创业企业不是属于制造业，而是零售店或服务型的，则这一部分计划内容可以命名为“经商计划”或“服务营运计划”，其内容应包括店址的选择、设备设施的需求、店面的设计、店面管理的流程与方法、服务实施的流程与方法、服务质量的控制、货物的采购、存储控制系统以及库存需求等的具体描述。

2. 生产运营计划的内容

生产运营计划的内容及针对的问题如表 10-4 所示。

表 10-4　生产运营计划的内容和针对的问题

内　容	针对的问题
生产地或营业地的选址和布局规划	产品/服务在哪里生产 生产设施和辅助设施如何在所选地点合理安排
产品制造的流程和所需的生产工艺和技术（服务的流程和实施的方法、技术）	产品/服务如何生产 产品/服务的生产需要用到哪些技术
资源和原材料供应	产品/服务要用什么来生产 资源和原材料的来源是什么 如何保障其供应的稳定性 如何制定其订货和库存制度 其对成本的影响有多大
生产和服务的能力计划	需要设计多大的生产/服务能力 根据公司的战略，从试运营期到正式运营期到增长期，生产/服务能力应如何增长？
原有的生产设备和需购置的设备	原有的设备能满足要求吗 根据公司的能力计划，应如何配备和购置设备 设备如何选型？其对成本的影响有多大
产品标准、质量控制和生产成本控制	产品应满足何种标准 如何控制产品的质量 产品的生产成本如何核算？如何控制
产品的包装和储运	产品应如何包装 产品的存储和运输如何设计 其对成本的影响有多大

10.3.8　组织和人力资源计划

在投资者考虑的所有因素中，管理团队的素质是首要的，它甚至比产品或服务更重要。大多数投资者宁愿向一个拥有一流水平的管理团队和二流产品或服务的企业投资，也不愿意向一个拥有二流水平的管理团队和一流产品或服务的企业投资。创业者在组织计划中必须详细说明创业团队需具备的能力、团队关键管理人员及其主要职责、企业的组织结构、组织模式，描述企业董事会、企业外脑、其他投资者的所有权状况，团队成员的敬业精神，企业中的技术、管理、商业技能和经验应有合理的平衡。主要涉及以下五个方面。

1. 企业所有者形式及组织模式

说明企业将采取哪种所有制形式，是独资公司、股份合作制企业、有限责任公司，还是股份制企业。同时说明以何种组织模式体现所有者权利义务，在创业计划中讨论企业董事会的规模、拟定的董事会成员，并对董事会成员的背景进行说明；阐明股东会和董事会的权力分配和决策机制；阐明企业的其他股东及其他们的权利和义务，其他投资者拥有股份的百分比是多少，他们的股票被收购的时间和价格有何限制。

2. 企业管理的组织结构

组织结构就是对实现企业职能如何进行分工、分组和协调合作的组织形式，包括公司的组织机构图（体现部门设置），各层级、各部门的角色与职责，各部门的主要负责人及主要成员。注意组织结构设置是为了充分有效地实现企业的各项业务职能，明确针对业务而设，不能一味追求大而全，要综合考虑到权利责任的明确与有效的协作、信息的通畅与反应的敏捷、保证执行力与成本合理等因素。

3. 人才需求与来源

创业企业需要哪些关键的人才？现有状况如何？哪些人才不足？不足的从何处招揽？

首先，介绍创业核心团队，通常团队成员会在创业企业里担任关键管理角色，对每个关键人员的教育背景、工作经历、专业知识、工作业绩、商业技能、领导能力、个人品质等进行详细描述，向投资者展示他们胜任所分配角色的能力。特别强调关键管理人员以前的创业经历和管理方面的业绩，列出每个关键管理人员的完整简历，包括他们曾接受过的相关培训。还应适当提及他们的弱点，让投资者感觉到可信。还必须突出团队整体在个人知识结构、能力结构、智力结构、年龄结构上的互补性，让投资者感到这个团队在整体上能够取长补短、个体上能够用人所长，同时，还要突出创业团队是个团结的领导集体，高层管理人员之间能够互相支持。

其次，说明缺少哪些人才，这些人才需要什么样的素质，可以从哪些渠道招揽至本企业。

第三，企业外脑。创业企业可能还需要其他专业机构或专业人士的支持和服务，这些专业机构或专业人士又被称为企业外脑。在创业计划中列出企业需要的支持和服务、指出创业企业所选的技术顾问、法律顾问、财务顾问、管理顾问、广告专家、营销顾问、投资顾问、银行顾问、咨询家、产业专家等的名字、所属公司、背景资料以及他们将提供的支持和服务，也可以是企业外的可以建立合作关系的相关专业机构。

4. 激励约束机制

投资者十分看重企业的激励约束机制，要在创业计划中说明所有员工，包括管理团队中的关键成员的薪酬水平和方式、员工的持股计划、股票期权实施办法、红利分配原则，员工升迁发展的机会、员工股票持有和处置的限制、员工凭业绩分配股票期权及其他奖金计划，企业有什么样的企业文化，如何增强企业的凝聚力，如何加强对员工的持久激励，企业的内部约束机制和外部约束机制，企业吸引人才的计划，以及吸引人才的原则、条件和待遇等。

10.3.9 投资计划

1. 创业投资的种类

创业的资金投入通常分为两类：一是长期投资（以固定资产为主），二是短期投资，又称流动资金投资，是指在一年内能收回的投资。

长期投资是指那些价值较高的、使用寿命较长的项目所需要的资金。主要包括土地和房屋的购置或租金（一般指需要支付半年甚至更长时期的租金）支出、建设和装修费用、设备和设施或者工具的采购和装配支出、购买交通运输工具的支出、开办费等。有的企业用很少的投资就能开办，有的却需要大量的投资才能启动。明智的做法是把必要的投资降到最低限度，让企业少担些风险。

短期投资通常指企业日常经营所需要支出的资金，又称为经营性支出。企业开张后要运转一段时间才能有销售收入，制造商在销售之前必须先生产产品，服务企业在提供服务前必须购买原材料和用品，零售商和批发商在卖货之前必须先买货，所有企业在揽来顾客前必须先花时间和费用进行营销活动。因此，创业企业需要流动资金支付以下开销：房屋或场地的租金（月付）、购买并储存原料和成品的费用、人工费用（工资、奖金）、营销费用（广告宣传与促销）、物业水电费用、消耗性办公用品费用、通信费用、差旅招待费用、三险一金、借贷利息以及不可预见费用的备用金等。

对于投资支出创业者通常都有较为全面、充分的认识，但对流动资金的认识往往不足，常常因为琐碎或者支出金额较小而被忽视，但流动资金确实会影响整个项目的正常运作，是启动资金预算中不可或缺的。

至于企业需要准备多少个月的流动资金，不同的企业是不同的。创业者必须预测，在获得销售收入前，创业企业需要多少资金来支撑，通常情况下，刚开始时销售并不顺利，需要较为充裕的流动资金。

2. 投资计划的内容和针对的问题

企业投资计划的内容和针对的问题如表10-5所示。

表10-5 投资计划的内容和针对的问题

投资需求计划	项目需要多少投资 这些投资里，多少是固定资产投资，多少是流动资产投资
投资使用计划及进度计划	这些投资分别用在哪些方面 这些投资什么时候需要用到
投资形式	这些投资是以何种形式出资？是货币？是无形资产？还是实物
融资计划	创业者选用何种融资方式 是私人借贷？是银行贷款？是风险投资？是商业信用融资 需要融资的资金量是多少？何时需要
资本和股权结构	吸纳融资后，公司有多少所有者权益？有多少负债 吸纳融资后，公司的股权结构如何
贷款偿还计划	吸纳债务性融资后，公司如何还本付息
投资报酬与退出计划	投资者以何种形式取得回报 投资者退出的方式是什么

10.3.10 财务计划

财务计划编制的原则包括以下几项。

1. 内容的完整性

一般而言，完整的财务计划至少应包含表10-6中的内容。

表10-6 财务计划的内容

序号	内容	序号	内容
1	财务计划说明	7	工资福利费用测算表
2	固定资产投资明细表	8	成本费用明细预测表
3	流动资金投资明细表	9	利润及利润分配明细表
4	启动资金预算合计表	10	现金流量预估表
5	销售收入测算表	11	资产负债预估表
6	销售收入税金及附加测算表		

2. 数据的可信性和可靠性

财务计划中的数据应来源于何处？为何财务计划和创业计划书前面的章节总是显得各自为政，财务上引用的数据甚至难以自圆其说！这个问题一直是创业计划写作的一大难点。答案是：财务计划中的数据应是创业计划书中决策的结果或者结论。

举例说明：

如在营销计划一节中，创业者提出销售的目标是1000万元，单位产品的定价是100元；在生产运营计划一节中，年产量是11万台(按10%的库存量计算)，这样在销售收入测算表中就得到了1000万元的销售收入数据。

由此可见，创业计划书虽分成十几个章节，但章节之间都有内在的逻辑联系。下面以表格的形式再次说明财务表格中的数据来源，如表10-7所示。

表10-7 财务表格的数据来源

数据来源	内　容
主要来源于生产运营计划、营销计划	1. 固定资产投资明细表
主要来源于生产运营计划、营销计划	2. 流动资金投资明细表
主要来源于本表右列1、本表右列2	3. 启动资金预算合计表
主要来源于营销计划	4. 销售收入测算表
主要来源于营销计划	5. 销售收入税金及附加测算表
主要来源于组织和人力资源计划	6. 工资福利费用测算表
主要来源于生产运营计划、营销计划和工资福利费用表	7. 成本费用明细预测表
主要来源于本表右列4、本表右列5、本表右列6、本表右列7和投资计划	8. 利润及利润分配明细表
主要来源于本表右列3、本表右列8	9. 现金流量表
主要来源于本表右列3、本表右列8	10. 资产负债表

3. 财务计划说明

如果财务计划中引用的数据确实在创业计划书前文中找不到出处，那应在财务计划一节的章前简单阐述假设的理由，并且还应叙述采用的会计准则和会计制度。

10.3.11 风险评价和对策

1. 风险评价的内容

风险评价包括风险识别和风险预测，风险的识别是风险管理的首要环节。只有在全面了解各种风险的基础上，才能够预测风险可能造成的危害，从而选择处理风险的有效手段。

风险预测实际上就是估算、衡量风险，由风险管理人运用科学的方法，对其掌握的统计资料、风险信息及风险的性质进行系统分析和研究，进而确定各项风险的频度和强度，为选择适当的风险处理方法提供依据。

链接3

经营企业的常见风险

1. 普遍存在的风险。多数是由于管理制度不完善、使用人员不当、没有建立有效的监督机制而造成的。

2. 市场风险。企业经营本身存在着竞争

和竞争对手，必然带来伴随着风险。此类风险主要来自于市场供应关系的变化，在市场经济中，供应与需求永远是一种不平衡→平衡→不平衡→平衡不断发展变化的关系。

3. 政策风险。这种风险经常与国家政策和大的经济环境有关，有时甚至受到全球经济的影响。

4. 财务风险。由于经营管理中决策或政策失误，可能出现的产品积压、应收账款过大、坏账呆账过多、资金来源中断等导致的资金风险是很容易出现的。

4. 贪污、盗窃风险。这些风险主要发生在管钱、管物的人员身上，尤其是一些企业，将银行支票、财务账、名章集中由一个人管理，更容易出现问题。

5. 灾害风险。包括自然灾害风险与火灾风险等，自然灾害很难控制，但是未雨绸缪可以尽量避免或减少损失，而由于忽视消防安全，用火用电不慎带来的火灾风险则大面积存在。

6. 质量风险。在生产和服务企业中，产品质量不合格甚至给顾客造成伤害，不但要承担赔偿责任，甚至民事、刑事责任，还会严重损害企业的信誉，给企业带来重大的危机。

资料来源：根据 mba 智库百科相关内容改写。

2. 应对风险的策略

根据风险评价的结论可以划分出四种风险，其种类和应对策略如表 10-8 所示。

表 10-8　风险的种类和一般应对策略

风险种类	一般应对策略	风险种类	一般应对策略
1. 发生的概率高、后果严重	回避策略	3. 发生的概率低、后果严重	转移策略
2. 发生的概率高、后果不严重	减少策略	4. 发生的概率低、后果不严重	接受策略

链接 4

风险管理的基本策略

1. 回避风险策略。这是一种保守的风险管理策略。对于那些厌恶风险的决策者来说，他们总是以无风险或低风险作为衡量各种备选方案优劣的标准，把那些可能发生风险的备选方案拒之于外。这种策略尽管较为稳健简便易行，但并不经常采用，因为风险总是和收益联系在一起的，没有风险也就没有丰厚的收益。一个成功的经营者往往很少采用这种策略。

2. 减少风险策略。即在风险管理中，采取相应的措施，减少因发生风险可能给企业带来的损失，也称为控制风险策略。这种策略在实践中经常采用。减少风险策略还可做进一步分类。按控制风险的目的可分为预防性控制和抑制性控制。前者是指预先确定可能发生的损失，提出相应的措施，防止损失的实际发生；后者是指对可能发生的损失，采用相应的措施，尽量降低损失的程度，缩减损失的延续性。按控制风险的方式可分为技术控制和行为控制。前者是指用相应的工程技术措施，减少可能发生的风险；后者是通过强化对有关人员的行为管理，减少可能发生的风险。

3. 接受风险策略。这种策略是指对可能发生的风险，提前做好准备。以应付风险带来的损失。企业中的风险有些是不可避免的，如赊销商品的坏账风险、市场波动引起的库存风险等。对于这些风险，企业应采取自我保护的接受风险策略，即每期提存一笔准备金，用作将来发生风险给企业带来损失的补偿。如实践中的提取坏账准备金、长期财产保值，都是这种策略的具体运用。

4. 转移风险策略。这种策略是指对某些可能发生风险损失的财产或项目，用转移的方式转出企业，并交换回较保险的财产或项目。例如，通过保险转移风险、合同转移风险、股票上市转移风险、风险投资公司转移风险等方式。

资料来源：李时椿. 创业管理. 北京：清华大学出版社。

10.3.12 附件的内容

(1)附上能够证实前述各项计划的资料；
(2)附上详细的制造流程与技术方面资料；
(3)附上各种参照对象的佐证资料；
(4)附上创业者详细经历与自传。

链接5

周鸿祎：教您打造十页完美商业计划书[①]

导语：一份完美的商业计划书不仅可以让你的创业之路更加的明细，还能让你更容易打动VC或是PE。

第一，用几句话清楚说明你发现目前市场中存在一个什么空白点，或者存在一个什么问题，以及这个问题有多严重，几句话就够了。很多人写了300张纸，抄上一些报告。投资人天天看这个，还需要你教育他吗？比如，现在网游市场里盗号严重，你有一个产品能解决这个问题，只需要一句话说清楚就可以。

第二，你有什么样的解决方案，或者什么样的产品，能够解决这个问题。你的方案或者产品是什么，提供了怎样的功能？

第三，你的产品将面对的用户群是哪些？一定要有一个用户群的划分。

第四，说明你的竞争力。为什么这件事情你能做，而别人不能做？是你有更多的免费带宽，还是存储可以不要钱？这只是个比方。如果这件事谁都能干，为什么要投资给你？你有什么特别的核心竞争力？有什么与众不同的地方？所以，关键不在于所干事情的大小，而在于你能比别人干得好，与别人干得不一样。

第五，再论证一下这个市场有多大，你认为这个市场的未来是怎么样？

第六，说明你将如何挣钱？如果真的不知道怎么挣钱，你可以不说，可以老老实实地说，我不知道这个怎么挣钱，但是中国一亿用户会用，如果有一亿人用我觉得肯定有它的价值。想不清楚如何挣钱没有关系，投资人比你有经验，告诉他你的产品多有价值就行。

第七，再用简单的几句话告诉投资人，这个市场里有没有其他人在干，具体情况是怎样。不要说“我这个想法前无古人后无来者”这样的话，投资人一听这话就要打个问号。有其他人在做同样的事不可怕，重要的是你能不能对这个产业和行业有一个基本了解和客观认识。要说实话、干实事，可以进行一些简单的优劣分析。

第八，突出自己的亮点。只要有一点比对方亮就行。刚出来的产品肯定有很多问题，说明你的优点在哪里。

第九，倒数第二张纸做财务分析，可以简

① 中国企业家网

单一些。不要预算未来三年挣多少钱，没人会信。说说未来一年或者六个月需要多少钱，用这些钱干什么？

第十，最后，如果别人还愿意听下去，介绍一下自己的团队，团队成员的优秀之处，以及自己做过什么。

一个包含以上内容的计划，就是一份非常好的商业计划书了。

10.4 创业计划书评价

10.4.1 创业计划书评价标准

1."挑战杯"中国大学生创业计划竞赛书面评审标准①

创业计划竞赛要求参赛者组成优势互补的竞赛小组，提出一个具有市场前景的产品/服务，围绕这一产品/服务，完成一份完整、具体、深入，可行性、操作性俱佳的创业计划。创业计划基于具体的产品/服务，着眼于特定的市场、竞争、营销、运作、管理、财务等策略方案，描述公司的创业机会，阐述把握这一机会创立公司的过程并说明所需的资源。

(1)概述要求。简明、扼要、具有鲜明的特色。重点包括对公司及产品/服务的介绍、市场概貌、营销策略、生产销售管理计划、财务预测；指出新思想的形成过程和对企业发展目标的展望；介绍创业团队的特殊性和优势等。

(2)产品/服务要求。如何满足关键用户需要；进入策略和市场开发策略；说明其专利权、著作权、政府批文、鉴定材料等；指出产品/服务目前的技术水平是否处于领先地位，是否适应市场的需求，能否实现产业化。产品不过分超前市场而无法被接受。

(3)市场分析要求。市场容量与趋势、市场竞争状况、市场变化趋势及潜力，细分目标市场及客户描述，估计市场份额和销售额。市场调查和分析应当严密科学。

(4)竞争分析要求。公司的商业目的、市场定位、全盘战略及各时期的目标等，同时要有对现有和潜在的竞争者的分析，替换品竞争，行业对手内原有竞争的分析。总结本公司的竞争优势并研究占用对手的方案，并对主要的竞争对手和市场驱动力进行适当的分析。

(5)营销计划要求。阐述如何保持并提高市场占有率，把握企业的总体进度，对收入、盈亏平衡点、现金流量、市场份额、产品开发、主要合作伙伴和融资等重要事件有所安排，构建一条通畅合理的营销渠道和与之相适应的新颖而富于吸引力的促销方式。

(6)运营计划要求。原材料的供应情况，工艺设备的运行安排，人力资源安排等。这部分要求以产品或服务为依据，以生产工艺为主线，力求描述准确、合理、可操作性强。

(7)组织和人力资源设计要求。介绍管理团队中各成员有关的教育和工作背景、经验、能力、专长。组建营销、财务、行政、生产、技术团队。明确各成员的管理分工和互补情况，公司组织结构情况，领导层成员，创业顾问及主要投资人的持股情况。指出企业股份比例的划分。

(8)财务计划要求。包含营业收入和费用、现金流量、盈利能力和持久性、固定和变动

① 根据挑战杯官方网站相关资料整理

成本：前两年财务月报，后三年财务年报。数据应基于对经营状况和未来发展的正确估计，并能有效反应出公司的财务绩效。

(9)书面语言表述要求。条理清晰；表述应避免冗余，力求简洁、清晰、重点突出、条理分明；专业语言的运用准确和适度，相关数据科学、诚信、详实。

2. 创业计划书评分标准①

(1)方案概要(10%)。

要求：简明、扼要，能有效概括整个计划；具有鲜明的个性，具有吸引力；有明确的思路和目标；能突出自身特有的优势。

(2)产品或服务(15%)。

要求：描述详细、清晰；技术领先，且适应现有消费水平；对技术前景判断合理、准确；特点突出，有较高的商业价值；需求分析合理。

(3)公司战略(5%)。

要求：公司背景及现状介绍清楚；商业目的明确、合理；公司市场定位准确；形象设计及创业理念出色；全盘战略目标合理、明确。

(4)市场分析(10%)。

要求：市场竞争状况及各自优势认识清楚，分析透彻；对市场份额及市场走势预测合理；市场定位准确。

(5)营销策略(10%)。

要求：成本及定价合理；营销渠道通畅；促销方式有效，具有吸引力；有一定创新。

(6)运营管理(10%)。

要求：开发状态和目标规划合理；操作周期和实施计划安排恰当；在各发展阶段目标合理，重点明确；对经营难度和资源要求分析准确。

(7)创业团队(10%)。

要求：团队成员具有相关的教育及工作背景；能力互补且分工合理；组织机构严谨；产权、股权划分适当。

(8)企业经济/财务状况(10%)。

要求：财务报表清晰明了，且能有效揭示财务绩效；列出关键财务因素、财务指标和主要财务报表；财务计划及相关指标合理准确。

(9)融资方案和回报(5%)。

要求：列出资金结构及数量、投资回报率、利益分配方式、可能的退出方式等；需求合理，估计全面；融资方案具有吸引力。

(10)关键的风险和问题(5%)。

要求：对风险和问题认识深刻，估计充分；解决方案合理有效。

(11)创业计划书面表述(10%)。

要求：专业语言运用准确；表述简洁清晰、少有冗余；方案排版统一，大方美观，按照创业设计方案格式完成书面策划。

---

① 根据四川大学锦城学院创业大赛官方资料整理

10.4.2 创业计划书编制应避免的问题

1. 将行业前景的分析与项目前景混为一谈或空洞口号式说法①

以一次手机游戏融资项目为例，该项目不使用传统的PRG模式，没有太多的动作扮演，而是采用比较适合手机键盘输入的文字模式，游戏人通过参与故事情节，来PK其他游戏玩主。因此，这种游戏目前在手机类游戏中多少有点与众不同，对于这个项目市场前景的分析需要较准确地界定。虽然有难度，但必须分析这个细分市场，才能让投资者信服。

但创业团队通篇都在谈论整个手机行业未来前景是如何美妙，手机游戏行业将遇到前所未有的井喷行情，潜在用户数量如何庞大，整个市场销售额预计会达到多大等。实际上，因为带宽的限制以及手机键盘操作的局限，现在最火的PRG类手机游戏还处于发展初期，在3G没有上马之前，不大可能出现预期的火爆场面。反而是文字类的手机游戏(也就是这个项目使用的技术)更适合目前的网络状况，这样一个基于PRG游戏为主的行业分析，既没有说清自己项目的优势和前景，还误导了投资者。计划书中对市场规模的预测数据基本都失去了参考价值。

更多的市场分析可以归为"市场好好，潜力大大，发展广阔，商机无限"一类的口号式宣传。有些企业引用专家学者的话，以证明项目的市场价值，如某电子商务网站的计划书写着：世界公认的竞争战略权威迈克尔·波特先生说"关键问题不是是否应该应用因特网技术，而是如何应用它——企业根本没有选择，如果它们想保持竞争力的话……"这样的说明方式，对于国外投资者来说，基本不产生任何说服力。

2. 对项目的盈利估计过于乐观或者依据不足

国外投资人最慎重的就是对盈利估算数的判断，往往要进行行业标杆企业之间的对比分析，特别是参考同类上市公司的经营数据，在行业平均盈利水平的基础上，根据各种合理的假设条件，做出乐观、中位值和保守估计。而国内企业在这个问题上，往往表现得大而化之，漫不经心，容易让外商误会为合作方敷衍或不够诚实。

以服装项目为例，项目计划先对国内市场和国际市场规模进行估算，然后估算本企业所占的市场份额比例和利润率，与市场总额相乘算出利润额。这个过程看似合理，其实仍存在重大欠缺。抛开国内市场不谈，在国际市场上，自己的企业能够占到多大份额，利润率是如何确定的，行业的平均利润率是多少，这些计算过程都是有前提假设的，多数的商业计划书都没有明确说明这些假设条件，就给出了估算值，给国外投资人不专业、依据不足或过于乐观的印象。

3. 未对竞争对手和竞争态势给予细致的调查分析

对于竞争对手的估计也突显出国内企业不成熟的一面。最常见的说法，比如"因为在中国某某行业还没有知名品牌，成功的企业还是空白，我公司在这一行业没有直接的竞争对手"，如一个网站的商业计划书这样写道，"网络服务是最新的东西，没有标准也没有领导者。所以，在如此大的市场空间内，网络服务方面还没有真正意义上的竞争对手"。前者

① 马方业，袁元. 企业与VC/PE有效沟通有密码. 南京大学出版社，2009.4.

有掩耳盗铃之嫌，后者更像是自我安慰。在市场上，就算暂时领先，也不是没有竞争者。而且竞争的态势时刻都在变化，今天的落后者明天可能就是企业的劲敌，在这里，竞争者不仅仅是指领先于自己的企业，还有紧跟在后面的追赶者，甚至将来可能出现的新生力量。

对于竞争对手和竞争态势的细致调查和分析能够说服投资者更加相信你的企业的控制能力。一个不能知己知彼的企业，是无法值得信赖的，也不可能成功。

4. 没有投资退出方式的考虑

对于国外投资者来说，无论是股权投资，还是债权融资，目的只有一个，就是在某个时间段内要保本并达到期望的盈利水平。猎头公司、投资人并不会永远与企业捆绑在一起的，甚至从本质上讲，投资就是为了成功地退出，而且退出越快越可以提高资金使用效率，产生更大的增值。国内企业往往没有这个习惯，很少考虑投资者资金退出的方式，这与改革前国有企业预算软约束和法制不健全有关，只要能找来投资，能不能按时还钱，能不能给投资人带来好处，似乎和自己没有太大关系。这种态度对于国外投资人是根本行不通的，没有提出明确的投资退出方式和期限的项目计划书，被认为是不完整的，就像一篇文章少了结尾，是不合格的。

一般来说，为了使项目公司值得信赖，争取到投资方的资金支持，要在可靠的市场增长预测数的基础上，估算出企业在若干年后的价值，并选择对投资人最有利而各利益相关方都能够接受的方式，如上市、回购、再出售等让投资人获利后退出本金。甚至在最保守的情况下，还要考虑公司清盘时给投资人带来的可能损失和补救办法。

对创业者和需要融资的企业而言，商业计划书已经不是什么新鲜事物了。关于如何撰写商业计划书，坊间可以很方便地买到各种版本的指南和小册子，网上也不难淘到各种大同小异的商业计划书模板。一份本来属于专业范畴的商业文件，似乎变成了人人可学、人人会写的玩意了。商业计划书沦落为表面功夫的花架子。实际上，在投资人一方看来，有阅读价值的商业计划书却越来越少了。而融资方和投资方匹配比例低，与商业计划书上存在的问题有直接关联。

链接 6

检测商业计划书是否合格的 11 条标准①

导语：创业融资离不了商业计划书，一份有力的商业计划书是你与 VC 之间的良好搭线！如何评价商业计划书？一份有冲击力的、经得起考验的商业计划书的评价标准是什么？

Bruce Judson 是一个成功的单干型企业家，一个赢得荣誉的畅销书作家，也是美国在市场营销和企业家精神方面的主要专家之一。

Bruce Judson 建议创业者用 11 条检验标准测验你的商业计划书。

人们很容易为了某个项目而充满热情。你看到一种需求，你拿出一个可行的方案，你热情高涨。但是客观地看待未来至关重要。给你 11 条检验标准，从现实角度评价你的商业创意。使用这些检验标准的最好办法就是

① Bruce Judson. 草根网，2012.1.

将它们看成是改进你的创意的机制。

1. “电梯”测验

你能在大约上一层电梯的时间里——用最多两个短句告诉我你的生意如何获利么？电梯测试是广为人知的电梯销售演讲的变本。你需要一个“电梯商业演讲”。为什么？你必须清楚你如何赚钱。这个简单道理看似不言自明，但实际上很多刚成立时关于如何最终盈利的概念非常模糊。所以，商业计划必须简单明了。

我们经常用来检验新公司的一个测验就是看公司被解释的难易程度。如果一个人能在他的名片后面概括他的公司计划的话，通常这意味着他能向员工、顾客和利益相关者描述公司的目标。一份需要一段文字或者10分钟来解释的商业计划是含糊不清的。我记得在1988年，我们为思科公司提供启动资金的时候，公司的创始人Sandy Lerner和Len Bozak以惊人的明确性解释了他们的事业，整个使命只用了三个单词：“思科连接网络”。这是一个经受住时间考验的描述。

2. “最多三件事情”测验

成功有赖于创业者将其能力集中在有限的几个关键领域的能力。当你审视一个商业创意时，你需要问自己如下问题：这里决定我成功的三件事是什么？下一个显然的问题就是我具备在这个范围内成功的必备能力么？如果没有，如何获得？

3. “假如你是顾客”测验

把你放在潜在顾客的位置上。问你自己一系列的问题：

在已有选择的基础之上，我会买这个公司的新产品和服务么？

如果是，为什么？

作为一个潜在的买家，我是独一无二的么？还是很多人和我一样？

我会以现在的全价购买产品和服务么？

购买服务有多快？多容易？我会立刻购买，还是先了解一下？然后，回到企业家的角色，问：现在的商业计划允许适当的时间和精力么？

从这开始，你必须去找潜在顾客，现场收集实际市场经验。

4. “差异化和市场领导权”测验

无论何时有人说，“这是一个巨大的市场，我们只需占有一小部分就能成功”，赶紧转身离开，远走高飞。不惜一切代价避开这个陷阱！成功需要你的生意与众不同，并能统治一些东西。当小池塘里的大鱼比当大海里的小鱼要好得多。

定义你的市场——即使它只是一个更大市场的一小部分——这样你才有与众不同之处吸引这部分顾客，让你统治这个领域。与众不同者必胜，千篇一律者必败无疑。

5. “我会被包围么？”测验

在创业之前，你必须估计很常见的现象带来的风险，以及妨碍你长期成功的可能性。公司有一些结构特性让供应商和合伙人难以竞争。从一开始你就要考虑你是否能有效构建你的公司，阻止合伙人和供应商复制你向顾客提供的价值的企图。

6. “成本翻番”测验

正像电梯演讲测验一样，“成本翻番”测验也广为使用。本质上是这样的：你预料到会出现问题，每件事都比预期的费用要高，通常需要更多的时间实现收益流。这个测验检查你犯错误的回旋余地——很显然余地越大越好。看一下你的利润计划（你预期的花费，预期收益，取得收益的时间），问你自己如下的问题：如果成本翻番，这还是一份好的商业计划么？如果第一年的收益只有预期收益的一半，成本又翻番，这还是一个好创意么？

7. 留下“犯错误试验的空间”测验

好的商业创意通常留给你很大的犯错误

的空间。并且记住，你最后挣的钱不一定来自于打算挣钱的地方，所以留下试验的空间。在你投入时间和精力检测你的公司前使用这个测验最有价值。一旦你已经完善了你的业务模式——继续白天工作的同时——你就没必要选择如此大胆的假设，因为你有亲身体验，告诉你什么管用。

8.“依赖性”测验

任何公司的重要风险来源之一就是对某个供应商或者顾客的巨大依赖。首要法则就是单一顾客不能占据一个公司销售额的35%。所以，问问自己：如果环顾四周，我的公司是否严重依赖某个公司呢？如果答案是肯定的，有办法减少这种依赖性或者减轻潜在的损失么？如果你打算创立的公司严重依赖某个公司，要考虑如下两个问题：这种依赖性会榨取我的利润么？如果我依赖的公司停业或者不再同我做生意，将会发生什么事情？要花时间仔细构思一个详细的权变计划，用笔写下来。你或许从来不用它，但是写下来，你强迫自己真正思考这个问题，你什么时候需要就能马上找出来参考。值得注意的是：在当今激烈的竞争环境中，不幸的现实是公司不再像以前那样具有同样的价值了。过去，一个公司在一年中获得特定收入，下一年（管理良好的情况下）也会得到类似的收入。今天，很有可能没有持续创新，一个公司的收入将迅速逐年下滑。当今的买家要购买的是一个能够不断自我更新的平台，而不是一个一成不变的东西。

9.“多股收入流”测验

尽可能控制你的风险。控制风险的传统方法之一就是多样化。涉及公司收入，这就是说公司从多个来源获得收益的能力。

10.“脆弱性”测验

“脆弱性”测验，或者说用来分析商机的“最坏的情况是什么”的方法，是在开始时问这样一些问题：如果公司开业运转了，什么事情会让我的公司瞬间倒塌？我如何预测现有的和潜在的竞争者对我的公司做出的反应？是否有竞争者，作为对我这个潜在威胁的反应，有能力将我的公司立刻扫地出门？为什么现有竞争者不会对我的进入做出反应？

11.“不只是一条路”测验

创始人找到了迅速低成本扩大产品线的方法。这种低廉简单的测试并启动新产品和服务的能力通常反映了在职经验。但仍然有可能在启动公司之前了解能否并如何扩大你的产品线。如果你的公司——或者你将使用的技能——能够灵活地朝多个方向发展，你将更有可能成功。但是如果你知道你正在启动一个只有一条路可走的公司，那么停下来，反复思考，你没有多少犯错误的机会。

应用与训练

(1)什么是创业计划书？

(2)创业计划书有什么作用？

(3)创业计划书的特征和基本逻辑架构是什么？

(4)创业计划书的内容架构包括哪些内容？

(5)创业的风险包括哪些？

拓展阅读

如何给投资者讲故事

我做投资者的时候，每天的工作就是听融资者讲故事，因此很愿意用亲身的体会告诉读者，投资者喜欢听什么故事。

投资者喜欢听的故事应该包括两个部分，一是报告文学，二是科幻小说。报告文学是写实文学，它包括哪些内容呢？首先，要坦白项目，公司目前所拥有的一切。有什么资产，有什么产品，有多少市场，有多少利润；其次，要交代今天之前发生的所有事情。公司历史、团队构成、项目背景、经营业绩。当然，仅仅靠报告文学还不足以引起投资者的兴趣，投资者更关心的是项目公司未来的发展空间。这就需要这个故事的另一个部分：科幻小说。

科幻小说是超前的憧憬，它包括哪些内容呢？首先你要有理想，要展示项目的发展规划，确定公司的奋斗目标，画个"梅"让投资者望着止渴，画个"饼"让投资者看着充饥。什么是理想？理想就是你打造的那个要饭的碗，理想越宏伟，你能获得的资金就越多。不过光有理想还不够，还需要有根据，没有根据的理想只能说是幻想或空想。因此请你在理论上把圈画圆了，证明项目公司确立的目标是有可能实现的。然而光有根据还不够，你还需要有计划，只有理论根据而没有具体的实施计划，只能说明你是个纸上谈兵的理论家。因此你必须拿出一个可行的商业模式和实施计划，证明每个环节都是可行的，每个步骤都是可以实现的。最后，光有计划还不够，还需要有支持计划实施的资源。当然，很多资源是用钱可以买到的，这里指的是那些用钱都未必能买到的特殊资源，例如商机、政策、团队、技术等，正如很多投资者常常对融资方讲的一句话：你什么资源都有了，就缺钱时，我马上就给你钱。

总之，报告文学和科幻小说这两个部分缺一不可，相辅相成。光有柴米油盐，没有远大理想，投资者会觉得没劲；光有远大理想，没有柴米油盐，投资者会觉得没底。报告文学给了投资者一个风险底线，让他们看到即使输到底还会剩下些什么；而科幻小说给了投资者一个想象的空间，让他们满怀激情地展望最多能赢多少。

比如你是制造铁锅的，这是一个最古老的行业和最枯燥的报告文学。可是如果你找到一种具有科技含量的涂料，涂在锅上就成了不粘锅或无油烟锅，科幻小说不就有了吗？原来一口锅卖30元，涂上了神奇的涂料就可以卖到300元，投资者看了岂能不眼睛发亮？

报告文学怎么写？老老实实写。不用担心你的诚实会吓跑投资者，也不要担心你的柴米油盐会让投资者倒胃口。投资者从来都不缺冒险精神，多深的坑都有人敢跳，关键是见到底。没人会往看不见底的坑里扔钱。因此，写报告文学的原则是交底。

科幻小说怎么写？虚实结合写。虚的部分要创造想象空间，为此吹点牛是在所难免的。投资者并不反对在项目包装中吹点牛，其实他们自己也都是吹牛高手。不过，科幻小说不能全是虚幻的，它必须有理论根据，有实施计划，有资源支撑，这些就是虚中的实处。因此，写科幻小说的原则是实吹。

我们已经知道了投资者喜欢听什么故事，下一个需要讨论的问题，则是如何给投资者讲故事。这个故事当然不能全靠口头讲，而是要用笔头来讲，具体落实成项目商业计划书。

商业计划书和写文章一样，写出来容易但是写得好不容易。什么叫做写得好？首先要使用规范的概念，其次要使用专业的方法。规范的语言就是行话，每个行业都有自己的行话，外贸有外贸的行话，律师有律师的行话，投资者也有自己的行话，所以你需要用投资者熟悉的语言与他们对话。商业计划书的形式，既不可过于烦琐冗长，也不可过于精炼简洁，而应层次分明，有节有据。表面文章做得多漂亮，最终评价它优劣的标准还是能否钓上鱼。

商业计划书吸引了投资者的眼球，只说明你成功了一半，要想让投资者拍板下决心，还需要三个条件：思路清晰、数据充分、概念煽情。

思路清晰即对项目的论证必须逻辑严谨，找不出相互矛盾和不切实际之处。投资者一般不会轻易就范，他们总是会带着怀疑的眼光从你的项目论证中挑毛病，他们通常采取的方法都是"以子之矛攻子之盾"，所有问题都会针对你的逻辑薄弱环节提出。因此，你自己就得事先把圈画圆，让投资者无懈可击，挑不出毛病。

数据充分即任何论据都必须有数据证明，无论你把自己的项目说得多么天花乱坠，让投资者下决心的，最终还是取决于数据论证的结果。如果最终不能证明它赚钱，也绝不会有人问津。俗话说：外行谈战略，内行谈粮草；外行看热闹，内行看门道。

概念煽情，所谓概念就是股市上经常讲的题材。一个激动人心的概念，会给投资者一个充分的想象空间，让他们的热血达到沸点，激起不可遏止的投资冲动。

需要声明的是，项目千差万别，现实中商业计划书的撰写并没有固定的模式。什么是商业计划书的真谛？说到底，它只不过是个与投资者沟通的工具，只要能引起投资者的关注，让他们理解明白项目的商业模式，相信项目的前景和效益，怎么写都行。管它白猫黑猫，抓住老鼠就是好猫。

我曾经读过很多精彩的商务计划书，前言就有五六页纸，开篇就劈头盖脸地忽悠，还没有进入实质性问题，就让我的热血升到沸点。要是真能达到这种效果，写 100 页都行，那是你的本事。若真有这种本事，就让"一页纸"的简洁模板见鬼去吧！

（资料来源：资本的游戏，有删节，机械工业出版社。）

参考文献

[1] 唐果. 大学生创业基础教程. 北京：电子工业出版社，2011.

[2] 李时椿. 创业管理. 北京：清华大学出版社，2010.

[3] 史蒂夫・布兰克. 创业者手册. 教你如何构建伟大的企业. 北京：机械工业出版社，2014.

[4] 国家科技风险开发事业中心. 商业计划书编写指南. 北京：电子工业出版社，2012.

[5] 张玉华，王周伟. 创业基础. 北京：清华大学出版社，2014.

第 11 章
高校创业教育实践

案例导入

2009 年，义乌工商职业技术学院“淘宝班”首次对外招生，4 个班级，共计 120 位学生。在提供多方位支持的条件下，学校给这届学生订立了三学年内月收入需达到 2000 元、5000 元、10 000 元的三阶段目标。至此，这 120 位“淘宝班”的学生开始走上了泪水与欢笑同在的创业路。

为了给学生网上创业提供方便，学院把一栋 2600 平方米的教学楼开辟为“创业园”，为刚走上创业之路的学生们提供了一个集电子商务、仓储、商谈为一体的创业平台。开始也是试点，开辟一片场所，实际上就是给每个系两间空教室，一间是仓库，一间是工作间。创业业绩成了评优评先的标准，学院开设理论提升课程，增设了创业实践课程，老师进行单独指导。

3 年后，115 人顺利拿到了毕业证，包括 74 名男生和 41 名女生，全部拿到了《高校毕业生自主创业证》(要获得该证书，淘宝网店等级至少要达到 3 颗钻)。据不完全统计，第一期毕业生中，纯收入已超过 6300 万元，皇冠店家至少有 31 家，在淘宝商城开店的至少 6 家，阿里巴巴店家至少 20 家，年收入超过 50 万元的至少有 30 人。

关于“淘宝班”的争议就从未停止过。“到我们学校来读书的学生，从某种意义上说，都算是应试教育的失败者，毕竟他们高考成绩不太好。”工商学院创业学院院长朱华兵说，“但这并不意味着，他们在其他方面没有自己的特色。甚至可以说，在一些方面，他们比其他的大学生更为出色。”发挥学生们的特长，帮助他们成长，这便是学院当初设置“淘宝”班的初衷。

(资料来源：浙江在线，http://zjnews. zjol. com. cn/05zjnews/system/2012/11/14/018944547. shtml，有修改.)

案例思考

1. 实施大学生创业教育的主要内容有哪些?
2. 你对义乌工商职业技术学院“淘宝班”的做法支持吗？为什么？

学习目标

1. 了解国外高校创业教育发展现状；
2. 了解国内高校创业教育发展现状；
3. 探索高校创业教育的创新。

解决问题

1. 总结国内外高校创业教育的经验；
2. 对高校创业教育的创新进行探讨。

11.1 国外高校创业教育实践

创业教育于20世纪50年代左右起源于美国，1947年，哈佛大学商学院的Myles Mace教授率先开设的《新创企业管理》被认为是第一门关于创业的课程。创业教育对于经济和社会的发展起到了重要的推动作用。美国、德国、法国、英国、日本、韩国等的创业教育发展迅速，也非常普及，在理论和实践方面都积累了丰富的经验，据统计，美国已有超过1800所各类院校开设了创业相关的课程，已经形成一套比较科学、完善的创业教育教学、研究体系，研究成果丰富，教育成效显著。

11.1.1 国外高校创业教育现状

1. 创业教育的内容

国外高校创业教育的内容非常丰富，各高校开设的课程都具有较大的特色，相关资料显示，百森商学院开设《基础管理经验》、《新企业创立》等30多门课程；哈佛商学院开设《创业管理》、《创业营销》等10多门创业课程，并且研究和分析各行各业的案例，完整的资料案例库，充分利用案例教学法，同时与著名公司联系开发课程，创业管理成为MBA的主修或辅修专业，课程内容丰富，体系完善；斯坦福大学的课程涉及创业、融资、组织、招聘、管理各个方面，包括《创业管理》、《创业机会评价》、《创业和创业投资》等20多门课程；仁斯里尔理工大学开设了20门课程；英国有96%的高校开展了大学生创业教育；德国在中学和大学开设创业课程，积极培养学生创业意识，熟悉企业经营管理知识；日本也从小学到大学的不同阶段设置不同形式、不同内容的创业教育课程，形成了丰富多彩的创业教育活动，大学开设工科创业计划和广泛的创业课程；韩国积极开展大学生创业培训。

通过丰富的创业教育内容，培养学生创业精神、创业知识和创业技能。例如，百森商学院的创业意识培养，其宗旨是帮助学生发展创业式的思维方式、进取心、灵活性、创造力、冒险精神、抽象思维能力以及对市场的应变能力，其培养途径为通过创新性的教学计划、外延拓展性计划以及学术研究来支撑创业教育，培养创业精神；斯坦福大学注重培养学生系统的创业知识，其培养宗旨是使学生掌握扎实系统的创业知识，强调系统的管理经验，培养模式是通过对创业战略和创业环境的研究，把握创业过程的各阶段、各层面的策略与操作；哈佛大学的创业教育突出实际经验和技能，其培养宗旨是培养学生的创业意识、创业精神，提高创业技能，其手段是针对创业管理建立完整的资料案例库，提供良好的学习环境。

2. 创业教育的师资

相关资料显示，哈佛商学院160多名教师和研究人员；百森商学院大部分教授有从事创业、企业经营管理或者咨询工作经历，拥有12位专职教授和22位实战创业者；仁斯里尔理工大学有22名创业教师；伯利克学院从事创业教育的教师有20人；沃顿商学院创业中心的教师都是企业家并且只讲授创业学课程；加州州立大学创业中心的教师均对大公司做咨询工作。英国主要存在两种创业教育课程，一种是“为创业”课程，其教师有21%是兼职教师，98%的教师曾经有过商业管理经验，70%的教师创办过自己的企业；另一种是“关于创业”课程，其全职教师占93%，有61%的教师有过商业管理经验，36%的教师创办过自己的企业①。据统计，2003年全球创业领域的教授席位为564个，其中仅美国就有406席。日本大学在师资方面引入具有创业家资质和创业经历的“双师”，并建立与企业的交流制度。

3. 创业教育的组织

国外高校创业教育组织非常活跃，除教育活动以外，广泛开展各类创业活动和学术活动、实践活动和创业支持，其中比较典型的有：百森商学院设立创业研究教育中心，开展全球创业观察（GEM）项目、百森－考夫曼创业学研究会议等；仁斯里尔理工大学设立创业学专业，设立创业孵化器，开发大学科技园，建立创业中心；斯坦福大学教师参加创业活动、建立宽容失败、推崇创新、鼓励冒险创业的文化体系，通过灵活的政策和环境支持师生创业；卡内基－梅隆大学成立创业学专业中心；科罗拉多大学成立创业教育中心，发展创业咨询机构；还有高校以创业研究中心、企业孵化器、创业家网络、创业家协会等支持创业教育和创业活动。在创业活动中，创业计划竞赛活动成为高校创业活动的非常典型的内容，创业计划竞赛活动通过提出具有市场前景的产品、服务或者项目，进行充分的市场调研，完成包括创业机会、企业创立、项目运作等在内的完善商业计划，通过竞赛锻炼学生的创业能力，同时也形成一种优秀创业项目选拔机制，得到投资家的支持，产生大量市场前景好、科技含量高、成长迅速的创业公司。1998年英国政府也启动了“大学生创业项目”，用于帮助创业教育、鼓励创业；2001年，法国政府通过“十大青年项目”，资助鼓励大学生创业②；日本的创业教育与地域产业特色有效结合，在大学中加强创业孵化器、创业辅导机构建设；韩国以大学为依托设立创业支援中心，为学生提供创业“一条龙”服务。

11.1.2 国外高校创业教育经验

根据国外高校创业教育的经验，创业教育需要政府、学校、企业和社会共同协同，从创业环境、创业理念、创业政策、创业支持、创业教育各个方面完善，才能有效提高高校的创业教育成效；对于高校而言，转变人才培养理念、重视创业教育、注重专业建设、加强课程体系的开发和建设、培养创业师资队伍、加强创业科研活动、健全创业基础设施则是提升创业教育水平、培养更多创业人才的重要手段。

1. 创业教育理念先进

第一，从政府到企业、高校全社会都非常重视创业教育，形成了创新创业的理念、文化和氛围，创业教育的社会环境好，社会各界对于高校创业教育的参与和支持程度很高，特别是在创业项目孵化和创业融资等创业支持方面，都有非常有效的措施。第二，高校自身

---

① 张莉，李晓波．国外高校创业教育师资队伍建设及其启示．煤炭高等教育，2011（1）．

② 李时椿．创业管理．北京：清华大学出版社，2010．12．

具有先进的人才教育理念，学校领导高度重视，甚至直接担任创业教育中心的负责人，或者本身就是创业教育的知名学者，学校注重创新精神和创业能力培养，注重应用能力和综合素质，教育理念先进，形式和内容不断创新。第三，高校不断完善创业教育体系和创业项目推进机制，组织管理方式先进，对创业教育的组织管理、课程开发、师资建设、创业孵化和创业研究投入巨大的人力、物力和财力，特别是在美国，涌现出百森商学院、哈佛大学、斯坦福大学、仁斯里尔理工大学、麻省理工学院、卡内基－梅隆大学、宾夕法利亚大学、伊利诺大学等一大批创业教育名校。国外高校的创业教育取得了巨大的成效，培养了众多的创业人才，直接推动了各国的创业活动和经济发展，诞生了类似 Yahoo、Excite 等这样的知名企业。

2. 创业教育课程丰富

国外高校面向各个层次的学生广泛开设创业课程，部分大学将创业学作为辅修或主修专业，哈佛大学、宾州大学等高校还培养创业学方向的工商管理博士。创业管理课程内容丰富，截止 2005 年，美国大学开设了 2200 多门有关创业的课程，内容丰富，系统地帮助学生全面深入了解创业机会、公司运作、财务管理、市场营销等知识和技能。从国外知名高校创业教育的课程来看，创业教育课程逐步形成体系化和规范化，上升到人才培养计划、拓展计划和教学大纲对创业教育的课程和内容进行规划，一般课程大致可以分为创业意识类、创业知识类、创业能力素质类、创业实务操作类课程①，相互呼应，从内容上涵盖了基础素质、基本知识、基本技能和实践操作，从形式上则有专业课、必修课、选修课、案例分析、讲座、课外活动、实践训练，甚至实战创业等多种课程。国外高校创业课程设置的经验值得我国创业教育借鉴。同时，国外创业课程的教学也具有特色，例如，哈佛大学的案例教学、专门设置研讨课程等。此外，创业教育的课程设置也非常重视人的素质培养与提升，包括创业意识与创新精神培养、开拓的文化视野、综合素质和能力的培养等。

3. 创业教育师资力量雄厚

创业教育与学术教育师资有所不同。国外高校十分重视创业教育师资队伍建设，要求创业教师不仅要具备专业知识，还必须具有一定的创业实践经验或技能，加强对教师的培训，同时，吸收社会上具有一定经验和学术背景的兼职教师担任教学、讲座和研究工作。从美国高校的经验来看，在师资队伍建设方面，第一是鼓励教师从事创业活动或创业实践，或者参加企业的实际工作，使教师对于市场和企业的运营有较强的经验，对社会的需求具有良好的把握能力；第二是引进社会上具有学术背景或者创业经验或者丰富企业管理经验的投资家、创业家和企业家担任兼职教授从事创业教学、研究工作，通过这些手段开拓学生视野，引进实战教学；第三是注重创业教育的师资培训，促使教师不断更新知识、学习操作技能，或者通过广泛的交流获取新的经验；第四是鼓励教师进行创业研究和创业学科建设，构建创业和创业教育的理论体系。

---

① 李时椿. 创业管理. 北京：清华大学出版社，2010.12

4. 创业教育保障有力

高校对于创业教育的保障，主要经验体现在以下三个方面：第一是教学保障，部分高校通过设置创业专业、制订体系化的课程计划、选拔和培养教师保障教学环节的质量；第二是组织保障，通过设立专门化或多样化的组织机构强化创业教育，这些组织机构包括高校创业教育中心、创业研究中心、大学科技园、创业孵化器等，给与相应的政策支持、资金和项目以及服务支持，并发挥学校的资源优势，或聚集社会力量支持创业教育和师生的创业活动；第三是丰富广泛的创业活动，其中最著名的是大学生创业计划竞赛，不仅让学生学习和训练创业，而且将创业教育、创业活动、创业项目和创业投资有机结合，促进创业教育的同时，也大大促进了技术创新和经济发展的驱动力。

11.2 我国高校创业教育实践

11.2.1 我国高校创业教育现状

我国的创业教育始于上世纪末，高校是创业教育的主力军。1997 年，清华大学举办“创业计划大赛”，1998 年，清华大学经济管理学院率先开设了创新与创业管理方向的课程。2002 年，教育部确定了清华大学、中国人民大学、上海交通大学、北京航空航天大学等 9 所高校为创业教育试点单位，由此，高校创业教育开始全面铺开，各个高校根据各自特点、优势进行了创业教育设计，虽然整个创业教育仍然处于探索阶段，还没有形成完整的体系，并且课程开设等方面还存在一定程度的不稳定，但已经形成一些经验，对创业教育的实践有较好的指导作用。

1. 创业教育对象组织

在创业教学对象方面，我国高校有三个方面的经验值得总结：第一，部分学校将创业教育上升到了专业教育的高度，虽然我国还没有高校开设创业学相关专业，但部分学校逐步将其作为专业方向进行，比较有代表性的是清华大学和西安交通大学分别设置了创新与创业方向、创业管理方向；南开大学在博士生和 MBA 教学计划中，开设了创业管理研究方向；东华大学在跨校修读第二专业中开设工商管理(创业学)专业；第二，普及型创业课程教育，体现了课程的覆盖面，例如清华大学、北京航空航天大学等则针对本科生、研究生全面开设创业课程(详见表 11-1 所示)①；第三，人才分类培养，将有创业意识和潜质的学生组织起来举办创业人才实验班，选拔人才，重点培养，重点支持，例如，南京财经大学在工商管理学院举办了“创业教育试点班”，从工商管理相关专业选取大二以上的优秀学生进行试点培养；南京农业大学开设“创业人才实验班”，在比较广泛报名的基础上，选择了有较强创业热情的中高年级的同学 40 名为学员，重点培养；浙江大学竺可桢学院创新与创业管理强化班和创业管理精英班；大连理工大学的大班、小班和个人教学相结合等。

---

① 周红霞. 上海师范大学硕士学位论文：大学生创业教育研究——以试点院校为例，2008

表 11-1　九所试点学校创业课程开设对象

学　校	培养对象	课程形式
清华大学	本科生、研究生 MBA	公共选修课 专业选修课
中国人民大学	本科生、研究生	公共选修课
北京航空航天大学	本科生、研究生	公共选修课
上海交通大学	本科生、研究生	公共选修课
南京财经大学	本科生、研究生	专业必修课 公共选修课
武汉大学	本科生、研究生	公共选修课
西安交通大学	本科生、研究生	专业必修课 公共选修课
西北工业大学	本科生、研究生、专科生	公共选修课
黑龙江大学	本科生、研究生	公共选修课

而非试点高校不仅开设的课程少，而且开设的对象也非常有限，部分院校只在经济管理类专业设置创业课程，有的还仅限于选修课程。据不完全调查显示抽查的 5 所江苏省连云港高校(2005 年)、苏州 4 所高校(2008 年)均未开设创业课程；上海市 3 所高校(2006 年)64% 的学生不了解学校是否有创业课程，6 所高校(2007 年)57.6% 的学生对创业知识知之甚少；山东省 4 所高校(2008 年)26.8% 的学生知道学校开设了创业课程；河北省 4 所高校(2008 年)回答开设创业课程的占 18.59%；浙江开设创业课程的学校比例较高；江西省 6 所高校(2008 年)56.2% 的学生选择学校开设创业课程；湖南省 5 所高校(2009 年)回答学校开始创业课程的占 46%；安徽省 3 所省属本科(2010 年)有 62.4% 的学生认为学校没有创业课程①。

2. 创业教育课程设置

部分高校开始探索课程的系统性和层次性，逐步形成创业教育的课程体系，主要体现在学科课程、活动课程和环境课程三个类别：第一类，设置必修与选修课程进行创业知识和创业精神培养，如《创业学》、《创业管理》、《企业家精神》、《创新与创业》、《创业投资与管理》等创业学相关的学科课程(详见表 11-2 所示)；第二类，有计划地开展创业设计大赛、创业模拟公司、社会实践等活动课程，训练学生的创业创新能力，例如清华大学的创业计划大赛和创业教育创新实验区，中国人民大学的创业竞赛、第二课堂、社会实践，北京航空航天大学的北航科技园、科技孵化器，上海交通大学的资金支持、创业计划大赛、实验中心和创新基地，黑龙江大学立项学生科研和创新课题，南京财经大学通过开展普及性科技活动和富有财经类院校特色的课外活动等；第三类，开设丰富多彩、形式多样的企业家讲座、创业论坛、创业沙龙、创业报告会、职业培训，举办创业协会、创新协会等社团组织等环境课程，拓展学生视野，激发创业热情，大大丰富了创业教育的形式和内容(详见表 11-3 所示)。

---

① 郭雷振. 我国高校创业课程设置的现状探析. 现代教育科学，2011.5.

表 11-2　创业教育试点高校课程开设情况

学　　校	课程设置	课程性质
清华大学	创业管理、科技创业理论与实务、技术创业——未来企业家之路、创业机会识别和商业计划、创业领导力、KAB 大学生创业基础、高技术公司创业成长探析、创业训练营等	
上海交通大学	大学生创业、大学生创业心理辅导、创新与创业课程、投资创业与民商法文化、技术创新与创业政策分析、创新与创业管理等	
武汉大学	创业学、KAB 创业基础	
中国人民大学	企业家精神、风险投资、创业管理	
西北工业大学	创业理论与实践、创业学、创业投资与管理	创业学为必修
北京航空航天大学	创业管理入门、商务沟通与交流、创业实务、创业市场调查、公司法与合同法、创业财务基础、创业融资、财务分析与管理、公司组织与管理、营销管理等	创业管理入门、商务沟通与交流、创业实务为必修课
黑龙江大学	SYB 课程、职业发展与就业辅导、创新思维训练、小企业财务管理等	
西安交通大学	现代企业管理、工程经济学、创业管理、企业家与创业管理发展、企业家精神与创业风险、创业过程管理	创业管理为必修
南京财经大学	创业学、创新思维、创造学、创业成功学、创业方案设计等	

（资料来源：郭雷振. 我国高校创业课程设置的现状探析. 现代教育科学，2011.5.）

表 11-3　试点高校创业教育环境课程①

学校名称	主要创业教育环境课程
清华大学	创新讲座、科技论坛
中国人民大学	创业论坛、企业家讲座、创业竞赛报告
北京航空航天大学	创业大讲堂
上海交通大学	企业家讲座、创新与创业论坛、创业协会、创业沙龙
南京财经大学	专家讲座、社会名流讲座、学长论坛
武汉大学	创业论坛、创业网站、创业协会
西安交通大学	管理前言讲座、创业教育报告会、创业风采报告、创业协会等
西北工业大学	创业讲坛、创业协会
黑龙江大学	创业论坛、企业家论坛

在创业教育课程体系化过程中，除类别模型外，还有学者探索出单一模型、层次模型和结构模型。单一模型最为简单便于实施，也被多数高校所采用，即仅设计单一的创业课程或实践环节，面向全校或者部分专业学生开设，多以选修课的形式进行，对学生进行创业启蒙教育，进行基本知识与技能培养；层次模式把创业教育纳入学校人才培养的全过程进行系统设计，将创业课程体系分为普及型课程、提升型课程和实践型课程三个层次，并在不同层次设计不同的课程，满足不同学生的培养要求，既能对学生进行创业知识普及，也能使具有创业欲望和创业能力的学生得到进一步训练和发展，高层次的创业教学可以打破专业的限制在全校选拔；结构模型将创业课程分为创业精神模块、创业知识模块、创业技能培养模块，各学校还可以根据自身情况增加“特色模块”，如与地方经济或学校优势资源结合。

① 欧阳伦四郭岚. 对我国高校创业教育课程体系现存问题的思考. 职教论坛，2011.9.

在非试点高校中，创业课程开设的比例还不是很高，开设的面也比较窄，但也有一些较好的做法值得借鉴。例如东华大学开设创业家的创业历程讲座、创业基本原理、新企业创立、创业项目评估、创业项目管理、创业家精神与素质、创业企业市场营销、创业企业财务管理、创业的案例学习与讨论、创业团队的管理、创业企业人力资源管理、商务沟通与谈判、创业企业的风险管理、创业计划、创业企业发展战略、毕业论文等大量选修课程[①]；南开大学商学院课程有财务管理、企业文化、项目管理、企业成长管理、战略管理、财务报表分析等课程[②]。此外，部分高校还开设了 KAB（KnowAboutBusiness，了解企业）及 SIYB（Start And Improve Your Business，创办和改善你的企业）教学项目。

3. 创业教育师资建设

高校创业教育师资队伍的建设是提高创业教育质量、培养创新创业人才和创业科学研究的重要保障。教育部连续举办了 9 期全国高校创业教育骨干教师研修班，创业教育做得比较好的高校开始注重创业教育师资的引进和培养，我国高校的创业教育促进了创业教育师资队伍的建设，这些师资正在成为创业教学、创业研究、创业培训、创业指导的重要力量。在创业研究方面，近年来取得了较好的成果，出版了一批优秀的创业教材和专著；在创业教学方面，一些高校逐步形成一批较为稳定的创业师资队伍，通过系统的专业知识和实践活动、创业指导等环节对学生进行创业知识和能力培养，部分教师还承担了“创业导师”的职责；在师资的来源方面，部分学校除了自身的教师以外，还从社会各界聘请企业家、经理人、专家学者等作为兼职教师，或建立包括理论专家、技术专家、政府人员、企业家、创业校友、投资专家、金融专家、法律专家、社会培训师等各类专家构成的创业教育专家团队，开展创业讲座，担任学校的创业设计大赛指导老师和评委，指导学生创业活动和社团活动，提供实习实训机会，提供创业经验、项目、技术、市场或资金等支持，这些做法既优化了师资结构，又整合了创业教育资源。例如东南大学的创业教育的师资队伍主要由三个部分组成：一是创业教育相关课程的教师，二是各类学生导师，三是包括成功创业人士在内的来自校内外的创业活动讲师[③]；江南大学整合了一支包括专业教师、校院两级就业指导人员、创业校友、校外专家在内的近百人的专兼结合的创业指导教师队伍[④]；河南工业大学与河南省大学科技园合作，聘请了近 20 位入园企业家作为我校学生的“创业导师”[⑤]。此外加强创业教育师资队伍培训也成为师资队伍建设的重要举措，有学者提出，从事创业教育的教师应该系统地进行创业课程内容、授课方法、企业实践三个方面的培训。

4. 创业教育组织保障

根据对创业教育组织机构的调查分析，目前主要有专业条线、学生工作条线、专门机构等三种形式。其中专业条线是指高校的创业教育课程的设置、管理和执行由相关专业院

---

① 赵军. 吉林大学学生创业教育研究. 吉林大学硕士学位论文，2006.

② 杨清红. 中外创业管理课程研究启示—以中外六所大学为例. 湖北经济学院学报，2010.6.

③ 祝虹，潘勇涛. 大学生创业教育初探. 东南大学学报，2008.11.

④ 纪志成，朱飞，李华钟. 江南大学大学生创业教育的探索与实践. 职教探索与研究，2010.01.

⑤ 曹启娥. 普通高校大学生创业教育探析. 河南工业大学学报，2011.6.

系执行，例如，管理学院或工商管理系等；学生工作条线是指创业教育由负责学生工作的就业(创业)管理(指导)中心、校团委、学生工作办公室等承担；专门机构是指高校建立专门的部门，统筹负责创业教育的各项职能。设置专门机构成为创业教育重要的组织保障，也是未来的趋势，比较典型的有清华大学的中国创业研究中心、南开大学的创业管理研究中心、南京航空航天大学的创业教育学院等，还有部分学校设置了创业教育管理委员会、大学生科技创业园、科技孵化器、实验实训中心、技能训练中心、模拟公司和创新基地等，还有的学校与著名公司、地方政府和社会机构合作，共建创业园区或创业孵化中心，部分学校还设立了创业基金，制定了相关的资金、场地、服务、人才支持措施，一些院校将创业教育和产学研相结合，促进技术转化和市场化应用。通过有效的组织保障，全方位支持和指导创业教育、创业实践、创业孵化和科研活动，形成大学生创业支持平台。

11.2.2 我国创业教育存在的问题

纵观我国创业教育，总体上还处于起步阶段，创业教育的社会性不强，不同的地区之间、学校之间存在较大的差异，创业教育的过程的做法也不尽相同。虽然与国外的创业教育比较还存在很大的差异，但发展迅速，为人才培养和社会创业活动的促进做出了巨大的贡献。但我国创业教育时间不长，还处于实践和探索阶段，在创业教育的理论研究、目标设置、课程体系、师资队伍、教材建设、保障机制几乎每个环节都存在或多或少的制约因素。这是一个非常现实的问题，必须引起足够的重视，因此，有必要加强创业教育的研究和探索，为进一步推进创业教育提供有力的支撑。

1. 创业教育环境需优化

整个社会的就业创业观念需要进一步转换和提升，社会对创业教育的认识程度和参与程度还远远不够，目前创业教育基本以高校为主，缺乏更多的面向社会大众的创业教育普及机构，还没有形成覆盖各个层面的创业教育体系，对创业孵化、创业融资、创业辅导、创业服务等实质性的创业支持体系还不够完善，缺乏有效的市场机制，创业教育环境有待优化。在教育理念上，创业教育和创新教育还没有深入普及，更加倾向于学术教育和就业教育，学校、教师和学生的重视程度和投入程度都还不够。

2. 创业教育目标不明确

有关创业教育的研究还处于萌芽和起步阶段，学科体系没有形成，创业教育的理论和学术研究不够，缺乏有效的指导，缺乏学科带头人。创业教育缺乏明确的人才培养定位，培养目标不清晰，与专业教育、人才培养体系融合不够甚至相互脱节、各自为政，对培养创业者什么样的精神和意识、学习哪些创业知识、培养什么样的能力和素养缺乏明确的设计和规划，更不成体系，也很少有特色和突破。

3. 创业教育缺乏系统性

第一，缺乏系统指导思想，课程设置的随意性很强，没有明确的教育目标和学科内容，部分学校的创业课程设计与人才培养计划脱钩，部分学校仅仅在就业指导过程中加入了创业教育的内容，部分学校零星地开设了选修课，一些高校仅仅停留在创业计划大赛上；第二，课程孤立不成体系，课程与专业课程不能融合、设置零散，无法形成系统性的创业课程群；第三，创业课程数量偏低，结构不合理，且多数是以创业导论等入门知识为主，缺少对于创业行为和创业者进行深入研究的课程，也缺乏创业实际操作的课程，缺乏实践训练的环节；第四，课程开设对象有限，创业课程地位不高，以选修课程为主，必修课程和专业课程比例很低，主要面向本科经济管理类学生，其他专业学生和更高层次创业课程缺乏，部分学校只有少部分学生参与了创业教育。此外，创业课程还普遍存在本土化程度低，缺乏特色，课程指导意义不强，教材体系不成熟，实用性较差等问题。

4. 创业教育保障需增强

第一，创业教育师资队伍匮乏，教师数量较少，专业性不够，结构不合理，缺乏具有实战经验的教师和培训师，创业教育研究成果不多；第二，缺乏有效的资源保障，创业教育除了课堂教学，还涉及实训实验、能力养成、创业指导、创业孵化、资金支持等诸多环节，对于多数高校来说，创业教育基础设施建设远远不够，这些方面的配套还需要加强，虽然部分地区和高校也出台了一些支持和扶持措施，但支持力度和执行力度都还存在不足；第三，部分高校对创业教育的组织管理重视程度不够，很多院校没有设置专门的创业教育管理部门，而由就业指导中心、校团委、学工部门等机构兼任。

链接 1

创业教育课程体系设计探讨①

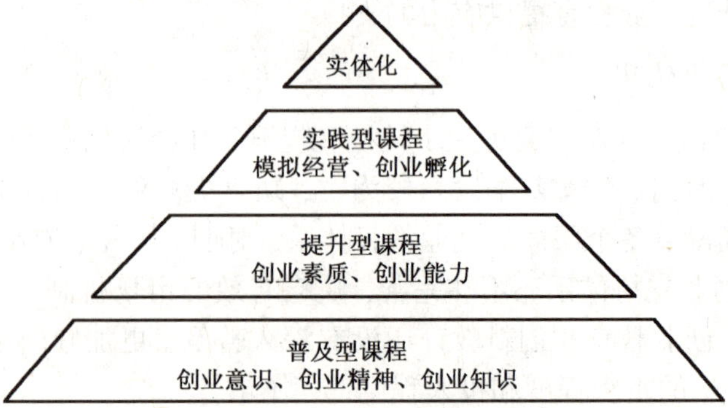

图 11-1 创业课程体系设计层次模型

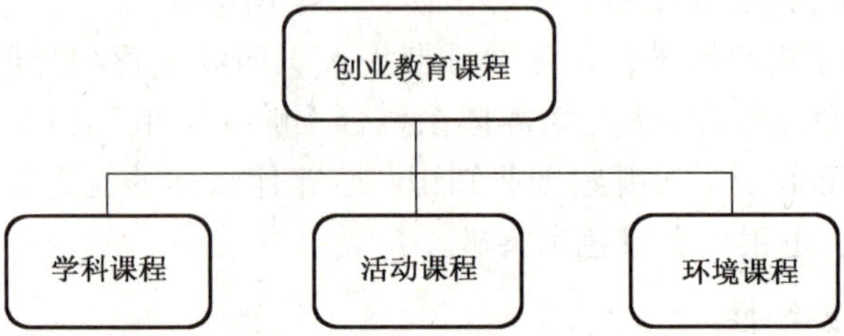

图 11-2 创业课程体系设计类别模型

① 杨泽明，黄春艾. 关于高校创业教育课程体系的构建. 教育教学论坛，2013.1

表 11-4　创业课程体系设计结构模型

课程模块	课程内容
创业精神	创业意识、心理品质、创业思维、创新精神、冒险精神、品德教育、人格力量等
创业知识	企业战略、法律法规、市场营销、生产运营、财务会计、组织人力资源、投资融资、企业文化等
创业技能	市场调研分析、机会把握、创业计划与规划、客户与团队沟通、营销与开拓、人力资源管理、财务管理、资源调配和应用、融资、风险控制、管理与执行等
特色模块	结合地方经济、产业、资源和学校特色优势的教学内容

11.3 四川大学锦城学院创业教育实践

11.3.1 人才培养模式与创业教育特色

1. 人才培养模式

四川大学锦城学院(以下简称"锦城学院")是经国家教育部批准成立的独立学院，由教育部直属重点大学四川大学申办，中外16家企业投资的全日制普通本科高等学校。锦城学院的办学定位是"应用型大学"和"创业型大学"，人才培养标准是"做人第一，能力至上"。做人第一，即要求学生为人正派，品德高尚，高尚的品质、全面的素养是人得以全面发展的基础和前提。能力至上就是要培养学生通过学习获取知识的能力，通过实践运用知识的能力，通过创新发现知识的能力①。学院的人才培养标准也是培养创业者创业精神和创业能力的要求。

为了全面培养学生的人格品质、知识修养和实践能力，锦城学院提出以"一二三四五"为内容的应用型人才培养模式。即一个标准：做人第一，能力至上；两个必修：劳动和创业；三大教育："三讲三心"明德教育、"一体两翼"知识教育和"三练三创"实践教育；四大计划：大学生创新创业计划、科研计划、助教计划和阅读经典计划；五个原则：通识教育与专识教育的统一、学术教育与技术教育的统一、学历教育与资格教育的统一、四个课堂的统一、继承教育与创新教育的统一②。

2. 创业教育特色

创业教育在锦城学院的人才培养过程中发挥着重要的作用，学院自创立以来就将创业教育系统地、有计划地纳入人才培养体系。在学院办学定位、人才培养标准和模式的指导下开展的创业教育具有四个特色。

(1)专业人才与创业者培养合一。创业教育与专业教育融合，培养具有创业素质的专业人才，例如工商管理系把人才培养目标确定为"高素质的预备型职业经理人和创业者"，拓宽学生出路。

(2)创业与学业结合。一边学习，一边实践，理论与实际结合，知识与应用结合，以创业带动学业，以学业促进创业，使同学们在活动中学会经营，学会创业。

---

① 邹广严. 关于构建应用型人才培养模式的若干问题. 中国高等教育，2009.23.

② 中国教育报. 构建四大平台 破解三大矛盾. 2012.5.23.

(3)创业教育与创新教育并举。创业的实质就是创新，培养学生的创新意识和创造性思维，学院在科研、技术、专利、管理等方面鼓励学生创新，创业教育和创新教育有效融合，培养创新型人才。

(4)创业与就业兼顾。不是每个学生都要创业，但通过创业教育全面提升学生的素质，能有效促进学生就业，通过就业后的经验积累也为创业奠定基础。

11.3.2 创业教育目标

通过对锦城学院创业教育实践的总结，将其创业教育的目标总结为：培养创业精神、学习创业知识、训练创业技能。

1. 培养创业精神

创业精神是开创事业的思想和理念，是自强自立、积极进取、艰苦奋斗、建功立业的精神状态，其内涵包括开拓创新精神、自强自立精神和艰苦奋斗精神。创业精神还包括良好的创业意识和优秀的品德、人格和心理素质、自我和社会价值认知。创业精神不仅是创办事业的基础，更是素质教育的重要方面，通过创业观念引导、成功案例分享、知识系统学习、素质综合训练，激发学生的创业意识，树立创新创业的信心，培养创业精神。

2. 学习创业知识

创业知识主要包括三方面内容：一是专业、职业知识，即学生本专业的知识，这是从事某一项专业或职业所必须具备的知识；二是经营管理方面的知识，如企业战略管理、生产管理、财务管理、人力资源管理、市场营销、金融财务等方面的知识；三是综合性和通识性知识，包括政策法规、历史人文、科学技术知识。创业知识是创业意识和创业能力的基础，在创业过程中起着经常性和关键性的作用，创业教育学生获得系统化、体系化的创业知识的核心渠道，丰富大学生的创业知识是创业教育的主要工作之一。

3. 训练创业技能

一个成功的创业者，不仅需要具备良好的创业精神，掌握必要的创业知识，而且要有解决创业问题的本领,这种本领就是所谓的创业技能，创业能力的培养必然地成为高校创业教育的重要目标之一，创业知识是基础，技能则强调知识的应用。综合地说，创业技能包括决策能力、计划能力、执行能力、协作能力、专业能力和综合能力。在创业教育中，则有重点地进行识别和评估市场机会、制订创业计划、获取资源、新创组织管理方面的能力训练。

11.3.3 创业教育体系

锦城学院的创业教育与学院办学定位、人才培养目标、教学工作以及学院的管理服务有机结合，渗透到学院工作的各个环节和阶段，呈现体系化和融合性的特点。

1. 创业教育纳入教学计划

学院将创业教育有机地纳入教学计划，并通过课程和实践环节的设置体现对创业知识和创业能力的培养。教学计划中明确规定学生在创业课程、创业方案、创业实践和特色教育四大板块要修完必要的学时，创业教育的四大板块教学环节共有10个学分左右(不含专业实验、实习教学)，逐步形成独具特色的创业教育体系。

(1)创业课程。面向全院所有学生开设《创业管理》课程，作为专业基础课或必修课开设，目的是让学生了解和掌握创业的基础知识，进行创业精神的引导，开设创业讲座和培训等。其中工商管理系等商科专业开设32学时2学分，其他专业为16学时1学分。

(2)创业方案。全院所有学生都必须参加每年一届的创业计划大赛，作为必修课1学分，截止2012年6月，创业计划大赛参赛人数已经超过18 000多人，已经获得76个各类创业奖项，学院的"木格子"团队从全省28所高校400多个团队中脱颖而出，获得2008年四川省大学生创业大赛总决赛冠军。

(3)创业实践。学生参加模拟公司等"三创"活动的实践，评定为合格者，可以获得至少1学分①。此外，学院将劳动列为必修课程，每名学生在学校要完成64学时、2学分的农场劳动②，每个系都有一块自己的土地，并成立模拟公司性质的学生农场，目前有6个农场，每个农场都独立核算，按照公司制度建立财务科、办公室、生产科等，都由学生担任管理③，学生作为农场的管理者或员工参与劳动，通过劳动教育培养学生吃苦耐劳的品质。

(4)特色教育。除创业方案设计和劳动环节以外，学院也将职业生涯管理，第四课堂，四大计划，自主学习课程，入学专业教育等作为"特色教育"列入教学计划，总共有4个学分，这些特色教育环节也是培养学生创业能力的有机组成部分，修完相关环节或通过成果申报可以获得相应学分。

2."三大教育"培养创业素质

三大教育是指锦城学院的"三讲三心"明德教育、"一体两翼"知识教育和"三练三创"实践教育。

"三讲三心"明德教育促使学生成为"讲诚信、讲礼仪、讲感恩"、"对国家、人民尽忠心，对父母、长辈尽孝心，对同学、同事尽爱心"的合格公民，全院学生前三个学年每个学期均要开设《形势政策与明德教育》通识必修课程，总共2个学分，"三讲三心"是创业素质的基本要求，是事业成功的重要保证，是对创业精神的明确诠释。

"一体两翼"知识教育是指学院教育的主体是自然科学、社会科学和人文科学相结合的知识教育，着力提高人的智育水平，两翼即艺术和体育。知识教育构成创业知识的组成部分，全面发展，为创业成功奠定基础。

"三练三创"实践教育具有显著的特色。三练是指"吃苦耐劳意志训练、组织纪律与团队精神训练、职业素质与职业能力训练"；三创是指"创新思维、创造能力、创业精神"，"三练三创"是创业素质培养的重要组成部分，形式丰富多彩，包括创业计划大赛、农场劳动、学生创业模拟公司、创业实践活动等，目前学院已有学生模拟公司50余家，经营着包括生活服务、超市、餐饮、网络服务、电子商务、广告创意、媒体、物流、商务代理等业务，

---

① 新华网.创业和义务劳动成为四川大学锦城学院学生必修课.2006.11.12.

② 中国青年报.一所培养好人、能人、全人的大学.2012.5.31.

③ 新京报.川大锦城学院学生自办农场开公司挣学分.2006.12.12.

锻炼了学生的创业能力。工商管理系 3 名学生成立的花嫁婚庆连锁机构经营稳健；2008 级计算机科学系学生成立的公司，已经形成 30 多人的开发规模①。

此外，学院还实施“三大培养”，即：“习惯养成培养”帮助学生养成良好的生活、学习和工作习惯；“岗位胜任培养”培养学生胜任社会中的岗位能力；“事业成功培养”教给学生刻苦努力、全身心投入、百折不饶、坚持到底的成功之道②。这些培养都是创业培养的重要内容。

3.“四大计划”培养创新创业精神

“四大计划”是指“大学生创新创业计划”、“大学生科研计划”、“大学生三自三助三权计划”和“阅读经典计划”。

“创新创业计划”是指通过多种形式的创新与创业教育，培养学生的创新创业能力，学院设立 100 万元的创新创业基金，为学生搭建创新创业平台，仅在专利申请方面，截止 2011 年 12 月，全院师生已经申请专利 107 项③，其中 2011 级机械制造与设计专业全部 33 名同学均申请了发明专利，成为锦城史上“最牛发明班”④。

“大学生科研计划”为学生提供有教师指导的研究平台，提高学生的科研水平，学院设立 100 万元的学生科研经费，支持和鼓励学生进行科研活动，培养学生创新精神和创新能力。

“大学生三自三助三权计划”是指学院推进“三自管理”（自主学习、自觉实践、自律管理）；实行“三助培养”，学生担任助教（教学助理）、助研（科研助理）、助导（辅导员助理）；形成“三权”制度，即学习的主动权、生活的自主权和课外活动的安排权⑤。这一计划有助于培养学生的自我管理与团队协作能力，这些能力是创业成功的保障。

“阅读经典计划”通过编辑《百家经典选读》和设置“锦城阅读奖”，鼓励学生阅读经典，有利于学生提升知识素养。

4.“五大课堂”提供创业教育平台

锦城学院的“五大课堂”是指课堂理论教学、实验室教学、生产实习基地实习实训、学生课外活动以及网络课堂。创业教育同样在“五大课堂”中予以体现，具体情况如表 11-5 所示。

表 11-5 “五大课堂”与创业教育

课　堂	教育形式	说　明
第一课堂：理论教学	创业管理课程、专题讲座、职业经理人面对面	侧重创业知识教育、创业案例教育
第二课堂：实验室教学	企业经营沙盘模拟、销售实训、商务谈判模拟、市场调查实训、商务文案设计与展示、营销策划实训等以工商管理系为例，其他专业实践环节有所差别	投资 8000 多万元建立 10 个实验室，训练学生知识应用能力

---

① 光明日报. 锦城学院 稳健成长. 2012.6.19.

② 温晶晶. 崛起中的四川大学锦城学院. 中国高等教育，2012(12).

③ 华西都市报. 川大锦城学院师生申请专利数达 107 项. 2011.12.24.

④ 中国青年报. 学生是这所大学的主人. 20121.6.14.

⑤ 邹广严. 应用型大学教学改革创新的探索与实践. 思想理论教育研究，2011(8).

续表

课　　堂	教育形式	说　　明
第三课堂：实习实训	认知实习、毕业实习、社会实践、就业实习、顶岗劳动	实习实训基地600多家，建设校企、校地、校会、校校四大合作平台，让学生接触社会，熟悉企业，了解企业运作
第四课堂：课外活动	创新实践、创业活动、各类赛事、文体活动、学术科技、学生社团、志愿行动等，其中创业计划大赛、全能挑战赛在内的各类赛事成为亮点	全面应用专业知识，训练学生的自我管理能力、团队合作能力、学习能力、策划能力、执行能力、协调能力、创新能力
第五课堂：网络教育	开始启动视频教育、网络平台	提供资讯、信息

其中，“以赛促学”成为五大课堂有机结合和创业教育的重要平台之一。“以赛促学”根据学院人才培养定位，以应用知识、强化实践、训练技能为主要目标，系统训练学生的学习能力、文案能力、沟通能力、调研能力、策划能力、执行能力以及组织管理能力和创新能力。自2005年以来，经历了引入阶段(2005年–2009年)、规范阶段(2010年–2011年)和推广阶段(2012年至今)。赛事设计主要包括综合赛事(创业设计大赛、ERP大赛、团队全能挑战赛、科技论文大赛等)和专题赛事(营销策划大赛、市场调研大赛、产品设计大赛、职业技能大赛、人力资源大赛等)。创业设计大赛已经成为“以赛促学”的核心赛事，每年一届，全方位训练学生组建团队并进行团队管理，应用专业知识，进行充分的市场调研，发现和评估创业机会，进行企业战略、市场营销、生产与运营、组织与人力资源、投资与财务的规划和设计，并撰写创业计划书、进行创业计划答辩，对于优秀的方案予以奖励和创业支持，全方位训练创业能力。

同时，“以赛促学”已经成为锦城学院人才培养模式的重要组成部分和学院教学特色，“以赛促学”人才培养模式体现在三个方面：第一是“三维平台”，即以赛促学同时成为专业教学平台(专业课程教学的载体)、综合实训平台(岗位能力训练的依托)、校企合作平台(校企合作关系的桥梁)；第二是“四个融合”，即赛事与创新能力融合、赛事与教学计划融合、赛事与课程教学融合、赛事与五大课堂融合；第三是五大特色，即计划性(纳入人才培养计划，赛事系列化)、综合性(全面和综合的知识能力培养)、规范性(赛制、流程、组织、评价标准化、规范化)、开放性(向所有学生开放、校内外结合)、全员性(专兼职教师、辅导员、企业经理人员参加指导、组织管理)。

5.“三大保障”促进创业教育推进

为了有效推进创业教育，锦城学院在各个方面予以充分的保障，主要体现在制度保障、组织保障、资源保障等方面。

(1)制度保障。将创业教育纳入教学计划，创业教育的理论教学和实践环节均有明确规范的教学大纲和教学要求，有专门的教师负责，严格按照教学管理规范执行，学生有严格的学籍管理规定，必须修完相应的学分，同时，学院还出台相关的创业实践激励和支持规定，有规范的组织管理、活动流程和制度。

(2)组织保障。创业教育的组织保障主要体现在以下几个方面：第一，成立“三练三创办公室”，全面负责学院创业教育和创业实践，组织学生创业计划大赛，指导学生的创业实践活动；第二，设置“创业管理教研室”，与市场营销教研室合二为一，配备专职教师负责，进行创业教育研究、承担创业管理课程的课程建设、教材建设，组织和实施创业管理课堂和实践环节的教学、考核评价和创业活动的指导；第三，教管结合，学生的创业教育和创业实践在专业教师、三创三练办公室、学生管理部门、团委和学生会等各个部门的协同指导下有序分工，协同推进；第四，对创业教学的教师进行引进和培养，设有创业教育专职教师，相对稳定，要求教师具有“双师型”素质，同时通过聘请兼职教授和职业经理人进行创业讲座，其中工商管理系兼职教授超过60人。

(3)资源保障。锦城学院具体的创业教育资源保障包括投入100万元设置创业基金，支持学生创业活动；为学生模拟公司提供场地、资金、管理和指导服务支持；积极提供条件，引导、帮助和组织指导学生参加国家和省市的创业比赛；积极引进企业资源，为创业计划大赛和其他各类比赛活动提供组织和赞助支持；为创业教学和学生的创业活动提供保障，积极申报创业教育研究项目，提升教师的创业教育研究水平；通过校企、校会合作资源和实习实训基地提供学生实践锻炼的平台等。

链接2

四川大学锦城学院大学生创业设计大赛介绍

1. 大赛目标

加强“三练三创”实践教育工作，提高广大同学的创业意识和创业素质，激发创造能力和创新精神，增强学生的社会实践应用能力，切实营造创业环境，构建大学生创新创业教育体系。

2. 参赛组织

(1)赛事周期：每年一届，必修课1学分。比赛分为动员、报名、方案撰写、初赛、复赛、决赛六个阶段。

(2)主办：四川大学锦城学院；承办：学生工作部"三练三创"办公室(院大赛组委会办公室)，各系大赛组委会(赛区)。

(3)参赛对象：大二、大三、大四在校学生，参赛者自行组成学科优势互补、专业配备科学、人员结构合理的创业计划团队，参赛团队人数控制在4~8人。

(4)参赛项目。分为3个组，在广泛进行市场调研、认真进行策划论证的基础上，完成一份把产品或服务推向市场的完整、具体的创业(商业)计划书。

A组：工业、农业、食品类

B组：电子、软件、网络类

C组：服务、零售、文化类

4. 评价标准

主要分为方案概要、产品(服务)介绍、公司战略、市场分析、营销策略、经营管理、创业团队、企业经济/财务状况、融资方案和回报、风险分析、创业计划表述等11个方面。复赛将决出优秀奖、单项奖；决赛将决出金奖、银奖、铜奖、优秀指导老师、最佳组织赛区，颁发证书、奖金及锦旗；优秀项目推荐参与高级赛事。

应用与训练

(1)总结国外高校创业教育的经验。

(2)总结我国高校创业教育的现状。

(3)我国高校创业教育存在哪些问题？

(4)从四川大学锦城学院的创业教育探索中得到什么启示？

拓展阅读

[1] 创业邦：http://www.cyzone.cn/
[2] 中国大学生创业网：http://www.chinaxscy.com
[3] 全国大学生创业服务网：http://cy.ncss.org.cn/
[4] 中国创业研究中心：http://nerc.sem.tsinghua.edu.cn/

参考文献

[1] 张莉，李晓波. 国外高校创业教育师资队伍建设及其启示. 煤炭高等教育，2011.1.
[2] 李时椿. 创业管理. 北京：清华大学出版社，2010.12.
[3] 周红霞. 上海师范大学硕士学位论文：大学生创业教育研究——以试点院校为例，2008.
[4] 郭雷振. 我国高校创业课程设置的现状探析. 现代教育科学，2011.5.
[5] 欧阳伦四，郭岚. 对我国高校创业教育课程体系现存问题的思考. 职教论坛，2011.9.
[6] 赵军. 吉林大学学生创业教育研究. 吉林大学硕士学位论文. 2006.
[7] 杨清红. 中外创业管理课程研究启示—以中外六所大学为例. 湖北经济学院学报，2010.6.
[8] 祝虹，潘勇涛. 大学生创业教育初探. 东南大学学报，2008.11.
[9] 纪志成，朱飞，李华钟. 江南大学大学生创业教育的探索与实践. 职教探索与研究，2010.01.
[10] 曹启娥. 普通高校大学生创业教育探析. 河南工业大学学报，2011.6.
[11] 杨泽明，黄春艾. 关于高校创业教育课程体系的构建. 教育教学论坛，2013.1.

参 考 文 献

[1] 唐果 · 大学生创业基础教程 · 北京:电子工业出版社,2011
[2] 张秀娥 · 创业管理 · 厦门:厦门大学出版社,2012
[3] 李时椿 · 创业管理 · 北京:清华大学出版社,2010
[4] 张玉利,陈寒松 · 创业管理 · 北京:机械工业出版社,2011
[5] 彼得 · 德鲁克 · 创新和企业家精神 · 北京:企业管理出版社,1989
[6] 杜爽 · Timmons 创业机会评价模型中行业与市场指标研究对我国创业企业的应用与启示 · 商场现代化,2005(6)
[7] 王朝云 · 创业机会的内涵和外延辨析 · 外国经济与管理,2010(6)
[8] 夏亮 · 关于创业机会来源观点的比较研究 · 科技创业月刊,2009(5)
[9] 雷银生 · 企业战略管理教程 · 北京:清华大学出版社,2010.9
[10] 彭壁玉 · 中小企业战略管理 · 北京:科学出版社,2011.6
[11] 亚历山大 · 奥斯特瓦德(AlexanderOsterwalder),伊夫 · 皮尼厄(YvesPigneur) 著,王帅等译 · 商业模式新生代 · 北京:机械工业出版社,2014.4
[12] 菲利普 · 科特勒 · 营销管理 · 北京:中国人民大学出版社,2012.4
[13] 尹一丁. 商业模式创新的四种方法(A). 销售与管理,2012(8)
[14] 吴健安. 市场营销学. 北京:高等教育出版社,2011
[15] 陈心德 · 生产运作管理 · 北京:清华大学出版社 ,2009.7
[16] 刘丽文 · 生产运作管理 · 北京:清华大学出版社 ,2011.4
[17] 任建标 · 生产与运作管理 · 北京:机械工业出版社,2010,12
[18] 史蒂文森 · 运营管理 · 北京:机械工业出版社,2012.1
[19] 宋玉卿 · 采购管理 · 北京:中国物资出版社,2009.6
[20] 宋爱会. 创业必读创业案例. 合肥:黄山书社,2009.7
[21] 龚荒. 创业管理——过程 · 理论 · 实务. 北京:北京交通大学出版社,2011.9
[22] 张玉利. 创业管理. 北京:机械工业出版社,2013.7
[23] (美)马里奥蒂等著,彭代武、陈昀译. 创业管理:创立并运营小企业(第 2 版). 电子工业出版社,2012.4
[24] 夏清华. 创业管理. 武昌:武汉大学出版社,2007.10
[25] 陈德智 . 创业管理(第 2 版). 北京:清华大学出版社,2007.7
[26] 石建勋等编著. 职业规划与创业管理. 北京;机械工业出版社,2006.9
[27] [美] 马克 · J · 多林格. 创业学——战略与资源(第 3 版). 北京:中国人民大学出版社,2006.2
[28] 陶莉主编. 创业企业组织设计和人力资源管理. 北京:清华大学出版社,2005.10

[29] 佟筱枫 · 管理会计 · 北京:中国原子能出版社,2012
[30] 郝德鸿 · 新编财务管理 · 北京:现代教育出版社,2013
[31] 国际劳工局 · 创办你的企业——创业计划培训手册 · 北京:中国劳动社会保障出版社,2013
[32] 中国会计学会编写组 · 财经法规与职业道德 · 北京:经济科学出版社,2009
[33] 会计从业资格考试辅导教材编写组 · 会计基础 · 北京:经济科学出版社,2010
[34] 杨鼎新主编 · 市场营销学 · 兰州:兰州大学出版社,2007. 2
[35] 吴波,钱玉民编著 · 自主创业(定位策略与风险) · 北京:电子工业出版社,2006. 5
[36] 贺尊编著 · 创业学概论,北京:中国人民大学出版社,2011. 3
[37] 史蒂夫 · 布兰克 · 创业者手册 · 教你如何构建伟大的企业 · 北京:机械工业出版社,2014. 1
[38] 国家科技风险开发事业中心 · 商业计划书编写指南 · 北京:电子工业出版社,2012. 1
[39] 张玉华,王周伟 · 创业基础 · 北京:清华大学出版社,2014. 2
[40] 张莉,李晓波 · 国外高校创业教育师资队伍建设及其启示 · 煤炭高等教育,2011(1)
[41] 周红霞 · 上海师范大学硕士学位论文:大学生创业教育研究—以试点院校为例,2008
[42] 郭雷振 · 我国高校创业课程设置的现状探析 · 现代教育科学,2011(5)
[43] 欧阳伦四 郭岚 · 对我国高校创业教育课程体系现存问题的思考 · 职教论坛,2011(9)
[44] 赵军 · 吉林大学学生创业教育研究 · 吉林大学硕士学位论文. 2006
[45] 杨清红 · 中外创业管理课程研究启示—以中外六所大学为例 · 湖北经济学院学报,2010(6)
[46] 祝虹,潘勇涛 · 大学生创业教育初探,东南大学学报,2008(11)
[47] 纪志成,朱飞,李华钟 · 江南大学大学生创业教育的探索与实践 · 职教探索与研究,2010. (1)
[48] 曹启娥. 普通高校大学生创业教育探析 · 河南工业大学学报,2011(6)
[49] 杨泽明,黄春艾 · 关于高校创业教育课程体系的构建 · 教育教学论坛,2013(1)
[50] MBA 智库百科. http://www. mbalib. com

反侵权盗版声明

举报电话：（010）88254396；（010）88258888
传　　真：（010）88254397
E-mail:　　dbqq@phei.com.cn
通信地址：北京市万寿路 173 信箱
　　　　　电子工业出版社总编办公室
邮　　编：100036